참윰의 법칙
운명의 미학

참음의 법칙
운명의 미학

박삼서
Park Sam-Seo

국학자료원

읽으며 넘기며, 생각하며

"나는 참는다, 고로 존재한다."

요즈음은 사회가 좀 유난스럽다. 나라 안팎으로 좀 요란하다. 이러한 모습은 사회나 나라가 건강하다는 뜻도 된다. 그런데 가끔은 왠지 그렇지 않다는 느낌이 든다. 그리고 그 원인을 전혀 모르는 것도 아니다. 그래서 이 책을 구상하고 세상에 내놓게 되었다.

이 책은 '참음'에 인격을 부여해 보려는 최초의 시도다. 이미 안 것을 정리한 것이 아니라 공부하면서 내용을 채워나갔다. 그래서 미흡하고 부족한 부면이 좀 있을 수 있다. '참음[인내(忍耐)]'을 논리적으로 정리하는 작업이 국내외 처음이다 보니, 참고할 자료가 별로 없어 그러했다. 구차한 변명으로 들릴지 모른다.

사람답게 사는 방도를 참음의 문제와 결부하여 설명해 보려고 노력했다. 고통의 관점을 참음의 관점으로 바꾸다 보니 좀 비약하는 설명이 있을 수 있다. 이 둘의 관점은 출발선은 같다. 그러나 '고통의 관점'은 '물리치려는 대상'에 중점을 두고, '참음의 관점'은 '물리치려는 힘'에 초점을 맞춘다는 점에서 다르다. 반면 기쁨과 즐거움을 궁극적으로 지향한다는 목적에서는 일치한다. 이 책의 특징은 다음과 같다.

첫째, 지금까지는 고통(괴로움) 중심으로 정리한 책이 대부분이다. 이를 '참음' 중심으로 구조화하여 그 실체를 밝혀 보려고 했다. 나아가 고통과 참음, 즐거움의 관계를 규명해보고자 하였다. 이들 관계를 나름대로 정리하며 읽으면, 다가오는 느낌이 달라질 것이다.

둘째, 우주, 삼라만상(參羅萬像)의 현상과 연관하여 생활 속의 참음을 전달하려고 하였다. 철학, 심리학, 교육학 등 학문적으로 참음의 논리를 정리하기보다는 참음과 관련한 경험과 느낌을 많이 반영하여 글로 옮겼다. 참음을 고귀한 대상으로 여기면서 일상생활 자체로 생각해서이다.

셋째, 고전문학 전공을 살려서 주로 이쪽 분야의 예화를 많이 들었다. 예화는 전거(典據)를 밝힘으로써 사실성 있게 전달하고, 관련 도서로 지식을 넓히도록 한 배려이다. 관련 책을 참고하여 원문 내용을 면밀하게 대조하고, 풀이를 나름대로 매끄럽게 하여 문장을 다듬고 딱딱한 인상을 완화하였다. 그렇다고 인용이 바로 출전의 사상을 그대로 대변하는 것은 아니다. 다만, 참음을 설명하면서 내용에 담긴 뜻만을 활용했을 뿐이다.

넷째, 고사성어를 많이 인용하여 '참음' 이해를 도왔다. 뜻풀이에서 '참음'을 강조하고, 의미역을 좀 더 넓혀서 새롭게 해석하려고 노력하였다. 이솝, 라 퐁텐 우화도 많이 인용하였다. 온고지신(溫故知新)의 마음으로 이해하면, 이러한 의미가 일상생활에서 매우 유용하리라고 생각한다.

다섯째, 참음을 이해하고 자기화하여 생활에 활용할 수 있도록 내용을 구조화하였다. 참음을 아는 법[지인법(知忍法)]-참음을 기르는 법[양인법(養忍法)]-참음을 쓰는 법[용인법(用忍法)]의 얼개로 내용을 전개하고 설명하였다. 그래서 고진-감래(苦盡甘來)의 구조를 고(苦)-진래(盡來)-감(甘)으로 약간 변형하였다.

여섯째로, 사람/인간, 괴로움/고통, 참음/인내(忍耐), 삶/인생 등 순우리말과 한자어를 번갈아 사용했다. 문맥에 따라 의미 연결이 자연스러워지도록 어휘를 선택하였고, 여타 관련되는 말도 곁들여 활용하였다. 특히, '신, 조물주, 창조자, 하느님, 절대자, 주재자' 등 말은 문맥에 따라 뜻이 드러나게 번갈아 사용하였다.

일곱째, 차례에 사용한 일반적인 어휘도 참음의 관점에서 의미를 새롭게 부여하여 설명했다. 그러므로 기존의 개념 테두리를 벗어나 그 말을 이해하지 않으면 '참음'의 본질에 다가가지 못한다. 어휘 본래의 뜻을 지니면서 참음이라는 새로운 옷을 껴입었다고 하겠다.

여덟째, 전달의 객관성을 유지하기 위해 모든 설명에서 성현, 존경하는 분들의 호칭, 존칭어, 존대법을 일괄적으로 적용하지 못했다. 어미 연결도 같은 범주에 들어 일관성이 미흡하다. 부모님을 비롯하여 모든 분에 대한 존경하는 마음은 설명 속에 자연히 녹아들어 있다고 하겠다.

아홉째, 단어나 문장에 필요하면 한자를 병용하였다. 한자도 우리말 음을 병기(倂記)하였다. 고사·사자성어 등 옛글 문장의 어려움을 이해하는 데 도움을 주기 위해서이다. 요즈음 만연하는 한자 기피 현상을 좀 완화해 보려는 의도도 있다.

열째, 읽으면서 더 자세하게 알고 싶은 부분은 관련 책으로 독서의 영역을 넓히기 좋게 하였다. 표제어를 포함하여 철학, 종교 사상 등 내용을 매우 압축하여 설명한 부분이 많다. 그래서 관련 전공 서적으로 옮겨 읽으면 보충이 되리라고 본다.

열한째, 철학, 문학, 과학, 종교, 역사, 예술 등을 '참음'이란 끈으로 단단히 묶어 가치 있는 삶이 무엇인지를 밝혀 보려고 하였다. 그러나 높고 깊은 학문의 영역을 묶는 작업은 쉽지는 않았다. 묶는다고 단번에 묶여질 성질의 것도 아니다. 읽으면서 하나로 동여매는 노력도 필요하다.

베이컨은 '아는 것이 힘이다.'라고 하였다. 참음도 자세히 알고, 바르게 기르고, 알맞게 쓰면 세상이 살맛 나고 아름답게 보인다. 고통과 참음은 수레의 양 바퀴요 동전의 양면과 같다. 즐거움을 향하여 늘 같이 굴러야 하고, 항상 같이 상보적으로 작용해야 한다. 그래야만 아는 것이 자연스럽게 힘이 된다.

'인내는 쓰나 그 열매는 달다.'라는 말이 이 책의 완성에도 어울릴지 모른다. 도서관을 찾아 읽은 책도 다시 읽고, 참음의 의미 지평을 넓히는 어려움을 이겨내며 책의 모양새를 갖추었다. 이 책은 고통으로 이루어낸 응결체라고 해도 과언이 아니다.

읽으면서 감미롭고 가슴을 울리는 설명이 되도록 노력했다. 다소 미흡하지만, 감동으로 다가오는 부싯불이 되어, 마지막 한 줄까지 빼놓지 않고 읽으며 넘기고, 생각하기를 바랄 뿐이다.

차례

2부
참음은 인생을 바꾼다
참음을 기르는 법[양인법(養忍法)]-[진래(盡來)]

3부
참음은 아름다운 세상을 만든다
참음을 쓰는 법[용인법(用忍法)]-[감(甘)]

1. 참음은 태어나면서 같이한다.

2. 참음을 알아야 참아낼 수 있다.

3. 참음에도 존재 법칙이 있다.

4. 참음은 사람과 자연의 역사다.

1부
참음은
필연적 존재다

참음을 아는 법
[지인법(知忍法)]-[고(苦)]

고통[고(苦)]은 곧 참음[인(忍)]이다. 고통이 무엇인지를 잘 알아야 고통을 물리치고 즐거움을 맞이할 수 있다. 즉, 참음을 잘 알아야 참음을 기를 수 있고 행복하게 살아갈 수 있다. 참음은 참을 성이고, 참는 힘이고, 참아냄이다.

참음은 말과 행동으로 드러내야 한다. 그러면 참음의 지혜가 샘물처럼 끊임없이 솟구친다. 참음을 잘 알고 지혜의 갑옷으로 무장하면, 어떤 고통이든지 물리칠 수 있다. 참음은 항상 희망의 빛으로 세상을 밝혀 준다.

1.
참음은
태어나면서 같이한다

사람은 태어나면서 크게 울었다.

　우리의 어머니는 든든한 아버지의 손을 꽉 틀어쥐고 진통(아픔)을 참고 견디며 새 생명을 탄생시킨다. 에덴동산에서 쫓겨난 원죄의 대가(代價)라 하지만, 어머니는 커다란 고통을 낭랑한 아이의 울음으로 잊는다. 이 순간에는 세상이 기쁨으로 가득 찬다.

　어린아이는 부모 슬하에서 투정과 어리광을 부리고, 어떤 때에는 혼도 나고 꾸중도 듣지만, 마냥 즐겁게 어려움을 모르고 자란다. 그러나 어느 순간 그 무엇에 계기가 되어 마음대로 되지 않는 일이 생긴다. 넘어졌을 때 스스로 일어나기를 거부하고, 부모의 따스한 손을 기다리며 억지로 울기도 한다. 갖고 싶은 것을 손에 쥘 때까지 투정 부린다. 이처럼 살아가면서 기다리고 참아야 하는 경우가 많이 생김을 서서히 알게 된다.

　이는 자라면서 스스로 깨닫는 경우를 예로 든 것이지만, 따지고 보면 우리는 모두 세상에 태어나면서부터 울었다. 크게 울면 우리 아버지, 어머니는 온 세상을 차지한 양 기뻐하며 더 크게 웃었다. 아니, 너무 기뻐서 소리 없이 눈물을 흘렸다.

"아, 이놈 잘 생겼다! 건강하고 슬기롭게 무럭무럭 잘 자라다오."

'울음소리'는 천지신명(天地神明), 삼신할머니에게 고하는 생명 탄생의 신고다. 세상의 공기를 들이마시며 건강하고 슬기롭게 잘살아 보겠다는 의지의 표현이다. 모진 세파에 굳건히 맞서서 헤치며 살아 보겠다는 결심의 울음소리[고명(告鳴)]다. 그래서 이 소리는 물리적으로는 귓가에서 사라지지만, 그 여운은 영원히 부모 가슴 속에서 살아 맴돈다.

우리는 이 울음소리를 되살려야 한다. 어느 때인지는 몰라도 우리는 태어나면서부터 크게 울었다는 사실을 잊고 산다. 그 소리에는 '슬픔'도, '기쁨'도 없다. '좋다'거나 '나쁘다'라는 어떤 감정이 응어리진 소리가 아니다. '성공', '실패'를 가름하는 소리는 더욱 아니다. 그보다도 더 큰 뜻이 담겨 있는 청명, 순수하고, 이 세상을 참고 견디며 사람답게 살아가겠다는, 고고한 의지와 결심의 울음소리다. 더 크게 울어야 할 때를 대비하여 연습하는 울음소리다.

그러므로 사람은 항상 이 울음소리를 기억하면서 살아야 한다. 평생 이 울음소리를 가슴에 고이 간직해야 한다. '이 세상에 내가 존재한다.'라는 과시(誇示)로 처음 내는 이 소리를 일상생활에서 되살려야 한다. 이 울음소리는 천진난만한 아기의 울음소리이면서, 우주 자연법칙의 울음소리이기 때문이다. 우주의 정적(靜寂)을 이 울음소리로 깨트려야 한다. 우리는 우주의 구성원이 되는 중심 존재이면서, 그 이상으로 우주를 하나로 통할(統轄)할 수 있는 '우주적 존재'이기 때문이다.

인생은 언제나 참음을 요구한다.

동지섣달 기나긴 밤 두 번째 닭이 울면, 이불 속에 누어 어르신께서 해주시는 재미있는 옛날이야기를 많이 들었다. 뿔난 도깨비와 멍석 귀신에게 홀린 이야기, 호랑이보다 무서운 곶감 이야기, 호랑이가 신체 부위를 하나하나씩 빼앗아가는 열두 고개, 하늘에서 내려주는 썩은 동아줄, 튼실한 동아줄 이야기를 비롯한 전래동화는 여러 번 들어도 질리지 않았다. 모두 다 착하고 정직하고 올바르게 살아가라는 내용이다. 어떤 장면에는 무섭고 가슴 졸였지만, 시간 가는 줄 모르고 재미있게 들었다.

생쌀을 먹으면 어머니가 돌아가신다고 하고, 밤에 휘파람 불면 뱀이 나온다는 등 수많은 속설(俗說) 이야기도 진지하게 들었다. 선조(先祖)께서 도깨비불에 홀려 산중 고개로 넘어갈 뻔했고, 여우/늑대에게 업혀 동구 밖으로 잡혀가는 처녀 이야기는 좀 무서웠지만, 지금도 귀에 들리는 듯 생생하다. 이 중에서 뽕나무, 대나무, 참나무에 얽힌 이야기는 단순하지만 재미있고 여운이 깊다.

뽕나무가 '뽕'하고 방귀를 뀌었다.

대나무가 '대끼 놈!' 하고 대꼬바리로 때리니,

참나무가 '참아라' 했다.

일종의 언어유희에 속하는 짤막한 전래동화다. 어린 시절 시골에서는 양잠을 장려하여 집 주위에는 물론 밭 둔덕, 낮은 산기슭 어디에서나 뽕나무가 많았다. 새까만 오디(오돌개)는 당시 어린이의 간식이 되었다. 이웃집 뽕나무에 올라가 입술이 검붉어지게 따먹어도 어른들은 아무런 말씀을 하지 않았다.

대나무도 집 주위 울타리로, 언덕에서 지천으로 자랐다. 대나무로 사립문이나 빗자루를 만들었다. 이 빗자루로 골목 저쪽에서 대문 안쪽으로 나뭇잎을 쓸고 들어왔다. 복을 밖에서 집 안으로 쓸고 들어와야 한다는 어르신 말씀을 그대로 실천했다. 복을 쓸고 들어오는 살림살이 빗자루였다. 그때에는 '복이 된다'라는 말씀이 행동의 규범이 되었다. 그래서 밥알 하나 흘리지 않고, 밥 먹는 자세도 엄격하게 예의범절을 지켰다.

뒷동산에는 참나무, 소나무가 주종을 이뤘다. 굴밤, 도토리로 묵을 만들어 먹었다. 추운 겨울 애경사에는 밤새 몸을 태워 온기를 사람에게 제공했다. 참나무 숯은 간장, 된장을 담그는 데 유용하고, 아이가 태어나면 금줄에 끼었고, 다리미로 옷을 다리는 데 긴요하게 쓰였다. 국민의 나무 소나무는 내구성이 강해서 집을 짓거나 지게 등 생활 도구를 만드는 데 필수 재료였다.

사람과 가까이 자라나는 이들 나무에 얽힌 이야기는 뜻깊은 삶의 모습을 담고 있다. 보리밥을 주식으로 하여 방귀를 자주 뀌던 시절, 뽕나무는 사람의 입에 자주 오르내리는 이야깃거리 대상이 되었다. 배는 허기가 져도, 어르신네 오죽(烏竹) 담뱃대는 갓과 어울리는 양반의 표상이었다. 참나무 땔감과 숯은 내다 팔면 가사에 도움을 주었고, 열매인 굴밤과 도토리로 만든 묵은 보릿고개를 넘기는 데 힘이 되었다. 이처럼 뽕나무, 대나무, 참나무는 사람이 먹고, 입고 자는 일상생활과 아주 밀접한 나무였다.

뽕나무가 방귀 뀌는 상황은 냄새나는 고달픔의 세상살이요, 대나무가 세상살이의 고달픔을 참지 못하고 화를 내며 담뱃대로 후려치니, 참나무가 '세상살이는 참으며 살아야 약이야.'라고 훈계하는 일련의 모습이라 풀이하고 싶다. 몇 줄 안 되는 이야기에 일상의 고통과 살아가는 방법 등 삶의 진수(眞髓)가 다 들어 있다.

이렇게 인생은 늘 참음을 요구한다. 어느 누가 '망각(忘却)'은 신이 준 가장 값지고 위대한 선물이라고 말했다. 그런데 어찌 보면 망각보다도 더 큰 선물이 참음이다. 참아야 망각할 수 있기 때문이다. 사람이 만물의 영장이 된 것은 참을 줄을, 참아내는 방법을 알아서이다. 그동안 우리는 이를 잊고 살았다.

참음은 사람답게 사는 방도이다.

사람은 낳고, 늙고, 병들어 죽고, 결국 또 다른 세상으로 돌아간다. 어찌 보면 삶은 일종의 순환이다. 한 줌도 안 되는 흙으로 돌아가거나, 아니면 천국이든 극락이든, 또 다른 세계로 돌아가든 삶은 순환이다. 그저 자연의 품속으로 다시 돌아가는 것도 진정한 순환의 모습이다. 이 순환의 세상살이에서 중요한 것이 사람답게 사는 방도(方道)이다.

아주 오래전의 일이다. 대학교 교양 한문 시간에 은사님께서 '人人人人'을 해석해 보는 기회를 제공하였다.

- 사람 위에 사람 없고 사람 밑에 사람 없다.
- 이 사람, 그 사람, 저 사람, 사람이 많구나.
- 사람, 사람, 사람, 각양각색의 사람이다.
- 사람이면 다 사람이냐. 사람다워야 사람이지.

뜻글자인 한문의 구조로 봐서 다 맞는 해석이다. 당시에 맨 마지막의 해석이 제일 마음에 들었다. 사람은 평생 '사람 되는 방법'과 '살아가는 방법'을 배운다. 곧, '사람답게 살아가는 방법'을 배운다. 평생 따라다니는 참음은 사람을 사람답게 하고, 사람답게 살아가도록 한다. 참아야 사람이 되지만, 사람이면 참아야 한다. 세상살이 모두가 참을 일이다.

교단에서 배움과 가르침을 서로 나눌 때[교학상장(教學相長)] '공부하는 방법'에 대하여 논의할 시간이 있었다.

"공부는 미련한 사람이 하는 거여. 얄팍한 수나 잔꾀를 부리면 잘할 수 없어. 곰탱이 같은 참을성으로 참고 견뎌야 잘할 수 있는 거여. 알았지!"

그땐 이 말도 학생들에게 사실로 받아들여졌다. 교사의 권위가 꽤 있었던 시절이다. 꼭 맞아떨어지는 말은 아니어도 사람이 되기 위해 공부하는데 틀린 말은 아닌 듯하다. 공부에도 '요령(要領)'이 필요한 것도 사실이다. 그러나 요령보다는 참으며 정진하는 굳은 의지를 더 강조한 조언이었다. '사람됨'과 '참을성'은 가장 잘 어울리는 말이기 때문이다.

『시경(詩經)』에는 군자(君子)의 모습을 다음과 같이 묘사했다.

> 아름다운 광채 나는 군자여! 잘라 베는 듯하고, 쓸어놓은 듯하며, 쪼아 다듬은 듯하고, 간 듯하다[유비군자 여절여차여탁여마(有斐君子 如折如磋如琢如磨)]. [위풍(衛風) 기오(淇澳)]

군자는 '행실이 바르고 어질며 학덕이 높은 사람'을 일컫는다. 이러한 깨끗하고 문채(文彩) 나는 군자가 되려면, 옥과 돌을 다듬어 값비싼 보석으로 만들 듯 '칼로 베어 다듬고, 줄로 쓸며, 끌과 망치로 쪼고, 숫돌로 갈아야 하는[절차탁마(切磋琢磨)]', 즉 고달픈 수행과 격렬한 참음이 필요하다는 말과 통한다.

다음의 공자와 자공(子貢)의 대화는 이를 더욱 구체화하고 있다.

> 자공이 "가난해도 아첨하지 않고, 부유해도 교만하지 않으면 어떠하겠습니까?" 물으니, 공자가 "괜찮다. 그러나 가난하면서 도를 즐기고, 부유하면서 예를 좋아하는 사람만 못하다."라고 했다. 그러자 자공이 "시경에서 절차탁마란 바로 그것을 뜻하는 것이군요?" 하니, "자공아! 비로소 너와 함께 시를 논할 수 있구나. 지난 일을 말하여주면 다가올 일을 아는구나." 하였다. [『논어(論語)』 학이(學而) 15]

지극히 당연하지만, 가난할 때는 아첨(阿諂)하지 않기보다는 낙도

(樂道)를, 부유할 때는 교만(驕慢)하지 않기보다는 호례(好禮) 하는 사람 됨을 높이 평가한 것이다. 여기에서 '절차탁마(切磋琢磨)'는 칼과 줄, 끌과 숫돌이란 실체를 동원하여 '고통을 참아낸다[인고(忍苦)]'를 뜻한다고 하겠다. 고통을 참아내야 학덕이 높은 군자가 된다는 말이다.

싸울 때 상대를 실컷 두들겨 패야 꼭 이기는 것은 아니다. 맞으며 몸과 마음으로 참고, 또 참아내는 것이 진정으로 이기는 법이다. 이 것이 절차탁마의 지고한 철칙이요 담긴 뜻이다. 사람답게 사는 방법은 절차탁마의 고통을 극복하면, 저절로 다가온다고 해도 틀린 말이 아니다. 참음은 사람을 사람답게 살게 한다.

돌아갈 순간에는 그 말이 착하다.

믿든지, 아니면 믿지 않든 간에 '사람은 순환한다'라는 세상살이에서 또 다른 세상으로 돌아가야 한다. 끝나고 마감하는 것이 아니라, 그저 돌아가는[귀(歸)] 것이다. 원래의 자리로 회귀하든, 아니면 별개의 세상으로 다시 돌아간다. 이러한 생각은 지극히 개인적인 선택 사항이지만, '돌아간다'라는 말에는 관심을 가질 필요는 있다. 『논어(論語)』에는 다음과 같은 말이 나온다.

새가 죽으려 할 때는 울음소리가 애처롭고, 사람이 죽으려 할 때는 그 말이 착하다[조지장사 기명야애 인지장사 기언야선(鳥之將死 其鳴也哀 人之將死 其言也善)]. [태백(泰伯) 4]

아지랑이 아른거리는 땅 위 저 높푸른 하늘에서 봄소식을 알리는 종다리, 꾀꼬리 울음은 계절의 전령 소리다. 사립문 밖 감나무에서 까치는 가끔 찾아와서 손님이 찾아온다고 우짖어 소식을 전한다. 그러나 이와는 달리 죽음을 앞두고 내는 새 울음소리는 슬프고 애절하다. 사람도 마찬가지다. 언변(言辯)으로, 문필(文筆)로 심금을 울리고, 세상을 감동케 했던 말소리도 죽는 순간에는 바르고 순진하며 상냥하고 착하다.

돌아갈 순간에 애처롭고 착해지는 것은 울음소리, 말만이 아니다. 곧, 살아가는 모습, 즉 존재 그 자체도 마찬가지다. 사람이 삶과 죽음이라는 존재의 경계를 넘어서려면 '착함'이라는 본연으로 되돌아가야 한다. 본연의 모습이 아니면 경계를 넘나들 수 없다. 그런데 참음은 이 본연의 착한 모습을 찾는 기제(機制)이다.

현상의 세계와 이념의 세계를 논한 플라톤은 이 중에서 '선(善)의 이데아(Idea)'를 최고로 생각했다. 선은 이데아 중의 이데아로 다른 이데아를 포괄하고 초월하는 것이라 여겼다. 곧, 선은 참[진(眞)]과 아름다움[미(美)]을 완성하는 기제로 보고, 윤리의 문제를 선의 관점으로 재단하였다.

거의 동시대에 살았던 맹자는 잘 알다시피 인간의 본성이 착하다고 주장하였다.

사람이 성정이 착한 것은 물이 아래로 내려가는 것과 같다. 사람치고 착하지 않은 이가 없고, 물[水]이란 아래로 내려가지 않는 물은 없다.
[『맹자(孟子)』 고자장구(告子章句) 상]

맹자는 이처럼 사람을 착한 윤리적인 존재로 파악하였다. 물은 아래로 내려가는 속성이 근본이다. 그런데 쳐서 뛰어오르게 하면 이마를 넘게 하고, 격하게 역류시키면 산으로 오르게 된다. 이것이 물의 성질이 아닌 것처럼, 사람도 외부의 힘으로 선하지 않게 만들 수 있다고 하였다.

그러므로 사람이 죽을 때까지 착함을 유지하려면 참고 살아야 한다. 사람의 성정이 외부 환경에 그 본질을 잊지 않으려면 참음이 절대적으로 필요하다. 착해지려면 참아야 한다. 되짚어 말하면 참으면 착해진다. 어디 참지 않고 착해질 수 있으랴! 왜 사람이 돌아갈 때 착해지는지를 자명하게 알려주는 명제다.

그런데 참아야겠다는 의지는 있어도 참는 방도를 몰라 헤맨다. 참는 방법을 알면 참아내기가 쉽다. 그러면 참음을 일상화할 수 있다. 이어지는 내용은 이점을 강조하여 설명의 체계를 세웠다. 참음의 정체가 무엇인지를 밝히고, 어떻게 잘 참아낼 수 있으며, 운명을 바꾸고 새롭게 할 수 있는 방법이 무엇인지를 생각해 보았다.

2.
참음을
알아야 참아낼 수 있다

참음의 의미역은 생각보다 넓다.

《인(忍)의 자형 분석과 의미》

한자 사전에는 '참다'라는 뜻의 한자는 '인(忍)'이다. '인(忍)'을 문맥적으로 '참다/ 잔혹(殘酷)·잔인(殘忍)하다/ 동정심(同情心)이 없다/ 차마 하다/ 차마 못 하다/ 억제하다/ 질기다/ 용서(容恕)하다' 등으로 풀이하고 있다.

글자 형태를 분석하면, 칼날[刀]과 마음[心]이 상하[忍] 또는 좌우[忉]로 합친 형성(形聲) 글자이다.

인(忍/忉)		인(刀)		심(心)
참다	=	칼날	+	마음

더욱 구체적으로 풀이하면, '忍(참다)'은 '날카로운 칼날 같은 고통을 견뎌내는 마음'이란 뜻의 한자이다. 신이 내린 무당은 초월의

경지에서 칼날 위에서 춤을 춰도 아무 탈이 없다. 그러나 보통 사람으로서 칼날 같은 아픔을 이겨내는 마음을 가지기란 쉬운 일이 아니다. 신체적 고통을 마음의 고통으로 확대하는 풀이다. 마음의 고통이 없어지면 신체적 고통은 사라진다는 뜻과도 통한다. 이를 더욱 확대하면, 결국 고통은 참는 마음이 좌지우지(左之右之)한다.

여기에서 '칼'과 '마음'을 문화사적, 상징적 의미와 연관하여 생각해 보면 '참음'의 의미역을 새롭게 넓혀 볼 수 있다.

상징 사전에서는 칼(Sword)을 권력, 보호, 권위, 왕위, 지도력, 정의, 용기, 강함, 등으로 설명한다. 불교에서의 칼은 '무지'를 그 근원에서부터 단절하는 식별력으로, 도교에서는 투철한 통제력, 무지에 대한 승리, 기독교에서는 예수의 수난, 순교의 상징으로, 이슬람교에서는 이교도와 싸우는 신자나 자신 속의 악과 싸우는 사람을 의미한다고 하였다.[1] 이처럼 칼은 생활의 필요로 만든 물리적 도구뿐만 아니라, 인간 지성과 문명, 역사 발전에 따라 그 의미가 상징적으로 부가, 확대되었다.

칼은 물건을 가르고 자르고 분해하는 도구로 일상생활에서 필수 연장이다. 반면, 옛날에는 전쟁터에서 창과 함께 긴요한 무기가 되었음은 물론이다. 그래서 칼은 유용하면서도 해롭다는 상반하는 속성을 지니며, 인류 문명사와 함께하는 영물(靈物)로 존재해 내려왔다.

마음(Heart/ 심장)의 상징성은 더욱 다채롭고 확장적이다.[2]

---

1 진 쿠퍼, 『그림으로 보는 세계 문화 상징 사전』 (이윤기 옮김, 까치, 2001) pp.350~351. 칼(Knife)은 "희생, 복수, 죽음의 상징으로, 칼로 자르는 것은 분리, 분할, 해방을 뜻한다(p.182.)."라고 하였다.

2 위의 책, pp.163~164.

마음은 신체, 영혼의 모든 면에서 존재의 중심이며, 중심에 있는 신적인 존재이다. 마음은 감정적 지성의 중심이며, 이성적 지성의 중심인 머리에 대응된다. 마음과 머리는 모두 지성을 나타내지만, 마음은 동정, 이해, 비밀의 장소, 사랑, 은총(→Charity)을 나타낸다. 마음에는 생명의 피가 들어 있다. 생명의 중심으로서 마음은 태양으로 상징된다. 빛이 뻗어 나오는 태양과 광채가 나는 심장 또는 타오르는 심장이 합쳐지면, 대우주와 소우주의 중심, 하늘과 인간, 초월적 지성이라는 상징성을 가지게 된다.

이어서 진 쿠퍼는 모든 종교에서 마음(심장)을 인간 존재의 중심에 놓는 것으로 설명하였다. 대표적으로 아스텍에서는 힘, 에너지, 생명의 원리 표상으로, 불교에서는 곧 인간의 본질로, 기독교에서는 사랑, 이해, 용기, 기쁨과 슬픔, 종교적 열정, 열의, 헌신 등으로, 이슬람교에서는 존재의 중심, 여기에 '마음의 눈'은 영적 중심, 절대지(絶對智), 광명으로, 도교에서는 이해력이 깃든 곳 등을 상징한다고 하였다.

'칼'과 '마음'의 문화적 상징은 종족, 종교, 지역 등 시간과 공간의 차이에서 오는 생각과 이념의 의미역에 그 구분이 드러난다. 그러나 그것이 인간의 생활과 밀접하게 결부하여 존재의 문제를 간직하고 있다는 점은 공통적이다. '칼과 마음'은 영장류로서 존재 표지(標識)가 된다. 직립보행이 가능하여 칼을 사용할 수 있게 되었고, 그 사용에는 반드시 생각과 마음의 작용이 따라야 하기 때문이다. 그래서 칼은 항상 마음을 공고히 하기도 하고, 산산이 부수어 깨트리기도 한다. 마음을 지켜주기도 하고, 자유로운 영혼으로 놓아 방임하기도 한다. 즉, 이롭기도 해롭기도 하다는 말이다.

어원으로 중세국어 '갈ㅎ'이 격음화해서 '칼'이 되었다. '갈'의 어원을 동사 '갈다[마(磨)]'와 연관 짓는 주장은 반론이 만만찮지만, 그래도 '가르다'와 관계하여 생각해 볼 여지는 있다. 이에서 인(忍)을 '날카로운 칼로 가를 때 가름을 당하는 고통을 참는다.'라는 의미의 상징성으로 발전시킬 수 있다. 요즈음은 '심장에 칼을 꽂는 듯한 고통을 느꼈다.'라는 표현을 일반적으로 사용한다. 마음과 칼이 함께 어우러진 의미 표상이다.

칼과 마음의 상징성을 '刃+心' 도식으로 합쳐 작용하는 참음[忍]은, 모든 종교를 초월하여 '인간 존재' 그 자체를 의미한다. 다모클레스의 칼, 아서왕의 칼, 이순신 장군의 칼, 정조(貞操)를 지키려는 여인의 칼은 그 상징성이 크면서 참음이라는 지향점으로 사람들의 인식을 흔쾌히 모은다.

(다모클레스의 칼): 그리스 전설의 인물 다모클레스는 모시던 디오니시우스 왕의 배려로 하루 동안 왕좌에 앉아보기로 했다. 산해진미(山海珍味)로 가득한 눈앞의 행복에 정신이 없다가 우연히 천장을 올려다보니, 말총 한 가닥에 무시무시한 칼이 매달려 있었다. 즉시 왕좌가 공포의 자리로 변했다. 왕은 최고 권력과 영화를 누리기보다는 항상 위험이 도사린 불안과 공포의 자리라는 뜻이다. 다모클레스의 칼은 절박한 위험을 나타내면서 그 위험을 슬기롭게 극복해야 하는 참음의 지혜도 같이한다.

(아서왕의 칼): 아서왕은 원탁의 기사, 성배 등에 얽힌 전설적인 왕이다. 바위에 굳게 박혀 있어, 그 누구도 뽑을 수 없었던 엑스칼리

버(Excalibur)를 뽑아, 아서왕은 그 칼과 함께 명성과 영예를 온몸에 받으며 파란만장한 영웅으로서의 여정을 걸었다. 아서왕의 칼은 영웅의 상징성을 분명히 하면서, 사랑과 질투, 대결이라는 인간의 원초적 감정을 심연의 소용돌이 속에 녹여 주는 구실을 한다. 자유, 평등, 정의를 실현하는 도구이면서, 그 속에 인간의 참음을 공고히 자리 잡게 해주는 고귀한 영물로서의 표상이라 하겠다.

(이순신 장군의 칼): 임진왜란 때 구국의 장군으로서 세계 해전사상 유래를 찾아보기 힘든 전승의 명장이다. 전술과 전략에서도 빼어났고, 인간으로서의 성정과 인품도 성웅이라 칭송을 받는다. 장군이 지은 시조 "한산섬 달 밝은 밤에 수루(戍樓)에 홀로 앉아/ 큰 칼 옆에 차고 깊은 시름 하는 차에/ 어디서 일성호가(一聲胡笳)는 나의 애를 끊나니."에 등장하는 칼은 전장의 한복판에서 시름, 즉 고통과 참음의 무한한 교착(交錯)을 웅변한다. 이순신 장군 허리에 찬 단순한 칼이 아니라, 고통을 애국으로 치닫게 하는 자연과 한마음이 된 참음의 칼이다. 그래서 그 칼은 나라를 지키고 구원했다.

이상에서 한자 '인(忍)'의 자형에서 칼과 마음의 조합이 이루는 '참음'을 여러모로 생각해 보았다. 그 속에 존재하는 '참음'이란 의미에는 공통점이 있다. 칼[刃]은 고통이요, 마음[心]은 해결 방법이다. 그리고 그 뜻이 문화 배경에 따라 다르게 해석할 수 있다는 점을 살펴본 것이다. 여기에 칼과 마음은 같이 존재해야 그 의미가 상보 작용하여, 더 넓은 뜻으로 심화한다는 점을 간과해서는 안 된다.

《'참다'의 사전적 의미》

'참다'의 의미를 구체적으로 알면 일상생활에서 참음의 존재 역학(力學)을 수립하는 데 도움을 준다. 여기에서 '존재 역학'이란 참음을 이해하고, 기르고, 이용하는 모든 존재 상관 작용을 의미한다.

『표준국어대사전』에서는 동사 '참다'를 다음과 같이 풀이하였다.

> 1. 웃음, 울음, 아픔 따위를 <u>억누르고 견디다.</u>
> 2. 충동, 감정 따위를 <u>억누르고 다스리다.</u>
> 3. 어떤 기회나 때를 <u>견디어 기다리다.</u>

'억누르다', '견디다', '다스리다', '기다리다'라는 순수 우리말이 눈에 번쩍 띈다. '참다'는 ① 북받치는 아픔과 감정(웃음, 울음, 충동, 갈등 등)을 억누르고, ② 살을 에는 듯한, 뼛속[골수(骨髓)]까지 파고드는 아픔을 견디고, ③ 마음이 평정을 찾도록 다스리고, ④ 지금보다 나은 시간과 때가 오기를 기다린다는 뜻이다. 즉, '참다'는 ①~④ 말뜻이 하나로 합체, 융합한 말이다. 여기에 ①~④를 유지하기 위해 ⑤ '몸과 마음을 굳게 다지고 가다듬는다.'라는 뜻을 부가하고 싶다. 이는 한자 '인(忍)'의 내포적 의미를 우리말 '참다'에 끌어들여 풀이에 더욱 완성도를 높이려는 시도이다.

순우리말 풀이는 '참다'의 뜻을 생활과 더 밀접하고 폭넓게 의미역을 설정하여 설명하였다고 하겠다. '참다'를 좀 더 구체적으로 풀이해 보면, ㉠ 참아야 하는 원인과 목적이 있고, ㉡ 참는 방법에도 여러 가지가 있으며, ㉢ 참음은 마음에 굳은 지속적 결의를 요구하고,

ⓔ 참음을 기르고 이용할 수 있으며, ⓜ 시간적인 경과가 필요하다는 의미의 복합체라고 하겠다. ㉠~ⓜ은 앞으로 이어지는 참음의 본질과 이용의 가능성을 밝히는 설명에서 중요한 줄기가 된다.

'참다'에 상당(相當)하는 영어 단어는 의외로 많다. 이에는 'bear', 'be patient', 'control oneself', 'endure', 'forbear(to do doing)', 'fortitude', 'persevere', 'put up with', 'stand', 'suppress', 'tolerate' 등 의미에 미묘한 차이를 보이며 다양하다. 위에서 설명한 우리 말 '참다'라는 뜻풀이에 사용한 단어들의 나열이라고 생각된다. 그런데 이들 단어(명사)에도 의미에서 뉘앙스가 다른 면을 엿보게 한다.

[endurance]: 고통, 어려움을 참고 견디는 능력, 즉 인내력, 지구력의 뜻
[fortitude]: 고통·고뇌·어려움·역경 속에서도 이를 참으며 뚫고 나아가는 불굴의 정신을 뜻함
[patience]: 끈기와 참을성을 뜻하는 일반적인 말. 불쾌·고통·불행·늦어짐 등에 대해 불평하지 않고 냉정히 참고 견디는 덕을 말함
[perseverance]: 어려운 장애를 극복하여 어떤 목표를 달성하려는 적극적이고 부단한 노력 (『에센스 한영사전』)

이들 단어의 차이점을 수식하는 설명의 내용은 엇비슷하지만 '견디는 능력', '불굴의 정신', '견디는 덕', '부단한 노력'으로 구분하였다. 장애, 고통, 고뇌, 어려움, 역경, 불행 등을 극복하려는 주체의 마음가짐을 구별 표지로 삼았다.

특히, 명사 'endurance' 뜻 마지막 풀이에 '곤란', '고생', '노고(hardship)'라고 하였다. 이들을 '참는다'와 연결하지 않고 아예 단

일 뜻으로 제시한 것이다. 이로 보면 의미 범주에서 동서양이 상통해 보인다.

여기에서 어원과 어석(語釋) 측면에서 그 뜻을 생각해 보는 것도 가능하다. 앞서 설명했듯이 인(忍)을 자전에서 '차마 하다', '차마 못 하다'로 풀이한다. '차마'는 부사로서 '가엾고 애틋하여 어찌' 뜻으로 부정이나 의문의 말 앞에서 쓰인다. 중세국어에는 '추마'로 표기되어 있는데, 어원 '춤[인(忍)]+아(어미)' 결합이 '추마/춤아〉차마'로 변화했다고 본다.[3] 이를 인정한다면 '춤+다' 파생도 가능하리라고 본다. 명사 '춤'에 어미 '-다'가 붙어 동사 '춤다〉참다'가 파생한 것이라 하겠다.

지금까지 연구를 살펴보면 아직은 '참-다'의 어원을 분명하게 규명하지 못한 느낌이다. 여기에서 '참-다'의 어원을 다른 각도에서 궁구하여 새로운 의미를 찾아본다는 취지에서 순우리말 '참'의 뜻을 『표준국어대사전』에서 살펴보면 다음과 같다.

> [명사]: 사실이나 이치에 조금도 어긋남이 없는 것./ 철학 이치 논리에서, 진릿값의 하나. 명제가 진리인 것을 이른다.
> [부사]: 사실이나 이치에 조금도 어긋남이 없이 과연.
> [감탄사]: 잊고 있었거나 별생각 없이 지내던 것이 문득 생각날 때 내는 소리./ 매우 딱하거나 어이가 없을 때 내는 소리./ 감회가 새롭거나 조금 감탄스러울 때 나오는 소리./ 매우 귀찮을 때 내는 소리.

'참'은 지고의 이상을 지향하는 말이다. 그래서 일상에서 이 말은 품사를 넘나들며 많이 사용한다. 접두사로는 '진짜', '진실' 또는 '품

---

3 김무림, 『한국어 어원사전』 (지식과 교양, 2010) p.646.

질·품위가 썩 좋음'의 뜻을 나타낸다.

우리말 '참'에 해당하는 한자는 '진(眞)'이다. 대상(對象)과 사상(事象), 명제(命題)가 사실이나 이치에 꼭 맞아떨어진다는 말이다. 이에서 '사실이나 이치에 조금이라도 어긋나지 않으니까 참는다.' '사실이나 이치에 어긋나지 않으려고 참는다.'라고 풀이하고 싶다. 즉 '참[眞]을 위해서 참는다'와 연결해 보고자 한다.

너무 비약한다는 느낌이 있으나, 이렇게 해석하고자 하는 의도는 분명하다. 인간 성정의 본질을 찾고, 또 이를 현실에 구현해 보기 위해서 참는 것이다. 허위, 가식을 위해서 참는 것은 아니라, 진실, 진정한 모습을 찾아서, 좀 더 나은 미래, 더 좋은 사회와 세상을 위하여 참는다. 참말로, 참으로 이것이 참음의 본질적인 뜻이요, 참음을 중요하게 여기는 이유다.

참음은 언어적 수사(修辭)로 드러난다.

언어에는 정보적 기능, 정서적 기능, 친교적 기능, 명령적 기능, 미적 기능 등 5가지 기능이 있다. 어떤 지식, 사실이나 상황을 전달받으면, 이들 세계에 대한 자신의 감정이나 태도를 유발하고 환기한다. 이러한 감정이나 태도는 긍정적일 수도 있고, 부정적인 방향으로 흐르기도 한다. 그리하여 의도에 따라 행동으로 옮기도록 명령하고, 사회적 동물로서 도덕적으로 생활하는 사람이 된다. 이러한 기능은 듣는 사람과 말하는 사람의 대화와 소통이라는 상호 관계에서 통합적으로 작용한다. 궁극적으로 언어는 듣는이와 말하는이의 인격 형성, 사람됨과도 관계한다.

참음과 관계하는 언어는 무수히 많다. 우선 크게 《참음을 유발하는 말》, 《참음이 지향하는 말》, 《참음과 관련한 속담·격언》, 《참음과 고사·사자성어》 등으로 나누어 생각해 보고자 한다.

《참음을 유발하는 말》

우리가 일상에서 사용하는 말 중에 참음의 감정을 느끼거나 끌어오는 말이 있다. 정도의 차이가 있지만 이들 말은 참음이 일어나는 동기가 되고, 또 생기도록 자극한다. 이 모두 '나'라는 존재를 알려주고 확인하는 말이다. 사람답게 살아가는 방법도 제시한다. 부정을 부정으로만 여기지 않게 생각하고, 긍정으로 바꾸는 계기를 마련한다. 고사성어 고진감래(苦盡甘來)에서 '고(苦)'에 해당하는 말로 대표적인 몇 가지를 들어본다.

고통/ 고뇌/ 번뇌/ 불행/ 실패/ 가난/ 낙방/ 파산/ 전쟁/ 혼란/ 부조화/ 포기/ 갈등/ 들러리/ 실망(절망·낙망)/ 타향/ 어둠/ 밤/ 그림자/ 손해/ 증오/ 분노/ 배타/ 적대/ 지옥/ 악마/ 겨울/ 황혼/ 쇠퇴/ 순간/ 분열/ 소멸/ 각박/ 질투/ 불안/ 우울/ 원수/ 천둥/ 먹구름/ 벼락/ 무서리/ 파도/ 갈증/ 공포/ 장애/ 위기/ 시련/ 이별/ 고문/ 비난/ 부패/ 상처/ 좌절/ 결핍/ 수치/ 박탈감/ 비난/ 유혹/ 모욕 …

괴롭다/ 두렵다/ 미워하다/ 아프다/ 슬프다/ 울다/ 잃다/ 나쁘다/ 해롭다/ 부정하다/ 소극적이다/ 쓰다[辛]/ 흐리다/ 희미하다/ 없다/ 싸우다/ 찌르다/ 넘어지다/ 어렵다/ 죽다/ 약하다/ 헤어지다/ 잊다/ 천하다/ 뺏기다/ 모자라다/ 거칠다/ 딱딱하다/ 끝나다/ 닫다/ 줄다/ 적다/ 조급하다/ 맞다/ 꾸짖다/ 배격하다/ 화나다/ 성나다/ 부아나다/ 골나다/ 떨어지다/ 버리다/ 물러나다 …

참음은 이러한 고통을 유발하는 말에서 함께 생긴다. 아이러니하게도 고통과 아픔이 있어야만 참음이 생긴다. 이러한 관계 역학을 참음의 **'상황 특성'**, **'존재 특성'**이라 할 수 있다. '고통과 참음이 따로 노는 것이 아니다'라는 말이다. 고통이 있어 참음이 생기고, 참음이 있어 고통이 없어진다는 말이다.

이에서 참음을 유발하는 말에 대한 인식과 태도를 새로운 각도에서 생각할 필요가 생긴다. '고통'은 없어야 할 존재가 아니라 사회 조화를 이끌기 위해서는 필요한 존재라는 생각이다. 좀 더 과장하면 **'필요악'**이라고나 할까? 그러나 분명히 고통은 필요악은 아니다. 다른 표현으로 바꾸면 '필요로 하는 약'이다. 그리하여 이 고통의 문제를 **'필요 약'**으로서 자세히 설명해 보고자 한다.

《참음이 지향하는 말》

'참는 자에게 복이 있나니…'라는 말이 있다. 왜 참아야 하는지를 확실하게 해주는 말이다. '어진 사람에게는 적이 없다[인자무적(仁者無敵)]'를 '참는 사람에게는 적이 없다[인자무적(忍者無敵)]'로 발전시킬 수 있다. 어찌 보면 '어짊[仁]'은 참음[忍]과 근본에서 같은 개념으로 통한다. 어질고 참으면 적이 없어 인생이 순탄하고 행복하다. 여기에 적이란 '사람', '환경' 등을 모두 포함한다. 이처럼 참음은 어떤 목적을 지향하여 부단히 응전(應戰)한다. 고사성어 고진감래(苦盡甘來)에서 '감(甘)'에 해당하는 말로, 이와 연관되는 몇 가지 말을 예로 들어본다.

행복/ 행운/ 성공/ 희열/ 명예/ 명성/ 유명/ 영화(榮華)/ 부자/ 합격/ 평화/ 정돈/ 균형/ 도전/ 응전/ 화해/ 주인공/ 희망/ 고향/ 낮/ 이익/ 용서/ 포용/ 호감/ 천국/ 극락/ 천사/ 봄/ 여명/ 융성/ 영원/ 사랑/ 화합/ 회생/ 여유/ 빛/ 자신감/ 편안/ 평정/ 친구/ 무지개/ 승리/ 협력/ 열정/ 건강/ 만족/ 감사/ 기회/ 미래/ 지혜/ 꿈/ 용기/ 창조/ 실천/ 목적/ 성취 …

좋아하다/ 배려하다/ 칭찬하다/ 즐겁다/ 기쁘다/ 웃다/ 얻다/ 좋다/ 이롭다/ 긍정하다/ 적극적이다/ 달다/ 밝다/ 맑다/ 뚜렷하다/ 있다/ 화해하다/ 일어서다/ 쉽다/ 살다/ 강하다/ 만나다/ 기억하다/ 고귀하다/ 주다/ 남다/ 매끄럽다/ 부드럽다/ 시작하다/ 열다/ 늘다/ 낫다/ 넘치다/ 많다/ 괜찮다/ 느긋하다/ 넉넉하다/ 돕다/ 믿다/ 배우다/ 나아가다 …

참아야 하는 이유와 목적이 있어야 하고, 참는 대가(代價)가 눈에 보여야 참고 기다릴 수 있다. 결국, 이들 말은 참음의 달콤한 결실에 해당하는 말이다. 참음은 목적 지향이라는 점에서 인간의 욕망과 일치한다. 그러므로 사람이 살고자 하는 욕망은 참음의 목적이 되고, 참아내야 이 목적을 이룰 수 있다.

참음은 일생에서 성공 여부를 좌우하는 말이다. '실패는 성공의 어머니'라 하듯이 **'참음은 성공의 어머니'**이다. 이제부터는 참음이 지금까지 가졌던 차갑고 무거운 부정적 인상을 어머니의 포근함, 너그러움, 부드러움 등 '무한한 덕성'으로 전환하여야 한다.

그렇다고 참음은 목적 자체만을 위하여 응전하지는 않는다. 사람은 목적 달성도 중요하지만, 더 큰 **'우주적 존재'**를 위하여 부단히 참는다. 그리하여 아동·어린이, 청소년, 장·노년 구별 없이 우주적 존재가 되는 방법을 지향하여 '참음'의 진정한 뜻을 밝히고, 참음을 의도적으로 기르고 신장하며, 참음을 쓰는 법, 곧 참는 방법이 무엇인지를 생각해 보고자 한다.

《참음과 관련한 속담·격언》

속담은 사람들의 경험과 지혜를 머금고 자란 생활의 방향타(方向舵)다. 원뜻이 '속된 말'이라고 하지만 품격을 잃지 않고, 우리의 생활에 활기를 불어넣는다. 이러한 속담의 생명력은 참음이라는 생활력과 상통하며, 이를 마음에 간직하면 서로 시너지 효과를 낸다. 다음은 참음과 관련한 속담·격언이다.

- 인내(忍耐)는 쓰나 그 열매는 달다.
- 고생 끝에 낙(樂)(복)이 온다.
- 젊어서 고생은 사서도 한다.
- 참는 자에게 복이 있다.
- 참고 사는 것이 인생이다.
- 참을 인(忍)자를 붙이고 다니랬다.
- 한 시를 참으면 백날이 편하다.
- 비 온 뒤에 땅이 굳어진다.
- 쇠는 두드릴수록 단단해진다.
- 하늘이 무너져도 솟아날 구멍이 있다.

- 忍之一字 衆妙之門(인지일자 중묘지문): '참을 인의 한 자가 세상의 어려운 일을 해결하는 문(좋은 방도)이다.'라는 뜻으로, 무슨 일이든지 참고 견뎌야 함을 강조한 말이다.
- 忍字三 則免殺人(인자삼 즉면살인): '참을 인이 셋이면 살인도 피한다.'라는 뜻이다. 어떠한 일이든지 세 번 참으면, 크나

큰 재액을 면할 수 있다는 말이다.

∘ 忍之爲德(인지위덕): '참음이 덕이다.'라는 뜻으로, 참는 것이 인생
살이에 덕성이 되고 가장 좋다는 말이다.

∘ 忍字工夫(인자공부): '참고 견디는 마음을 배우고 기르는 일'이란
뜻으로, 참고 견디는 방법도 배우면 일상생활에 유용하
다는 말이다.

위에 제시한 속담·격언은 고통을 참고 견디면 좋은 결과를 낳는다
는 점을 강조한다. 그야말로 '참고 사는 것이 인생'이고, '서너 냥을
참으면 열 냥의 행복이 온다.'라는 경구가 틀리고 허튼 말이 아니다.
조물주는 인간에게 태어나면서부터 참고 살도록 하였다. 역설적으
로, 참고 살아야 함이 인간의 '의무'가 아니라 '권리'가 된 셈이다.

《참음과 고사·사자성어(故事·四字成語)》

사람이 살아가는 데에는 참을 일이 한두 가지에 그치지 않는다.
그래서 옛날부터 내려오는 참음과 관련하는 고사·사자성어가 의외로
많다. 그만큼 생활에 교훈이 되는 말이 필요했다고 하겠다. 참음은
세상을 살아가는 지혜요 스승이다.

∘ 고진감래(苦盡甘來): '쓴 것이 다하면 단 것이 온다.' 즉, '고통, 고난
을 극복하면 기쁨, 즐거움이 찾아온다.'라는
뜻으로, 일상에서 참음을 강조하는 말이다.

∘ 와신상담(臥薪嘗膽): '섶에 누어 쓸개를 맛본다.'라는 뜻으로, 원수
를 갚거나 목적을 이루기 위하여 온갖 괴로
움을 참고 견딤을 비유한 말이다.

절차탁마(切磋琢磨), 삼고초려(三顧草廬), 우공이산(愚公移山), 마부
작침(磨斧作針), 맹모삼천(孟母三遷), 형설지공(螢雪之功), 알묘조장(揠
苗助長), 과하지욕(胯下之辱), 학철지부(涸轍之鮒), 설상가상(雪上加霜),
새옹지마(塞翁之馬), 미생지신(尾生之信), 조삼모사(朝三暮四), 환골탈태
(換骨奪胎), 위법망구(爲法忘軀), 망매해갈(望梅解渴), 오매불망(寤寐不
忘), 전전반측(輾轉反側), 여리박빙(如履薄氷), 칠전팔기(七顚八起)…

대표적인 고사·사자성어를 몇 개 들어보았다. 이 밖에도 이야기의
속뜻과 연관하면 참음과 관련하는 성어는 무수히 많다. 이러한 성어
는 참음에 대한 여러 사례를 보여주기도 하지만, 참음의 방법이 무엇
인지도 구체적으로 알려준다.

『열자(列子)』에는 '조삼모사(朝三暮四)'에 얽힌 이야기가 나온다.

송나라에 저공(狙公)이란 사람이 있었다. 원숭이를 사랑하여 기르다
보니 무리를 이루었다. 그는 원숭이의 뜻을 이해할 수 있었고, 원숭이도
역시 저공의 마음을 알아차렸다. 그는 집안 식구의 음식을 줄이면서 원숭
이들의 욕망을 충족시키려다가 곧 곤궁하게 되었다. 그래서 원숭이들의
먹이를 줄이려고 했으나, 원숭이들이 따르지 않을까 두려워서 먼저 그들
을 속여 말했다. "도토리를 아침엔 세 개, 저녁엔 네 개로 주면 족하겠느
냐?" 뭇 원숭이들은 일어서서 모두 화를 내었다. 조금 있다가 "그럼 도토
리를 아침엔 네 개, 저녁엔 세 개로 주면 족하겠느냐?" 하니, 원숭이들은
모두 엎드려 절하며 기뻐하였다. [황제편(皇帝篇)]

다 아는 내용이지만 다른 각도에서 이해하기 위해 원문을 요약하
여 옮겨 보았다. 열자는 '만물이 능력이 있는 것이 능력 없는 것을 서
로 농락함이 모두 이와 같다.'라고 하면서, 성인이 지혜로 여러 어리

석을 사람을 농락한 것이 꼭 저공의 행위와 같다고 하였다. '명분(名分)'과 '사실(事實)'에 아무런 손상이 없이 그들을 성내게도, 기쁘게도 할 수 있다는 것이다. 그래서 일반적으로 '조삼모사(朝三暮四)'는 '거짓된 방법으로 남을 우롱한다.'라는 뜻으로 통용된다. 나아가 똑같은 물건을 주면서 어리석은 백성을 성나게도 기쁘게도 할 수 있다는 정치 문제에 곁들여 해석하기도 한다.

장자(莊子)는 제물론(齊物論)에서 "정신과 마음을 통일하려고 수고하면서도 모든 것이 같음을 알지 못하는 것을 '조삼(朝三)'이라고 말한다."라며 전제하고 이야기 개요를 설명하였다. 이어 "성인은 모든 시비를 조화시켜 균형이 잘 잡힌 자연[천균(天均)]에 몸을 쉬는데, 이를 일컬어 '양행(兩行)'이라 말한다."라고 결론을 내린다.

'양행'은 자기와 밖의 만물[외물(外物)]이 함께 어울려서 원만하고 조화롭게 존재한다는 뜻이다. 곧, 모든 사물은 원래 한결같이 똑같다[제물(齊物)]는 논리다. 따라서 이러한 높은 경지에서는 '조삼모사(朝三暮四)'나 '조사모삼(朝四暮三)'를 구별하는 행위는 의미 없다는 것이다. 명분과 사실에서 달라진 것이 없기 때문이다. 열자의 설명을 천균(天均)과 양행(兩行)으로까지 발전시켜 설명의 경지를 한 층 높였다.

조삼모사를 고통, 참음과 결부해 풀이해 보면 앞의 해석에 부가되는 의미가 있다. 어리석은 원숭이는 '조삼모사'면 화를 내고, '조사모삼'이면 기뻐하였다. 하루라는 전체 시간 속에서의 계산이 아니라 단순히 먹는 변화, 곧 뒤에 먹는 양보다 적게 먹으면 화를 내고, 많이 먹다가 적어지면 기뻐하였다. 앞의 숫자, 곧 먼저 성취하는 수에 너무 탐착하여 뒤에 먹는 양과 단순히 비교하는 어리석음을 참아내지 못하고 화를 낸 것이다. 즉, 참지 못하여 명분과 사실을 구별하지 못하면, 어리석게 되고 무턱대고 화를 낸다는 말이다.

조삼모사 고사성어 뜻을 "참지 못하면 만물의 이치를 제대로 깨닫지 못해 어리석게 되고, 분노와 기쁨의 사리 구분도 제대로 할 수 없다."라고 이해할 수 있다. 이렇다면 '거짓된 방법으로 남을 우롱한다는 뜻'은 너무 지엽적인 해석이 된다. '참음'을 잘 알고 이해해야 하는 이유가 여기에 있다.

그냥 참는다고 참는 것이 아니다. 참음에도 기술과 기법이 있다. 그리하여 참음의 여러 국면을 고사성어를 많이 원용하여 설명하고, 여기에 내재한 생활의 지혜를 강조하여 이해를 높이고자 하였다.

참음은 모든 상황에서 생겨난다.

옷을 입고, 밥을 먹고, 잠을 자는 평상 생활에도 참음이 필요한 경우가 많다. 허리 구부려 운동화 끈을 매면서도, 심한 갈증에 물을 마시면서도, 주름잡으며 다리미질할 때도, 주의하며 건널목을 건널 시에도, 무엇을 기다릴 때도 참음을 요구한다. 이러한 일상의 평범한 활동에도 참음을 요구하는데, 이보다 더한 경우에야 부언할 필요가 있으랴.

바꾸어 말하면 참음은 옷이고, 밥이며, 잠이다. 늘 우리 사람과 함께하지만, 있다고 생각하면 있어 보이고, 없다고 무관심하면 없어 보이는 그런 존재다. 그러나 어떤 특별한 상황이 갑자기 닥치면 참아야 한다는 느낌과 생각은 절실하다. 준비가 되지 않아서 당황하고, 헤쳐나갈 방도를 쉽게 찾지 못한다. 참아야 할지, 말아야 할지 결정하기가 어렵다.

《참음이 필요한 상황》

일상생활에서 순간순간마다 참아야 할 경우가 많이 생긴다. 이를 내면에서 자기도 모르게, 아니면 의도적으로 녹이고 씨름하면서 하루를 보낸다. 이처럼 일상은 참는 순간이 연속하는 생활이다.

대형 서점(도서관)에서 서가를 볼 때/ 이해 안 되는 책을 읽으면서/ 버스나 전철을 기다리며/ 왜곡 과장된 뉴스를 시청할 때/ 꾸중, 비난을 들을 때/ 맛있는 음식점 앞에서/ 시험 보기 전 문제지 받으면서/ 면접 직전 면접관 앞에서/ 로또 당첨 번호를 확인하면서/ 소풍·운동회·수학여행 전날 밤 가슴 설레며/ 심이 다 닳은 연필을 사용할 때/ 사랑하는 사람이 몰라줄 때(짝사랑할 때)/ 나라 역사가 왜곡될 때/ 선착순 출발 직전에/ 이유 없이 무시당할 때/ 집필이 더딘데 원고 독촉을 받으면/ 글쓰기 발상이 잘 안 되면/ 생각날 듯하며 떠오르지 않을 때/

다급한 소·대변을 참으면서/ 심한 외로움을 느끼면서/ 병원 대기실에서 오래 기다리며/ 수술실에 들어가기 전 마취 주사 맞으며/ 합격자 발표 방(榜)·명단에 다가서며(접근하며)/ 토론 중 소통이 안 될 때/ 수업·강의 내용을 이해 못 할 때/ 선의의 말(행동)을 몰라 줄 때/ 하기 싫은 공부를 강요받을 때/ 너무 꼼꼼한 사람과 대화하며/ 자존심 상하는 말을 들으며/ 어려운 분과 만나 대화하며/ 남이 알아주지 않을 때/ 사기나 속은 것을 알았을 때/ 너무 덥거나 추우면/ 운동 경기 후 심판의 판정을 기다리며/ 선거 개표 마감 직전 앞서거니 뒤서거니 할 때 …

이상은 크고 작은 긴장이나 심리적 부담감, 무시로 다가서는 신체적 자극, 어떤 야릇한 충동이 생기거나, 마음의 변화가 무쌍한 순간에 발생하는 참음의 상황이나 처지를 들어본 대표적 예이다. 그러나 참아야 하는 순간은 시도 때도 없이 찾아오고, 이런 상황에 대처하는 마음가짐과 태도도 언제 어디에서나 수시로 변화한다.

위의 예는 개인적인 처지나 생각에 따라 참음의 정도가 다를 수 있다. 세상만사 '일체유심조(一切唯心造)'이기 때문이다. 따라서 이러한 상황은 공통적인 면도 있지만, 개인적인 성격이나 상황에 따라 느낌의 정도가 달라진다. 어떤 상황에서 모든 사람이 똑같은 정도로 참음을 필요로 하지 않는다는 말이다. 도서관 서가에 서면 '저 책을 언제 다 읽어 보지.' 하고 주눅이 들거나 부담을 느끼는 사람도 있지만, '읽을 책이 많아서 좋네.' 하며 기뻐하는 사람도 있다는 말이다.

《참음이 어려운 상황》

사람은 시간마다 어디에서나 작게, 아니면 크게 참아야 한다. 그런데 참아야 하는 순간을 참아내지 못하고 포기하는 직전에 몰리기도 한다. 간혹, 진땀이 흐르고, 자신도 모르게 욕이 나오거나, 소리지르거나, 물건을 내던지는 돌발 행동 등으로 전화(轉化)하려는 순간을 맞는다. 굴종, 굴욕 등으로 참아내기가 어려운 심적 상태로 분노, 충동, 억울, 슬픔 등이 외부 행동으로 분출하기 직전, 또는 분출하려는 심리상황이라 하겠다.

어떤 사안이 극한 대립일 때/ 성취에 절대시간이 모자라면/ 추진계획이 잘못되었을 때/ 일이 의도하는 대로 되지 않으면/ 사업이 파산하여 정리할 때/ 조그마한 이득에 눈이 멀면/ 국가대항 축구 경기에서 질 때/ 사리에 맞지 않는 연설, 유세를 들을 때/ 과장, 거짓 강연을 들으면서/ 실수로 컴퓨터 저장물이 모두 지워지면/ 사랑하는 사람이 헤어지자고 할 때/
인기 정상에서 내려올 때/ 한쪽만의 사랑이 너무 길면/ 이유 없이 협상(타협)이 질질 끌릴 때/ 줄서기에서 매우 늦은 순번이면/ 서 있는 줄에 새치기하는 사람을 보면/ 경쟁에서 매우 뒤처질 때/ 필수 지위(자격)에 추천, 공천을 받지 못하면/ 기대했던 선거에서 떨어지면/ 상대적 박탈감을 깊이 느낄 때/ 사리사욕만 채우는 사람을 볼 때/ 맹수(귀신)에 쫓기는 꿈을 꿀 때 …

위의 예시는 참음이 좀 더 굳세게 필요한 상황이라는 뜻이지 참아내지 못하는 경우는 아니다. 참음은 어떠한 어려움이라도 극복하는 힘을 가졌다. 반면에, 개인적인 처지나 생각에 따라 상황 인식은 달라진다.

『맹자(孟子)』에는 '송나라 사람이 곡식 싹이 빨리 자라지 않는 것을 안타깝게 여겨, 싹을 뽑아 올려 말라 죽게 하였다.'라는 알묘조장(揠苗助長)'이란 일화가 나온다. 무지하기도 하지만, 한순간을 참지 못해서 일을 망쳐버린 사례이다. 참기 어려운 상황에서 대처를 잘못하면 참음도 어려움을 도와주지 않는다. 참기 어려운 상황일수록 적시(適時)에 적절한 방법으로 참아내는 지혜를 발휘해야 한다. 참음에도 적시 안타가 필요하다는 말이다.

《참음이 드러나는 상황》

어떤 고통이 신체나 마음을 자극하면 꾹 참아서 내면에 녹이거나 억누르지 못하고, 밖으로 참는 모습을 드러내는 상황을 말한다. 내면에서 참는 에너지가 넘쳐나 외부로 분출하는 것과 같은 이치라 하겠다. 참음이 드러나는 상황이란 일종의 고통을 해소하는 하나의 방법이다. 다음은 참음이 드러나는 상황, 또는 일종의 참는 모습이라 생각하여 예를 들어본 것이다.

목적 없이 저 멀리 돌을 힘껏 던지며/ 심장이 요동치는 것을 느끼며/ 목이 굳고 얼굴이 열기로 달아오를 때/ 억울해 눈물을 펑펑 흘리며/ 하늘 보며 괜히 소리칠 때/ 행사장에서 자신도 모르게 고함을 지르며/ 대상 없이 쌍욕이 저절로 나올 때/ 나도 모르게 물건을 집어 던지며/ 헛소리 치며 웃을 때/ 맨주먹으로 책상을 소리 나도록 치며/ 벽을 여러 번 발로 차며/ 무작정 땅바닥에 드러누우며/ 괜스레 자리를 옮겨 앉으며/ 서 있던 줄을 갑자기 이탈하며/ 머리를 벽에 심할 정도로 부딪치며/ 이유 없이 모르는 사람 대화에 끼어들 때/

무의식중 자기를 학대하며/ 남을 욱대겨 해롭게 하며/ 유리창 등 주변 물건을 깨뜨리며/ 눈알을 사납게 굴려 부라리며/ 맨주먹을 불끈 움켜쥐며/ 입술을 계속해 깨물며/ 연설이 못마땅하다고 삿대질하며/ 마음에 들지 않는다고 손가락질하며/ 억지로 트집 잡고 혼내며/ 자리를 박차고 일어나며/ 머리를 자기 주먹으로 때리며/ 운동 경기 중 본의 아니게 과격한 행동을 보일 때/ 거리를 무작정 떠돌아다니며/ 갑자기 분위기 깨는 노래를 부를 때/ 괜스레 옷을 찢거나 벗어 던지며 …

이상은 개인적인 경우를 중심으로 생각해 본 것이다. 잠시 이성을 잃어 판단이 흐려지거나, 분노, 흥분 등 감정을 억제하지 못해 밖으로 드러나는 상황이나 행동이다. 대개는 욱하는 마음으로 일상과 다른 거칠고 과격한 언어를 동반하는 경우가 많다.

대체로 고통을 해소하는 모습은 참고 견디며 내면에 녹여 밖으로 드러나지 않는다. 하지만 안으로 채찍질하여 참으려 해도 이를 감당하기 어려우면, 참음이 행동으로 전화하여 밖으로 분출한다. 이에는 '거룩한 분노'라는 말처럼 아름답고 성스럽게 보이는 모습도 있지만,

그렇지 못한 태도도 의외로 상당히 많다. 전자는 눈에 잘 띄지 않지만, 후자는 너무나 드러나 밉보이기도 한다.

국가나 사회, 대자연과 우주의 움직임도 참음이 드러나는 상황으로 여길 수 있다. 국가의 흥망성쇠, 사회의 변혁은 자연스럽게 이루어지기도 하지만, 갈등의 결과라는 생각도 만만찮다. 지구를 유기체로 바라보면 자연의 변화 등도 참음이 드러나는 현상이다. 이 참음을 감내하지 못하면 재앙이라는 의외의 결과를 가져오기도 한다. 우주의 팽창과 조화는 신이 창조하는 참음의 숭고한 모습이다.

참음은 밖으로 드러내는 것이 어느 면이나 좋다. 그래야 고통을 쉽게 물리칠 수 있다. 이어지는 '참음을 기르는 법', '참음을 쓰는 법'은 참음이 드러나는 상황을 희망과 즐거움의 선순환으로 바꾸는 방법이다.

《참음이 필요한 상황》,《참음이 어려운 상황》,《참음이 드러나는 상황》이란 그 의미 범주에 참음의 모습을 구분해 보려는 시도로서, 예거한 내용이 그 상황과 꼭 맞아떨어지지는 않는다. 그러하리라 분류해 본 것으로 개인과 집단에 따라 다르게 인식할 수 있다.

참음은 상황에 대처하는 능력이다. 상황에 완전히 빠져들어 당황하지 말고, 한 걸음 뒤로 물러서서 상황을 잘 파악하여 이를 이용하는 기술이 필요하다. 참음에도 '방도(方道)'가 있다는 말이다. 맨 마지막 단락을 읽을 즈음에는 이러한 방도가 무엇인지 알게 될 것이다.

3.
참음에도
존재 법칙이 있다

참음은 고통 · 즐거움과 작용 관계다.

고진감래(苦盡甘來) 성어의 구조에서 '고(苦/쓰다)'와 '감(甘/달다)'의 상호 작용이 **참음의 법칙**, 또는 **참음의 존재 법칙**의 기본을 이룬다. 참음의 법칙을 설정하려면, 먼저, 고(苦)와 감(甘)의 뜻을 자세히 이해하는 것이 필요하다. 앞서 자전(字典), 사전에 나오는 뜻을 중심으로 하고, '참음'의 언어적 수사와 상황을 설명하면서 제시한 내용을 바탕으로 이들 관계 상을 요약, 정리해 보면 다음과 같다.

[표1]

구분	고(苦)	감(甘)
기본 의미	쓰다/ 괴롭다/ 놓다/ 싫어하다/ 한스럽다/ 급박하다/ 애쓰다/ 힘을 다하다/ 병을 앓다 등	달다/ 맛있다/ 좋아하다/ 좋다/ 기꺼워하다/ 느슨하다/ 탐내다/ 즐기다/ 아름답다 등

상징의미	슬프다/ 불행하다/ 우울하다/ 실패하다/ 끝나다/ 멀어지다 지옥/ 아귀/ 축생/ 밤/ 눈/ 비/ 바람/ 먹구름/ 천둥/ 번개 등	즐겁다/ 행복하다/ 기쁘다/ 성공하다/ 계속하다/ 가까워지다 천국/ 극락/ 이상향(무릉도원)/ 낮/ 태양/ 무지개/ 하늘/ 별/ 꿈 등
인(忍)과의 작용 관계	인(忍)의 원인	인(忍)의 결과
역학 관계	고진감래(苦盡甘來)/ 참음의 존재 법칙(우주·자연의 원리)	

잘 알다시피 고진감래(苦盡甘來)는 '고(苦)가 다하면(盡), 감(甘)이 찾아온다(來).'라는 뜻이다. 고(苦)와 감(甘)을 '다하면/찾아온다(盡來)'가 연결해 주는 구조이다. 곧, 이 성어에서 참음의 법칙성을 끌어낼 수 있다. 그런데 한자의 배열에 따른 의미 연결을 좀 다르게 하여 해석할 수도 있다.

㉠ 고진감래(苦盡甘來): 고통이 다하면 즐거움이 온다.
㉡ 고진래감(苦盡來甘): 고통을 다하고 견뎌서 즐거움을 오게 한다.

㉠, ㉡은 어디까지나 어순을 바꾸어 따져보는 언어적 해석이다. 그러나 맞고 틀리고를 떠나 고통[苦]과 즐거움[甘] 사이에 참음[忍]의 개입을 어떻게 보느냐 하는 차이일 뿐이다. ㉠은 참음을 현상 그대로 평범하게 인정한 문법적 나열이라면, ㉡은 참음을 표면화하여 의도적으로 참음의 중요성을 강조한 어순이다. ㉡의 배열과 해석은 이 책의 구조와 이를 설명하는 방식과도 맞아떨어진다.

어쨌든, '㉠ 다하면-온다[진(盡)-래(來)]', '㉡ 다하고 견뎌서 오게 한다[진래(盡來)].' 중 어느 쪽으로 해석하든지 참음의 법칙성을 나타내는 조합이라는 점에는 똑같다. 그러나 ㉠과 ㉡에서 '참음의 존재 법칙'을 찾아 정립하는 작업은 만만찮다.

참음의 법칙성을 찾아보는 데 이해하기 쉽도록, 다음과 같은 도식의 설정은 상황 중심으로 이의 법칙을 찾는 하나의 방법이 된다.

[표2]

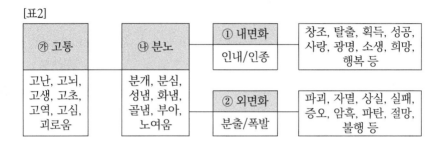

㉮는 고통의 상황을 좀 더 자세히 설명한 내용이고, ㉯는 이에서 유발한 심적 상태를 구체화한 것이다. ㉮-㉯가 일차적 관계요 (㉮/㉯)-(①, ②)는 이차적 관계다. ①은 참음을 긍정적으로 받아들이는 상황이고, ②는 참음을 부정적으로 거부하는 상황이다. 뽕나무가 방귀를 뀌니까 참나무는 ①의 행동을 요구하고, 대나무는 ②의 행태를 보이는 것과 같다. '참고', '때리는' 반응은 상황 인식과 그 결과에서 확연히 다르다. 이것이 참음도 법칙을 이룰 수 있다는 징표(徵表)이다.

[표1]과 [표2]를 연결하여 고통-참음-즐거움 관계를 생각해 보면 이 점은 더욱 분명해진다.

[표 3]

구분	고통(괴로움)	참음(인내)	즐거움(기쁨)
성격	공격적, 외면적, 가시적, 진취적	방어적, 내면적, 묵시적, 이성적	향유적, 표현적, 과시적, 감성적
행위	찌르다, 가르다, 두드리다, 베다, 흩으리다, 때리다, 흔들다	견디다, 억누르다, 다스리다, 기다리다, 가다듬다, 고르다	웃다, 뽐내다, 자랑하다, 우쭐대다, 과시하다, 양양하다
작용	참음을 유발	고통을 물리침 즐거움을 불러옴	참음의 결과
태도	타개해야 할 대상	지속하는 마음가짐	기대하는 가치(선물)
시간	과거 발생적	현재 진행형	미래 지향적
속성	드러내려는 자질	감추려는 자질	성취하려는 자질
관계	공존, 연결, 역동, 상보, 시너지		

고통, 참음, 즐거움의 표지(標識) 비교다. 서로를 구별하여 알게 하는 데 필요한 표시(表示)나 특징을 생각해 본 것이다. 그런데 무엇보다도 중요한 사실은 이들이 시너지 관계로 상호 작용하며 공존한다는 점이다.

그리스 신화에서도 이 점을 암시한다. 제우스는 인간에게 불 등 생활의 지혜를 전달해준 프로메테우스, 에피메테우스 형제를 벌하기 위해 최초의 여인이라고 하는 판도라를 보냈다. 에피메테우스와 결혼한 판도라는 집 한구석에 놓여 있는 상자를 조심하라는 충고에도 그것을 열었다. 질병, 질투, 슬픔, 원한, 복수 등이 빠져나와 바삐 흩어지고, 얼른 닫자 오로지 희망만이 상자에 붙잡히게 되었다. 제우스의 징벌로 질병 등 고통이 인간을 노상 괴롭히지만, 그래도 희망이 늘 곁에서 삶의 뜻을 세우고 꿈의 나래를 펴고 날도록 한다.

얼른 상자를 닫는 행위는 참음의 재빠른 동작이요, 행복한 삶을 영위하기 위한 간절한 욕망이다. 고통을 물리치려면 신속히 대처하고, 이를 해결하려는 의지가 무엇보다도 우선한다는 이해 관점이다. 고통은 직접 느끼는 것이고, 참음은 의지가 작용하고 그리하여 즐거움을 기대한다. 이처럼 참음에는 고통과 즐거움이 공존한다. 고통은 물리치고 즐거움은 맞이해야 한다. 이것이 참음을 법칙성으로 이끄는 기본 원리이다.

참음은 법칙성으로 존재한다.

다음은 고통과 참음, 즐거움의 상관관계를 생각하여 법칙 수립의 가능성을 찾아본 것이다. '법칙성(法則性)', 즉 '법칙의 성질'로 존재할 수 있는지를 타진해 본 이들 관계 방식의 종류다.

《상황 인식의 법칙》

인간을 '**자각존재**'라고 한다. '인간은 이 세상에서 해야 하는 역할이나 의의를 아는 능력이 있다'라고 하여, 다른 동물과 구별되는 표치(標幟)로서 '인간'을 달리 이르는 말이다. 인간은 현재 일어나고 있는 상황을 파악하고 받아들이는 방법, 즉 '**존재 양식(being mode)**'을 행동으로 옮길 줄 안다. 그래서 '**생각하는 존재**'로서 만물의 영장이 되었다.

예고 없이 닥쳐오는 고통에는 크거나 작은 것도, 드세거나 온순한 것도, 격렬하거나 미미한 것도 있다. 그런데 만사가 원인을 알아야 적절한 해결 방법을 찾을 수 있듯이, 고통의 원인을 잘 알아야 고통을 쾌도난마(快刀亂麻)처럼 해소하고 물리치는 방법이 생긴다. 즉, 고통의 상황을 잘 알아야 참는 방법을 선택하고 해소할 수 있다.

고통의 상황을 알게 되면, 그에 따른 상황 판단은 즉각적으로 이루어지는 것이 보통이다. 즉, 참아야 할지, 이 외 다른 반응을 보여야 할지의 선택이 순간적이다. 그러나 상황 인식과 판단은 선택한 결과를 책임져야 한다. 고통과 분노를 억제 또는 분출해야 할지, 견디고 기다려야 할지 등 판단은 좋든 싫든 어떤 결과를 남기기 때문이다. 그러므로 상황 인식은 앞의 [표1]을 바탕으로 [표2]에 제시한 (㉮/㉯)-(①, ②), [표3]이 서로 관계하여 보완하는 역동적 작용이라 하겠다. 이 역동적 작용이 법칙성으로 존재한다는 가정을 좀 더 구체화한 것이 또 다른 여러 법칙성 설명이다. 그리고 이 법칙성은 '**참음의 존재 법칙**'을 수립하는 기본으로서, 이어서 제시하는 모든 법칙의 종류와 직간접으로 관계한다.

《동시 작용의 법칙》

고통과 참음의 존재 관계가 과연 '무엇이며 어떤 것인가'를 생각해 보기란 그리 간단해 보이지 않는 듯하다. 고통과 더불어 참음이 동시에 일어나는지, 고통 다음에 참음이 계기적으로 뒤따르는지, 아니면 시간과는 아무런 상관없이 별개로 존재하면서 작용 관계를 이루는지를 따져보는 문제이다.

어떻든, 고통과 참음은 밀접하게 연관되어 있다는 사실은 부인할 수 없다. 양자의 관계 규명은 심리학, 또는 관계 학문을 동원한 많은 연구가 필요해 보인다. 우선, 그 관계 작용 중에서 시간문제와 결부하여 고통과 참음은 동시에 일어난다고 상정하여 《동시 작용의 법칙》이라 이름 붙여 보았다. 무심코 걷다가 발이 돌부리를 차면 발끝이 아픈 고통에 절뚝거리게 된다. 이때에는 차임의 아픔과 동시에 참아야 한다. '너 나중에 참아도 돼'하는 생각은 사리에 맞지 않는다. 손가락을 가시에 찔렸을 때도 같은 상황이라 하겠다.

그런데 가난의 문제와 결부해서는 상황 인식의 태도에 따라 고통과 참음의 관계가 달라진다. 그 옛날 남산골샌님처럼 선비들이 지녔던 안빈낙도(安貧樂道)를 고수하여, 가난이 신경 쓰이지 않으면 참음이 생기지 않는다. 그런데 가난하게 살다가 어느 순간 상대적 박탈감에 울화가 치밀어 부자가 돼 보려고 하나, 그렇지 못하게 되면 참음이 후에 생겨난 격이 된다. 고통과 참음에 시간적 거리가 생긴 것이다. 그런데 가난하게 살면서 참아내야 하는 상황이 한 번이라도 없을 수 있는가 하는 문제는 앞서 내린 결론을 무색하게 한다.

그러므로 《동시 작용의 법칙》은 '마음먹기'에 달려 보이기도 한다. 어쨌든, 고통과 참음의 관계는 학문적으로 심도 있게 규명하고 논의해 볼 대상이다. 의학에서 말하는 길항작용(拮抗作用)과 결부해 보는 것도 유용한 결론을 도출해 볼 듯하다.

《원인 결과의 법칙》

고통이 몸과 마음에 엄습하면 솟구치는 감정을 내면으로 억제하고 참아내야 할지, 아니면 외면으로 즉각 분출해야 할지 결정해야 한다. 고통과 분노가 내면의 마음과 외면의 행동으로 연결되고, 이에 따라 결과의 방향이나 정도가 달라진다. 즉 고통은 참음을 유발하고 어떤 결과를 담보한다. 이것이 참음의 '원인 결과의 법칙'이다.

고통(괴로움)을 참는다는 '인고(忍苦)'의 말처럼 참음과 고통은 공존, 동행한다. 고통이 참음을 유발하고 성숙하게 한다. 그런데 고통이 목적어의 위치에서만 참음과 작용하는 것이 아니라, 이들의 관계는 매우 역동적이다. 그중 분명한 하나는 '고통이 생기므로 참음이 생긴다.'라는 인과의 관계다. 고통이 있으므로 참음이 있다. 또 참음으로써 달콤한 일이 생기는 것이다.

고진감래(苦盡甘來)도 인과의 법칙을 나타낸 성어이다. 고통을 참고 견디면 즐거움이 찾아오기 마련이다. 그렇다고 다 그런 것은 아니다. 그런데 우리 인간은 고통을 참으면 좋은 결과를 기대하지, 그렇지 않은 경우는 하나도 없다. 참는 힘이 생기는 것은 즐거움을 기대하기 때문이다.

'개천에서 용 난다'라는 말은 자세히 들여다보면 부단히 참아내는 노력으로 이뤄낸 성공을 뜻한다. 개천(어려움)에서 벗어나기 위해 참고 견뎌서 용(성공)이 된 것이다. 원인 결과를 잘 대변하는 우리 귀에 익숙한 말이다. 그런데 요즈음에는 이 말도 그 본뜻이 희미해져 안타깝기만 하다.

《감정 연동의 법칙》

사람의 감정은 경계가 뚜렷하지 않다. 기쁘다가도 슬프고, 울다가도 웃는다. 사랑하다가도 미워지기도 한다. 기쁨과 슬픔의 정도도 사람마다, 상황에 따라 천차만별(千差萬別)이다. 어떤 문제를 해결하려거나 상황에서 탈출하려고 결심했다가도 한순간에 내팽개친다. 이처럼 감정은 상황에 아주 민감하게 반응하고, 참음과 연동하여 쉽게 각양으로 변화한다. 단어의 조합에서도 이러한 연동의 법칙을 찾아볼 수 있다.

[인내(忍耐)]: '고통을 참고 견딘다'란 이 말을 일상에서 자주 사용한다. 글자 인(忍)과 내(耐)는 '참다'라는 뜻을 공유하면서도, 인(忍)은 정적 감정 상태가 강하고, 내(耐)는 지속적 감정 움직임이 강하다. 인과 내가 연동하면 고통에 대처, 극복하는 힘이 배가한다.

[인고(忍苦)]: '고통을 참는다'란 이 말은 원인 결과의 법칙을 나타내면서 감정 연동 법칙과도 관계한다. 고(苦)가 있으니까 인(忍)의 감정이 생긴다. 고가 생기면 자연히 연동하여 인은 뒤따라 작용하기 마련이다.

[인감(忍甘)]: '즐거움을 참는다'란 이 말은 새롭게 글자를 조합해 본 좀 생경(生硬)한 말이다. '웃음을 참음.', '표정 관리' 등이 여기에 해당한다. 슬픔을 표해야 할 분위기에서 좋은 소식을 들었을 때, 기뻐 웃고 즐거운 표정을 대뜸 드러낼 수 없어 조심해야 한다. 즐거움을 참아야 할 상황이다. 이는 감정 연동 법칙이 적용되는 특수한 상황의 하나이다. 웃음을 참는 상황은 이외에도 무수히 많다.

감정의 경계를 넘어서는 것은 '참음'에서 매우 중요하다. 고통의 상황을 참음으로 방어의 성벽을 쌓고, 또 다른 길을 찾는 방법이기 때문이다. 참음은 편견을 없애고 마음의 여유와 안정을 찾아주며, 이성을 더욱 총명하게 되살린다. 그리하여 자신의 모습을 되돌아보게 하고, 상대를 이제까지와는 다른 차원으로 대하게 한다. 참음은 모든 감정과 연동하여 선순환으로 작용한다. 이것이 생활에서 참음이 필요하고 존재하는 진정한 가치다.

《목적 지향의 법칙》

'고생 끝에 낙이 온다.', '참는 자에게 복이 있다.', '인내는 쓰나 그 열 매는 달다.'라는 격언, 속담은 '낙(樂)', '복(福)', '달다[감(甘)]' 등 참으면 생기는 목적이나 결과를 제시하고 있다. 참는 목적이 뚜렷하고, 참아 야 하는 이유를 분명히 나타낸다. 그리하여 일상생활에서 무지개를 찾 아 희망을 이루기 위해 참고, 또 참고 참아낸다. '어제 참았다', '오늘도 참는다', '내일도 참겠다'라는 말을 연속해서 되뇐다.

가시가 많은 섶나무 위에서 자고, 쓰디쓴 쓸개를 맛보며 복수의 칼 을 갈았다는 '와신상담(臥薪嘗膽)' 고사는 참음의 목적이 뚜렷하다. 우 리 인간 모두에게 이 참음 《목적 지향의 법칙》은 삶에 생기를 불어넣 고, 생활을 역동적으로 엮어 가게 한다. 갓난아이는 장난감 사달라고 울고, 젊은이는 길가 가로수를 발로 차기도 하고, 어르신은 개울 옆에 서 흙 묻은 돌멩이를 저 멀리 던져 보기도 한다. 참는 행위 모두는 목적 을 지향하고 수반한다. 참는 목적이 없는 행위는 행위라 할 수 없다.

목적 지향이 타당하다고 해서 좋은 결과를 기약하는 것은 아니다. 목적 달성의 기개가 충천(衝天)해도 그 결과가 선순환으로만 나타나 는 것도 아니다. 무지개를 잡으려 한다고 해서 무지개가 다 손아귀에 반드시 잡히지는 않는다. 그러나 다른 법칙과 상승적으로 연결, 작용 하면 좋은 결과를 담보한다. 참음에서 '목적 지향의 법칙'은 '원인 결 과의 법칙'과 밀접하게 관계한다. 목적이 원인이 되어 결과를 담보하 기 때문이다. 이어지는 《판단 지속의 법칙》과 《해소 의지의 법칙》은 목적을 결과로 이끌어가도록 반드시 관여해야 할 법칙이다.

《판단 지속의 법칙》

고통을 억제하고 견디고 참아내는 주체가 있다. 즉, 고통받는 사람, 참는 사람이다. 주체는 고통을 어떻게 참아내야 할지를 판단해야 한다. 고통의 원인을 알고, 그 상황을 정확하게 파악해야 참음을 내면화하여 적절히 대응할 수 있다. 참는다고 다 참아지는 것은 아니다. 지속 가능한 참음이 무엇인지를 정확하게 판단해야 한다.《상황 인식의 법칙》활용이 여기에 관여한다.

바닷물은 태양열을 받아 증발하여 구름이 된다. 구름은 높푸른 하늘에서 양떼구름, 새털구름, 뭉게구름, 비행접시 구름 등 아름답고 신묘한 자태로 사람의 시적 감흥을 자아내기도 한다. 그러나 어떤 순간에는 먹장구름으로 돌변하여 천둥과 번개를 동반하면서 바람과 함께 많은 비를 지상으로 쏟아낸다. 가랑비, 이슬비, 소낙비 등으로 지상에 떨어진 물방울은 바위와 부딪치며 실개천을 지나고, 무섭게 떨어져 폭포를 이루기도 한다. 굽이굽이 휘감아 흘러 모래톱을 만들고, 댐이 막아서면 고여서 다음 일을 기다린다. 그리고 큰 강이 되어 바다로 다시 흘러간다. 때로는 지하로 스며들어 모습을 감추면서도 자연에서의 역할과 본분은 잊지 않는다.

물은 묵묵히 상황 변화에 지혜롭게 대응한다. 이러한 물의 순환 모습은 어찌 보면 참음의 여러 형태와 맞아떨어진다. 갖가지 고통에 참는 방법도 각양각색이다. 고통에 대처하는 판단도 수시로 달라진다. 그러므로 고통의 상황 변화에 현명하게 대처하기 위해 슬기로운 판단을 지속해야 한다. 고통으로 인한 체념을 방지하는 수단으로 참음의《판단 지속의 법칙》이 필요하다. 참음은 상황 변화에 따라 천의 얼굴일 수밖에 없다.

《해소 의지의 법칙》

참음에는 기본적으로 고통을 해소(解消)하려는 의지, 문제를 해결하려는 의도가 깔려 있다. 고통이 짧아야 좋은 것처럼 참는 시간도 짧아야 좋다. 이러한 시간을 짧게 하려면, 고통을 참아낸다는 단순한 생각에 그치지 않고 해소하려는 의지가 필요하다. 참음 자체도 의지의 소산이지만, 고통을 해소하려는 굳건한 의지는 그 이상의 경지와 노력을 요구한다.

'물을 먹이려고 말을 물가로 끌고 갈 수는 있어도 물을 억지로 먹일 수는 없다.', '갈증을 해소하려면 물을 마셔야 한다.'라는 속담·명언처럼, 고통을 해소하려는 당사자의 의지가 최우선이다. 그런데 이러한 해소 의지는 찾아온 고통의 본질을 자세히 터득해야 하고, 참는 방법이 무엇인지를 알아야 지속한다. 막무가내로 참는다고 참음의 가치가 발휘되는 것은 아니다. 앞서 설명한 모든 법칙이 《해소 의지의 법칙》으로 모여 시너지 효과를 내야 한다.

여기에서 '무엇 때문에 사는가.'라는 범박한 문제를 생각하지 않을 수 없다. 어린아이도 웃고 우는 이유와 목적이 있는데, 이성과 감성을 스스로 구분할 수 있는 나이에는 목적과 욕망은 자연스럽게 존재한다. 그런데 이런 목적과 욕망을 성취하기 위해서는 어려움을 극복하려는 남다른 노력이 필요하다. 이 극복의 노력에는 참음이 부단하게 뒷받침해야 한다. 고통 해소 의지는 인간의 본능이라 해도 틀린 말이 아니다. 이런 의지가 없으면 죽은 목숨이나 다름없기 때문이다.

일상생활에서 이런 본능을 무시하거나 저버리는 어리석은 모습을 보여서는 안 된다.

이들《상황 인식의 법칙》,《동시 작용의 법칙》,《원인 결과의 법칙》,《감정 연동의 법칙》,《목적 지향의 법칙》,《판단 지속의 법칙》,《해소 의지의 법칙》은 톱니바퀴처럼 맞물려 상호 작용하며 동시에 처한 상황에 관계한다. 그래야 참아야 하는 목적을 향해 힘차게 굴러가고 효과를 가져온다. 이것이 참음의 본래 모습이다.

참음은 다양한 형태로 존재한다.

갓난아이가 기저귀 갈아 달라고 우는 모습을 보면 마냥 사랑스럽다. 조금 자라서 걸음마하고 길 가다 넘어졌을 때, 일으켜 달라고 우는 모습은 자랑스러움으로 바뀐다. 몇 살 더 자라서 먹을 것, 장난감 사달라고 투정 부리며 울 때는, 좀 억지스럽지만 흐뭇함을 참을 수 없다. 사춘기에 울먹이며 자기주장을 펴는 모습은 대견해 보인다. 성장에 따라 자식의 우는 모습에서 '사랑', '자랑', '흐뭇함', '대견함'을 느끼는 부모의 감정을 참음의 변화 모습이라 말할 수 있다. 참음에도 종류가 있다는 말이다.

『잡보장경(雜寶藏經)』에는 다음과 같은 말이 나온다.

① 자기보다 강한 사람 앞에서 참는 것은 두려워서 참는 것이요,
② 자기와 같은 사람 앞에서 참는 것은 싸움하기 싫어서 참는 것이며,

③ 자기보다 약한 사람 앞에서 참는 것이 가장 훌륭한 참음이다.

자기보다 강한 사람, 같은 사람, 약한 사람에 따라 참음을 분별한 예다. 기준에 따라 참음의 종류를 구분할 수 있다는 가능성을 엿보게 한다.

참음의 종류는 '참음의 법칙'과 밀접하게 관계한다. '참음의 법칙'을 좀 더 세밀하게 나눠보면, **참음의 종류**가 된다. 고통의 종류가 곧 참음의 종류에 상응한다. 고통을 해결하는 방법은 참음이 중심이 되기 때문이다. 여기에서는 대표적인 몇몇 종류를 들어보았다. 그런데 이러한 구분은 인위적으로 변별 자질을 부여한 것이다.

《짧은 참음, 긴 참음》[단인(短忍)/장인(長忍)]

참는, 참아내야 할 시간이 미리 정해져 있는 것은 아니지만 짧기도 길기도 하다. 고통을 감내하는 시간을 장단으로 구분해서 참음과 연결해 본 종류 구분이다.

보통, 일상은 '짧은 참음'의 연속이다. 고통의 문제 해결이 쉬우면 짧은 참음이다. 식사하면서, 걸으면서, 공부하면서, 심지어 잠잘 때도 참아야 할 일이 생긴다. 참는 시간이 아주 순간적이거나 짧아서 알지 못하는 사이에 해소되거나, 어떤 일에 몰입하다 보면 잊히는 참음이다. 갈증은 물을 마시면 없어진다. 가시나 바늘에 찔렸을 때 고통은 잠시다. 이는 짧은 참음에 해당한다.

참는 시간이 오래 지속되는 경우도 많다. 사막 한복판에서 물 한 방울 없이 방향을 잃고 헤맬 때 갈증 해결의 시간은 기약이 없다. 가시나 바늘에 찔린 데가 곪으면 사정은 달라진다. 어떤 부정적인 일의 결과로 후유증이 생긴 참음, 사회 규범과 질서에 어긋나서 엄습한 참음, 화불단행(禍不單行)이라고 여러 어려움이 겹쳐서 찾아오는 참음 등은 '긴 참음'이다.

극히 드물지만, 개인적으로 평생을 가슴에 응어리를 묻고 살아야만 하는 참음도 한둘이 아니다. 사회적, 역사적으로도 길게 참았던 예가 많다. 임진왜란, 6.25 전쟁 등은 몇 년을 참아야 했고, 몽골의 지배, 일제 압박 등은 몇십 년이 넘는 경우이다. 지리적으로 대륙과 해양의 가교역할로 우리 민족은 외침도 잦았고, 그 결과로 참을 일이 많았는지도 모른다. 그래서 '한(恨)'을 문학의 특징, 민족성으로 거론하기도 한다.

성현들은 긴 참음으로 행복과 편안함, 사랑이 가득하고, 언제나 평화가 깃드는 세상을 만들려고 노력하였다. 몸소 길게 오래 참았고, 각고의 고통을 직접 감수하기도 했다. 본인의 의지와는 상관없이 사회, 세상의 변혁이 그만큼 어려웠기 때문이다. 그래서 경서나 경전, 성경 등에서는 사안에 따라 짧은 참음과 긴(오랜) 참음을 구별하여 그 의미와 목적의 중요성을 설명하였다.

참음은 짧을수록 좋다. 고통의 시간이 짧다는 의미이다. 그런데 짧은 참음이 긴 참음으로 연장되는 경우도 꽤 많다. 마음대로 되지 않는 것이 인생이요 참는 일이다.

《작은 참음, 큰 참음》[소인(小忍)/대인(大忍)]

『용재총화(慵齋叢話)』에서 성현(成俔)은 상말[언(諺)]을 인용하여 '하루 근심은 아침술이고, 일 년 근심은 좁고 작은 가죽신이고, 일평생 근심은 성질이 악한 아내다.'라고 하였다. 좀 해학적(諧謔的)인 면을 가미한 느낌이 들지만, 근심을 작고 큰 종류로 나누어 보았다. 근심과 고통의 작고 큼에 상응하여 작은 참음, 큰 참음이 있다.

참는 시간이 짧거나 고통이 사소하면 '작은 참음'이요, 반대로 참는 시간이 길거나 고통이 커다랗다면 '큰 참음'이 된다. 먹기 싫은데 엄마의 정이 담뿍 담긴 강요에 억지로 밥을 넘기는 아이의 참음, 넘어져 엄마의 손길을 기다리며 억지로 우는 아이의 참음은 보기가 좋다. 공부하기 싫은데도 책장을 넘기는 참음, 시험 보면서 킁킁대는 참음, 갖가지 유혹을 견디는 참음, 퍼즐 완성이 잘 안 되는 참음, 사랑의 매치가 어긋난 참음 등은 작은 참음이다.

큰 참음은 사람 개인마다 다를 수 있다. 보편적으로 세월이 흘러 부모와의 이별은 인류 공통의 큰 고통과 참음이다. 사랑하는 사람과 헤어지는 슬픔에서 오는 참음은 대단하다. 사업에 실패하여 온 가족이 길거리로 나앉은 참음, 희망하는 대학과 학과에 합격하지 못한 참음 등은 비교적 큰 참음에 속한다. 일반적으로 사회적 고통을 감내하는 참음은 큰 참음이다. '보릿고개' 시절에는 온 국민이 배고픔을 참고 견뎌야 했다. 보릿고개가 태산보다 높았던 기억이다. 메르스(MERS), 코로나(Corona)와의 싸움은 세계적 큰 참음이었다.

작은 참음이 마냥 작은 참음으로만 머물지 않는 경우도 생긴다. 참음은 지극히 개인적이면서 상대적인 면이 강하다. 그래서 참는 시간이 길다고 해서 다 큰 참음이 아니다. 나에게는 큰 참음이지만 다른 사람에게는 작은 참음이 되기도 한다.

《바른 참음, 거짓 참음》[진인(眞忍)/위인(僞忍)]

진나라 환관 조고는 권력이 막강해지자 사슴을 2세에게 바치면서 말이라고 했다[지록위마(指鹿爲馬)]. 2세가 사슴이 아니냐고 물으니, 조고의 위세에 좌우 백관이 말이라고 대답했다. 이 경우 그르다고 말하면 '바른 참음'이요, 옳다고 말하면 '거짓 참음'이다.

고통이 심신에 엄습하여 이를 이겨내기 어려울 때는 눈물이 난다. 눈물이 나는 참음은 바른 참음이다. 그런데 기뻐도 눈물이 나는 때가 있다. 이도 바른 참음이다. 바른 참음은 개인의 법도, 인간의 윤리, 사회 정의에 어긋나지 않는 참음이다. 인류가 공통으로 인정하는 진선미(眞善美)와 관련한 참음은 바른 참음이다.

그런데 기쁠 때 기쁘지 않다고 하고, 슬프지만 슬프지 않다고 하는 태도는 거짓 참음이다. 어려운 일이 닥쳤을 때, 부모님 앞에서 태연자약(泰然自若)하게 '괜찮다'라고 말씀드리는 것은 거짓 참음이다. 대의(大義)를 위해 소의(小義)를 버리는 모습은 본받을 일이지만, 개인적으로 봐서는 거짓 참음이다. 이는 가치관의 문제와도 결부되므로 옳고 그름으로 판단하기는 어렵다.

이렇다면 바른 참음은 옳고, 거짓 참음은 나쁘다는 일반적 인식에서 벗어나야 한다. 그 변별이 쉽지는 않지만, '거짓 참음[僞忍]'은 '위선적(僞善的) 참음'과는 다르다. 거짓 참음은 그 목적이 정의로울 때도 있다. 그러나 위선적 참음은 근본에서 정의가 존재하지 않는다.

그래서 위선적 참음은 개인이나 사회를 해친다.

《소극적 참음, 적극적 참음》[약인(弱忍)/강인(强忍)]

마음에 되새김하면서 생각에만 머무는 참음과 즉각 외부 행동으로 옮겨 분출하는 참음이 있다. 어떤 어려운 일, 괴로움이 닥쳤을 때, 해결의 의지가 약하면 '소극적 참음'이고, 강하고 굳건하면 '적극적 참음'이다.

고통의 자극이 작으면 소극적 참음에 머물 수 있다. 소극적 참음은 일상에 늘 인간과 함께하며, 대개 겉으로 드러나지 않아 남모르게 어려움을 해결한다. 참음이 소극적이냐, 적극적이냐는 고통의 강약과 참는 시간과도 관계한다.

큰 고통이 찾아와 해결 의지가 강하게 작용하면 적극적 참음이 된다. 대개 적극적 참음은 곧바로 의도적 행동으로 옮겨 드러난다. 희망 대학을 가기 위해, 시작한 고시 공부를 마무리하기 위해, 좋아하는 사람을 잊지 못해 노력의 강도를 전보다 더해 가는 모습에서 이를 찾아볼 수 있다. 애국·선열·지사가 국권 회복을 위해 목숨을 바치면서 투쟁한 모습은 적극적 참음이다. 목적의식이 강하면 적극적 참이 된다.

보통 일상생활에서는 소극적 참음보다는 적극적 참음이 필요하다. 적극적 참음은 생활을 굳건하고 값있게 한다. 그러므로 강인(强忍)은 '굳세고 질기다'란 뜻의 강인(强靭)과 상통한다. 소극적 참음과 적극적 참음은 분명하게 구별하기가 어렵지만, 개인의 인식과 태도가 행동으로 전환하는 정도에서 차이가 난다. 그러므로 참음은 고통에 대응하는 개인의 신념과 의지에 따라 달라진다고 볼 수 있다. 하지만 고통 해결은 항상 적극적 참음을 요구한다. 적극적 참음은 생활을 열정으로 이끌므로 성공 확률이 높다. 열심히 사는 모습에 감동해서 사회와 하늘은 이러한 사람을 힘껏 도와준다.

《현명한 참음, 어리석은 참음》[현인(賢忍)/우인(愚忍)]

'인내는 쓰나 그 열매는 달다.'란 말은 참아내면 좋은 결실을 맛볼 수 있다는 말이다. 고통을 견디고, 극복하고, 기다리면 승리자로서 기쁨을 마음껏 누릴 수 있다. 이것이 '현명한 참음'이다. '참음의 존재 법칙'을 잘 알아서 결단코 중도에 포기하지 않고 좋은 결과를 맛보는 참음이다. 대부분 현명한 참음으로 이에 상응하는 과보(果報)를 누린다고 하겠다.

그런데 뼈를 끊고, 상아를 갈며, 옥을 쪼고, 돌을 가는[절차탁마(切磋琢磨)] 듯한 고통을 참고 견디지 못하여 자포자기(自暴自棄)하는 경우가 많다. 상황에 안주하거나 편승하여 미래 지향적이지 못하고 적극성, 진취성을 막무가내(莫無可奈)로 흐르는 물에 던져 버린다. 부모에게서 받은 신체발부(身體髮膚)를 훼손하지 않는 것이 효도의 근본인데, 이를 헌신짝처럼 저버리기도 한다. 이것이 '어리석은 참음'의 대표적인 예이다.

춘추시대 노(魯)나라 미생(尾生)은 사랑하는 여자를 다리 아래에서 기다리다가, 소나기에 물이 불어나도 피하지 않고 교각을 끌어안고 죽었다고 한다[미생지신(尾生之信)]. 목숨을 바쳐 신의를 지킨 사람이라는 찬사보다는, 사소한 일에 너무 고지식하고 융통성이 없다는 평이 우세하다. 어쨌든, 미생은 어리석은 참음으로 목숨을 잃었다.

다음은 뭇사람의 비웃음을 사고도 남을 어리석은 참음의 예이다.

옛날 어떤 부부가 떡 세 개를 가지고 서로 나누어 먹고 있었다. 각자 한 개씩 먹고 하나가 남았다. 그래서 서로 "만일 말을 하면 이 떡을 먹을 수 없다."라고 약속하고는, 떡 하나 때문에 아무도 감히 말을 하지 못했다. 조금 있다 도적이 집에 들어와 그들의 재물을 훔쳐 손에 넣었다. 그러나 그들은 이를 보고도 말을 하지 않았다. 도적이 부인을 해치려 해도 남편은 아무 말도 하지 않자, 아내는 "도적이야"라고 소리치고 말했다. "이 어리석은 사람아, 어쩌면 떡 한 개 때문에 도적을 보고도 소리치지 않는가?" 그 남편은 손뼉을 치고 웃으면서 말했다. "이제 이 떡은 내 것이다. 네게는 주지 않겠다." [백유경(百喩經) 제4권 67]

상황 인식을 잘못하고 그 판단이 정확하지 않으면 참음을 그르치게 한다. 어리석은 사람은 떡 하나 더 먹는 것에만 집착했지, 그밖에 일어나는 불행한 상황을 전혀 생각하지 못했다. 어리석은 참음으로 소탐대실(小貪大失)이라는 일상의 원리를 잊어버린 것이다. 이는 참음이 법칙성으로 존재한다는 실증도 된다.

무작정 참는다고 정당한 대가를 얻는 것은 아니다. 현명한 참음이 되도록 배우고 노력하며 지혜를 쌓고, 원만한 인간관계를 형성하는 것이 필요하다. 현명하지 못하면 항상 어리석은 참음이 침범하여 자리를 뺏으려 하고, 결국 뺏긴다. 이것이 '참음의 법칙'이면서 '자연의 법칙'이다.

《견디는 참음, 움직이는 참음》[내인(耐忍)/동인(動忍)]
고통이 찾아오면 내면으로 이를 견디고 굳건히 지속하여 좋은 결과를 기다리는 '견디는 참음'과 오래 참아내지 못하고 빠르게 마음을 바꾸거나, 즉각 행동으로 옮겨서 외부로 감정을 분출하는 '움직이는 참음'이 있다.

너무나 잘 알려진 이솝우화 〈토끼와 거북이〉에서 거북은 '견디는 참음', 토끼는 '움직이는 참음'의 대표적인 예다. 토끼는 느릿느릿 기어 다니는 거북을 보고 우쭐한 마음에 경멸의 말을 한다. 화가 난 거북은 그럼 경주를 해보자고 도전장을 내고, 둘은 목적지를 정하고 출발한다. 토끼는 안일한 마음에 중간에서 쉬다가 잠이 들고, 거북은 느리지만 꾸준히 결승점을 향해 달려 승리한다는 이야기는 교과서에도 여러 번 실렸다. 어찌 보면 참음은 느림의 미학이요, 꾸준함과 성실을 요구한다. 그래서 빠르게 돌변하고, 사세를 견주어 마음을 바꾸는 요령을 배격한다.

'견디는 참음'은 입술을 깨물면서 고통을 억제하고 다스린다. 부모님이 돌아가시는 슬픔, 고통을 천붕(天崩)이라 한다. 슬픔을 하늘이 무너지는 것에 비유하여 이른 말이다. 이러한 슬픔을 억눌러 눈물 한 방울 흘리지 않는 모습을 보이는 참음은 견디는 참음이다.

순임금이 곳간 지붕에 올라가자 아버지[고수(瞽瞍)]는 사다리를 치워 불을 지르고, 우물 안 흙을 파내는데 이복동생[상(象)]은 흙으로 덮어서 생매장해 죽이려고 하였다. 우쭐하면서 찾아온 이복동생 앞에서 순임금은 거문고를 태연하게 타고 앉아 있었다[대순탄금(大舜彈琴). 순임금은 자기를 죽이려는 것을 알면서도, 아버지, 이복동생과 기쁨과 슬픔을 같이하고자 모른 척했다. 『맹자』 만장장구(萬章章句) 상에 나오는 이야기로 견디는 참음의 표본이다. 고통은 시간이 지나면 약해지거나 심지어 기억에서 사라진다. 그래서 '시간이 약'이라고 되뇐다. 참고 견디는 이유가 여기에 있다.

슬픔과 고통에 울부짖고 평상시와 다른 행동을 보이면 '움직이는 참음'이다. 일종의 고통 해소 방법으로 내면의 괴로움을 외면으로 분출한다. 등산, 독서, 여행 등으로 마음을 다스리는 소극적 방법도 있지만, 보다 적극적으로 카타르시스 방법을 택하기도 한다. 이러한 개인적 고통과는 달리 사회적, 국가적 고통은 더 큰 행동으로 옮기기도 한다. 국권을 상실하자 우리 선조는 망국의 한을 억누르며 해외로 망명하고, 무장 투쟁하는 적극적 움직임으로 옮겼다. 이는 고통을 행동으로 분출하는 '움직이는 참음'이다.

견디는 참음과 움직이는 참음은 고통을 해소하는 방법에서 차이가 나지만, 좋고 나쁨으로 비교하기란 어렵다. 어떤 경우에는 움직이는 참음도 필요하다. 그러나 남이 아는 듯, 모르는 듯하게 어려움을 이겨내는 참음이 개인적으로나 사회적으로 건강해 보이기는 하다.

〈감미로운 참음, 고달픈 참음〉[감인/고인(甘忍/苦忍)]

즐거워 웃음을 참을 때, 흐뭇하여 표정 관리를 하는 것은 '감미로운 참음'이다. 심신이 괴롭고 힘이 들어도 사업이 번창하고 성공할 기미가 보이면, 참음이 크고 작건, 짧고 길건 감미로운 참음이 된다. 부모가 자식의 앞길을 위해 온갖 고통을 감내하는 모습은 감미로운 참음이다.

그러나 보통은 괴로움, 아픔, 슬픔 등을 견뎌내야 하는 '고달픈 참음'이 대부분이다. 아무리 노력해도, 눈물겹도록 힘을 써도 앞길이 밝아질 기색이 엿보이지 않으면 고달픈 참음이다. 그리스 신화에서 코카서스 산 바위에 쇠사슬로 묶여 낮이면 독수리에게 간을 쪼아 먹히고, 밤이면 다시 회복되는 프로메테우스, 바위를 매번 반복하여 산 위로 올려야 하는 시시포스, 갈증과 배고픔에도 물과 사과를 마음대로 마시고 따 먹을 수 없는 탄탈로스는 반복되는 고통을 계속 감내해야 했다. 이들은 고달픈 참음의 연속이다.

감미로운 참음과 고달픈 참음은 마음의 자세에 달리는 경우가 많다. 자식을 기르고 가르치는 데에는 비용이 엄청나게 든다. 초·중·고는 의무교육이라 그 성격이 좀 다르지만, 부모 처지에서 자식 교육은 참음이 따른다. 넉넉하지 못한 살림에도 소나 땅을 팔아 자식을 가르치던 시절처럼, 부모의 꾸준한 희생은 감미로운 참음이다. 극히 드물다고는 하지만, 이와 반대되는 부모의 상황은 고달픈 참음이다.

생활에서는 고달픈 참음보다는 감미로운 참음의 자세가 더 필요하다. 사회를 부드럽게 만들고 유지하는 것은 감미로운 참음이다. 그러나 앞길이 잘되고 못 되는 전조(前兆)는 어디까지나 예상이다. '하늘은 스스로 돕는 자를 돕는다.'라는 명구를 가슴에 새기며 참을 뿐이다.

《의미 있는 참음, 의미 없는 참음》[의인(意忍)/허인(虛忍)]

참는 목적과 그 결과가 뚜렷이 나타나면 '의미 있는 참음'이고, 괜히 시간만 낭비하고 좋은 결과를 기대하기 어렵다면 '의미 없는 참음'이다.

변방의 노인 말이 호(胡) 나라로 도망가 수개월 후 준마를 데려오고, 말타기 좋아하는 아들이 말에서 떨어져 다리가 부러지자, 전장에

징집되지 않아 목숨을 부지했다는 이야기[새옹지마(塞翁之馬)]에서 노인의 참음은 의미 있는 참음이다. 코앞의 불행이 행운으로 바뀔 것이라고 기다리니, 정말 행운이 찾아오면 기다리는 참음은 의미가 있다.

옛날 송나라 농부가 그루터기에 부딪혀서 목이 부러져 죽은 토끼를 보자, 쟁기를 버리고 그루터기 옆에서 토끼를 기다린다는 고사[수주대토(守株待兔)]는 어리석은 참음이다. 토끼가 그루터기에 부딪혀 죽는 경우는 극히 드물다. 여기에 그루터기 가까이에서 사람이 서성이니 토끼가 달려들 리도 만무하다. 어리석은 참음은 사세(事勢)나 순리를 알지 못해서 오는 결과로, 책임은 전적으로 자신이 져야 한다.

참음에 의미가 있고 없고는 결과에서 드러난다. 참는 이유는 좋은 결과를 예견하기 때문이다. 변방의 노인은 예상한 대로 소원이 이루어졌고, 송나라 농부는 세상의 웃음거리가 되었다. 참고 기다린다는 데는 공통점이 있으나 그 결과는 판연히 다르다. 참음의 결과는 참는 사람의 의지나 역량에 달리기도 하지만, 아예 상황을 정확하게 파악하지 못하여 헛수고로 머무는 경우가 많다.

《고정하는 참음, 변화하는 참음》[정인(定忍)/변인(變忍)]

'고정(固定)하는 참음'은 시간이 흐르거나 상황에 따라 참음의 목적이나 정도가 변하지 않는 참음이고, 이와 반대면 '변화하는 참음'이다. 정몽주의 단심가(丹心歌), 성삼문의 충렬(忠烈) 시조는 오로지 한 왕을 위하여 목숨을 바치겠다는 고정하는 참음을, 이방원의 하여가(何如歌)는 세상의 세력에 편승하기[여세추이(與世推移)]를 요구하는, 변화하는 참음을 대표하는 좋은 예라 하겠다.

옛날 농촌 초가집 처마에는 고드름도 많이 달렸다. 굵기가 다르면서 모양은 더더욱 다양했다. 그 시절에는 지금과는 달리 환경이 청정해서, 고드름을 따서 아이스바 빨듯이 빨아 먹었다. 지금은 기피 하는 말이 된 듯 귀에 듣기 어렵지만, 옛날에는 시골에서 정감있게 자주 사용했던 '동무들'과 오래 참기 내기를 했다. 팔목 안쪽 가운데에 고드름 조각을 얹어 놓고 누가 오래 견디는지를 시합했다. 이때의 고통을 참는 시간은 매우 어리석고 무모했다. 팔목이 바늘로 찌르듯 후끈대도 이를 참아내느라 온몸을 움찔거렸고, 시간이 더 지나면 머리가 핑 돌 지경이었다. 그래도 승부 욕심에 서로들 얼굴을 쳐다보며 참고 또 참았다. 좀 무모하고 어리석어 보였지만, 이것이 고정하는 참음이다.

의상 스님과 함께 중국으로 가던 도중 원효 스님은 동굴에서 하룻밤을 보내게 되었다. 목이 말라 어둠 속에서 달게 마신 물이, 날이 새자 해골에 고인 물이라는 사실을 알고 구역질이나 토해냈다. 이때 원효의 참음은 변화하는 참음이라 할 수 있다. 어둠과 밝음이라는 환경 변화가 상황 인식을 변하게 하여 참는 모습을 바꾸게 하였다.

격투나 복싱에서 참음은 승부를 떠나 선수를 아끼는 차원에서 그 변화를 엿볼 수 있다. 링 안에서 승부를 놓고 대결하는 모습은 결연하다. 청중이야 재미난 스포츠 경기로 환호성이지만, 사각 링의 당사자야 참음의 정도에 따라 승패가 가름 난다. 그러나 어떤 경우에는 도중에 경기를 포기하는 제스처를 보여야 한다. 변화하는 참음의 대표적인 사례다.

고정하는 참음은 좋고 긍정적이고 변화하는 참음은 나쁘고 부정적이라는 이분법은 합리적인 생각이 아니다. 이들의 구분은 의미에서의 차이일 뿐이다. 참음은 계속 고정하여 지속하는 것이 아니다. 참음 자체는 유동하며 변화하는 속성이 본질이다.

그런데 세상 사람은 변함없는 마음, 끈질긴 노력, 상태의 지속을 더 선호한다. 마찬가지로 이와 같은 지속성 있는 참음을 값있게 본다. 참음의 결실이 달콤한 것이 되려면, 절대적인 시간이 필요하기 때문이다. 계속 굳건하게 참지 못하고, 좀 속된 말로 '변덕'을 부리면 선순환으로 상황을 타개하기가 어렵다.

《정신적 참음, 신체적 참음》[심인(心忍)/신인(身忍)]

정신적으로 고통이 생겨 이를 극복하면 '정신적 참음'이고, 신체적으로 고통을 느껴 이를 감내하면 '신체적 참음'이다. 고통을 마음으로 극복하느냐, 신체적으로 감내하느냐의 구분이다.

외부로부터 오는 자극과 압박에 정신이 평온과 안정, 질서를 유지하지 못하는 상태를 정신적 고통이라 하고, 이에 맞서 정신적으로 원래의 상태를 유지하려는 자세가 정신적 참음이다. 정신적 참음은 마음의 자세가 어떠한가에 달렸다.

가지고, 못 가지고 하는 단순한 심리를 억제하지 못해서 오는 상대적 박탈감, 따돌림의 소용돌이에서 중심 잡기가 어려워 급습하는 소외감, 특히 가을의 자연변화에 순응하지 못해 찾아오는 외로움, 사회 모순이 헤쳐나가기가 버겁게 짓누르는 압박감 등은 대표적인 정신적 고통으로 정신적 참음을 동반한다. 정신적 참음은 앞에서 설명한 모든 참음과 관계하여 참음의 작용을 대변하고, 참음이 가치창조로 몰입하도록 후원한다.

외부로부터 오는 압박과 자극이 신체적 아픔과 손상을 가져오면 신체적 고통이고, 이에 수반하는 쓰라림을 억제하는 참음은 신체적 참음이다. 동서고금(東西古今)을 통하여 고문이나 형벌은 대개 신체적 고통이며, 이를 이겨내는 의지가 '신체적 참음'이다.

조선조까지 우리나라에서는 일반적으로 범행에 따라 5가지 형벌을 내렸다. 태형(笞刑), 장형(杖刑)은 죄의 가볍고 무거운 정도에 따라 초목(楚木)이나 형목(荊木)으로 굵기를 정하여 볼기를 치는 형벌이고, 도형(徒刑)은 복역(服役)이나 강제노역에 처하는 형벌이다. 귀양이라는 유형(流刑)은 섬이나 외딴 벽지 등으로 안치하여 거주를 제한하는 형벌이고, 사형은 그야말로 생명을 빼앗는 가장 무거운 형벌이다. 우리나라에서는 삶아 죽이는 팽형(烹刑)을 실제 집행한 기록은 없지만, 소설이나 영화를 보면 서양에서는 존재한 듯하다. 이 밖에 바늘과 먹물로 얼굴이나 신체 부위에 글자나 그림을 새겨 넣는 자형(刺刑), 달군 쇠꼬챙이로 지지는 포락형(炮烙刑), 특히 서양에서 종교 재판으로 불태워 죽이는 화형(火刑) 등이 있다. 이들 형벌은 세세히 나누면 그 숫자는 더욱 늘어난다.

이처럼 형벌은 종류에 따라 정도에 차이가 있겠지만, 고통의 극치를 달리는 육체적 참음이다. 이러한 육체에 가해지는 고통을 참는다는 것은, 참음의 양상을 다른 각도에서 이해하게 한다. 그렇지 않으면 고통과 참음의 관계를 왜곡하고 오해를 사기 때문이다. 형벌의 참음은 정상적인 상황에서 오는 참음과는 거리가 있다.

고통은 정신적으로나 육체적으로 인간이 성숙한 존재로 살아가도록 안내하고 자취를 남긴다. 정신적 고통과 신체적 고통이 서로 연결되듯이, 정신적 참음과 육체적 참음도 동떨어진 것은 아니다. 이들은 같이 존재하면서 서로를 도와주는 관계라고 하겠다.

《개인적 참음, 사회적 참음》[사인(私忍)/공인(公忍)]

고통을 개인적, 사회적 고통으로 분별하듯이 참음도 '개인적 참음'과 '사회적 참음'으로 나눌 수 있다. 즉, 개인적인 문제로 혼자서 고민하고 견디는 참음과 사회 문제나 현상을 공동 책임으로 주위 사람들과 함께하는 참음의 구분이다.

사람은 태어나서 병들고, 늙어 결국 죽는다. 석가는 이러한 일련의 과정을 인간의 중요한 고통으로 여겼다. 그리하여 생노병사(生老病死)를 연결하는 모든 번뇌(煩惱)를 고통의 바다[고해(苦海)]라고 하였다. 이처럼 사람은 태어나서 죽을 때까지 인생의 여정에서 고통이 억누르는 순간, 순간을 참고 견디며 살아야만 한다. 진화심리학에서 거론하는 질투, 불안, 두려움, 슬픔, 우울, 무기력, 분노, 공포 등은 개인적 고통이면서 동시에 참음으로 이를 견디고 물리쳐야 한다. 사람 개개의 정신적, 육체적 고통을 참아내면 개인적인 참음이다.

반면, 사회 문제가 사람의 정신과 육체에 괴로움을 유발하면 사회적 고통이며 참음이다. 사회적 고통은 가난과 굶주림, 자유의 제한과 억압, 민주 질서의 파괴, 인간관계의 상실 등 주로 사회적 통념에서 벗어난 불의(不義)에 해당한다. 사회적 갈등의 문제, 즉 빈부 격차의 심화, 사용자와 노동자의 시각과 현실 인식의 차이, 대립하는 정치 성향, 지역 간의 역사적 배경, 사회 변화에 대한 의견 차이 등이 사회적 고통을 가져온다. 사회 이념과 전쟁, 기근과 식량 안보, 무차별 총기 폭력, 코로나 전염병 등도 사회적 고통으로 이를 해결하려는 참음이 사회적 참음의 전형이다.

역사에서 사회적 고통이 참아내는 데 한계를 넘어, 어떤 때에는 혁명으로 사회변혁을 주도하였다. 프랑스 대혁명, 중국 신해혁명, 러시아 볼셰비키 혁명 등 사회적으로 커다란 변화가 국가 체제 문제와 연결되기도 하였다. 초기 불교에서는 주로 개인적 고통 해결이 목적이었으나, 점점 인간 존재의 상호 관계를 중시하여 사회적 고통도 극복의 대상으로 삼아 팔만대장경을 남겼다.

그러나 고통의 해소는 대개 개인적인 것에서 출발하여 사회적 문제를 해결하려고 하였다. 개인적 고통은 사회적 고통으로 확장한다. 위대한 사상가, 철학자들은 개인적인 고통을 사회적 고통으로 번민하다가 새로운 정신세계를 주창하고, 참음의 체계를 새롭게 세우기도 하였다.

그동안 종교는 개인적 고통뿐만 아니라 사회적 고통을 해결하려고 부단히 노력하였다. 그리하여 어떻게 참아야 하는지를 밝히고, 구체적으로 인간과 사회를 구원하는 방법을 제시하였다. 어찌 보면 인의(仁義), 자비(慈悲), 무위(無爲), 박애(博愛), 평등(平等)은 참음의 속성이요, 그 본질을 드러내는 고귀한 덕목 이상의 가치를 지녔다고 하겠다.

《인간적 참음, 물질적 참음》[인인(人忍)/물인(物忍)]

인간과 인간 간에서 엄습하는 고통을 견디는 것을 '인간적 참음'이라 하고, 인간과 물질(자연) 사이에서 오는 고통을 극복하는 것을

'물질적 참음'이라 한다. 물질과 물질 사이에서 오는 고통(부조화)이 인간에게 직간접으로 영향을 미치는 경우도 물질적 참음이다.

다음은 초등학교 교과서에 자주 등장했던 솔로몬 왕의 지혜가 담긴 이야기로 요약해 보면 다음과 같다.

> 두 여자가 한집에 살고 있었다. 두 여인은 사흘 간격을 두고 아이를 낳았다. 그런데 뒤에 낳은 여인은 잠버릇이 나빠 어느 날 밤 아이를 깔아 죽이고 말았다. 그래서 옆에서 자는 여인의 아이와 바꿔치기했다. 아침에 이 사실을 안 다른 여인은 그 여인과 서로 자기 아이라고 다툼하다가 결말이 나지 않자, 솔로몬 왕 앞에 나가 자초지종을 말했다. 솔로몬 왕은 칼을 가져와 아이를 나눠 반씩 주라고 명령했다. 진짜 어머니는 제발 아이를 칼로 자르지 말고 저 여인에게 주라고 애원했다. 솔로몬은 칼로 자르지 말라는 이 여인에게 아이를 주었다. (『구약성서』 열왕기 상 3:16~28)

다 아는 이야기이지만, 인간적 참음을 살펴보기 위해 하나의 좋은 예로 제시해 보았다. 어머니의 자식 사랑은 무엇과도 비교할 수 없이 숭고하다. 자식을 위해서 목숨까지도 버린다. 이러한 고통을 감내하는 참음은 자식에 대한 무한한 사랑에서 온다. 이러한 사랑이 인간적 참음의 전형이다. 가족 간, 이웃 간의 사랑으로 맺어진 참음은 인간이 가치 있게 살아가는 분위기를 조성한다.

여기에서 주로 청소년기에 성장통의 하나로 볼 수 있는 '짝사랑' 문제를 생각해 볼 필요가 있다. '짝사랑 가슴앓이'라 하여 분명히 인간관계 고통에서 오는 '인간적 참음'에 해당한다. 그런데 고통이 참음을 압도하여 감정적으로 행동하면, 예상치 못하는 개인과 사회 문제로 발전한다. 이는 참음에 대한 올바른 이해와 인식 부족에서 온다고 하겠다. 참음은 언제나 인간 '내면 의식(意識)'으로 존재한다. 따라서 본인이 현명하게 '짝사랑 가슴앓이' 해소에 '참음의 존재 원리'로 대응하면, 고통이 자연스럽게 사라지고 원만한 인격자로 성장할 수 있다. '인간적 참음'은 '현명한 참음'과 함께 하면, 성장기에 짝사랑을 치유하는 특효 보약이 된다.

자연 속에서 늘 변화무쌍(變化無雙)함을 마주하며 살아야 하는 인간은, 물질적 참음을 노상 곁에 두고 생활하지 않으면 안 된다. 태풍이나 폭우로 인한 인명과 재산 피해는 사람을 망연자실(茫然自失)하게 한다. 지구 온난화 등으로 산불이 자주 발생하고, 그 피해는 추산하기가 불가능할 정도이다. 이때 사람이 감수하는 고통과 이를 견디는 힘이 물질적 참음이다.

대학교 입학 선물로 형님이 차던 손목시계를 주셨다. 묵은 티가 나는, 두께가 납작한 고급 시계처럼 보였다. 학우와 탁구장에서 열심히 공을 주고받다 보니 땀이 눈을 가렸다. 시계를 끌러 대기 의자에 놓고, 한 참 신나게 치다가 가보니 시계가 없어졌다. 그때의 허탈감은 지금도 생생하다. 형님 볼 면목도 없지만, 순진한 농촌 출신으로 매정한 서울 인심에 화가 치밀었다. 그 순간에는 소중한 시계를 도둑 맞았다는 고통과 분노는 마음의 응어리가 되었고, 이를 삭이고 감내하는 물질적 참음은 지금도 마음 한구석에 남아 있다. 타인의 마음을 내 마음과 똑같이 정직하다고 생각했던 순진한 시절의 이야기다.

인간적 참음이건 물질적 참음이건 참음의 주체는 항상 '나' 자신이다. 이런 생각이 항상 바로 서 있으면, 고통이 자유로이 접근하지 못하거나, 접근했어도 쉽게 물리칠 수 있다는 사실을 잊지 않았으면 한다.

지금까지 숨겨진 '참음의 정체'를 밖으로 꺼내 구체화해 보려고 노력하였다. 참음은 이들 중 한 가지에만 해당하는 것이 아니라 서로 관계하며 존재한다. 짧은 참음이면서 작은 참음이고, 정신적 참음이면서 인간적 참음이 될 수 있다. 앞으로 참음의 정체가 심리학, 정신분석학, 교육학 등 여러 학문을 동원하여 더욱 정교하게 연구, 파악하여 정리되었으면 하는 바람이다.

4.
참음은
사람과 자연의 역사다

　되뇌는 말이지만 삼라만상(參羅萬像)이 모두 참음의 자태요 흔적이다. 길섶의 풀 한 포기, 보잘것없어 보이는 야생화 한 송이, 제멋대로 늘어진 냇가의 버들가지도 참음의 표상이다. 높고 낮은 산, 굽이굽이 휘감아 도는 강물, 아물아물 펼쳐진 지평선, 드높은 하늘에 만양(萬樣)의 자태를 뽐내는 구름 등 모두 참음의 조화이다.

　키가 작은 사람 큰 사람, 잘생긴 사람 못생긴 사람, 예쁜 사람 미운 사람, 웃는 사람 우는 사람 모두 다 참음의 군상(群像)이다. 해맑은 눈동자와 얼굴로 웃음을 선사하는 어린아이, 피아노/미술 학원에서 우아하게 손가락을 놀리는 어린이, 도서관에서 내일의 주인공이 되겠다고 비지땀을 감수하는 젊은이, 나를 알아달라고 목놓아 소리치는 거리의 사람들 모두 참음의 주인공이다. 그동안 체습(體習)한 인생의 고뇌와 철학을 숨기지 못해 주름진 얼굴이 마냥 자랑스러운 우리 아버지, 어머니는 참음의 영혼이다.

　성공의 기쁨과 흐뭇함, 실패의 슬픔과 억울함, 멀리 떨어졌다가 다시 만나는 행복, 잃었던 물건을 도로 찾는 감흥, 자신의 존재를 인정받는 만족감, 서로 돕고 감싸는 포용심, 산의 정상에 오른 정복감, 처음으로 해외여행 비행기를 타는 마음 설렘도 다 참음의 한 모습이다.

참음은 고통과 함께하는 사람과 자연의 혁혁한 역사다. 참음의 종류도 문제 해결의 방도도 바로 여기에 숨어 있다.

신화, 전설은 참음의 음향(音響)이다.

신화나 전설에서 영웅이 파란만장(波瀾萬丈)한 어려움을 견디고 이겨내는 모습은 그 사실적 감흥으로 인간적 공감을 불러낸다. 우리나라 단군신화의 곰 모티프는 물론 동서양 건국 영웅 신화의 주인공은 대개 기이한 탄생, 이어 고난을 극복하고 결국 영웅이 되어 행복을 누린다. 로마의 로물루스, 고구려의 주몽, 게르만의 지크프리트(Siegfried)는 대표적인 영웅 일생의 스토리 텔링을 담고 있다.

특히, 그리스 신화에는 등장인물이 고난을 참아내는 모티프가 이야기 전개를 긴장하게 한다.

《프로메테우스(Prometheus)》
그리스 신화에도 천지창조 이야기가 나온다. 신은 홍몽(鴻濛)과 혼돈의 카오스 상태를 육지와 바다, 하늘로 분리하여 질서를 부여했다. 높고 낮은 산의 골짜기와 들로 물길을 트고, 온갖 물고기와 짐승이 뛰고 놀 수 있는 세상을 창조하였다.

'먼저 생각하는 사나이'란 뜻의 프로메테우스와 '뒤에 생각하는 사나이'란 뜻의 에피메테우스(Epimetheus)는 형제로, 거신족(巨身族)인 티탄 신족 소속으로 인간이 존재하기 전부터 땅에서 살고 있었다. 이들은 대지의 흙에 물을 섞어서 신들과 비슷한 인간을 만들고, 바로 서서 걸을 수 있게 하여 만물의 영장이 될 능력과 동물과 함께 살아가는 법을 가르쳐 주었다.

에피메테우스는 동물에게 용기, 힘, 속도, 지혜를 주고, 인간에게는 이들보다 더 좋은 줄 것이 아무것도 남아 있지 않았다. 이 사실을 안 형 프로메테우스는 하늘로 올라가 제우스가 감추고 금지한 태양의 불을 아테나의 도움으로 훔쳐 인간에게 갖다주었다. 이 불로 동물을 정복할 수 있는 무기, 농사에 필요한 기구나 화폐를 만들고, 추위와 자연의 두려움을 물리칠 수 있었다.

그런데 이들이 허접한 제물을 신에게 바쳐, 속고 멸시당했다는 생각으로 화가 난 제우스는 인간에게서 불을 빼앗았다. 인간이 고생하면서 살도록 최초의 여인 판도라(Pandora)를 만들어 에피메테우스에게 보냈다. 그러나 프로메테우스는 하늘로 올라가 제우스가 감추고 금지한 태양의 불을 회향 나무에 붙여 인간에게 몰래 다시 갖다주었다.

이에 분노한 제우스는 프로메테우스를 코카서스 산의 바위에 쇠사슬로 묶고, 흉측하게 생긴 대머리독수리에게 간을 쪼아 먹히게 했다. 간이 밤사이에 원상태로 회복되면 다음 날에 다시 쪼아 먹혀, 그의 고통은 계속되고 또 계속되었다. 프로메테우스는 이러한 고통을 벗어날 수 있는 묘책을 알고 있었으나, 기회를 활용하지 않고 언제나 제우스와 대항하는 인간 편에 섰다.

인간에게 불을 사용하도록 이롭게 한 형벌치고는 너무나 가혹하다. 날카로운 부리가 간을 조각내고 뜯어내는 고통은 생각하면 정신이 아찔하다. 프로메테우스는 날카로운 부리보다도 더 날카로운 비명을 고래고래 질렀다고 한다. 나중의 일이지만 헤라클레스가 독수리를 활로 쏘아 죽이고, 이러한 고통에서 벗어나게 해주었다. 그런데 세상살이는 이 고통에 비견하는 참음을 인간에게 요구하는 적이 수없이 많다.

《시시포스(Sisyphus)》

시시포스는 유카리온의 손자며 코린토스 왕으로, 인간 가운데 죽음의 신도 속일 정도로 간교한 재주[교지(狡智)]가 뛰어난 인물이다. 아버지 헤르메스로부터 도둑 기술을 물려받은 아우톨리코스는 시시포스의 소를 훔쳐 알아내지 못하도록 했다. 그러나 시시포스는 소의 발굽에 글자를 새겨 그 발굽 자국을 따라가 도둑을 잡아 소 떼를 되찾았다.

어느 날, 그가 하늘을 올려보다가 기막히게 큰 독수리 한 마리가 처녀를 납치해, 바다 저쪽으로 날아가는 것을 보게 되었다. 제우스가 비밀리 독수리로 변하여, 강의 신 아소포스 딸 아이기나를 납치해 오이노네 섬으로 날아간 것이다. 시시포스는 코린토스 아크로폴리스에 샘물이 솟아나는 대가로 아소포스에게 그 사실을 알려주었다. 그 섬으로 딸을 찾으러 간 아소포스는 제우스가 벼락을 치는 바람에 쫓겨나오고 말았다.

제우스는 이 비밀을 가르쳐 준 것이 시시포스라는 사실을 알자, 노하여 죽음의 신 타나토스를 보내 억지로 그를 지옥으로 끌고 갔다.

그는 아내 메로페에게 절대로 자기 장례를 치르지 말라고 당부했다. 이것을 부정한 아내의 행실이라고 핑계 삼아 지옥의 신 하데스를 속이고, 다시 지상으로 올라와 장수를 누리며 살았다.

하지만 속임수를 알게 된 제우스는 시시포스에게 저승에서 영원히 반복되는 고통을 겪도록 하였다. 즉, 무거운 바위를 산 위로 온 힘을 다하여 올리면, 바위는 순식간에 맹렬한 힘으로 산 밑으로 다시 굴러떨어졌다. 시시포스는 떨어지면 또 올리고 하는 중노동을 끝없이 반복해야 했다. 한 일을 또다시 반복해야 하는 고통은 만만찮다. 언제 끝날지 모르는 반복되는 육체적 시련도 참기 어렵지만 정신적 고통은 더더욱 그러하다.

알베르 카뮈는 『시시포스의 신화』에서 인간의 실존적 부조리를 파헤친다. 이러한 무자비한 고통을 인간의 실존 문제와 결부시켜 인간의 내면 심리와 삶의 본질이 무엇인지를 밝혀 보려고 했다. 어떻든 따지고 보면, 인간은 크고 작건, 일생을 고통을 견디고 참으며 살아야 하고, 그 속에서 삶의 의미를 찾아야 하지 않는가. 어쩌면 시시포스의 고통은 영원히 짊어지는 사람의 고통이나 다름없다.

《오르페우스(Orpheus)·에우리디케(Eurydike)》

오르페우스는 아폴론과 뮤즈의 여신 칼리오페 사이에서 태어났다. 그는 부친에게서 악기 리라를 선물 받고 타는 법을 배워, 그 음악의 매력에 매료되지 않는 것은 하나도 없었다. 인간은 물론 동물도 그의 주위에 모여들어 황홀해하였고, 심지어 나무나 바위조차도 매력에 현혹되었다.

오르페우스와 에우리디케의 결혼식에 혼인의 신 히메나이오스도 참석했다. 그는 행복이라는 축하의 선물도 가져오지 않았고, 오히려 손에 든 횃불의 연기가 눈물만 나게 했다. 이런 조짐이 조응이나 하듯 에우리디케가 친구 님프와 산책하고 있을 때, 양치기 아리스타이오스가 그녀의 아름다움에 반해 덤벼들었다. 그녀는 도망하다가 독사에 물려 죽게 되었다.

오르페우스는 지하의 나라로 내려가 하데스와 페르세포네 옥좌 앞에서 아내를 돌려보내 달라고 하프를 연주하며 애절하게 노래를 불렀다. 하프에서 흘러나오는 애달픈 선율이 이들을 감동하여 아내를 데리고 나가는 것을 허락받았다. 단, 두 사람이 지상에 완전히 닿을 때까지 뒤를 돌아보고, 아내의 모습을 확인해서는 안 된다는 조건이 붙었다. 오르페우스는 이런 조건은 아무것도 아니라고 생각했다.

그런데 깊은 침묵에 쌓여, 어둡고 가파른 언덕길을 올라와 밝은 지상의 나라 출구에 다다랐다. 이 순간 오르페우스는 사랑하는 아내가 너무나 보고 싶고, 아내가 뒤따라오는가를 확인하려고 그만 뒤를 돌아보고 말았다. 그러자 순식간에 그녀는 지옥 쪽으로 끌어당겨졌다. 두 사람은 서로 손을 뻗쳐 잡아 끌어안으려고 했으나, 다만 잡히는 것은 허공뿐이었다. "이것이 마지막 작별입니다."라고 외쳐도 남편의 귀에는 이 말이 들리지 않았다. 이렇게 다시 죽음의 나라로 되돌아가면서 에우리디케는 남편을 원망하지 않았다. 아내의 모습을 한시바삐 보려는 남편의 애타는 심정을 이해했기 때문이다. 이별의 슬픔을 가슴에 녹이며 작별의 손을 흔들 뿐이다. 부부의 이별처럼 큰 고통은 별로 없다.

아내를 향하는 애절한 사랑이 뒤를 돌아보지 말고 참아달라는 조건을 지키지 못하게 만들었다. 사랑이 참음을 압도한 형국으로, 이처럼 참지 못해 불행이 찾아오거나 반복되는 상황은 한둘이 아니다.

구약과 신약 성서에 음란과 악덕, 퇴폐와 타락의 대명사 소돔과 고모라가 유황의 불길로 소멸하는 이야기 중에 비슷한 에피소드가 삽입되어 있다. 메시지 의미는 좀 다르나, 참지 못해 고통을 당해야 한다는 점에서는 같다.

《탄탈로스(Tantalus)》

탄탈로스는 제우스의 아들이면서 소아시아 리디아 왕이다. 신들의 총애를 받으며 윤택하게 지내, 올림퍼스산 위 신들의 식탁에 초대되어 영생하는 신주(神酒)도 마시고, 신들만 먹을 수 있다는 암브로시아도 맛보아 죽지 않을 생명을 얻었다. 그러나 그는 이를 인간 친구들에게도 나누어 주고, 신들의 대화 비밀을 누설하여 신들의 노여움을 샀다.

어느 날 판다레오스가 제우스 신전에서 황금 개를 훔쳐 탄탈로스에게 맡겼는데, 이를 안 제우스가 개를 돌려달라고 하자, 본적도 없다고 시치미를 떼어 제우스를 화나게 했다. 여기에다 그는 우쭐하여 여러 신들을 속이고 시험하려 했다. 하루는 신들을 집으로 초대하고 외아들 펠롭스를 죽여, 사람 고기가 아니라 양고기라고 속여서 대접했다. 이를 알게 된 신들은 다시는 이러한 일이 없도록 하계 타르타로스로 추방하고, 하데스의 연못에 그를 던져 넣어, 배고픔과 갈증의 고통에 영원히 시달리도록 만들었다.

탄탈로스는 그 연못에서 물에 목까지 잠겨 있어야 했다. 그런데 그가 갈증을 풀려고 물을 마시려 하면, 물은 순식간에 줄어들어 마실 수가 없었다. 머리 위에는 먹음직스러운 사과와 배가 나무에 주렁주렁 달려 있었다. 그러나 그가 배고픔을 풀려고 손을 위로 뻗쳐 그것을 따려고 하면, 매번 나뭇가지가 위로 뛰치어 올라가 손이 닿지 않게 되어 애만 태울 뿐이었다.

물속에 있어도 물을 마시지 못해 갈증을 풀지 못하고, 배가 고파 눈앞의 과일이 손에 닿아 따려는 순간 멀어지는 안달복달은 지독한 고문 방법이다. 목마름과 배고픔의 고통을 주어, 다시는 신들을 시험해 보지 못하도록 한 것이다. 여기에다 가문에 형제가 형제, 부모와 자식이 서로를 죽이는 저주가 대대로 끊이지 않았다. 신들은 펠롭스 어깨뼈를 상아로 보충해 살려 주었다. 그는 바다의 신 포세이돈 사랑도 받고, 권력욕, 영토 욕심으로 파란만장하게 살다가 아르테미스 저주에 걸려들어 스스로 불타는 장작더미에 뛰어들어 죽음을 맞았다. 이러한 저주는 더 큰 비극으로 펠롭스 이후에도 계속되었다. 모두 다 탄탈로스의 망령된 행동에서 비롯된 인과응보(因果應報)다.

갈증과 굶주림보다 인간에게 실질적인 면에서 더 큰 고통은 없다. 사람들은 이 두 가지 문제를 해결하기 위해 달리고 뛰고 땀 흘리고 하지 않는가. 따라서 이를 참고 견디는 모습은 숭고하다고나 할까.

오이디푸스의 부친 살해, 헤라클레스의 12가지 과업, 프로메테우스의 아우 에피메테우스 아내 판도라의 상자에 얽힌 신화는 고통과 갈등 그리고 이를 참아내는 모습을 보이는 또 다른 예라고 하겠다.

사람은 모두 참음의 현신(現身)이다.

사람의 일생은 참음의 연속이다. 가고 머무르고 앉고 누워있어도 [행주좌와(行住坐臥)], 말하고 침묵하고 움직이고 가만히 있을 때도 [어묵동정(語默動靜)] 어느 하나 참지 않는 순간이 없다.

사람이면 모두가 자기의 인생을 연극으로 상연할 수 있는 참음의 여정을 간직하고 있다. 여기에서는 성현이 남긴 대표적인 참음의 위업 (偉業)을 살펴 그 시사점을 찾아보고자 한다. 이분들의 위대한 사상과 행적을 몇 줄로 간단하게 옮겨 설명하기란 쉽지 않다. 그렇지만 시련 과 고통, 이를 견뎌내는 참음의 모습을 중심으로 정리해 보고자 한다.

《공자(孔子)》

공자는 노(魯)나라 추읍(鄹邑)에서 나이 차이가 54년 이상이나 되 는 아버지와 어머니 사이에서 태어났다. 3세에 아버지를, 24세에 어 머니를 여의었다. 이렇게 태생과 성장도 남다르지만, 젊어서는 높은 벼슬을 하지 못했다.

공자는 본격적으로 인정을 받기 전에는 한곳에 머무르지 못하고 수난을 많이 당했다. 『사기(史記)』〈공자세가(孔子世家)〉에는 공자 가 어려움을 겪은 몇몇 일화를 소개하고 있다. 공자는 위(衛)나라에 서 진(陳)으로 가는 도중 광(匡)에서 폭도 양호(陽虎)로 오인을 받아 5 일간이나 구금당한 적이 있었다. 제자 안연(顔淵)이 뒤늦게 오자 "나 는 네가 죽은 줄 알았네." 하니까, "선생님이 살아 계시는데 제가 어 찌 감히 죽겠습니까?"라고 대답했다. 공자가 양호와 모습이 비슷하여 목숨을 잃을 뻔했던 사건이다. 그래서 공자는 흔적을 남기지 않고 숨어서 다녀야만 했다. 『논어』〈자한(子罕) 5〉, 〈선진(先進) 22〉에서도 이를 간단히 소개하고 있다.

이 밖에도 위해와 협박을 당한 일은 더 있다. 공자가 조(曹)나라를 떠나 송(宋)나라를 지나다가 나무 그늘에서 제자들과 쉬고 있었다. 송나라 사마(司馬) 환퇴(桓魋)가 공자를 죽이려고 나무를 잘라 갑자기 넘어뜨렸으나 다행스럽게 액을 면했다. 공자는 초(楚)나라 소(昭)왕의 초청을 받고 진(陳)과 채(蔡)를 지나게 되었다. 조그마한 두 나라 사람들은 공자가 초나라에 가면 초나라가 강대해져서, 자기들이 위험에 처할까 우려하여 포위하고 가지 못하도록 협박하였다는 일화는 유명하다.

공자는 50이 넘어서 노(盧)나라에 대사구(大司寇)란 벼슬을 지내게 되고, 이때부터 정치적 이상을 조금 지펴볼 기회가 생겼다. 공자는 계손씨(季孫氏)에게 다음과 같이 말한다.

> "팔일을 개인 집 뜰에서 춤추게 하다니, 이런 일을 참을 수 있다면 무슨 일인들 참지 못하겠는가[팔일무어정 시가인야 숙불가인야(八佾舞於庭 是可忍也 孰不可忍也)]?" [『논어』 제3편 팔일 1]

대부 신분인 계손씨가 명분과 질서를 무시하고 천자의 무악(舞樂)인 팔일을 춤추게 하니, 차마 이를 참을 수 없어 한 말이다. 참음에 대한 태도를 단정으로 엿보게 하는, 공자가 직접 참음[인(忍)]을 언급한 말씀이다. 이 밖에 "간교한 말은 덕을 어지럽히는데, 작은 것을 못 참으면 큰 것을 흐트러뜨린다[교언난덕 소불인 즉난대덕(巧言亂德 小不忍 則亂大德)][위령공(衛靈公) 26].”라고도 하였다. 큰일을 도모하려면 작은 것부터 참아야 한다는 지당한 조언이다.

당시는 춘추전국(春秋戰國) 시대로 사회의 혼란과 무질서가 만연한 시기였다. 그리하여 공자는 사람됨과 정치에서 자기의 생각을 거침없이 펼쳤다. 여기에서는 참음의 이해를 넓히도록 이와 관련한 말씀을 많이 인용해 보았다.

공자의 중심 사상은 인(仁)이다. 연구에 의하면 『논어』에 무려 58장에 걸쳐 105번 정도 나오고, 제자의 질문에 근기(根機)에 맞게 답하면서 그 뜻을 다양하게 설명하고 있다.

“효도와 우애 [효제(孝弟)]는 인을 실천하는 근본이다.” [학이(學而) 2]

“좋은 말이나 좋은 낯을 꾸미는 사람은 인덕이 적다.” (학이 3)

“인에 처신하는 것이 아름답고 좋다. 스스로 택하여 인에 처하지 않으면 어찌 지혜로울 수 있겠는가?” [이인(里仁) 1]

“인덕이 없는 사람은 곤궁에 오래 처해 있지 못하고, 안락에도 오래 처해 있지 못한다. 인자(仁者)는 인에 안주하고, 지자(智者)는 인을 이용한다.” (이인 2)

“오로지 인한 사람만이 사람을 좋아하거나 미워할 줄 안다.” (이인 3)

“참으로, 인에 뜻을 두면 악함이 없다.” (이인 4)

“인자는 어려움을 남보다 먼저 하고, 보답은 남보다 뒤에 얻으면 참으로 어질다고 할 수 있다.” [옹야(雍也) 20]

“원래 인이란 내가 이루고자 할 때, 남도 이루게 하는 것이다. 가까운 자기를 가지고 남의 입장을 비겨 아는 것이 바로 인을 이룩하는 방도다.” (옹야 28)

“인은 멀리 있는 것일까? 내가 인을 바라면 인이 곧 따라온다.” [술이

(述而) 29]

　"자기를 극복해서 예로 돌아감이 인이다. 하루라도 자기를 극복해서 예로 돌아가면 천하가 인으로 돌아갈 것이다. 인을 이룸은 나로부터 비롯한다." [안연(顏淵) 1]

　"인자는 말하기를 어려워한다[인(訒)]." (안연 3)

　"(인은) 사람을 사랑하는 것이다[애인(愛人)]." (안연 22)

　"인자는 반드시 용기가 있지만, 용기가 있다고 반드시 인자는 아니다." [헌문(憲問) 5]

　"사람에게 인은 물과 불보다 더욱 중요하다. 물이나 불 속에 빠져 죽은 사람은 보았지만, 인을 좇다가 죽었다는 사람은 보지 못했다." [위령공(衛靈公) 34]

　공자는 사람됨의 기본으로 인을 강조하였다. 그런데 사람됨은 사람 자체를 대상으로 논하거나 사람과 관계하는 주변과의 상호작용에 중점을 두어 설명할 수 있다. 대개 전자는 『중용(中庸)』이나 『맹자(孟子)』에서 정의한 것처럼 '인(仁)은 인(人)이다[인자인야(仁者人也)].'라는 개념이다. 그런데 후자의 관점으로 보면 설명이 쉽고 명확해진다. 인간관계에서 반드시 따라다니는 참음과 연결하여 이해할 수 있기 때문이다. 그런데 이 두 관점은 완전히 별개로 존재하는 것은 아니다.

　인은 인간관계에서 필요한 덕목으로 '사람 사이의 소통을 위한 배려(配慮)'로 해석하는 관점에 주목이 간다.[4] 사람 사이에서는 반드시 갈등이 생기는데, 이 갈등을 해결하는 방법이 인이라는 말이다. 더 깊게 생각하면 참아내는 수단이란 말이다. 위에 제시한 인에 대한 공

---

4 김균태, 『군자의 논어』(군자출판사, 2023) p.34. 일상의 일반 사례를 들어 깊이 있게 인을 비롯하여 일반 덕목의 뜻을 자세히 설명하고 있어, 사람이 지금을 살아가는데 보감(寶鑑)을 제공한다.

자 말씀을 참음과 연결하여 이해하면, 의미가 확연히 다가옴을 느낀다. 공자는 인간이 참지 못해서 일어나는 사회 혼란을 인이라는 참음의 방편으로 해결하려고 했다. 그리하여 인의 뜻에 결을 두어 제자의 근기에 맞춰 쉽고 자세하게 설명하였다고 하겠다.

인의 실천은 곧 정치사상과 바로 연결된다. 공자는 정치 원리를 기회 있을 때마다 천명했다. 인덕(仁德)의 정치로써 사회의 혼란을 안정시키고, 국가의 대도(大道)를 펼쳐야 한다고 강조하였다. 이는 사회 현실에 대한 진단으로 내려진 치유 방법의 애절한 호소이면서, 참음의 진정한 방도를 표출한 모습이라 할 수 있다. 다음과 같은 공자의 웅변은 정치사상이 무엇인지를 여실히 엿보게 한다.

"덕(德)으로 다스리면 마치 북극성이 제자리에 있지만, 모든 별이 공손히 절하고 좇는 모양에 비유할 수 있다." [위정(爲政) 1]

"먹을 것을 족하게 하고 군사를 족하게 하면 백성이 믿을 것이다." [안연(顔淵) 7]

"군주는 군주다우며, 신하는 신하다우며, 아비는 아비다우며, 자식은 자식답게 책임을 다하는 것이다." (안연 11)

"자리에 있으면 마음을 게으르지 않게 하고, 맡은 일을 행함에는 충성으로써 해야 한다." (안연 14)

"정사란 바로 잡는 것[정(正)]이다. 당신이 바른 것으로 솔선하면 누가 감히 바르지 않겠는가." (안연 17)

"그대(계강자)가 정치를 한다면서 어찌 살인하려고 하는가? 그대가 착한 것을 하면 백성도 착하게 된다. 군자의 덕은 바람이요 소인의 덕은 풀이다. 풀 위에 바람을 가하면 반드시 쏠리게 마련이다." (안연 19)

"백성에 앞서 일하고 위로하라, 게으름이 없게 하라." [자로(子路) 1]

"유사(有司)에게 먼저 일을 처리하게 하고, 작은 허물을 용서해 주며,

어질고 유능한 사람을 등용하는 것이다." (자로 2)

"반드시 명분을 바로 잡는 것이다." (자로 3)

"가까운 사람은 기뻐 따르고, 먼 데 있는 사람은 덕을 따라서 오게 하는 것이다." (자로 16)

"급하게 서두르지 말고, 작은 이익을 탐하지 말아야 한다. 급히 서두르면 통달하지 못하고, 작은 이익을 탐내면 큰일을 이루지 못한다." (자로 17)

공자는 바른 정치는 먼 데 있지 않다고 하였다. 덕(德)과 예(禮)로 명분을 바로 세우고 자기 위치에서 정직하게 본분을 다하며, 명하기보다는 솔선수범하고, 백성의 신뢰를 얻기 위해 부지런히 실천해야 함을 강조하였다. 무위로 자연스럽게 다스리되, 공손하고 바르게 남면(南面)하여 앉아 있는 순(舜)임금도 언급했다. 그런데 정치는 위정자와 백성 사이에 존재하는 간격, 더 구체적으로 말하면 불만, 갈등, 불평등, 박탈감 등을 만족하는 쪽으로 해결하는 원리이다. 이에는 둘 사이의 참음, 참을성을 동시에 요구한다. 이때 참을성은 이해. 양보, 포용, 미래 지향적 기대와 믿음을 우선시한다. 이러하면 위정자, 백성 모두가 즐거움과 행복을 공유할 수 있다.

현대에 정치하는 사람들이 귀담아들을 사항이 한둘이 아니다. 리더의 마음과 몸가짐이 무엇이고, 바른 정치를 펼치는 요체를 망라한 말들의 모임이다. 여기에 공자의 정치사상을 더 넓히면 지(知)·인(仁)·용(勇)이 함께 어우러진 행동철학이라 할 수 있다. 이러한 말 모두는 당시 정치가 이러하지 못해서 나오는 정치에 대한 일갈(一喝)이다. 차마 참지 못해 사회를 향해 내뱉는 영혼의 외침이라 하겠다.

공자는 어느 시기에 전국을 두루 돌아다니며 정치의 도리와 사회의 이상을 역설했으나, 당시 이를 받아들이는 나라나 대중은 거의 없다시피 했다. 그래서 생활도 궁핍해질 수밖에 없었다. 정(鄭)나라에 머물 때 생겨난 상갓집 개[상가지구(喪家之狗)]에 비유되는 공자의 모습은 처참 그 이상이다. '초상집에서 주인이 돌보지 않아 굶어 수척해진 개'처럼 보였던 공자는, 제자에게 웃으면서 "모습은 훌륭한 사람에게 미치지 못하지만, '상갓집 굶주린 개'란 말은 맞다, 맞다."라고 하였다. 이도『사기』〈공자세가(孔子世家)〉에 나오는 일화이다. 그의 더할 나위 없는 고통이 참음으로 녹아 버리는 외침이다.

공자 자신의 고통은 가난이었으나 이에 아랑곳하지 않았다. 그에게는 사회 혼란과 무질서가 더 큰 고통이었다. 이를 치유하는 지름길이 인(仁)을 구현하는 덕치(德治)였다. 무도한 난세에 포학한 억압이 아니라, 덕으로 정치를 하면 북극성 주위로 여러 별이 모여드는 것에 비유하였다. 이것이 당시 사회 혼란에 대한 참음의 방법이었다.

그래서 재물 모으기에 밝았던 제자 자공의 도움 덕에 공자가 유명해졌다는 사마천의 말은 의미 심상하다.

자공(自貢)은 공자에게서 배우고 스승의 밑에서 물러가 위(衛)나라에서 벼슬을 살았다. 그는 조·노(曹·盧) 지방에서 물자를 축적했다가 적시에 팔아서 공자의 70 제자 중에서 가장 부자가 되었다.… 자공은 사두마차에 올라 기마행렬을 이끌고, 비단[속백(束帛)]의 예물을 가지고 제후에게 초빙되어 향응을 받았다. 그가 방문한 국군(國君)은 뜰에서 갈라서서 대등한 예를 베풀지 않는 이가 없었다. 대체로 공자의 이름을 천하에 드날린 것은 자공이 제자로서 공자를 선도 보좌했기 때문이다. 이것이 이른바

세력을 얻어서 더욱 유명해지는 것일까. [『사기』〈화식열전(貨殖列傳)〉]

너무나 궁핍해서 제자의 도움까지 받은, 이 얼마나 위대한 삶의 모습인가. 공자는 사회가 극도로 혼란하고, 이 와중에 대중이 알아주지 않아도, 더구나 가난했어도 참음으로써 세상의 무질서와 혼란을 부수고 바로 잡으려고 하였다. 가난은 수치가 아니라 인간의 위대성을 더해 주는 성현의 진정한 생활 모습이었다. 그래서 다음과 같이 강조한다.

"거친 밥을 먹고 물을 마시고, 팔을 굽혀 베개 삼아 베어도 그 가운데 즐거움이 있다. 의롭지 못하게 부유하고 고귀하게 됨은 나에게는 구름과 같다."[『논어』 술이(述而) 15]

앞에서 절차탁마(切磋琢磨) 뜻을 설명하면서 잠깐 언급했지만, 공자는 자공에게 자신 생각을 확고하게 가르쳐 주었다. 자공은 빼어난 언술로 스승에게 "가난해도 아첨하지 않고 부유해도 교만하지 않으면 어떠하겠습니까?"라고 물었다. 자신이 스승에게 물질적 도움을 준다는 스승과 제자의 교묘한 관계를 부각하려고 에둘러 질문한 것이다. 그가 질문한 의도를 알아차린 공자는 좋다고 하면서 "가난하면서도 도를 즐기고 부유하면서도 예를 좋아하는 사람만 못하다"라고 힘주어 말한다. 가난하면서 아첨하지 않기보다는 낙도(樂道)를, 부유하면서 교만하지 않기보다는 호례(好禮)를 강조하여 한방 되돌려 주었다. 그러자 자공은 공자가 지은 『시경』에 나오는 말 '절차탁마'를 들어, 자기는 더 배우고 갈고 닦아야겠다는 결심을 보이고, 스승을 더욱 존경하는 마음에 변함없음을 피력하였다.

스승의 인품과 제자의 능통한 언변을 이 짧은 대화에서 터득할 수 있다. 이처럼 공자에게 가난은 물질적인 결핍에 그치는 고통이 아니다. 고통이 새로운 정신적 경지를 열어주고, 참음의 가치 창조가 무엇인지를 가르쳐 준다. 공자의 위대성은 살아가는 모습 그 자체에서 찾아볼 수 있다.

공자는 또한 "남이 나를 몰라주는 것을 걱정하지 말고, 내가 남을 모르는 것을 걱정하라."[학이(學而) 16]라고 하였다. 특히 『논어』 첫머리 부분에서 "나를 알아주지 않아도 노여워하지 않으면 군자가 아니겠느냐?"라고 반문했다. 남이 알아주기에 앞서 배우고 때로 읽히는 것을 기쁨으로, 벗이 멀리서 찾아오는 것을 즐거움으로 여겼다.

어찌 보면 공자 자신을 알아주지 않는 것에 대한 반어적 언사라고 할 수 있다. 오직 자기를 알아주는 것은 하늘뿐이라 여겼다. 공자는 남이 알아주지 않는 데에서의 참음을 학문하는 즐거움, 인간 유대를 공고히 하는 가치로 승화시켰다. 공자의 이러한 참음이 높고 넓은 사상으로 결집하여, 당시는 물론 현대에까지 그 위대성이 이어졌다고 하겠다.

《석가(釋迦)》

석가모니는 룸비니 동산에서 태어난 지 7일 만에 어머니와 사별하고 이모의 손에서 자랐다. 왕자의 신분으로 생활에 어려움이 없었지만, 명예와 영화를 버리고 궁전에서 뛰쳐나왔다. 낳고 늙고, 병들고 죽어야만[생로병사(生老病死)] 하는 인간의 고뇌(苦惱)를 해결하기 위해서다. 석가는 35세에 보리수 밑에서 6년 동안 끝까지 악마와 싸워 이기는 고행 끝에 환하게 깨달았다. 그러나 악마와의 싸움에서 몸의 상태는 너무나 처절했다.[5]

마른 넝쿨처럼 뼈마디가 불거지고, 엉덩이는 낙타의 발처럼 말라버렸다. 등뼈가 쇠사슬처럼 드러나고, 갈비뼈는 낡은 건물의 서까래처럼 울퉁불퉁 모습을 드러냈다. 뱃가죽을 만져보려고 손을 뻗으면 등뼈가 만져지고, 등뼈를 만져보려고 손을 뻗으면 뱃가죽이 만져졌다.… 저린 팔다리를 쓰다듬으면 뿌리가 썩어버린 털들이 후드득 떨어지고, 황금빛으로 빛나던 피부는 익기 전에 단 조롱박처럼 바람과 햇살에 까맣게 타들어 갔다. 오직 깊은 물, 우물 속 반짝이는 물처럼 움푹 팬 눈두덩 깊숙이에 눈동자만 빛나고 있었다.

그러나 이러한 모습은 참음으로 고통을 물리치고 깨달은 승리의 참모습이다. 깨달음을 얻은 부처는 녹야원에서 같이 수행했던 다섯 사람에게 진리의 수레바퀴를 굴리기 시작했다[초전법륜(初轉法輪)/전법륜경(轉法輪經)]. 괴로움, 괴로움의 발생, 괴로움의 소멸, 괴로움의 소멸에 이르는 길에 관한 네 가지 성스러운 진리 사성제(四聖諦)를 설법하였다.

'사바세계(娑婆世界)'는 생(生)·노(老)·병(病)·사(死) 네 가지 고통[사고(四苦)]에 사랑하는 사람과 이별하는 고통[애별리고(愛別離苦)], 원수와 만나는 고통[원증회고(怨憎會苦)], 구하여도 얻지 못하는 고통[구부득고(求不得苦)], 색(色)·수(受)·상(想)·행(行)·식(識)의 다섯 가

<hr>

5 대한불교조계종 교육원 부처님의 생애 편찬위원회, 『부처님의 생애』 (책임 집필 성재헌, 2010) pp.90~92.

지 요소 오온(五蘊)[6]에서 오는 고통[오온성고(五蘊盛苦)]을 이겨내야 하는 팔고(八苦)의 세상이다. '사바'는 산스크리트 'Saha'에서 유래한 말로, 사하(沙河)·색가(索訶)라 음역하고, '번뇌를 참고 이겨내야 하는 세상'이란 뜻의 감인토(堪忍土)·인토(忍土)라고 의역한다. 이처럼 사바세계는 탐내고 성내고 어리석은[탐진치(貪瞋癡)] 삼독(三毒)과 팔고, 몸·입·뜻[신구의(身口意)] 삼업(三業)에서 파생하는 십악(十惡)[7] 등 갖가지 어려움을 굳게 참는 세상을 뜻한다.

석가는 사바세계를 바닷물이 꽉 차듯이, 인간의 고통도 끝도 없이 이 세상에 가득 차 있다 하여 고해(苦海)라 하였다. 고통으로 가득 찬 인간 세계를 드넓은 바다에 비유한 말이다. 석가는 "아득한 과거의 생애에서 사랑하는 사람과 헤어지며 흘린 눈물이 사해의 물보다도 많다[『잡아함경(雜阿含經)』 33:10)]."라고 하였다. 윤회하는 생애에서 죽음과 이별을 포함하여 흘린 눈물의 양으로, 인간의 삶이 고통으로 점철하여 있음을 비유한 말이다.

그리하여 석가는 고통이 생기는 원인과 소멸하는 방법을 네 가지

---

6 오온(五蘊)은 인간 존재(세계)를 구성하는 다섯 가지 구성요소로 오음(五陰)이라고도 한다. 온(蘊)은 '모아 쌓았다', '구성요소', '무더기'란 의미로 인간 존재의 기본이 되는 요소를 다섯으로 설명하여 오온이라 한다. 서로 깊은 뜻이 복잡하게 연관되어 있어 설명하기가 간단하지 않다. 색(色)은 물질적 현상으로 존재하는 것, 수(受)는 감각 작용, 상(相)은 표상, 행(行)은 마음 작용-의지와 의지적 형성력, 식(識)은 의식이나 식별 작용 등으로 요약할 수 있다. 이 오온이 불길같이 강렬하게 고통을 자아낸다.

7 삼업(三業)은 신업(身業), 구업(口業), 의업(意業)을 일컫는 말로, 보이지 않게 몸과 말, 마음으로 빚어지는 선악의 행위를 가리킨다. 신업은 '살생(殺生), 투도(偸盜, 도둑질), 사음(邪淫, 음란함)'을, 구업은 '망어(妄語, 망령된 말), 기어(綺語, 꾸미는 말), 양설(兩舌, 거짓말), 악구(惡口, 욕하는 말)'를, 의업은 '탐심(貪心, 욕심 내는 마음), 진심(瞋心, 성내는 마음), 치심(癡心, 어리석은 마음)'으로 이를 십악(十惡)이라 하고, 십선(十善)은 이와 반대되는 선행을 말한다.

성스러운 진리인 '고집멸도(苦集滅道) 사성제(四聖諦)'로 집약하였다. 곧, 고통[苦]은 집착[集]에서 오므로 이 고통을 없애고, 열반[滅] 세계에 이르기 위해 팔정도(八正道)[8]를 실천해야 한다고 하였다.

『금강경』에서는 집착의 문제를 한층 더 차원을 높여 설법하였다. 곧, '아상(我相)', '인상(人相)', '중생상(衆生想)', '수자상(壽者相)' 등 네 가지 상[사상(四相)]에 너무 집착하여 고통을 가져온다고 하였다. 아상은 오온(五蘊)이 화합하여 이루어진 가변적 존재인 '나', 자기가 증득(證得)한 것에 집착하는 것을 말하고, 인상은 '나'는 지옥 중생, 축생과는 다르다고 하여 사람 중심 생각에 집착하는 것을 가리킨다. 중생상은 중생이 잘못된 식견에서 내 몸은 자성적 실체가 없고, 단지 오온이 임시로 화합하여 인연에 따라 나타나는 일시적 존재에 불과하다는 것, 즉 '가합(假合)된 상태'라고 하여, 허무 공관(空觀)에 빠지는 집착을 말한다. 수자상은 '사람의 운명은 이미 정해져 있다.'라는 운명론에 집착함을 가리킨다. 석가는 이러한 네 가시 상에서 벗어나야 보살이 된다고 하였다.

석가는 보드가야 가야산 정상에 올라, 인간이 탐욕과 분노, 어리석음 등의 나락에 떨어지는 것을 알기 쉽게 불에 타는 광경으로 비유하여 말씀하였다.

---

8 『아함경(阿含經)』을 비롯해 여러 경전에서 반복하여 나오는 말이다. 이 세상에 만연하는 고통(苦)의 원인(集)은 욕심에서 오고, 이 고통을 소멸(滅)하는 방법(道), 즉 여덟 가지 수행 덕목을 팔정도(八正道)라 하였다. 팔정도는 정견(正見, 바른 견해), 정사유(正思惟, 바른 생각), 정어(正語, 바른말), 정업(正業, 바른 행동), 정명(正命, 바른 생활), 정정진(正精進, 바른 노력), 정념(正念, 바른 의식), 정정(正定, 바른 명상)을 말한다.

"비구들이여, 불타고 있다. 모든 것이 불타고 있다는 것은 무엇인가? 이른바 눈이 불타고 있고, 형상과 안식(眼識)과 안촉(眼觸)과 안촉을 인연하여 생기는 느낌, 즉 괴로운 느낌·즐거운 느낌·괴롭지도 즐겁지도 않은 느낌도 또한 불타고 있다. 귀·코·혀·몸·뜻도 불타고 있고, 법과 의식(意識)과 의촉(意觸)과 의촉을 인연하여 생기는 느낌, 즉 괴로운 느낌·즐거운 느낌·괴롭지도 즐겁지도 않은 느낌도 또한 불타고 있다. 무엇에 의해 불타고 있는가? 탐욕의 불로 불타고 있고, 성냄의 불로 불타고 있고, 어리석음의 불로 불타고 있고, 태어남(生)·늙음(老)·병듦(病)·죽음(死)·근심(憂)·슬픔(悲)·번민(惱)·괴로움(苦)의 불로 불타고 있다." [『잡아함경』 8:197 「시현경(示現經)」]

'일체가 불타고 있다.'라는 말은 번뇌(煩惱)를 말한다. 그래서 탐욕의 불, 분노의 불, 어리석음의 불에서 벗어남은 해탈을 의미한다. 해탈은 생노병사(生老病死)는 물론, 여섯 감각 기관[육근(六根)][9]과 여섯 가지 인식 대상[육경(六境)][10]을 합한 십이처(十二處)의 뜨거운 불에서도 벗어날 수 있다. 『묘법연화경(妙法蓮華經)』 제3 비유품(譬喩品) 삼계의 불타는 집[삼계화택(三界火宅)]은 욕계(欲界), 색계(色界), 무색계(無色界) 삼계에는 번뇌, 고통이 들끓어 마치 불타는 집과 같다고 하여, 사바 중생 세계는 고통이 가득 차 있음을 비유한 말이다. 석가는 방책을 이용하여 어린이를 포함, 모든 사람을 불난 집에서 나오도록 구원해 준다.

---

9 육근은 외부의 사물을 인식하게 하는 근원으로 안(眼), 이(耳), 비(鼻), 설(舌), 신(身), 의(意)를 말하고, 보고, 듣고, 냄새 맡고, 맛보고, 느끼고, 아는 인식 작용을 한다.

10 육근이 일으키는 여섯 가지 경계를 인식, 의식하는 색(色), 성(聲), 향(香), 미(味), 촉(觸), 법(法)을 말한다. 육경과 육근이 만나 생기는 인식 작용을 육식(六識)이라 한다.

석가는 원인과 조건이 있어서 고통이 발생하고, 따라서 원인이 소멸하면 고통이 없어진다고 하였다. 널리 알려진 '연기수순법(緣起隨順法)', '연기의 공식'이다.[11]

"이것이 있으므로 저것이 있고[차유고피유(此有故彼有)], 이것이 일어나므로 저것이 일어난다[차기고피기(此起故彼起)]. 이것이 없으므로 저것이 없고[차무고피무(此無故彼無)], 이것이 소멸하므로 저것이 소멸한다[차멸고피멸(此滅故彼滅)]." (『잡아함경』10:262)

사성제(四聖諦)도 연기의 법칙에 해당한다. 그래서 아직 남아 있는 고뇌를 소멸하려면 집착을 멀리하고, 애욕을 다하고, 탐욕을 없애야만 한다. 적멸(寂滅)의 세계로 들어가려면 팔정도(八正道)를 실천하면 찾아온 고통은 쉽게 사라지고, 고통이 아예 찾아오지 않는다. 전구를 '더하는 법'[증법(證法)], 후구는 '빼는 법'[감법(減法)]이라 설명하기도 한다. 무명으로 인하여 뜻함이 있고, 뜻함으로 인하여 의식이 있으며, 그래서 순수하고도 큰 고통이 모이는 것이고, 반대로 무명이 사라지면 뜻함이 사라지고 순수하고도 큰 고통이 없어진다고 하였다[『잡아함경』14:358 「무명증경(無明曾經)」2)].

석가는 이미 일어난 분노의 처리 방법도 제시하였다. 죽림정사에 있을 때 한 바라문(婆羅門)이 동료가 석가에게 귀의했다는 말을 듣고 격노

---

11 『쌍윳따니까야』 「열 가지 힘의 경①」과 『중아함경(中阿含經)』 「설처경(說處經)」에서는 "이것이 있으면 저것이 있고, 이것이 생겨나면 저것이 생겨난다. 이것이 없으면 저것이 없고, 이것이 소멸하면 저것이 소멸한다[약유차즉유피(若有此則有彼) 약생차즉생피(若生此則生彼) 약무차즉무피(若無此則無彼) 약멸차즉멸피(若滅此則滅彼)]."라고 하였다.

하여 찾아와, 욕설을 퍼붓는 것을 멈추자 다음과 같이 설법하였다.

분노하는 사람에게 도로 성을 내서 갚음은 나쁜 짓이라는 것을 알아야 한다. 분노하는 사람에게 성내지 않는 사람은 두 가지 승리를 얻는 것이다. 타인의 성냄을 알고 정념(正念)으로 자신을 진정하는 사람은, 훌륭히 자신에게 승리할 뿐만 아니라 남에게도 승리하는 것이다. [『잡아함경』 42 진매(瞋罵)]

일상에서 어려운 일의 하나가 분노를 참는 일이다. 바라문은 분노를 참지 못하여 석가에게 흙을 뿌리자 바람이 불어 자기에게로 도로 날아왔다. 마찬가지로 대접한 음식을 상대가 먹지 않으면 그 음식은 그대로 자기 것으로 남는 것처럼, 욕설(분노)도 상대가 받아들이지 않으면 자기가 욕설을 되먹는 것이나 다름없다. 그래서 이러한 말씀으로 상대에게 분노의 조절, 참는 방법을 가르쳐 주었다. 『법구경(法句經)』 분노품(忿怒品)에서도 대개 성질이 나쁜 사람이 성냄을 성냄으로 다시 갚는다고 하고, 성내서 갚지 않으면 다투는 것보다 낫다고 하였다.

분노를 분노로 갚지 말라는 고귀한 말씀이다. 바른 생각으로 가라앉히면 나도 이기고 남도 이기는 것이다. 참지 못하여 무분별하게 분출하는 말과 행동을 조심하라는 귀감(龜鑑)의 말씀이다. 여기서 분노는 고통에 상응하는 말이다. 이러한 인간관계는 자연 원리, 우주의 원리로 안락과 평화를 가져온다. 또한 이러한 인간관계를 형성하려면 먼저 남다르게 고통을 감내하고 참아야 한다. 참을 줄 알아야 이러한 경지에 도달할 수 있다는 말이다.

석가는 현실주의자였다. 지금, 이 순간이 과거나 미래보다도 중요하다고 강조했다.

> 과거는 뒤쫓지 말고, 아직 오지도 않은 미래는 생각하지 말라. 과거는 이미 흘러갔고, 미래는 아직 오지 않았다. 그러므로 오직 지금 하는 일만을 그대로 잘 관찰하여, 흔들지 말고 동요 없이 정확히 보고 실천해라. 다만, 오늘 해야 할 일을 열심히 행하라. 누가 내일의 죽음을 알리오. 죽음의 군대와 만나지 않을 사람은 없다. (『중부경전』 131 「일야현자경(一夜賢者經)」)

이러한 석가의 설법은 고통의 문제를 지금 당장 타개하라는 뜻과 통한다. 고통을 지금 타개하지 않으면 또 다른 고통을 낳고, 이에서 헤어나지 못하면 오히려 자신이 고통 속에 소멸하게 된다는 말이다. 사실 지금보다 더 중요한 시간은 없다. 그런데 사람은 과거에 집착하거나, 확실한 예약도 없이 미래만을 생각하기가 쉽다. 이는 올바른 생활 태도가 아니다. 지금이 황금보다도 값진 시간임을 알아야 한다.

석가는 두 그루 살라 나무 아래에서 오른쪽 옆구리를 바닥에 붙이고, 사자처럼 발을 포개고 누워 눈을 감고 삼매에 들었다. 그리고 다음과 같은 말씀을 남기며 영원히 열반(涅槃)하였다.

> "비구들이여, 그대들에게 마지막 할 말은 이렇다. 이승의 모든 것은 변전하고 무너지나니[괴법(壞法)] 게으름 없이 정진하라. 나는 방일하지 않았으므로 바른 깨달음을 얻었느니라." [『장아함경(長阿含經)』「유행경(遊行經)」]

『대반열반경(大般涅槃經)』 내용도 이와 비슷하다. 제자들에게 게으르고 방일함을 경계하라고 당부하였다. 계속 정진해야 깨달을 수 있다고 강조했다. 이 얼마나 위대한 법력인가. 석가는 사바세계에 가득 찬 중생의 고뇌를 해탈시키기 위해 평생을 길에서 자고 걸으며 참는 방편을 설법하였고, 결국 길에서 열반(涅槃)하였다. 이것이 불멸의 인류 정신사의 하나인 팔만대장경(八萬大藏經)으로 남아 있다. 한마디로 팔만대장경은 고통을 해소하는 방편의 기록이면서 참음의 방법을 제시한 인류의 위대한 유산이라 하겠다.

여기에서 '인욕(忍辱)'의 문제를 따로 생각해 보고자 한다. 인욕은 '온갖 모욕과 박해, 번뇌를 참고 견디며 분노하거나 한탄하지 않는 것'을 말한다. 석가의 다음과 같은 제자와의 대화는 인욕에 대한 확고한 신념이 무엇인지를 알려준다. 서방 수나(輸那)라는 나라로 전도를 떠나는 비구(比丘) 부루나(富樓那)에게 다음과 같이 단계를 두어 질문을 한다.

> "부루나여, 수나 사람들은 흉악하다는데 욕을 하고 창피를 준다면 어떻게 하겠는가,… 그럼 손으로 친다면 어떻게 하겠는가.… 그럼 채찍과 곤장으로 친다면 어떻게 하겠는가.… 다음엔 칼로 괴롭히고 생명을 앗아간다면 어떻게 하겠는가." (『잡아함경』 13:8 「부루나」)

첫 번째 질문에 부루나는 "정말로 어질구나, 수나 사람들은. 그대들은 나를 손으로 치지 않는구나.' 그렇게 생각하고 싶습니다."라고 대답했다. 이러한 점층법의 대답에 이어 연쇄법의 마지막 질문에도 "'지금 나는 스스로 원하지 않아도 생명을 끊을 수 있구나.', 그렇게 뇌이며 생각합니다."라 하였다. 이에 석가는 부루나를 착하고 훌륭하다고 극찬하면서, '이러한 인욕(忍辱)의 마음이 있다면, 수나에 가서 잘 살 수 있다. 지금 그대가 원하는 대로 어디에나 가보라.' 하였다.

결국, 석가는 죽을 각오로 인욕을 실천할 줄 아는 부루나의 결심을 이런 대화법으로 확인하였다. 이렇게 목숨을 걸면서 참을 줄 알면, 어떤 어려움, 고통이라도 극복하며 살아갈 수 있다는 확신이 허락으로 이어졌다. 여기에서 인욕은 인간 생활에서 참음의 하나이지만, 고통을 물리치는 대표적인 수단이다. 인욕은 뒤끝과 원한의 감정이 전혀 없어야 참뜻을 지닌다. 그래서 인욕은 우리 일상에서 언제나 필요로 하는 생활 요강이다.

『법구경』 분노품(忿怒品) 첫머리에 "성내고 해치려는 사람을 보고, 관대하고 광대하고 인자하고 부드러우면, 하늘이 도와주고 사람들에게 사랑을 받는다."라고 하면서 이 인욕이 왜 필요한지를 다음과 같이 설명한다.

욕됨을 참으면 성냄을 이기고, 선함은 선하지 않은 것을 이기게 된다. 이긴 사람은 능히 베풀고, 지극한 정성은 속임을 이긴다. [분노품 4]
몸을 절제하고 말을 삼가고, 그 마음을 지키고 붙잡으라. 성냄을 버리고 도를 행하라. 욕됨을 참는 것이 가장 강한 사람이다. [분노품 15]

'인욕은 성내지(분노) 않는다.'라는 말과 통한다. 인욕은 고난을 끝까지 참고 견디는 몸과 마음가짐의 출발이다. 그래서 '성냄을 이기고, 성냄을 버려라[승에/사에(勝恚/捨恚)].'고 하였다. 석가는 이것이 최상의 참음이요, 항상 약한 자에게 참으라고 했다. 그리하여 욕됨을 참을 줄 알면 무엇이든지 물리칠 수 있는 강한 사람이 된다고 하였다.

대승경전(大乘經典)에는 여섯 가지 바라밀(波羅蜜) 중에 '인욕(忍辱)'이 세 번째로 들어 있다. 일상에서 일어나는 모욕과 번뇌를 견디고 참을 줄 알아야 보살이 될 수 있다는 말이다. 그리하여 이를 세분해서 참고 견디는 방법, 즉 참음의 종류를 여러 가지로 제시하고 있다. 내원해인(耐怨害忍), 안수고인(安受苦忍), 제찰법인(諦察法忍) 등 세 가지로[『해심밀경(解深密經)』], 복인(伏忍), 유순인(柔順忍), 무생인(無生忍), 적멸인(寂滅忍) 등 네 가지로, 여기에 다섯 가지, 심지어 열 가지로 분류하기도 한다.[12]

석가는 인간의 개별적 고통뿐만 아니라 이를 사회적 고통의 문제로 확대, 연결하였다. 그리하여 대자대비(大慈大悲)라는 넓은 사랑을 강조하였다. 세상의 고통과 번뇌를 해결하기 위해 천하를 주유하며 설법하였다. 석가는 고통으로 시작해서 고통으로 끝나는 인간의 근본 문제를 해결하기 위해 일생을 바쳤다. 고통의 해소 방법을 대기설법으로 가르쳐 주었다. 즉, 참아야 하는 여러 상황을 비유적으로 설정하고, 고통이 사라지는 적멸의 세계로 들어갈 수 있는 방도를 알려주었다. 석가는 인간의 고통 해결 방법을 제시해 준, 참음의 영원하고도 지고한 성현이시다.

《노자(老子)》

노자는 사마천 『사기(史記)』〈노자·한비열전(老子·韓非列傳)〉에서

---

12 참음의 불교적 해석은 『항복기심(참는 연습)』(영곡 스님, 비움과소통, 2012)을 참조하면 매우 유익하다. '항복기심(降伏其心)'은 『금강경』〈선현기청분(善現起請分)〉에 나오는 말이다.

출생지, 성과 이름을 언급하고 있지만, 그가 낳고 죽은 연대를 분명히 밝히지는 않았다. 주나라 왕실 서고[수장실(守藏室)]의 기록 관리를 지냈다. 저술 『노자』에 대해서도 후대에 추가 등 어떠하다고 설왕설래하는 점이 있으나, 사상가로서의 그의 위치는 확고하다고 하겠다.

춘추전국이란 혼란의 시기에 노자는 무위자연(無爲自然)의 사상으로 세상을 바로잡아 보고자 노력했다. 특히, 인의(仁義)나 교묘한 지혜로 나라를 다스리는 것, 인위(人爲)적 정치 행태를 배격하였다. 그런데 세상은 그의 희망대로 돌아가지 않았다. 이것이 노자의 고통이요, 이 고통을 참아내는 방법을 그의 사상으로 결집하여 세상을 바로잡고자 했다.

노자의 '도(道)'는 유가(儒家)의 그것과는 근본적으로 다르다. 노자는 우주 만물의 지배원리를 도라고 하고, 도에 무궁무진한 의미와 가능성을 부여했다. 1장에서 제시한 '도'는 현묘하여 이해하기 어렵다.

도라고 알 수 있는 도[가도(可道)]라면 그것은 절대 불변하는 도[상도(常道)]는 아니다. 명칭으로써 표현할 수 있는 명칭[가명(可名)]이라면 그것은 절대 불변하는 명칭[상명(常名)]은 아니다. [1장 체도(體道)]
나는 이름을 알지 못하므로 그것을 도라 이름 지었고, 억지로 자(字, 이름)를 붙여 그것을 대(大)라 부르기로 하였다. 대라 하는 것은 끊임없이 변화한다. [25장 상원(象元)]

'말할 수 있는 도'는 영원불멸의 진상(眞常)의 도는 아니다. 도는 사람, 때와 장소에 따라 변한다. 이름도 변함은 마찬가지다. 노자는 이름을 알지 못해 도라 이름을 붙이고 억지로 대(大)라 부른다고 하였다. 대는 무변광대(無邊廣大)한 도의 모습이다. 가도(可道), 가명(可名)은 현상과 실상의 거리를 좁히지 못한다.

즉, 도의 본체는 사람이 잘 알지도, 또 말로 표현할 성질의 것도 아니다. 그러나 분명한 것은 이 세상의 모든 것은 도의 묘한 작용[묘용(妙用)]에 따라 존재하고 움직인다는 사실이다. 천지자연 현상은 끊임없이 변화, 순환하여 원래의 자리로 되돌아간다. 도는 천지가 스스로 그렇게 되는[자연(自然)] 그대로이다. 겉으로 보기는 지극히 복잡해 보이지만, 만물(萬物)의 근원이며 위대한 법칙인 도는 원칙 그대로 실행하고 움직인다. 그래서 상도(常道), 상명(常名)이라 한다.

도는 황홀하여 종잡을 수 없다[유황유홀(唯恍唯惚)]. 황홀한 가운데 물상(物像)이 존재한다. 황홀한 가운데 만물(萬物)이 존재한다. 심원하고 어두운 가운데 정수가 존재한다. 그 정수는 매우 진실한 것이어서 그 가운데 신험(神驗)이 나타난다. [21장 허심(虛心)]

도는 언제나 하는 일이 없으면서도[무위(無爲)], 하지 않는 일[유위(有爲)]이 없다. 임금[후왕(侯王)]이 만약 이를 지킬 줄 안다면, 만물은 스스로 변화하게 된다. [37장 위정(爲政)]

사람, 땅, 하늘 등 만물은 도에 의해 존재하고 자연의 법칙에 따라 유전(流轉)한다. 세상 모든 물상, 만물이 도에 의하여 작용하지만, 사람은 도의 운용을 육감으로는 잘 알지 못한다. 도는 실체가 묘하여 황홀해서이다. 심원하고 흐릿해 보이지만 그 속에 정수, 진실, 믿음이 나타난다. 정치도 도를 근본으로 하여 무위로써 다스려야 한다. 욕망 없이 고요히 다스리면 천하가 스스로 안정하게 된다. 위정자는 욕심을 드러내고 존재를 과시하면 안 된다는 경계의 말이다. 이처럼 우주의 원리 근본은 도의 운용에 따른 무위(無爲)와 자연(自然)으로 돌아가는 것이다.

되돌아간다는 것은 도의 움직임이며, 유약하다는 것은 도의 작용이다. 천하의 만물은 유에서 생겨나고 유는 무에서 생겨난다. [40장 거용(去用)] 천하의 지극히 유약한 것이 천하의 지극히 견고한 것을 부리고 있다. 형체가 없는 것은 틈이 없는 곳까지 들어갈 수 있기 때문이다. 그래서 나는 무위가 유익한 것임을 알고 있다. 말로 표현하지 않는 가르침과 무위의 이익은 천하에 이를 따를 것이 드물다. [43장 편용(偏用)]

이 세상 만물은 도에서 생겨난다. 도는 반복 순환하는 우주의 원리를 주재하고, 작위(作爲)를 허락하지 않는다. 그래서 도와 그 작용 무위는 유약해 보이고 잘 알지 못한다. 물이 유약해 보이지만 모든 틈이 없는 곳까지 스며들고, 바위를 마모(磨耗)하고 뚫는 것같이 무위는 하찮아 보이지만 커다란 일을 이룰 수 있다. 도는 원래 유약하여 부드러운 것이고, 말로 표현하여 가르치지 않아서이다. 부드러운 것은 언제나 단단한 것을 이긴다. 그래서 무위의 이익은 세상에서 가장 크다. 정치가도 낮은 위치에 처신해야 나라가 잘 다스려진다는 말과도 통한다.

노자는 인위가 충만한 인의(仁義) 중심 공자의 정치사상을 과감히 물리쳤다. 노자는 인의를 사회와 정치의 고통으로 여겼다.

위대한 도가 없어지자 인의(仁義)가 생겨났다. 지혜(智惠)가 나오자 커다란 거짓(허위)이 존재하게 되었다. 가족이 친화하지 못해서 효도와 자애[효자(孝慈)]가 있게 되었다. 국가가 혼란하니 충신이 존재하게 되었다. [18장 속박(俗薄)]

　　성(聖)을 끊어버리고 지(智)를 내버리면 백성들의 이익은 백배로 늘어난다. 인(仁)을 끊어버리고 의(義)를 버리면 백성들은 효도와 자애로 되돌아간다. 기교를 끊어버리고 이익을 내버리면 도둑이 존재하지 않게 된다. [19장 환순(還淳)]

노자의 견지에서는 겉치레를 중시하는 성스러움과 교묘한 지혜, 인의, 효자, 충신은 유위(有爲)에 해당한다. 이 모두는 자연스러운 사람의 본래 모습, 순박(淳樸)과는 거리가 있다. 내실보다는 외화(外華)를 중시하므로 도에서 멀어졌기 때문이다. 그래서 "도를 잃은 후에 덕이 있고, 덕을 잃은 후에 인이 있으며, 인을 잃은 후 의가 있고, 의를 잃은 후에 예가 드러난다[38장 논덕(論德)]."라고 하였다. 인의를 끊어버리면, 즉 무위하면 백성의 이익이 저절로 늘어나고, 효도와 자비가 생기며, 도둑도 자연히 없어지게 된다. 그리하여 노자는 사람의 본래 바탕과 원시의 마음을 소박(素樸)이라고 하였다. '소(素)'는 색이 칠해지지 않은 자연 그대로의 바탕이고, '박(樸)'은 인공이 가해지지 않은 본디의 나무를 말한다. 이는 자연 그대로 무위의 지극한 모습이다.

　　노자는 배우는 문제도 공자와 생각을 달리했다. 학문이 인위와 허튼 지혜를 쌓으므로 이를 멀리해야 한다고 하였다.

　　학문을 끊어버리면 걱정이 없게 된다. '네'라고 하는 대답과 '어'하는 대답의 차이가 얼마나 되는가? 선과 악의 차이도 얼마나 되는가? [20장 이속(異俗)]

'학문은 즐거움이요, 군자가 되는 첫째 길임이며, 사회 질서를 유지하는 지름길'이 아니다. 노자는 오히려 걱정이 생겨남도 학문 때문이라고 하였다. 학문은 욕망을 끝없이 생성하고, 가식과 억지를 노상 부리게 한다. 많이 아는 것이 힘이라 하는데 오히려 걱정을 초래한다. 노자에게는 '네[유(唯)]'하고 공손하게 대답하는 것과 '어[아(阿)]'하고 불손하게 대답하는 차이나, 선과 악의 분별은 학문적, 인위적 구분에 지나지 않는다. 인간 주위에 떠도는 후천적 지식의 도를 배우는 것보다는, 자연의 도, 무위를 깨닫는 것이 낫다는 말과 통한다. 그러므로 배우는 즐거움은 버려야 하는, 다 헤어진 헌 짚신짝에 불과하다.

사람은 좀 어리숙하고 모자란 듯, 멍청한 가운데 아름다움과 행복이 있다. 그야말로 천지자연의 일부가 되어 생활하는 것이다. 그러기 위해 학문은 멀리할 수밖에 없다. 이어서 노자는 "기쁨과 슬픔을 드러내지 않고, 웃을 줄 모르는 갓난아이 같고, 매인 데가 없어 돌아갈 곳도 없고, 나만 홀로 의욕이 없는 사람 같으며, 사리에 어둡고, 흐릿하고, 담담하기 바다와 같은 사람"이 무위를 행하는 생활이라고 했다.

천지 만물의 형상은 상대적으로 존재하는데, 사람들은 절대적 표본을 존중한다. 그래서 갈등과 고통이 생기고 세상이 시끄럽다.

천하 사람들이 모두 아름다운 것이 아름답다고 여기지만, 그것은 추한 것일 수도 있다. 모두가 선한 것이 선하다고 여기지만, 그것은 선하지 않은 것일 수도 있다. 그러므로 유(有)와 무(無)는 상대적인 뜻에서 생겨났고, 어렵고 쉬운 것도 상대적으로 이루어지며, 긴 것과 짧은 것도 상대적인 데서 형성되고, 높은 것과 낮은 것도 상대적인 관념에서 있게 되며, 음악과 소리도 상대적인 소리의 조화로 구별되고, 앞과 뒤도 상대적인 개

념의 구분에 불과하다. [2장 양신(養身)]

이처럼 세상 만물은 상대적인 개념으로 존재한다. 근거 없는 기준은 평가를 그릇되게 한다. 그래서 성인은 이러한 그릇된 생각을 버리고 무위(無爲)한 일에 처신하며, 불언(不言)의 가르침을 행한다고 하였다. 이어지는 말에서 '만물이 생성되어도 따지지 않고, 생겨난 것이라도 존재를 믿지 않으며, 행동하더라도 기대는 데가 없고, 공로를 이루더라도 인정하지 않는다.'라고 하였다. 이것이 몸을 보양하는 길이기도 하다.

사람은 우주 속의 자연적 존재에 불과한데 자연과의 조화를 거부하고, 자연의 일원으로 살아가는 것에 만족하려 하지 않는다. 자연의 질서를 무시하고 갈등을 조장하며, 인간관계를 인위적으로 조작한다. 명예나 물질적인 욕심, 욕망을 지나치게 추구하고, 허튼 지혜로 사회를 세우고 나라를 다스리려고 노력한다. 노자는 이러한 사회적 현상을 못마땅하게 여겼다. 이것이 노자의 사회적 고통이다.

명예와 자신은 어느 것이 더 친밀한 것인가? 자신과 재물은 어느 것이 더 귀중한 것인가? 얻은 것과 잃은 것은 어느 편이 더 괴로운 것인가? 그러니 심히 아끼면 반드시 크게 손해를 보게 되고, 많이 가지고 있으면 반드시 크게 잃는다. 그러므로 만족할 줄 알면 굴욕을 당하지 않고, 멈출 줄 알면 위태롭지 않게 되며, 오래도록 보존할 수 있게 된다. [44장 입계(入戒)]

많이 가지려는 사람의 욕심은 끝이 없고, 명예는 언제나 허전하다. 그래서 아흔아홉 마리를 가져도 한 마리를 빼앗아 백을 채우려

하고, 당하관보다는 당상관이 되려고 천리(天理)를 무시하고 무진무진 노력한다. 노자는 이러한 행태를 철저히 배격하였다. 무엇이든지 지나치면 위험과 우환이 도사린다. 그러나 인간은 욕망과 욕심의 수레바퀴를 멈출 줄 모른다. 그 유명한 "만족할 줄 알면 굴욕을 당하지 않고, 멈출 줄 알면 위태롭지 않다[지족불욕 지지불태(知足不辱 知止不殆)].”란 명구는 노자만이 할 수 있는 말이다. 노자의 연명(延命), 장수(長壽) 사상도 이 말에 깃들어 있다.

이 얼마나 높은 이상과 또 다른 경지를 설파하고 있는가. 노자는 겨울이 지나면 봄이 온다는 평범한 진리를 참음의 방도로 삼아 이를 자연의 순수함과 원리에 녹이려 하였다. 인위와 가식의 고통을 무위와 순수함이란 참음의 울력으로 승화하였다. 그리하여 어린아이의 눈동자, 천진무구한 얼굴을 앞세웠다.

여기에서 또한 주목할 점은 노자의 전쟁에 대한 태도이다. 당시 춘추전국시대는 전쟁이 사회 혼란을 한몫했다. 그래서 노자도 전쟁의 참상을 직접 목격했을 것이다.

도로써 임금을 보좌하는 사람은 군사력으로 강함을 드러내지 않는다. 그 일은 처음의 무위로 돌아감이 좋을 것이다. 군대가 주둔하는 곳은 가시덤불로 황폐해진다. 큰 전쟁이 끝난 뒤에는 반드시 흉년이 든다. [30장 검무(檢武)]
훌륭한 무기는 불길한 연모이어서 만물 중에는 그것을 싫어하는 것들이 있다. 그러므로 도를 터득한 사람은 그것을 몸 가까이 두지 않는다. 군자는 평소에 왼편을 존중하는데, 무기를 쓸 때는 오른편을 존중하게 된다. 무기는 불길한 연모이니, 군자들이 쓸 연모는 아니다. [31장 언무(偃武)]

노자는 전쟁도 미연(未然)에 방지하기 위해 처음의 무위로 돌아감을 강조했다. 싸움터는 황폐해지고 귀신이 곡하듯 흉년이 뒤따른다. 그래서 군사력이 강하다고, 그리고 전쟁의 성과에 뽐내지[긍(矜)] 말고, 자랑하지[벌(伐)] 말며, 교만해서는[교(驕)] 안 된다. 무기는 상서롭지 못한 도구라 사람을 죽이는 데 사용해서는 안 된다. 사람 죽이기를 즐기는 사람은 천하에서 뜻을 얻지 못한다고 하였다. 많은 사람을 죽여서 슬픔으로 세상을 울려야 하기 때문이다.

이는 병가에서 '싸우지 않고 이기는 것이 최고의 상책'이라는 말과 통한다. '자애로 싸우면 이기고, 자애로 수비하면 견고해지고, 하늘은 이러한 사람을 구해 준다[67장 삼보(三寶)].'라고 하였다. 노자의 말대로 전쟁을 치른다면 결코 승리할 수는 없다. 전쟁이 필요 없는 국가에서의 임전 태세로서 실전에서 응용하는 전법(戰法)은 아니다. 그러나 노자의 전쟁 방법은 무위자연의 개념으로 보아서는 최고의 전략이다.

이처럼 노자는 사회 혼란과 갈등, 이로 인한 전쟁 등에서 몰려오는 고통을 해소하려면, 인위를 배격하고 무위자연으로 돌아가야 함을 역설하였다. 겉으로 보기에는 소극적인 해결 방법 같지만, 우주 자연의 원리로 보아서는 최고 해법의 하나이다. 곧, 노자의 사상을 적극적으로 해석하면 억지, 가식, 술수, 욕망, 투쟁 등이 판치는 사회 현상에 대한 고통의 해법으로 무위자연을 내세운 것이다. 밖에서(상대가) 보면 소극적이지만 안에서(주체가) 보면 제일 적극적인 고통 해소의 방법이다.

『사기』와 『장자』에는 공자가 예의 가르침을 받고자 주(周)나라로

가 노자를 만나 보고, 제자에게 '용과 같은 인물'이라 말했다고 하였다. 이와 같은 표현으로 미루어 그의 사상에 대한 공감을 어느 면에서 인정하지 않았는가 한다. 공자와 노자의 사상은 지향점에서는 판연히 달라도, 고통과 이를 참아내는 관점으로 세상을 바라보면 궁극적으로 서로 통한다고 하겠다. 도통위일(道通爲一)이라고나 할까.

《예수(Jesus Christ)》

예수 크리스트는 '마구간 구유'에서 태어났다. 태어난 장소인 마구간 구유는 인류가 공통으로 지니는 '고통과 참음'이란 상징성을 띤다.

헤롯왕 때, 베들레헴에서 예수가 탄생하자 별의 인도로 동방으로부터 세 사람의 박사가 찾아와, 황금과 유향(乳香)과 몰약(沒藥)을 예물로 바쳤다. 황금은 크리스트를 왕으로, 유향은 신으로, 몰약은 사람으로 인정하는 징표이다. 이들은 헤롯왕의 예수 탄생에 대한 모해를 알고, 그를 만나지 않고 자기 나라로 돌아갔다. 하늘의 천사가 요셉에게 꿈에 나타나, 헤롯왕이 아기를 죽이려 하니 애급(埃及, 이집트) 땅으로 급히 피하고, 지시할 때까지 머물러 있으라고 알려주었다(마태복음 2:13). 헤롯왕은 베들레헴과 가까운 지역 두 살 아래 모든 아이를 죽이라고 명령했다. 이렇게 예수의 수난(受難)은 태어나면서부터 시작된다.

예수는 갈릴리에서 목수로 숨어지냈다. 선지자 요한에게서 세례를 받고 물에서 올라오니, "너는 내 사랑하는 아들이요 내 기뻐하는 아들이니라."라고 하는 소리가 천상으로부터의 들렸다. 그리고 마귀에게 시험받으려고 광야로 성령에 이끌려 갔다. 40일을 밤낮으로 단식을 하여 거의 굶어 죽을 지경에 이르렀다. 마귀는 돌덩이를 빵으로 만들어 하느님의 아들임을 증명해 보라고 요구했다. 이에 "사람은 빵으로만 살지 못하고, 하느님 입으로 나오는 모든 말씀으로 살 것이다.'라 기록되어 있다(마태복음 4:4)."라고 하였다. 사람이 살아가는 데 육체적인 양식과 정신적 양식이 함께 필요함을 알려준 말씀이다. 이 밖에 마귀는 여러 시험을 했다. 그때마다 하느님을 섬기고 시험하지 말라고 했다.

예수는 요한이 옥에 갇혔다는 소식을 듣자 나사렛을 떠나서 갈릴리 호숫가 가버나움 해변으로 가서 귀신 들린 사람, 통증, 뇌전증, 중풍 환자를 고치는 등 여러 기적을 행하여 그 주위에 사람들이 많이 몰려들었다. 예수는 제자와 이들을 데리고 산으로 올라가 설교하였다. 이른바 산상설교, 산상수훈(山上垂訓)이다.

"심령이 가난한 자는 복이 있나니 천국이 저희 것이요, 애통하는 자는 복이 있나니 저희가 위로를 받을 것이요, 온유한 자는 복이 있나니 저희가 땅을 받을 것이요, 의에 주리고 목마른 자는 복이 있나니 저희가 배부를 것이요, 긍휼히 여기는 자는 복이 있나니 저희가 긍휼히 여김을 받을 것이요, 마음이 청결한 자는 복이 있나니 저희가 하느님을 볼 것이요, 화평하게 하는 자는 복이 있나니 저희가 하느님의 아들이라 불릴 것이요, 의를 위하여 핍박을 받은 자는 복이 있나니 천국이 저희 것임이니라."
(마태복음 5:3~10)

인간의 참된 여덟 가지 행복(복락)을 말씀하였다. 이를 진복팔단(眞福八端)[참 행복/행복 선언, beatitudes/beatitudines]이라 한다.

그런데 이를 자세히 살펴보면 '심령이 가난한 자', '애통하는 자', '온유한 자', '의에 주리고 목마른 자', '긍휼히 여기는 자', '마음이 청결한 자', '화평하게 하는 자', '핍박받는 자'를 언급하여, 주로 사회적으로 평범하고 고통받는 사람, 사회적 약자들의 행복이 참된 행복임을 강조하였다고 하겠다. 여기에 하느님을 보고, 하느님의 아들이라 일컬음을 받고, 천국도 자신의 것이 됨을 확신해 주었다. 지금의 고통과 핍박을 의롭게 잘 참고 견디면, 진정한 행복이 찾아오고 천국으로 갈 수 있다는 믿음과 구원의 말씀이다.

그리하여 원수를 사랑하고, 미워하는 사람에게도 잘해주고, 저주하는 사람들을 축복하며, 학대하는 사람을 위해 기도하라고 강조하였다. 오른쪽 뺨을 때리는 사람에게 왼쪽 뺨을 돌려 내밀고, 속옷을 가져가는 사람은 겉옷까지도 가져가게 내버려 두라고 하였다(누가복음 6:27~29).

> "무엇이든지 남에게 대접을 받고자 하는 대로 남을 대접하라." (마태복음 7:12)
> "네 부모를 공경하라. 네 이웃을 네 몸과 같이 사랑하라." (마태복음 19:19)

끝없고 넓은 사랑, 박애(博愛)를 베풀라는 말씀이다. 예수는 고난과 고초를 겪는 사람을 이와 같은 사랑으로 대하라는 말씀을 기회 있을 때마다 언급했다. 고난은 원초적인 죄에 대한 형벌이면서, 인간 존재를 확고하게 하는 시험이라 하겠다. 바리새인들이 간음하다 붙잡힌 여자를 끌고 와서 돌을 던져 죽일 것을 주장하자, "너희 가운데

죄 없는 자가 먼저 저 여자에게 돌을 던져라."라고 말했다. 모두 돌을 던지지 못하고 한 명씩 그 자리를 떠났다(요한복음 8:1~11). 어디 세상에 죄 없다고 자신하는 사람이 있으랴! 이처럼 예수는 고통받는 사람을 위해 넓고 차별 없는 사랑을 요구하고 세상을 감싸려 하였다.

어느 젊은이가 예수에게 "어떤 착한 일을 하면 영생(永生)을 얻을 수 있겠습니까?"라고 묻자, 계명[13]을 잘 지키고, 네 소유물을 팔아서 가난한 사람에게 나누어 주고, 그러면 재보(財寶)를 하늘에서 얻게 되리라고 대답하였다. 부자인 이 젊은이가 슬퍼하며 돌아가는 뒷모습을 보면서 제자에게 말했다.

> "내가 진실로 너희들에게 말하거니와 부자는 천국에 들어가기가 어렵다. 다시 너희들에게 말해 두지만, 낙타가 바늘구멍으로 들어가는 것이, 부자가 천국에 들어가기보다 오히려 쉽다." (마태복음 19:23~24)

낙타가 바늘구멍으로 들어가기는 사실상 불가능하다. 그만큼 부자는 천국으로 들어가 영생을 누리기가 매우 어렵다는 비유이다. 이렇게 부자를 폄훼하는 말은, 오히려 부자는 가난한 자를 적극적으로 도우라는 역설적 강조 화법이라 하겠다. 당시에도 가난에 시달리는 사람이 너무 많았던 모양이다. 이러한 사회적 불평등을 하루빨리 해결하는 방법을 제자들에게 이러한 말씀으로 깨닫도록 하였다. 가난은 개인적인 고통이면서 사회적인 괴로움이다. 이러한 고통을 서로

---

13 "살인하지 마라, 간음하지 마라, 도적질하지 마라, 거짓 증거(證據)하지 마라, 네 부모를 공경하라, 네 이웃을 네 몸과 같이 사랑하라." 등을 말한다(마태복음 19:18~19).

도와 해결하면, 천국으로 통하는 영생의 문이 활짝 열리게 된다.

원죄에 허덕이는 사람들을 자신이 '유대 왕'이라 하며 넓은 사랑으로 구원하는 행동은 예수 자신에게는 수난이 되었다. 당시 전통과 인습에 찌든 유대 율법에는 절대적으로 어긋나는 행동이기 때문이다. 예수의 수난은 유대의 왕으로서 체포되어 십자가에 못 박히는 과정에서 절정을 이룬다.[14] 이미 제자 유다의 배반을 알고 있었지만, 세 번 기도를 드린 다음 순순히 체포에 응했다. 신문 과정에서 대사제는 억지로 하느님 모독죄를 걸어 예수의 얼굴에 침을 뱉고 주먹으로 친다. "메시아야, 알아맞혀 보아라. 너를 친 사람이 누구냐?"라 하면서 손찌검도 했다. 이때 베드로는 모든 사람 앞에서 '예수를 모른다'라고 세 번이나 부인한다. 유다는 자살하고 베드로는 이후 행보가 달라졌지만, 인간관계서 오는 고통의 한 단면을 여실히 엿보게 한다.

사형 선고 후 끌려 나가는 예수 모습은 처절 그 이상이다.

빌라도는 신문을 마친 뒤 예수님을 채찍질하게 한 다음 십자가에 못 박으라고 넘겨주었다. 그때 총독의 군사들이 예수님을 총독 관저로 끌고 가서 그분 둘레에 온 부대를 집합시킨 다음, 그분의 옷을 벗기고 붉은색 외투를 입혔다. 그리고 가시나무로 왕관(면류관)을 엮어 그분 머리에 씌우고 오른손에 지팡이(갈대)를 들리고서는, 그분 앞에 무릎을 꿇고 "유대인들의 왕, 만세!" 하며 조롱했다. 또 그분께 침을 뱉고 지팡이를 빼앗아 그분의 머리를 쳤다. 그렇게 예수님을 조롱하고 나서 붉은색 옷을 벗기고 그분의 원래의 옷을 다시 입혔다. 그리고 예수님을 십자가에 매달아 죽이려고 끌고 나갔다. (마태복음 27:26~31)

---

14 도널드 시니어, 『마태오가 전하는 예수의 고난』에서 자세히 밝혀 설명하고 있다(박태원 옮김, 분도출판사, 2014).

골고타 언덕에 십자가를 지고 오르는 모습, 십자가에 못 박히는 장면은 성경에도 의외로 자세하지는 않다. 그런데 그 자세하지 않다는 점은 오히려 여백으로 남겨둠으로써, 그 고통의 여운을 더욱 크게 한다고 하겠다. 이때의 고통을 어떻게 언사(言辭)로 표현할 수 있으랴.

> 그들은 나가다가 시몬이라는 키레네 사람을 보고 강제로 예수님의 십자가를 지게 하였다. 이윽고 골고타, 곧 '해골 터'에 이르렀다. 그들이 쓸개즙을 섞은 포도주를 마시라고 건넸지만, 그분께서는 맛을 보시고는 마시려고 하지 않으셨다. 그들은 예수님을 십자가에 못 박고 나서 제비를 뽑아, 그분의 겉옷을 나누어 가진 다음 거기에 앉아 예수님을 지켰다. 그들은 그분의 머리 위에 '이 자는 유대인들의 왕 예수다.'라고 쓰인 죄패를 걸어 놓았다. (마태복음 27:32~37)

십자가에 못 박히는 형은 생각만 해도 움찔한대, 이 잔인한 고통을 복음서에는 무언의 고통으로 전달했다. 그러나 지나가는 사람들, 대제사장, 율법 학자들과 장로들, 심지어 함께 십자가에 못 박힌 강도들이 조롱하는 장면은 좀 더 자세히 언급하고 있다.

십자가에서 예수는 마지막 일곱 가지 말씀을 남겼는데[가상칠언(架上七言)] 대표적인 말씀은 다음과 같다.

> "나의 하느님, 나의 하느님, 어찌하여 나를 버리셨습니까?" (마태복음 27:46)
> "아버지, 저 사람들을 용서하소서. 사실 저자들은 무슨 짓을 하는지 알지 못하옵니다." (누가복음 23:34).
> "진정으로 내가 네게 이르노니, 너는 오늘 나와 함께 낙원에 있을 것

이다" (누가복음 23:43)

"아버지, 내 영혼을 아버지 손에 맡깁니다." (누가복음 23:46)

"다 이루었다." (요한복음 19:30)

인류의 죄악을 씻어주기 위한 이 얼마나 지고한 사랑과 희생의 말씀과 참모습인가. 이제 아버지 곁에 돌아감으로써 세상을 무한한 사랑으로 감싸고, 평화를 이루었다는 말로 해석하고 싶다.

인간은 원죄로 평생 땀을 흘려야 먹고살 수 있고, 갖가지 고통과 함께하다가 죽음을 맞이한다. 예수는 인류의 모든 죄악의 근원이 되는 오만, 탐욕, 사음(邪淫), 질투, 탐식(貪食), 분노, 나태 등 일곱 가지 원죄가 인간을 지옥으로 떨어지게 한다고 하였다. 인류의 죄악을 말끔히 씻기 위해 고통 속으로 자신의 몸을 던졌고, 고난을 고난으로 여기지 않았다. 그리하여 죄악으로부터 인류를 구원했고, 부활함으로써 하늘과 땅을 가시적으로 연결했다. 하느님에 대한 믿음과 소망, '하늘에서 이루어진 것을 이 땅에서도 이루어지게' 하였다.

이처럼 예수는 이 세상에서 인류를 위하여 고통으로 시작해서 고통으로 끝맺음하였다. 그래서 마구간 구유와 십자가는 그 상징성이 너무나 크고 위대하다. 그 위대성이 '참음(인내)'이란 단어를 직접 언급하여, 영혼과 영생을 얻고 누리며, 천국에 가까워지는 방법의 말씀으로 승화하였다.

"너희의 인내로 너희 영혼을 얻으리라." (누가복음 21:19)

"만일 우리가 보지 못하는 것을 바라면 참음으로 기다릴지니라." (로마서 8:25).

"소망 중에 즐거워하며 환난 중에 참으며 기도에 항상 힘쓰며…" (로마서 12:12)

"범사에 참는 것은 그리스도의 복음에 아무 장애가 없게 하려 함이로다." (고린도전서 9:12)

"너희에게 인내가 필요함은 너희가 하느님의 뜻을 행한 후에 약속을 받기 위함이라." (히브리서 10:36)

"인내를 온전히 이루라. 이는 너희로 온전하고 구비하여 조금도 부족함 없게 하려 함이라." (야고보서 1:4).

"보라, 인내하는 자를 우리가 복되다 하나니, 너희가 욥의 인내를 들었고, 주께서 주신 결말을 보았거니와, 주는 가장 자비하시고 긍휼이 여기는 자시니라." (야고보서 5:11)

"죄가 있어 매를 맞고 참으면 무슨 칭찬이 있으리요, 오직 선을 행함으로 고난을 받고 참으면 이는 하느님 앞에 아름다우니라." (베드로전서 2:20)

특히, 오래 참고 견딤을 강조하였다. "끝까지 견디는 자는 구원을 얻으리라(마태복음 24:13)." 하였고, '오래 참음'을 성령의 열매 아홉 가지 덕목 중 하나로 열거하였다(갈라디아서 5:22-23). 그리고 사랑은 '오래 참는 것'이고…, '모든 것을 참으며, 모든 것을 믿으며 모든 것을 바라며 모든 것을 견디고(고린도전서 13:4~7)', 오래 참아 노아의 방주에서 여덟 명이 구원을 얻었다고(베드로전서 3:20) 하였다. 그리고 "오직 너희를 대하여 오래 참으사 아무도 멸망하지 않고 다 회개하기에 이르기를 원한다(베드로후서 3:9).", 더욱이 "너는 (하느님) 말씀을 전파하라. 때를 얻든지 못 얻든지 항상 힘쓰라. 범사에 오래 참음과 가르침으로 경책하며, 경계하며 권하라(디모데후서 4:2)."

라고 하였다.

만연한 인류의 죄악과 고통을 참고, 오래 참음으로써 해결하라는 지당한 당부 말씀이다. 이는 성령과 통하는 참음이요, 모든 것을 참고 믿으면 구원받을 수 있다고 하였다. 더욱이 어려울 때, 환난 중에 참으라고 하였다. 참음은 하느님을 믿는 자의 가호면서 궁극의 품성이며, 지켜야 할 도리이기도 하다. 범사에 참으면 복음에 장애가 사라지고, 죄짓고 참는 것보다는 착한 행동을 하면서 참으면, 복되고 하느님의 언약이 지켜진다고 하였다.

예수는 사탄의 유혹을 참지 못해 선악과를 따먹고, 에덴동산에서 쫓겨난 인류의 죄악을 십자가의 죽음으로 대속(代贖)하였다. 마구간 구유에서 태어나고. 옥죄는 가시나무 면류관을 쓰고, 어깨를 짓누르는 무거운 십자가를 메고 올라가는 고난의 언덕길, 골고다 언덕에서 십자가에 못 박힌 모습은 고통과 참음[인고(忍苦)]의 상징 그 이상이다. 이처럼 예수는 탄생과 죽음을 '구유', '가시 면류관', '골고다 언덕' '십자가'란 상징성을 통하여 고통과 참음을 일치시키고 있다. 이보다 더 큰 고통을 손수 몸으로 감당한, 위대하고 성스러운 참음의 현신을 어디서 찾아볼 수 있겠는가.

예수는 인류의 죄악과 고통을 참음과 넓은 사랑으로 세상을 하나 되게 하였다. 넓은 사랑은 하늘과 땅을 연결하는 사람의 영혼이다. 넓은 사랑은 참고, 참아내야만 이룰 수 있다.

《소크라테스(Socrates)》

소크라테스는 성현의 반열에 드는 숭고한 철학자다. 그런데 그의 흉상으로 미루어 못생긴 얼굴, 추한 모습의 극치로 묘사한다. 소크라테스는 가난한 집안의 태생으로 아버지는 석공이었고 어머니는 산파(産婆)였다.

역사적 사실 여부를 떠나 좀 과장되었다고는 하지만, 아내 크산티페는 성질이 매우 심술궂고, 고약하고 사나웠다고 한다. 그래서 명성에 걸맞게 철학자의 길은 고상하거나 그리 순탄히 하지 않은 듯도 하다. 소크라테스는 주위에서 크산티페를 못마땅하게 말하면 다음과 같이 말했다고 한다.

> "마술(馬術)에 능숙해지려는 사람은 사나운 말을 골라서 탄다네. 사나운 말을 잘 다루면 다른 말을 타기란 쉬운 법이지. 내가 이 여자를 견뎌낸다면, 세상에 해내지 못할 것이 없을 걸세."

능숙한 변명이면서 아내를 두둔하는 의도도 깔려 있다. 어느 날 그에게 독설을 내뱉으며 물벼락을 주자, "저것 봐, 천둥, 번개 다음에는 항상 소나기가 퍼붓는 법이야!"라고 했다. 그녀는 매우 수다스럽고 잔소리가 많았다. 그러면 "물레방아가 돌아가는 소리도 귀에 익으면 아무렇지도 않지." 하면서 제자들 앞에서 태연자약했다는 일화는 그의 처세술과 철학적 자세가 무엇인지를 짐작하게 한다. 좀 역설적이지만, 악처의 대명사로 알려진 그녀가 소크라테스에게는 철학에 몰두하여 진정한 철학자의 길을 걷게 한 내조자이기도 하다.

그러나 현숙한 여자로서 그렇지 않았다는 면모도 엿보인다.[15] 사

---

15 플라톤,『소크라테스의 변명 크리톤·파이돈·향연』(박문재 옮김, 현대지성, 2019) 이하 이 책을 많이 참조하여 정리하였다.

형이 집행되던 날 그녀는 어린아이를 안은 채, 소크라테스 옆에서 제자 파이돈 일행을 보자 큰 소리로 울면서 "소크라테스, 친구들이 당신에게 말하고, 당신이 친구들에게 말하는 것도 이번이 마지막이네요."라고 넋두리했다. 남편의 사형 집행을 통보받고 단숨에 달려와 슬픔을 억제하지 못하여 가슴을 치며 울부짖었다고 하겠다. 영영 다시 보지 못한다는 슬픔보다 더 큰 고통은 없을 것이다. 그러자 소크라테스는 절친한 친구 크리톤에게 크산티페를 집에까지 바래다주라고 부탁하여 사형 모습을 보지 못하도록 했다. 최후를 맞는 남편에 대한 애절한 연민으로, 슬픔에 빠진 자신의 처지와 어린 자식을 마지막으로 보여주고, 눈물로써 소크라테스와 작별하고 싶었던 모양이다.

『소크라테스의 변명』에서는 여러 차례 "아주 오랜 세월 동안 나 자신 일은 물론이고 가족을 돌보는 일조차 다 내팽개친 채로…"라고 하여 가정일을 등한시했다고 스스로 고백하였다. 이처럼 가정일에 무관심했다면 아내로서 그녀의 불만이 무엇이고, 그 정도가 어떠한지를 예측할 수 있다. 어쨌든, 악처이든 그렇지 않든 간에 크산티페는 철학자 소크라테스에게는 꼭 옆에서 그가 훌륭한 철학자가 되도록 도와준 하나뿐인 아내였다.

소크라테스는 해상권을 장악한 강대한 도시 국가 아테네에서 태어났고, 그 누구보다도 아테네를 사랑했다. 그러나 아테네가 스파르타와의 전쟁에서 패배하고, 국운이 기울면서 사회적 혼돈이 찾아왔다. 민주 정부의 복귀 후에도 당시 아테네를 지배한 인습적인 생활 방식, 모순적 행태가 만연하는 사회상을 소크라테스는 매우 못마땅하게 생각했다.

소크라테스는 대화나 '문답법'으로 즉, 산파술(産婆術, maieutikē)로 만인이 공유할 수 있는 진리와 사회 정의, 교육의 의미를 찾아보려고 하였다. 진리를 찾고 이해하는 주체는 자신으로, 대화를 통하여 자신이 진리를 찾게 해준다고 믿었다. 그러므로 사람은 산모처럼 진리라는 옥동자를 얻기 위해 고통을 참을 수밖에 없다고 하겠다.

그는 인간의 윤리를 몸소 실천한 행동주의 철학자였다. 인간의 덕성과 지혜를 같은 반열에 올리고, 이성의 판단으로 옳다고 하는 행동의 보편적 기준이 무엇인지를 대화법으로 맹렬하게 추적하였다. 선(善)하다는 인간의 본성을 밝히고, 사회를 유지하는 근간이 무엇인지를 역설하고, 국가의 구조적 모순점을 지적하는데 자신의 소신을 굽히지 않았다. 그리하여 소크라테스는 국가에서 정한 신을 믿지 않고, 청년들을 무모하게 현혹하여 사교(邪敎)로 이끌어 타락시킨다는 혹세무민(惑世誣民) 죄로 재판을 받게 된다.

소크라테스는 사형 선고를 받은 다음 3차 변론에서 다음과 같이 말한다.

"아테네 사람들이여, 죽음을 피하는 것은 어렵지 않습니다. 정말 어려운 것은 비겁함을 피하는 것입니다. 비겁함은 죽음보다 더 빨리 다가오기 때문이지요. 나는 나이가 많아 둔하고 느려서 이들 중에서 더 느리게 달려오는 죽음에게 이제야 붙잡혔지만, 나를 고발한 자들은 영리하고 재빨랐기에 더 빠르게 달려온 사악함에 이미 붙잡혔습니다. 이제 나는 여러분에게 사형을 선고받고 떠나지만, 그들은 진리에 의해 사악함과 불의함이라는 불법을 저질렀다는 확정판결을 받았습니다."

소크라테스에게는 죽음보다 비겁함을 피하는 것이 더 어려웠다. 비겁함은 추호도 생각하고 행동해 보지 못해서, 이제야 느린 죽음보다도 빠르게 찾아와 이를 막지 못했다고 해석할 수 있다. 소크라테스를 비방하는 사람을 비겁자라 지칭한 것이다. 원래 악함은 선함보다 동작이 빠르다. 자신을 고발한 사람들은 영리하고 재빠르다. 하지만 사악함은 그보다 더 빨라 그들을 붙잡아서, 진리에 의해 사악과 불의로 불법을 저질렀다는 그에 합당한 판결과 처벌을 받게 했다고 하였다. 소크라테스가 여태 진정으로 추구한 것은 불변의 진리였고, 그 진리가 사악과 불의에 사형 선고를 내린다는 의미와 통한다. 사악과 불의가 비겁을 전혀 모르는 자신을 사형에 처하는 모순을 강변하는 언명이라 하겠다.

소크라테스는 자기주장을 굽히는 기회주의자가 아니었다. 재판관 앞에서 양보나 타협의 여지를 보였거나, 친구 크리톤의 제안대로 감옥에서 적극적으로 탈출을 시도했다면 목숨은 부지했을 것이다. 그러나 인간과 자연에 대한 본질적인 문제, 존재에 대한 끝없는 질문, 진리 탐구에 대한 무한한 정열(情熱), 순수를 지향하는 너무나 강직한 도덕관, 시간과 장소를 초월한 교육에 대한 열정 등으로 순순히 사형 판결을 받아들였다. 이는 지금 자신이 처한 고통이 무엇이며, 이를 어떻게 참아내고 있는지를 보여주었다고 하겠다.

"이제는 떠날 시간이 되었습니다. 나는 죽기 위해 떠나고, 여러분은 살기 위해 떠날 것입니다. 하지만 우리 중에서 어느 쪽이 더 나은 곳을 향해 가고 있는지는 오직 신 외에는 아무도 모릅니다."

소크라테스가 3차 변론에서 배심원을 향해 외친 마지막 말이다. 죽음을 죽음으로 여기지 않는 성현의 성스러운 모습이다. 죽음은 이 세상의 마감이 아니라 더 높은 곳을 향하여 다른 세상으로 떠나는 것이다.

제자 플라톤의 저서 『파이돈(Phaidon)』에서는 소크라테스의 숭고한 죽음의 모습을 감동적으로 그리고 있다. 그는 오히려 독배를 마시게 해야 하는 간수의 처지를 동정하고, 독을 마신 후의 몸의 상태를 물어보고, 슬픔을 못 이겨 괴상하게 울어대는 친우들에게 조용히 참도록 요구한다. 아내와 아이들을 미리 집으로 보낸 이유를 말하고, "나는 경건하고 축복받는 분위기 속에서 죽음을 맞이해야 한다고 들었네. 그러니 조용히 하고 잘 참아내도록 하게."라고 하여 죽음을 맞이하는 순간도 철학자로서의 고결한 태도를 잊지 않았다. 독 기운이 퍼져 몸이 허리 부분까지 차가워지자 절친한 친구 크리톤에게 말한다.

"크리톤, 나는 아스클레피오스에게 수탉 한 마리를 빚졌다네. 자네가
잊지 않고 이 빚을 반드시 갚아 주게나."

소크라테스가 마지막 남긴 이 말은 그가 추구한 궁극적 진리가 무엇인지를 생각해 보게 한다. '아스클레피오스'는 죽은 사람도 살릴 수 있다는 의술의 신이다. 그래서 당시 사람들은 그에게 영생을 위해 수탉을 바쳤다고 한다. 결국, 지금 독약을 마시고 죽는 것은 죽음 자체로 그치지 않는 영생을 뜻하며, 오히려 이에 감사의 뜻이 담긴 말이라고 한다.

그런데 이 말을 단순하게 풀이하면, 소크라테스는 닭 한 마리의

빚마저 남겨서는 안 되는 도덕적 이상 사회를 추구하였다고도 할 수 있다. 참으며 살아가야 하는 삶의 행로를 단적으로 표현한 말이다. 소크라테스는 참다운 진리를 찾아 도덕적인 삶을 참음으로써 대신하는 모습을, 죽음 직전에도 우리에게 보여주었다. 만상의 본질과 본래의 의미를 찾아보려는 그의 고통은, 독배를 거부하지 않고 순순히 '참아내는' 또 다른 인간의 숭고한 모습을 보이면서, 결국은 '참다운 진리'와 '거짓 진리'를 분별하듯 '현명한 참음'과 '어리석은 참음'을 구분하였다고 하겠다.

그리하여 제자, 친구들은 소크라테스를 "우리가 지금까지 겪어본 사람 중에서 가장 훌륭하고, 가장 지혜로우며 가장 정의로운 인물"이라고 말한다. 사회의 사악과 불의를 참아낸 진정한 모습으로, 오늘날 이 말은 온 세상 사람들이 기꺼이 받아들이는 사상 체계로 정착되었다.

《무함마드(Muhammad)》

무함마드는 카라반 상인 부친 압둘라와 어머니 아미나 사이에서, 이슬람력으로 3월 12일(570년경 8월 30일) 메카에서 태어났다.[16] 아버지는 그가 태어나기 전에 사망했다. 당시 아랍인은 사내가 태어나면 사막 배두인에게 보내 키웠는데, 무함마드도 4년 동안 유모 할리마 손에 깨끗한 사막의 공기를 마시며 자랐다.

어려서부터 불행은 계속되어 어머니를 6살 때 여의었다. 그래서 할아버지 압둘 무딸리브 손에 키워졌고, 족장 회의에도 참석하여 무

---

16 무함마드 전기(傳記)는 『이슬람과 꾸란』(이주화 지음, 이담, 2018)과 『라이프 인간세계사』(이슬람) (한국일보타임-라이프, 1979)를 중심으로 하고 기타 자료를 참조하였다.

함마드에게 의견을 묻기도 하였다. 2년 뒤 할아버지도 사망하자 삼촌 아부 딸립의 보호 아래서 자랐다. 가족 관계로 보면 끊이지 않는 불행의 연속이었다. 이처럼 무함마드는 유년 시절부터 어려운 가정 환경에서 자랐다.

무함마드는 할아버지와 삼촌의 보살핌을 받았다고 해도, 고아로 서 무척 외로웠고 길잃은 양처럼 방황했으며, 넉넉하지 못한 살림이 정신적·육체적으로 고통을 가했으리라 생각된다. 청소년 시절 양치 기 목동으로, 장사 일로 가사를 도왔다. 무함마드는 가난과 외로움, 고달픔을 자연의 질서와 우주의 원대함에 녹이려 했고, 착실하게 기 도함으로써 선지자로서의 덕목을 내면에 차곡차곡 쌓았다고 하겠다.

코란(쿠란)은 알라가 고아와 가난한 자에 대해 무관심하지 않는다 고 게시로 알려준다.[17]

> "그대의 주께서는 그대를 버리신 것이 아니다. 미워하시는 것도 아니 다. 그대에게 있어서 내세는 현세보다 훨씬 좋은 것. 주님께서 틀림없이 그대가 기뻐하는 것을 내려주시니라. 주님께서는 고아인 그대를 발견해 서 돌봐 주시지 않았느냐. 길 잃은 그대를 바른길로 인도해 주시지 않았 느냐. 가난한 그대를 발견해서 부자로 만들어 주시지 않았느냐. 고아를 괴롭히지 마라. 비렁뱅이를 꾸짖지 마라. 주님의 은혜를 언제나 말해 주 어라." (『코란』 93:3~11)

알라는 항상 그대를 보호하고 내세를 더 좋게 하여 기쁨을 내려준 다고 하였다. 구체적으로 고아를 돌보아 주었고, 가난한 자를 부자로

---

17 『코란(꾸란)』 (김용선 역주, 명문당, 2008)과 여타 자료를 참고하였다.

만들어 주었고, 그러니 이들을 괴롭히고 꾸짖지 말라고 했다. 유추해 보면 무함마드는 고아로 가난했지만, 이후 알라의 보살핌으로 부유한 생활을 하게 되고 예언자가 되었다는 뜻과 통한다. 그리하여 주님(알라)의 은혜를 항상 세인에게 알려주라고 강조한다.

알라의 도움이 작용했다고 볼 수 있지만, 가난에 쪼들리는 생활에도 인내심이 강하고 성실하며, 믿음이 두터운 청년으로 자라려는 본인의 의지도 대단했다. 당시 살벌한 사막 사회에서 부자들로부터 학대받는 사람들, 사회적 약자들 편에 서서 생활하기란 그리 쉬운 일이 아니었다. 무함마드는 이러한 일을 기꺼이 자처했고, 그래서 주위 사람들은 그를 '알-아민(al-Amin)', 즉 '신뢰할 수 있는 사람'이라고 불렀다.

25세 때 대상(隊商) 일을 도왔던 연상의 미망인 부자 카디자와 결혼했다. 성실하면서도 정직함, 믿음을 주는 외모가 마음을 끌었기 때문이다. 알라신의 계시를 받기 전까지 15년 동안은 두 명의 아들과 네 명의 딸을 낳고 유복하게 살았다. 그러나 두 아들은 어린 시절에 잃고, 딸도 파티마만 남고 모두 먼저 보내야 했다. 자식을 먼저 보내는 슬픔을 참척(慘慽)이라 하는데, 부모를 여의는 천붕(天崩)의 슬픔보다 더 크다고 한다. 부유한 생활 중에서도 무함마드는 자식을 잃은 비할 데 없는 슬픔을 거듭 참고 견뎌야 했다.

이미 12세 때 삼촌을 따라 낙타 몰이꾼으로 시리아에 머물 때, 나무와 돌 모두가 절했다. 이를 보고 예언자로서 인정을 받고, 위험을 피하여 서둘러 메카로 빨리 돌아온 적이 있었다. 무함마드는 매년 누르산(빛의 산) 히라 동굴에서 수년 동안 명상을 계속했다. 40세가 되었을 때, 천사 가브리엘을 통하여 민족의 예언자가 되리라는 알라의 계시를 받는다.

"읽어라, '창조주이신 당신의 주님의 이름으로, 주님은 응혈로부터 인간을 만들어 주셨다.' 읽어라, '당신의 주님은 한없이 넓으신 분, 붓 잡는 법을 가르쳐 주시고, 인간에게 미지의 일을 가르쳐 주셨다.' 그러나 인간은 교만해서 스스로 족하다고 도취하고 있다." (『코란』 96:1~7)

주님의 계시를 전달하러 하강한 천사가 '읽어라'라고 하는 외침에 긴장하여 머뭇거리다 세 번째 강요에는 따라 읽었다. 읽고 쓸 수 없는 자신이 따라 읽게 되었고, 이 내용이 고스란히 머릿속에 남아 있었다.

이러한 천사의 계시는 이후에도 계속되었다. 다시 망토에 의지하여 명상하는 무함마드는 "일어나서 경고하라, 그대의 주를 찬양하라, 그대가 입은 옷을 깨끗이 하라, 부정한 것(우상)을 멀리하라(『코란』 74:2~5)."라는 천사의 계시 소리를 듣는다. 천사의 소리는 경외와 전율을 불러내고, 한편으로 불안과 초조함을 자아냈지만, 마음에 안정을 찾으면서 자신을 예언자로서 확신하게 되었고, 남에게 이를 말할 수 있는 자신감도 생겼다.

가브리엘 천사가 계시를 내리는 밤을 '권능(權能)의 밤(거룩한 밤)'이라 하여 지금도 지켜진다. 코란에서는 다음과 같이 나온다.

"우리는 이것을 권능의 밤에 내렸다. 권능의 밤이 무엇인지 누가 네게 가르쳐 주랴? 권능의 밤이야말로 1천 개월보다 낫다. 이날 밤, 모든 천사와 성령은 주님의 허락을 받아 온갖 명령을 가지고 강림한다. 날이 새기까지 평안하라." (『코란』 97:1~5)

라마단 마지막 달 10일 중 홀수가 되는 날 하룻밤(지역, 종파에 따라 차이가 있음) '권능의 밤'에 천사 가브리엘이 하느님의 뜻에 따라 내려와, 새벽 동이 틀 때까지 머물며 평화를 기원하는 밤이다. 알라의 계시는 동녘 하늘의 여명처럼 밝은 빛이 되어 세상으로 비춰나갔다.

무함마드는 천계를 받고, 유일신 알라로부터의 메시지를 전하는 '신의 사도', '예언자'로서 포교를 시작한다. 아내 카디자, 인척, 친구 등 주위 사람부터 시작하여, 알라가 우주에 군림하는 유일하고도 영원한 지고의 신으로, 알라만을 믿고 따라야 내세가 보장된다고 가는 곳마다 강조하였다.

그런데 무함마드의 커다란 시련은 이때부터 시작되었다. 미신과 우상 숭배 중심 기존 신앙 분위기는 그의 행동을 미치광이로 취급하였고, 전도 중 돌팔매질을 당하기도 했다. 당시 만연한 다신교 세속에 젖어 있는 사람들로부터 탄압은 계속되었고, 이를 타개하기 위하여 전쟁 등으로 이어졌다. 예언자로서 이슬람교 전파는 그야말로 가시밭길이었다. 특히, 쿠라이시족은 무함마드를 거짓말쟁이라 하여 돌을 던지며 비난했고, 심지어 망토에 휩싸아 질식해 죽이려고까지 하였다. 이들의 조직적인 방해로 카바에 모여 예배조차도 드릴 수 없게 되었다.

이 무렵 어릴 때부터 길러주고 지켜주던 삼촌이 세상을 떠났고, 그렇게 의지하고 후원해주던 아내도 영원히 곁을 떠났다. 삼촌과 아내의 죽음은 고통 위에 고통이 엄습한 설상가상(雪上加霜)이었다.

그리하여 천사의 계시 14년째가 되던 해, 이슬람력 원년 3월 8일(622년 9월 23일)에 박해를 피해 메카를 탈출하여 야스리브(후의 메디나)에 도착한다. 이를 '헤지라/히지라(Hegira/Hijrah)'라고 한다. 메디나 사람들은 이들을 환대했다. 이슬람 역사에서 새로운 전기를 맞았다.

이슬람력 2년(624년) 9월 17일, 바드르 전투에서는 두 배가 넘는 쿠라이시 부족의 군대를 물리쳤다. 그러나 이슬람력 3년 10월 6일, 우후드 전투에서는 이슬람군이 크게 패하는 고초를 겪었다. 드디어 이슬람력 8년(630년) 9월에는 메카를 평정하고, 하나의 알라를 믿는 이슬람 신앙의 다섯 기둥 '믿음(Shahada)', '예배(Salat)', '희사(喜捨, Zakat)', '단식(Saum)', '순례(Hajji)' 정신이 거침없이 세계 사방으로 넓혀나갔다. 무함마드는 신앙심을 역설하면서 지배보다는 포용과 공존을 강조했다.

무함마드 삶을 통하여 갖은 어려움을 겪으며 이슬람교가 어떻게 선양 종교로서 정착하였는가를 살펴보았다. 다음과 같은 『코란』의 구절은 왜 사람과 가까워질 수 있었는지를 알려준다.

"우리는 그대의 가슴을 펴, 무거운 짐을 덜어 주지 않았느냐? 네가 등에 진 그것을. 또 그대의 명성을 드날리게 해주었다. 괴로움은 낙(樂)과 더불어 있고, 낙은 괴로움과 더불어 있다. 여가가 있으면 괴로움을 새겨서 그대의 주님께 간구하라." (『코란』 94:1~8)

인간의 삶이란 언제나 괴로움과 즐거움이 공존한다. 이러한 인생의 역정(歷程)에서 괴로움이 생기면, 여유가 있을 때마다 알라에게 기도하면 괴로움이 해소된다고 하였다. 알라의 전능을 찬양하면서, 동시에 인생에는 언제나 고통, 고난이 따라다님을 알려주었다고 하겠다. 그리하여 '경건하게 종교심을 갖는 사람' 가운데 하나로 "불행이나 곤궁한 역경에 처하여도 인내하는 자(『코란』 2:177)"를 마지막 순서로 들었다. 이처럼 무함마드는 구원의 조건 중의 하나로 '인내(참음)'를 강조했다.

> "너희들은 알라께서 한참 싸우고 있는 자와 인내하는 자를 아시기 전에 낙원에 들어갈 수 있다고 생각하는가?" (『코란』 3:142)
> "믿음이 두텁고 의로운 일을 힘쓰는 자들에게 우리는 천국의 훌륭하고 영원한 안식처를 주리라.… 그들은 무엇이든 잘 알고 잘 견뎌 신에게 모든 것을 맡기는 자들이다." (『코란』 29:59~60)
> "그들의 인내에 대해 낙원과 비단으로 보답하시리라." (『코란』 76:12)

알라는 믿음이 두텁고 의로운 일에 힘쓰는, 곧 '인내하는 자'는 낙원, 천국의 안식처에 들어가게 하고, 비단으로 보답한다고 하였다. 믿음과 신앙, 경외, 선행 등은 인내 속에서 견고해진다. 그래서 낙원, 천국과 같은 더할 나위 없는 값진 보상으로 되돌아오는 것이다.

'한 손에 『코란』, 다른 한 손에 칼'이란 말의 뜻이 맞고 틀리고를 떠나, 이 말은 글자 참음[인(忍)]의 조합인 '칼[인(刃)]+마음[심(心)]'과 상응(相應)한다. '코란'은 진리요, 정신이며 마음이다. '칼'은 수 세월에 걸쳐 이룩한 고통과 참음의 상징이다. 무함마드는 고통을 참아냄으로써 새롭고도 영원한 진리를 찾았다. 그리고 세상에 이 진리를 전파하여 평화와 기쁨, 즐거움을 함께하는 아름다운 세상을 만들려고 부단히 노력하였다. 그리하여 굳건하게 믿음이 주는 하나의 세계를 이룩하였다.

이제 공자, 석가, 노자, 예수, 소크라테스, 무함마드 성현께서 한 자리에 모이셨다. 참음으로 이 세상을, 이 우주를 사랑이 가득 차고, 평화롭고 아름답게 만들기 위해서이다. 이분들이 한 자리에 같이하셨으니 세계가 하나가 되는 것은 시간문제다.

성현만이 고통을 참아내는 경험을 한 것은 아니다. 예술가, 철학자, 심지어 정치가 등 모두가 참음이란 옷을 입어야 더위와 추위 등 세파의 가혹함을 막아내고, 사람다운 진정한 사람이 된다. 젖먹이, 어린 시절에서부터 소년·소녀, 청장년, 성숙한 인생의 시기인 노년에 이르기까지 참으면서 살아야 한다.

적게 배웠건 많이 배웠건, 못났건 잘났건, 가난하건 부자건, 지위가 낮건 높건, 키가 작건 크건, 남이 알아주건 그렇지 않건 간에 인생이 있어서 참음이 있는 것이 아니라, 참음이 있어서 인생이 살아 움직이는 것이다. 인생은 참음 그 자체다. 그래서 인생이 값지고 아름답다.

사람 사는 곳이라면 고통이 그림자처럼 따라다니고 참음을 감내해야 한다. 참음은 사람이 사람답게 살게 하는 시험이면서 고귀한 선물이다. 참음이 곧 생활이요 인생이다. 참아야 심장의 맥박이 고동(鼓動)하고, 눈빛이 총총하고, 귀가 총명해진다. 얼굴이 마냥 부드럽고 환해진다. 그래서 사람은 모두 다 참음이 점철하는 극적 이야기를 엮어 갈 수 있는 소설가이다.

유적·유물은 참음의 흔적이다.

인류가 살아온 자취는 유적과 유물로 남아 빛난다. 4대 문명의 흔적이 그러하듯 인위적인 훼손과 자연적인 침해가 없다면, 모든 인류 발자취는 가시적인 형상으로 영원히 남는다. 이러한 흔적을 '위대하다', '경이롭다'라는 찬사와 칭송(稱頌)의 말로 그치기에는 부족하다. 장대한 문명은 거저 쌓아 올린 값진 보물이 아니고, 오랜 시간 끈질긴 참음과 부단한 노력으로 이룩한, 사람의 영혼이 살아 움직이는 유산이기 때문이다.

《피라미드(pyramid)》

피라미드는 파라오의 무덤으로 신비하고 불가사의한 건축물이다. 크기와 모양이 일정하지 않고 지역에 따라 특성이 다르며, 분포지가 메소포타미아, 아프리카, 중남미, 심지어 동아시아 등 매우 넓다. 계단식 메이둠(Meidum) 피라미드, 무너지는 것을 보완한 굽은(Bent) 피라미드, 붉은 화강암으로 축조한 붉은(Red) 피라미드 등 종류도 다양하다.

이들 중 기자(Giza)에 있는 쿠푸(Khufu)왕의 대피라미드가 가장 크고 웅장하다. 기단(基壇)의 길이는 230m, 높이가 148m로 석회암, 일부 화강암으로 축조되었다. 기원전 5세기 그리스 역사가 헤로도토스(Herodotos)는 『역사(Historia)』에서 '매년 3개월씩 10년간 10만 명을 동원하여 나일강을 건너 아라비아 산 석재를 운반하는 대도(大道)를 건설하였고, 피라미드 자체는 20년이 걸려 완성되었다.'라고 하였다.

연구에 의하면 노동력은 노예가 아니라 농한기에 동원된 농민이었고, 임금 문제로 파업도 했다고 한다. 농민이건 노예건 간에, 큰 경우 15t이나 되는 석재의 채취와 운반에 계산하기조차 어려운 절대적 노동력이 필요했다. 더욱이 이를 쌓아 올리는 데에는 그 당시 열악한 장비로서는 기술적으로 대처하기에는 부족한 면이 많았을 것이다. 당시에 청동이나 철 도구, 바퀴 달린 운반 기구 등을 제대로 사용하지 못했고, 밧줄 도르래 정도 장치를 이용하여 이러한 거대 건축물을 세웠다니 경탄할 뿐이다.

옛날에는 지금의 형태와는 달리 외벽은 하얀 석회암으로 덮여있어, 햇빛을 받으면 휘황하게 반사하여 빛났다고 한다. 이러한 기술적 미스터리를 들어 일부 과학자는 피라미드를 외계인이 만들었다고 주장한다.

이처럼 피라미드에는 불가사의(不可思議)한 사항이 많아 지금도 새로운 발견이 계속된다. 현대의 최첨단 장비로도 분명하게 밝히지 못한 부분도 많다. 그러나 한 가지 확실한 점은 이러한 거대한 건축물을 완성하여, 현대까지 보존되어 있다는 사실이다. 인간의 전신(全身)을 가리고도 남을 먼지와 땀이 뒤범벅되는 희생과 노력, 갖은 어려움을 혼신의 참음으로 극복하고 대건축물을 완성하였다. 그 당시에는 보존, 유지에도 많은 노동력이 필요로 하는 고통이 따랐으리라 생각된다. 이러한 고통과 참음의 결정체가 피라미드라 하겠다.

《만리장성(萬里長城, Great Wall)》

사실이 아닌 것으로 밝혀졌지만, 우주에서도 보인다는 만리장성은 인류 불가사의 중 하나이다. 북방 유목민 흉노족의 침입을 방어하기 위해 춘추전국시대부터 쌓기 시작하여, 본격적으로는 진나라 시황제부터 명나라 때까지 장성을 새롭게 축조하거나 보수했다고 알려져 있다. 산 형세의 높낮이를 고려하면 무려 성벽의 길이가 6,352km에 이른다고 하고, 1000년을 넘게 계속 이어진 인류 최대의 어마어마한 토목 공사였다.

『사기』〈몽염열전(蒙恬列傳)〉에는 '진나라가 천하를 통일한 뒤 몽염 장군에게 명하여 30만의 군사를 이끌고 융적(戎狄)을 물리치고, 지형에 따라 천험(天險)을 이용하여 성새를 쌓아 임조(臨洮)에서 시작하여 요동에 이르는 총연장 1만 여리 이상이나 된다.'라고 하였다. 이로 보면 진나라 시기에 이미 만리장성의 윤곽은 잡혀 있었다고 하겠다.

이 시기에 백성의 노역이 얼마나 힘들고 고달팠는지, 맹강녀 전설이나 '하룻밤을 자도 만리장성을 쌓는다.'라는 속담이 나올 정도였다.

진시황 명령으로 장성 건설이 한창일 때, 맹강녀는 공사에 끌려간 남편에게 겨울옷을 전달하려고 공사장에 겨우 도착했다. 그런데 남편은 이미 죽어 시신이 아무렇게나 버려진 후였다. 그래서 남편이 묻혔다는 구덩이에 쌓인 해골 무더기에 손가락 피를 내어 흘렸다. 피가 스며드는 해골이 있어, 이를 남편의 해골이라 여기고 장례를 치렀다. 그녀가 슬픔을 이기지 못해 하늘을 향에 울부짖으니, 만리장성이 갑자기 큰 소리를 내며 와르르 무너졌고, 남편의 뒤를 따라 죽었다는 내용이 줄거리 근간이다. 여기에 구전되면서 여러 버전이 생기고 내용이 재미있게 윤색되었다고 하겠다.

'하룻밤을 자도 만리성을 쌓아라.', '하룻밤에 만리장성을 쌓는다.'

등의 약간 변형된 표현도 같은 뜻을 지닌 속담이다. 우리나라에서는 남편을 그리워한 여인이, 하룻밤 정분(情分)을 대가로 만리장성을 대신 쌓는 일을 요구한 사실이 속담으로까지 발전한 모양이다. 그만큼 여인으로서는 남편 소식이 절박했고, 빨리 집으로 돌아오기를 간절히 바랐다고 하겠다. '진시황이 만리장성을 쌓는 줄 아느냐.'라는 속담은, 진시황이 장성을 빨리 쌓으라고 노예에게 채찍 휘두르듯 독촉했던 사실이 담긴 반어적 표현의 속담이다. 진시황이 해를 만류(挽留)하여 해 지기 전에 장성 쌓는 일을 마쳤다는 전설을 바탕으로, 무슨 일을 어둡기 전에 마치기는 불가능하다고 항변하는 뜻이 담겼다.

맹강녀 전설이나 이와 같은 속담은 장성의 웅대한 자태 속에는 백성의 고통과 그에 상응하는 참음이 녹아들어 있다는 점을 강변한다. 그래서 당(唐)나라 문장가 이화(李華)는 〈조고전장문(弔古戰場文)〉에서 "진의 시황제는 만리장성을 쌓고 해안 끝에 관문을 세워, 많은 백성을 고통스럽게 하고, 만 리를 백성들의 피로 물들였다."라고 하였다.

좀 과장되기는 하지만, 백성의 피와 눈물로 만리장성을 쌓은 것이다. 길게는 몇 년 동안, 여기에 반복하여 이 토목 공사에 동원되었다면, 참을 수 없는 노역과 육체적 고통, 고향에 두고 온 처자, 부모 생각에 탈영하는 자도 많았다고 생각된다. 일설에는 이를 방지하기 위하여 탈영자를 잡아 고문하고 곶 사람[곶인(串人)]을 만들어, 작업장에서 잘 보이는 언덕에 세워 놓았다고 한다. 작업을 독려하고, 탈영하면 이렇게 된다는 경각심을 보이기 위해서이다.

만리장성은 벽돌, 돌, 일부는 흙으로 역대 왕조에 걸쳐 수 세기 동안 축성(築成)된, 시간의 역사, 인고(忍苦)의 자취가 흠뻑 배어 있는 장엄한 건축물이다. 만리장성의 위용을 바라보며 '위대하고 장엄하다'라는 탄성을 발하는 것만으로는 부족하다. 그 장성에 보이지 않게 담겨 있는 지난(至難)한 인간의 고통, 땀과 노력이 뒤범벅된 무한한 참음과 참아냄을 먼저 알아야 한다.

《콜로세움(Colosseum)》

정식 이름이 '플라비우스 원형경기장(Amphitheatrum Flavium)'이라 불린 콜로세움은 지름의 긴 쪽은 188m, 짧은 쪽은 156m, 둘레는 527m의 타원형이다. 80개의 아치로 둘러싸인 외벽(外壁) 높이는 48m로, 4층이나 되는 거대한 경기장이었다.

죽고 죽일 때까지 싸우는 무시무시한 검투사들의 시합, 코뿔소, 타조, 호랑이, 사자 등 맹수와의 사냥 싸움, 물을 채워 시행한 모의해전, 모험심이 가득한 신화의 재현 등과 함께, 일설에 기독교인의 탄압 장소로도 사용되었다고 한다. 콜로세움은 수도 로마뿐만 아니라 로마제국의 다른 도시에도 같은 이름과 용도로 세워졌다.

콜로세움은 AD 72년 베스파시아누스 황제부터 80년 아들 티투스 황제까지 대공사가 이어졌다. 1층은 도리아식, 2층은 이오니아식, 3층은 코린트식의 외양을 갖추었고, 2층과 3층의 아치에는 신화에 등장하는 인물의 조각상들이 겉모양과 조화를 이루어 미적 화려함을 더해 준다. 이후, 도미티아누스 황제가 한 층을 더해 4층을 올려 웅장하면서도 아름다운 모습을 완성했다. 지하 구조도 실용적이어서 검투사의 대기 장소, 사자 등 맹수 우리, 경기에 필요하거나 보조하는 도구 보관 장소로 사용하였다.

콜로세움 명칭은 경기장 바로 앞에 서 있는 네로 황제의 거대한 동상의 이름인 콜로소(Colosso)에서 와전, 유래하였다고 한다. '거대하다'라는 뜻의 라틴어 'Colossus', 이탈리아어 'Colossale'와도 관계가 있다고 한다. 석회암, 응회암, 콘크리트를 사용하였고, 최대 8만 명 이상을 수용하는 당시에도 거대함을 인정한 건축물이다.

당시 지중해를 내해로 삼을 정도의 정복 역사와 귀족의 사치나 풍요로움으로 미루어, 콜로세움 건설에 동원된 사람은 양민보다는 주로 전쟁 포로나 노예라고 하겠다. 비문에도 베스파시아누스 황제는 로마에서 20km 정도 떨어진 채석장에서 돌을 옮기는 등, 유대 정복에서 얻은 전리품을 재원으로 10만 명의 노예를 건축에 동원하였다고 했다.

콜로세움의 규모, 세워지는 공사 과정, 사용 목적 등을 살펴보면 콜로세움의 웅대함과 아름다움 속에서 고통을 참아낸 인간의 영혼이 살아 숨 쉰다. 콜로세움은 수많은 사람의 고통과 참음의 소산이다. 겉모양은 현대 올림픽 경기장의 단순한 구조보다도 더 아름답다. 1~3층은 층마다 양식이 다르고, 2, 3층은 아치 모양에 조각상을 배치하여 경기장이라기보다는 하나의 거대한 예술 작품으로 지상에 우뚝 서 있다.

단일 콘크리트 구조물이 아니라 로마 밖 먼 거리에서 암석을 운반하여, 이를 규모에 맞게 자르고 갈아서 설계한 대로 맞춰갔다. 신화에 등장하는 인물의 조각상도 밋밋한 모양이 아니라, 최고의 경지로 아름다운 자태를 드러내야 했다. 지금과 같이 효율적 장비도 없이 부분과 부분을 맞춰 전체의 틀을 완성해가는 과정은, 그냥 웅장하고 아름답다는 건축물로만 여길 수 없다.

완성된 이 경기장에서 로마 시민의 유흥을 위해 수많은 동물과 검투사가 죽어 나갔다. AD 80년 콜로세움의 개막식에는 9,000마리가 넘는 야생동물이 죽었고, 트라야누스 황제 때는 다키아 정복 기념행사로 11,000마리의 동물과 10,000명의 검투사가 이때 희생되었다고 한다. 호랑이, 표범, 사자, 하마, 들소, 심지어 코끼리 등 소비되는 투기용 동물도 엄청났다. 동물끼리의 싸움도 볼거리였지만, 검투사와 동물과의 싸움도 관중의 환성을 샀다.

검투사는 주로 노예나 전쟁 포로, 죄인으로 고도의 훈련을 받았고, 승리하면 주어지는 명예나 자유를 위해 목숨을 걸고 혈투(血鬪)를 해야 했다. 때로는 벌거벗기거나 허리에 천을 두른 알몸으로 경기장에 내몰리고, 칼과 창, 삼지창으로 상대를 죽여야만 한다. 목숨은 관중의 요청에 따라 황제의 엄지손가락에 달리기도 했다. 경기가 처참할수록 관중은 환호하고 열기를 더했다. 관중의 환호 속에 사람의 목숨은 그저 소모품에 지나지 않았다.

이처럼 콜로세움은 거대하고 아름답다고 하기 이전에 사람의 고통과 참음이 시간과 공간의 조형으로 녹아있는 경기장이다. 쾌감의 옷으로 온몸을 휘감은 관중의 환호성과 흥분의 함성에 가려 잘 들리지 않은 노예, 검투사의 처절한 외침, 동물들의 외마디 소리- 비명(悲鳴), 절규(絶叫), 포효(咆哮)-를 들어야 한다. 콜로세움은 고통과 참음의 기념비적 소산이다.

《마추픽추(Machu Picchu)》

해발 2,430m 산속에 세워진 '**공중도시**', '**하늘도시**'라고 불리는 마추픽추는 1911년 하이럼 빙엄(Hiram Bingham)이 발견했다. 계단식 성곽 도시로 크게는 농경지, 주거지역 등으로 구분된다. 신전, 궁전, 병영 등과 수원지와 수도 시설도 갖추고, 계단식 논밭에서 농사도 지어 자급자족할 수 있도록 하였다. 그 웅대한 규모의 자랑 속에 당시 사람들의 슬기로움을 엿보게 한다.

잉카 원주민언어로 '**나이 든 봉우리**'란 뜻의 마추픽추는 위치와 구조로 미루어, 도시가 세워진 유래나 용도에 대해서 많은 주장이 제기되었다. 유적 일부는 2,000여 년 전에 건설되었다고 하고, 15세기 스페인 정복자들을 피하여 세운 도시라고도 한다. 그러나 정복전 잉카 두 황제가 전용 궁전으로 건설했다는 설이 유력하다. 도시의 용도로는 여성 신관(神官) 양성 장소, 왕의 별장, 잉카 제국을 연결하는 물류 중심지 등 여러 주장이 있다.

마추픽추는 왕실 거주, 제례 거행, 농업·산업 지역 등 각 기능의 특징을 살려 구역을 나누고, 이에 따라 산세를 이용하여 정교하게 건설되었다. 그 어느 문명에 뒤지지 않는 잉카 문명의 토목 기술을 엿보게 한다. 20 톤이 넘는 거석을 비롯하여 다면체로 정교하게 쌓아 올린 '태양 신전', '태양을 잇는 기둥'이란 뜻의 제례용 석조물 '인티 파티나'를 축조하였다. 농사를 짓기 위해 계단식 기단과 경사로를 조성하여 일군 옥수수 경작지, 이와 연결되는 관개(灌漑) 수로 등을 갖췄다. 2,000m가 넘는 산 정상에 하나의 토목 걸작 도시를 탄생시켜 감탄과 찬사를 자아내게 한다.

당시 화약이나 철로 된 도구, 바퀴 원리를 잘 이용할 줄 몰랐는데도 수많은 거석과 엄청난 양의 돌을 자체 조달도 했겠지만, 수십 킬로미터 산 아래에서 옮겨와 하늘의 도시를 건설했다. 여기에 모든 건축물의 돌들과 돌의 이음새를 1㎜ 오차도 없을 정도로 정교하게 맞추어 축조하였는데, 현대 토목 기술로서도 놀라지 않을 수 없다.

마추픽추 건설 이전에도 잉카와 주변 제국은 환경에 적용하여 나름대로 그들만의 문명을 발전시켰다. 잉카인들은 문자를 사용하지 않아 스페인이 정복하기 이전의 역사를 알기가 매우 어렵다. 그러나 해안지대 사막 모래 둔덕에 남아 있는 유물을 고증하여, 이미 여기에도 기원전 3750년 전부터 여러 종족이 생활 터전을 잡아 살았고, 이를 이어 잉카 제국에서 '황금 문화', '돌의 문명'을 꽃피웠음을 밝혔다.

정확한 태양 운행의 관측, 측량기술을 활용하여 수도(水道)와 관개 시설을 건설하고, 삭막한 땅에 다양한 농작물로 농사를 지었다. 깊은 산골짜기에 적교(吊橋)를 놓고, 지세를 활용한 도로망을 건설하여 교통을 원활하게 하였다. 잉카 제국 수도 쿠스코에 남아 있는 거대한 성채는 약 2만 명의 노동력을 동원하여 90년에 걸쳐 건설되었다고 한다. 이러한 기술이 마추픽추 도시 건설에 그대로 활용되었을 것이다.

조각상이나 금세공 제품을 보면 어느 문명에도 뒤지지 않은 기술과 문화생활을 영위했다고 여겨진다. 직물 공장에서는 분업으로 작업의 효율성을 높였고, 원시적인 베틀로 아름다운 무늬를 넣고 겹실로 짜기도 하여, 현대적 기술로도 실현하기 어려운 직조법으로 우수한 옷감을 만들어 냈다. 이집트에서처럼 황제나 민간인도 미라를 만들어 안치했다. 나스카 지역의 거대한 기하 도형(삼각형, 소용돌이, 동물 모양) 그림은 외계인의 흔적이라는 말도 듣는다. 지금도 카스티요[성세(城塞)]라고 불리는 거대한 석조 건물이 남아 있고, 차빈 문화(Chavin culture)라고 이름한다.

마추픽추는 이러한 문명 발달의 모든 배경이 어우러져 완성된 도시 유적이다. 옛날의 도시 형태가 완전하게 복원된다면 피라미드, 만리장성, 콜로세움과 비교해도 그 웅장함과 건축의 미학이 조금도 떨어지지 않는다고 하겠다. 파괴, 소실되기 전 원래 마추픽추 모습을 보게 된다면 경이로운 감정은 더할 것이다. 이러한 경탄의 언어 속에는 '고통과 참음'이 도시 건설의 잔영으로 남는다. 종족 간의 전쟁이 빈번했던 그 당시에 마추픽추도 전쟁 포로나 노예, 차출된 농부로 건설되었다고 보기 때문이다.

마추픽추를 설명하면서 좀 장황하게 잉카 제국의 문명을 언급한 것은 정복에 가려진 이들에 대한 인식을 새롭게 하면서, 사람이 모여 사는 곳 어디에나 고통과 참음의 자취가 같은 수준으로 남아 있다는 사실을 강조하기 위해서다. 이렇다면 이제부터 마추픽추는 '잊힌 도시'가 아니라 위대한 '문명 도시'라 할 수 있다.

이 밖에도 사람이 남긴 고통과 참음을 간직한 유적, 유물은 이루 헤아릴 수 없을 정도로 많다. 크게는 스톤헨지와 이스터섬 모아이 석상, 작게는 세계 각지에 산재한 고인돌 등 무수하다. 세계 유수의 박물관에 전시된 유물은 더할 나위 없다. 동서고금을 막론하고 빛바랜 간장 종지, 투박한 밥그릇, 심지어 숟가락 등 사람의 손길과 발자취, 숨소리가 미치고 남아 있는 모든 유물, 유적은 참음, 참아냄의 흔적이다.

부단한 기록문화는 참음의 유산이다.

인간은 유적, 유물과 더불어 부단히 생각과 경험, 사건을 기록하여 자취를 남겼다. 대표적으로 『논어』, 『불경』, 『노자』, 『성경』, 『파이돈』, 『코란』 등은 제자의 손에 의해 기록으로 남아 인륜을 바로 잡고, 끊임없는 욕망을 조절하고, 불안정한 사람의 영혼을 감싸며 영생의 길로 안내한다.

인간의 역사는 기록의 역사다. 영장류로 선사시대부터 표현 욕구를 동굴 등에 그림으로 남겼다. 문자 발명 이후에는 점토판, 파피루스, 죽간, 목간, 비단, 양피지 등으로, 이어 종이 제조술이 발달하면서 지금의 코덱스, 책자 형태를 갖추었다. 인쇄술의 발달과 함께 상업적 가치가 더해지고, 학문이 발전하면서 지식이 급속히 증가하여 기록물도 넘쳐나게 되었다. 현재는 디지털 도서가 매체를 통해 머리가 아플 정도로 범람한다.

이집트에서는 고대로부터 문서 보관소로 시작하여 도서관이 발전하였다. BC 3세기에 세워진 알렉산드리아 도서관은 장서가 70만 권이나 되었다고 한다. 이를 거울삼아 시저 이후 로마 황제는 곳곳에 학교와 도서관을 세웠다. 도서관 장서의 규모는 문화 융성의 척도로서 국가 번영, 국력을 나타낸다. 이것이 통치자의 이념에 힘입어 도서관은 더욱 확대되었고, 국공립 도서관, 대학 도서관, 사설 도서관 등으로 신분을 달리하며 현대까지 이어져 내려온다.

인류가 지금까지 남기고, 또 남기려 하는 기록의 종류는 너무나 방대하다. 세계적으로 분포하는 건국·영웅 신화, 전설은 기록으로 정착

되면서 인간의 상상력과 욕구를 다양하게 대변한다. 지식이 넘쳐나면서 학문은 더욱 분화되고, 이에 따라 문학, 철학, 과학, 종교, 역사 등 모든 분야가 다 기록의 대상이 되었다. 문학은 상상력을 동원하여 삶의 묘미를 아름다운 색깔로 반추해 보게 하고, 철학은 삶의 문제 등 사유하는 고등 동물의 자리를 확실하게 하였다. 과학은 인간 수명을 늘리면서 생활을 편리하게 하고, 종교는 방황하는 인간의 영혼에 안식의 보금자리를 제공하였다. 여기에 역사적 기록은 조상의 자취를 더듬어보고, 과거를 거울삼아 지혜를 넓히는 데 도움을 주었다.

그리하여 어느 시대 어느 민족이든 본능적으로 역사의 자취를 기록으로 남겼다. 역사 기록은 먼 옛날 문명이 발생하면서부터 시작되었다. 점토판, 파피루스, 목간, 죽간 등 다양한 형태로 역사의 증거를 기록으로 남겼다. 정사(正史)에 들지 않는 주변 역사도, 버리고 지우고 싶은 이야기도 빼놓지 않고 기록했다. 역사의 아버지라 불리는 그리스 헤로도토스의 『역사』, 티투스 리비우스를 비롯해 여러 사람이 같은 이름으로 쓴 『로마사』, 공자의 『춘추』, 사마천의 『사기』 등은 역사 기록의 표본이다.

14세기 일한국 라시드 앗딘이 쓴 『집사』, 저자가 밝혀지지 않은 『원조비사(元朝祕史)』는 몽골인의 역사와 칭기즈칸의 제국 건설 과정을 엿보게 한다. 사마천의 사기에서부터 청대에 이르기까지 중국의 역사 기록은 실로 방대하다.[18] 흩어져 있는 전쟁사, 문화사, 교육사

---

18 중국의 사서는 24사(二十四史), 즉 『사기(史記)』, 『한서(漢書)』, 『후한서(後漢書)』, 『삼국지(三國志)』, 『진서(晉書)』, 『송서(宋書)』, 『남제서(南齊書)』, 『양서(梁書)』, 『진서(陳書)』, 『위서(魏書)』, 『북제서(北齊書)』, 『주서(周書)』, 『남사(南史)』, 『북사(北史)』, 『수서(隋書)』, 『구당서(舊唐書)』, 『신당서(新唐書)』, 『구오대사(舊五代史)』, 『신오대사(新五代史)』, 『송사(宋史)』, 『요사(遼史)』, 『금사(金史)』, 『원사(元史)』, 『명사(明史)』를 말한다. 현대에 와서 『신원사(新元史)』와 『청사고(淸史

기록을 포함하면 그 규모나 양을 헤아리기 어려울 정도로 많다.

우리 한민족은 기록하는 천성이 잠재한 민족이다. 무엇이든 기록으로 남겼다. 세계 유일무이의 방대한 '팔만대장경', 조선 시대 왕조의 기록을 사실대로 기록한 '승정원일기', 그것을 체계적, 객관적으로 정리한 '조선왕조실록'은 민족의 유산을 넘어 세계적 기록 유산의 자랑 바로 그대로다.

개인적인 저술은 더욱 다양하고 분량도 헤아릴 수 없이 많다. 역사의 기록도 객관적인 서술의 문제이지 어쩌면 개인의 기록이라고도 하겠다. 사람이 표현하고자 하는 욕구는 여러 방면에서 기록을 남겼다. 보잘것없는 메모, 일기, 서간문 등도 기록의 유산이고, 건축물에 붙박인 글씨도 긴 시간을 지켜온 개인적인 기록이다. 광개토왕비(廣開土王碑, 영락대왕비), 북한산 진흥왕순수비(眞興王巡狩碑) 비문을 포함하여 금석문(金石文)도 빼놓을 수 없는 고귀한 기록의 보물이다.

이러한 기록은 동서고금을 구별할 것 없이 세월의 흐름 속에 그만큼 '참음'의 고뇌를 엿보게 하는 인류 문화의 유산이다. 문자는 인간만이 그 사용의 특권을 누리는 발명품이다. 본능적 표현의 욕구에 문화적 특성을 가미하고, 시간과 공간을 극복하려는 의지가 문자 발명으로 이어졌다. 문자는 '**필요**'라는 고통과 '**발명**'이라는 참음이 합작한 소산물이다. 따라서 문자로 기록한 모든 실체는 고통을 간직한 참음의 유산이라 하겠다.

유한한 인간으로서 가볼 곳, 배울 것이 너무 많아 고통과 참음의 자취를 어떻게 다 보고 배우랴! 인간이 잘났다고 마냥 뽐낼 일이 아니다.

稿)』를 더하여 '25사(史)', '26사(史)'라 하기도 한다.

국가 흥망성쇠(興亡盛衰)는 참음의 궤적이다

그동안 인류는 수많은 국가를 세계 도처(到處)에 세웠다. 그리하여 함께 번영하고, 쇠퇴하여 망했다. 우리나라도 고조선의 건국에서 대한민국의 현재에 이르기까지 흥망성쇠, 융성과 쇠락을 반복했다. 지금은 민족 역사상 가장 윤택한 생활과 자유를 누리고 있다. 그러나 이러한 부침(浮沈)은 대부분 투쟁과 전쟁의 결과이다. 우리나라는 그동안 900회가 넘는다는 외침, 전쟁에 시달렸다. 승리의 기쁨도 있었지만, 급기야 부마국이 되거나, 차마 참기 어려운 삼전도(三田渡)의 굴욕, 국권 상실이라는 치욕도 있었다.

인류 역사는 전쟁의 역사다. 제러미 블랙은 "오해로 인해 이해관계를 잘 못 계산에서 전쟁이 일어나기보다는 싸울 의지와 태세라는 형태의 호전성이 전쟁으로 이어진다."[19]라고 하였다. 전쟁 발발의 책임이 인간에 있다는 말이다.

어찌 보면 크고 작은 전쟁은 한 역사의 시작과 끝을 의미한다. 중국은 부족국가 성립부터 하(夏)-은(殷)-주(周)-춘추전국(春秋戰國) 시대를 거쳐 진(秦)이 천하를 통일하고 시황제라 하였다. 이후 현대 중국에 이르기까지 왕조, 국가의 교체는 대부분 양위(讓位)보다는 전쟁이었다. 서양과 중동, 동남아의 역사도 이에서 크게 벗어나지 않는

---

19 재러미 블랙, 『거의 모든 전쟁의 역사』 (유나영 옮김, 서해문집, 2022) p.18. 이 책은 임진왜란을 포함, 동서고금을 망라하여 전쟁의 기원에서 미래의 전쟁까지 약술, 설명하고 있다. 다음과 같이 전쟁의 성격을 규정하고 마무리한다. " 무력은 역사에서 핵심 요소다. 전쟁은-설령 그 규모가 작고 기술이 제한적일지라도-변화의 단순한 원인이나 결과가 아니라, 더 변화무쌍하고 광범위한 활동이자 경험이기도 하다." (p.405.)

다. 모든 대륙에서 종족 간의 생존과 갈등을 해결하고, 국가의 번영을 위해서 전쟁은 불가피한 도구가 되었다.

전쟁은 나라를 다시 세운다는 정치적 문제에서 발단하는 것만이 아니다. 헤아릴 수 없는 수많은 이유로 전쟁이 발발한다. 국가의 번영, 문화·종교의 충돌, 사상과 이념의 격돌, 어떤 경우에는 개인적인 욕망으로 전쟁이 끊이지 않았다. 지금도 전쟁은 눈에 보이게 보이지 않게 계속되고 있다.

그 이유가 어떻든, 대부분 대제국은 전쟁으로 위세를 떨쳤다. 로마의 영토 확장과 번영, 알렉산더 대왕의 동방 진출, 메흐메드 2세의 콘스탄티노플 함락, 나폴레옹의 유럽 지배, 칭기즈칸의 동유럽 진출과 정복은 정치 판도와 문화 지형을 바꿨다. 특히, 칭기즈칸의 아랍 지배와 동유럽 진출, 오스만 제국의 아프리카 북부와 발칸 지배는, 로마제국 이후 동서양의 직접 교류가 되었으며, 긍정적으로 지구촌, 세계 국가를 이루는 기본 틀을 미리 시험했다고 하겠다.

중남미 대륙 아즈텍, 마야, 잉카 제국도 전쟁의 연속으로 국가의 흥망성쇠를 가름했다. 정복자와의 대결에서는 결사 항전도 있었다. 그러나 코르테스의 아즈텍, 피사로의 잉카 정복은 너무나 아이러니하다. 희생은 크지 않았지만, 나라의 운명과 역사의 흐름이 순간적으로 바뀌었다.

미국도 독립전쟁으로 자유민주주의 국가를 세웠고, 남북전쟁(Civil War)을 치렀다. 아주 기간이 짧은 소규모 전쟁이 대부분이지만. 1, 2차 세계대전은 몇 년간 계속되었고, 30년, 100년 동안이나 지속된 전생도 있다. 그런데 전쟁은 승리하지 못하면 그 결과는 참혹하다. 지배를 받아야 하기 때문이다. 죽고 죽여야 하는 전쟁터는 이보다 더 가혹하다.

이화(李華)는 〈조고전장문(弔古戰場文)〉에서 전장의 참혹한 실상과 그 결과의 비참한 광경을 실감 나게 묘사하였다.

군법은 엄중하고 병사의 마음은 두근거리는데, 대장의 명령은 높고 병사의 생명은 천하다. 적이 쏘는 날카로운 화살촉은 뼈를 뚫고, 놀란 모래 먼지는 얼굴을 들이친다. 우군과 적군과 대적하니 산천이 진동하여 아찔하게 하고[진현(震眩)], 창검이 부딪고 고함치는 소리가 장강과 황하[강하(江河)]를 쪼개고, 기세는 천둥과 번개[뇌전(雷電)]를 무너뜨린다.

…부대장 도위(都尉)는 새로 항복하고, 장군은 또 전사하니, 시체는 큰 항구의 언덕을 메우고, 피는 만리장성의 동굴을 가득 채운다. 귀하고 천한 사람 차이 없이 모두 마른 해골이 된다. 참상을 가히 다 말할 수 있겠는가.

북소리는 약해지고 병사들의 힘도 다해가는데, 화살은 바닥나고 시위마저 끊어진다. 흰 칼날을 부딪치며 싸우다 보니 보검(寶劍)마저 부러졌다. 양쪽 군대가 생사를 결하고 싸운다. 항복하려니 평생 오랑캐 노릇 하게 될 것이고, 싸우려 하니 모래와 재갈 위에 뼈를 드러내 놓게 될 것이다.

영화 보듯 눈에 다가오게 전쟁의 참상을 생생하게 그리고 있다. 어쩔 수 없이 참여한 병사의 한계 상황에서 방황하는 심리상태를 묘파하고 있다. 인간이 부닥치는 고통 중에서 전장(戰場)에서 벌어지는 끔찍한 상황을 실제 당하고 목격하는 것보다 더한 것은 없다.

국가의 흥망성쇠와 전쟁의 연관을 강조한 것은, 그만큼 국민의 생명 보호와 안녕, 복지를 최우선으로 하여 나라를 다스려야 함을 드러내기 위해서다. 지도자가 정치를 잘해서 국가 간에 갈등과 이해관계가 없어야 전쟁을 피할 수 있다. 여기에 지도자는 물론 국민도 상황을 파악하고 참아내는 슬기가 필요하다. 즉, 모두가 함께 슬기롭게 참아내면 전쟁은 일어날 수가 없다.

현대 전쟁은 더욱 참혹하다. 살상 무기의 발달로 대량으로 사람이 무참하게 죽어 나간다. 그로 인해 사회 기반 시설이 파괴되고, 생활 형편이 말이 아닐 정도로 피폐해지는 것은 옛날과 비교할 수 없다. 그 참혹함을 경험한 사람은 치유하기 힘든 정신적인 문제도 생겨난다.

전쟁처럼 살상과 파괴 등 큰 대가를 치르는 것은 없다. 일부 전쟁 예찬론자도 있지만, 어느 경우더라도 전쟁은 일어나면 안 된다. 전쟁은 크게 참으면 일어나지 않는다. 이것이 인간 존재의 철칙이다. 전쟁은 참고, 참아야 하는 교훈을 언제나 남기지만, 인간은 이 교훈을 쉽게 잊는다. 신이 최고의 가치로 인간에게 선물한 '망각'을 전쟁에서는 예외로 해주었으면 하는 소망이다.

사회발전·변화는 참음의 자취이다.

사회발전단계설(社會發展段階說)에 의하면 인간사회는 단계적으로 발전한다고 한다. 그런데 학자들은 보는 관점과 이론에 따라 나름대로 여러 단계 유형을 제시하고 있다. 어쨌든, 지식과 문화, 과학 발전에 편승해서, 인류는 수렵시대를 거쳐 농경 시대에 이르러 일정 지역에 정착하고, 산업 사회, 지식·정보화 사회, 4차 산업혁명 AI 디지털 시대로 발전하였다. 그리고 사회는 지금도 쉼 없이 진화, 발전한다.

그동안 정치체제와 결부하여 사회발전의 전개를 살펴보면 수많은 갈등 양상을 엿볼 수 있다. 특히, 봉건 사회에서 민주주의가 뿌리를 내리는 과정은 그리 순탄하지 않았다. 민주주의의 요람이라고 하는 영국에서도 민주주의가 정착하는 과정은 절대적인 시간이 필요하여, 억제하고 견디고 기다려야 했다. 프랑스에서도 혁명을 몇 번 거치면서 민주주의가 제자리에 뿌리내렸다.

여기에 종교, 이념의 문제가 개입하면 사회적 갈등과 고통은 더욱 복잡해지고, 생각하지 못한 희생을 초래했다. 종교 전쟁, 프랑스 대혁명, 남북전쟁, 신해혁명, 볼셰비키 혁명 등 인위적으로 대전환을 이룬 경우도 생겼다. 우리나라 민주주의의 정착에도 많은 갈등과 고통을 겪으면서 오늘에 이르렀다는 점은 모두가 인정한다.

사회 변화는 자연의 순리처럼 변화하지 않는 경우가 많다. 사회 변화는 내부적 환경 요인이 크게 작용한다. 인간관계에서 형성된 사회 규범과 제도, 개인과 집단의 사고방식의 차이에서 갈등이 발생하고 참고 참아야 하는 경우가 생긴다. 참음이 임계점(臨界占)에 도달하면 급속한 변혁으로 이어지는 경우가 많았다. 외부적인 요인으로 급격하게 진행한 계획적인 변화도 적지 않다. 다문화 등 지구촌이 형성되면서 자연스럽게 이끌려진 변화도 꽤 있다.

인류는 나침판, 망원경의 발명으로 바다 저 멀리, 우주로 시야를 확대하여 새로운 세계를 발견하는 등 공간 개념을 확장했다. 현미경의 발명은 눈에 보이지 않았던 영역을 가시화하여 생각의 틀이 바뀌었다. 알지 못하던 세계를 환하게 터득하면서 기존의 사고방식을 유지할 수 없게 된 것이다. 나침판 발명은 해양 개척을 편리하게 하고,

세계지도를 점진적으로 완성하게 했다.

그중 천동설에서 지동설로의 전환은 인류 역사에서 새로운 우주 체계를 확립하고, 여러 방면에서 발상의 전환을 가져왔다. 기원전 3세기경에 그리스의 아리스타르코스가 처음 주장하고, 여러 학자가 이에 동조했으나 인정받지 못했다. 천동설과의 대척(對蹠)으로 수치를 당하거나 감옥에 가고 생각을 바꾸도록 강요받았다. 단순히 '지구 중심'에서 '태양 중심' 생각으로 바뀌는 것인데, 사회의 냉엄함은 많은 고통을 참고 견디게 하였다. 1543년에 와서야 코페르니쿠스가 공식적으로 제안하고, 이후 케플러, 뉴턴, 갈릴레오 등이 증명하여, 현재 아인슈타인의 상대성 이론으로 발전하였다. 거대 망원경이 등장하여 우주를 향한 시야는 계속 넓어져, 지금도 이론의 수정을 거듭하고 있다.

역사 발전에서 노예제도는 많은 사회적 갈등의 주요 대상이었다. 미국의 남북전쟁은 이 제도를 폐지하게 되는 세계적 대리전쟁이라 해도 틀린 말이 아니다. 결국, 노예제도의 고통과 갈등, 감내하기 어려운 참음이 전쟁을 불러왔고, 수년간 많은 희생을 치르고서야 종식할 수 있었다. 사회발전은 공짜로 되는 법이 없다는 점을 증명한 셈이다.

진화론의 논쟁도 사회적 갈등과 이를 참아내는 자취의 하나다. '진화'라는 말을 자유롭게 사용하는 데는 많은 시간이 걸렸다. 다윈이 확실하게 신념을 굳히게 된 계기는 비글호를 타고 5년 동안 남미를 거쳐 세계를 여행하면서 기록한 고행 덕분이다. 고통과 참음 속에서 배경지식이 축적되어 '진화론'이 탄생한 것이다.

과학의 발달은 경제 발전을 주도하고 생활을 편리하고 윤택하게 만들었다. 그러나 편리와 윤택은 개인적으로나 정치적으로 또 다른 갈등의 씨앗을 배태하기 마련이다. 인간관계와 사회 구조가 복잡해지면서 다양한 생각이 밖으로 표출하고, 더 나은 세계를 지향하여 사회 변화를 요구한다. 참아내야 할 일이 더욱 많아진 것이다.

살아가는 일상 환경의 변화, 농촌의 도시화와 거대도시의 출현, 생활 양식 변화, 복잡해진 인간관계는 물론 국가 간의 교류 변화 등은 모두 참음이 필요했고, 그 흔적이 그대로 남아 있다. 이처럼 사회 발전과 변화는 '자연선택'처럼 순행하기도 하지만, 기본적으로 고통을 수반하고 더 큰 참음을 요구하기도 한다.

현대에 사회 변화는 과학의 역할이 더욱 커졌다. 과학은 인간 존재의 방식과 가치 기준을 순식간에 바꾼다. 바야흐로 4차 산업 혁명 시대, 디지털 AI 사회가 도래했다. 생활이 편리해졌다고는 하지만, 인간 본성과 본질을 잃거나 잊지 않도록 그만큼 참아야 할 일도 많아졌다. 따라서 사회가 발전할수록 참아야 하는 사회 구조나 관계를 의도적으로 완화하거나, 참아내는 방법의 체계화가 더욱 절실하다.

자연 현상은 참음의 시연(試演)이다.

지구는 우리가 사는 또 다른 인류의 커다란 집이다. 가끔 지진과 쓰나미, 태풍(토네이도, 사이 콜론)이 엄습하고, 폭염(暴炎)이나 맹추위 등 기상 이변이 우리 일상생활을 부단히 괴롭힌다. '엘니뇨', '라니냐', '빙산 섬'이란 새로운 용어도 생겨났다. 그러나 지구는 아름답고 신비로우며, 어디까지나 우리 인간의 생명을 보전해주는 고마운 생활 터전이다.

연구에 의하면 빅뱅으로 약 135억 년 전 우주가 탄생하였고, 우리 은하는 약 120억 년 전에, 이어 45억 년 전 태양계 형성과 함께 지구가 탄생하였다. 지구는 달이라는 행성과 공존하며 진화한 점이 특이하다.

충돌로 갓 태어난 지구는 마그마 바다의 불덩어리였다.[20] 온도가 내려가면서 빠른 속도의 자전과 공전의 역학으로 철과 같은 무거운 원소들은 핵으로 모이고, 나트륨, 칼륨, 질소, 산소 등 가벼운 성분은 외부로 분출했다. 지표 내외부에 암석이 생기고 지각과 대륙이 형성되었으며, 화산 활동이 끊임없이 기세를 부렸다. 지표면이 식으면서 대기의 수증기는 큰비로 변하여 바다를 만들었다. 지구 핵의 주성분인 철은 자기장과 오존층을 형성하여, 지구의 분출물이 우주로 빠져나가지 못하게 방지하고, 태양에서 방출하는 방사선을 차단하여, 생명이 탄생하고 생존할 수 있는 좋은 환경을 만들었다.

이 시기에 대륙의 지각(地殼)과 바다의 탄생에 대해서는 아직도 논의가 분분하다. 그러나 지구에 생명체 존재가 가능한 환경이 조성되었다는 점은 분명하다. 대륙의 이동도 몇 번 있었다. 드디어 땅과 암석으로 이루어진 지권(地圈, geosphere), 바다, 호수, 강, 지하수 등의 수권(水圈, hydrosphere), 대부분 질소와 산소로 여기에 이산화탄소, 아르곤으로 채워진 기권(氣圈, atmosphere)이 완성된 것이다.

이후, 지구에는 생명체가 탄생하여 다양하게 생태계를 형성하였다. 생명체 기원은 '원시 수프(primordial soup)' 등 여러 이론이 존

---

20 『지구의 일생』(최덕근, 휴머니스트, 2018)은 지구의 탄생부터 현대까지 진화과정과 그 미래를 이해하는 데 많은 도움을 준다.

재하지만, 바다에서 시작되었다는 점에는 공통적이다. 여기에 햇빛이 들어오지 않고, 수압이 가중하며, 황화수소와 같은 독성물질이 가득한 심해 '열수분출공(熱水噴出孔)'에서 생명체가 존재한다는 사실은, 생명체 탄생의 또 다른 가능성을 열어준다. 원시지구에서 유기물의 생성, 원세포(原細胞, protocell)에서 다세포 미생물로, 대기에 산소의 증가, 몇 차례의 빙하기 등 갖가지 변화와 고통을 지구는 훌륭하게 이겨냈다.

식물이 먼저 육지로 진출하고 동물이 뒤를 따랐다. 동물의 생태가 다양해지고 공룡의 전성기도 있었다. 이들 모두가 진화하고 번성하다가 소행성의 충돌로 대량으로 멸종하기도 했다. 어쨌든지 지구는 지상이든 물속이든, 눈에 보이든 보이지 않든지 간에 생명체의 낙원이 되었다. 수십억 년 동안 자연법칙에 따라 진화해 온 결과이다. 드디어 사람과 갖가지 생물이 낙원을 이룬 생물권(生物圈, biosphere)이 완성된 것이다. 4권역이 완성될 때까지의 지구는 구성체의 순환과 부단한 상호 작용으로 요동하며 안정을 찾으려고 하였다. 이 요동도 일종의 고통을 참아내는 몸부림이다.

지금도 끊임없이 지구는 화산 폭발로 용암을 분출하고, 눈에 잘 보이지 않는 대륙 이동, 크고 작은 지진 등 지각 변동을 계속한다. 태풍이 발생하고, 조석간만(潮汐干滿)의 차, 강과 바다에서의 물의 흐름 등 에너지 순환 작용은 이 순간에도 계속되고 있다. 이 모두가 지구가 살아 움직이고 있다는 증거다. 지금보다 더욱더 안정되고자 부단히 참고 견디는 모습이다. 이 가운데서 영장류로서 인류는 그 먼 옛날 나무 위, 숲에서 탈출하여 여러 환경변화를 참아냄으로써 문화,

문명의 발전을 주도하고, 그 향유자로서 지구의 주인공이 되었다.

한 톨의 벼알, 먹음직하게 잘 익은 탐스러운 과일(열매) 등은 지구가 제공한 혜택의 하나이다. 눈이 부시도록 아름다운 산하(山河)의 자태, 소년 소녀의 가슴을 설레게 하는 쌍무지개 뜨는 하늘, 계절의 변화에 따라 오묘하게 모습을 바꾸는 경이로운 풍광, 여명(黎明)과 석양의 신비로운 빛깔 등은 지구가 제공하는 은혜이다. 먹구름, 천둥소리, 번개, 벼락도 문학적 발상, 상징과는 달리 지구가 제공하는 선의(善意)의 선물이다.

1978년 영국의 환경과학자 제임스 러브록(James Lovelock)은 『가이아: 지구상의 생명을 보는 새로운 관점(Gaia: A New Look at Life on Earth)』이란 저서에서 '가이아이론(Gaia theory)'을 주장하였다. '가이아'란 그리스 신화에 나오는 '땅(대지)의 여신'을 지칭하는 말이다. 그는 지구를 생물과 대기, 해양, 토양 등 환경(무생물)으로 구성된 커다란 복합 유기체로 보고, 이들이 상호작용하여 자연법칙에 따라 스스로 조절할 수 있는 능력을 지녔다고 하였다.

이처럼 지구를 하나의 유기체, 생명체로 본다면, 고귀한 생명을 유지하기 위해서 지구는 그 기나긴 세월을 많은 고통을 참고 견디고 지탱해 왔다고 하겠다. 경이로운 그랜드캐니언의 장관, 히말라야, 알프스 만년설, 북극의 현란한 오로라, 어디를 가나 수려한 자연경관 등은 45억 년 동안 지구가 참고 견뎌온 모습이다. 이처럼 지구도 세파(世波)를 견뎌 온 사람과 전혀 다를 바가 없다. 이러한 지구의 모습은 인간의 그것과 전혀 다르지 않다. 지구가 참아 온 역사를 거울삼아, 우리 인간의 역사도 미래를 대비하여 새롭게 준비해야 한다. 이

것이 지구가 지금까지 잘 참아왔다고 하며 인간에게 주는 중요한 메시지다.[21]

　지구도 고통을 수십억 년을 잘 참아내고 지금도 참는 모습으로 요동치는데, 사람으로서 무엇이든지 참아내지 못하면 만물의 영장이라고 할 수 있겠는가. 지구가 살아남으려고 참아내는 모습을 항상 느끼면서 참으며 살아가면, 세상살이에 어떤 어려움이라도 물리칠 수 있다.

---

21 제임스 러브록의 『가이아의 복수』(이한음 옮김, 세종서적, 2008)에서는 자신의 이론을 바탕으로 지구의 현재 상태를 진단하고, 지구 미래와 그 치유 방법을 개인적 견해를 토대로 자세하게 설명하고 있다.

1. 참음은 운명을 움직인다.

2. 참음은 자기 인생을 가꾼다.

3. 참음은 진정한 사람 되기다.

4. 참음은 행복의 원력(原力)이다.

2부
참음은
인생을 바꾼다

참음을 기르는 법
[양인법(養忍法)]-[진래(盡來)]

참음의 정체를 파악한 다음에는 고통을 없애고 즐거움을 맞이할 줄[진래(盡來)] 알아야 한다. 이것이 곧 참음을 기르는 법이다. 참음은 운명을 바꾸고 진정한 사람이 되게 한다. 참음을 잘 길러야 즐거움과 행복을 항상 곁에 잡아 둘 수 있다.

참는다고 다 참는 것이 아니다. 참음을 인격적으로 대해 주어야 한다. 그러면 참음은 보이지 않는 곳을 보이게 하고, 운명을 선순환으로 움직이게 한다. 참음은 모든 고통을 적극적으로 해결해 준다.

1.
참음은
운명을 움직인다

그 먼 옛날 어느 순간에 우주가 혼돈(카오스)에서 질서(코스모스)를 찾았다. 삼라만상이 우주의 원리에 따라 움직인다. 이러한 원리가 자연의 법칙이요 참음의 원리가 된다. 참음의 원리는 고통을 타개, 극복하는 원리다. 곧 '고진감래(苦盡甘來) 법칙'이다.

삼라만상은 움직이어야 서로의 본분이 무엇인지 드러나고 균형과 조화를 이루게 된다. 여기서 '움직인다'라는 말은 '변화하고 기를 수 있다'라는 뜻이다. 같은 맥락에서 참음도 움직일 수 있다. 즉, 참음도 의도하는 방향으로 기를 수 있다[양인(養忍)]. 기르는 방법과 기법으로 우리의 육체나 정신을 더욱 강하게 할 수 있다. 그래서 운명을 바꾼다. 이것이 참음이 움직이는 목적이요 원리이다.

참음을 움직이려면 앞에서 설명한 참음의 본질을 먼저 잘 알아야 한다[지인(知忍)]. 참음이 무엇인지를 모르고 움직이려 하면 한 발자국도 전진할 수 없다. 맹목적이라는 말이 여기에 해당한다. 다음은 참음의 본질을 바탕으로 운명을 움직일 수 있게 하는 방법을 생각해 본 것이다. 참음을 어떻게 사람이 살아가는 힘과 연결할 수 있는가를 찾아보았다.

참음은 정성으로 대하기다.

우리는 '운명(運命)', '운명적'이란 말을 자주 사용한다. '숙명(宿命)'이란 말과 뜻은 같다. '명운(命運)'이라 글자 순서를 바꾸어도 같은 의미다. 사람은 태어나면서 운수(運數)나 수명(壽命), 길흉화복(吉凶禍福)이 이미 정해져 있다는 말이다. '타고난 운수 때문에 어쩔 수 없이 당하는 일'이라 하여 팔자소관(八字所關)이라 한다. 그러나 이 말은 소극적인 생활 태도의 일면이다.

『논어』에서 자하(子夏)는 "사생은 운명에 매여 있고, 부귀는 하늘에 달려 있다[사생유명 부귀재천(死生有命 富貴在天)](안연 5)."라고 하였다. 인간의 태어남과 죽음은 명운에 따른 것이고, 부자와 고귀하게 됨도 하늘에 달려 있다는 말이다. 이 말을 액면 그대로 받아들이고 싶지는 않지만, 역사적으로 이를 증명하는 이야기가 많이 있다.

러시아가 본격적으로 국가 형태를 갖추기 이전 슬라브인은 선조인 바랑 인의 흔적을 지우려 노력했다. 그리하여 바랑 인의 언급은 겨우 1054년경으로 문화적 유산은 거의 보이지 않는다. 다만, 올레그(Oleg)에 얽힌 이야기가 전해올 뿐인데, 운명과 결부하여 매우 흥미롭다.[22]

---

22 『라이프 인간세계사』(러시아)(한국일보타임-라이프, 1979) p.20.

올레그는 마법사로부터 그의 마구간에서 기르는 한 특정한 말 때문에 죽게 되리라는 경고를 받았다. 그래서 그는 그 말을 타지도 가까이 가려고도 하지 않고, 다만 잘 보살피도록만 하게 하였다. 드디어 말이 죽었다. 올레그는 그 말의 뼈와 두개골이 놓여 있는 장소로 말을 타고 가, 말에서 내리자 한바탕 크게 웃음을 터뜨리고 말했다. "그래 내가 이 두개골 때문에 죽게 되리라고 했겠다." 하며, 그가 발로 그 두개골을 차고 짓밟는 순간, 독사(毒蛇) 한 마리가 기어 나와서 그의 발을 덥석 물었다. 그 때문에 올레그는 앓다가 죽었다.

사람의 생명은 개인의 의지보다는 운명의 지배를 받는다는 숙명론적 관점을 여실히 보여주는 일화이다. 말 가까이 가지 말라는 마법사의 말을 끝까지 지키지 못한 허점이 엿보이기는 한다. 그러나 운명은 인간에게 결코 조그마한 여유나 빈틈도 주지 않는다.

전국시대 보리밥에 얽힌 어느 왕의 이야기도 운명의 신이 존재함을 증언한다.

중국 춘추 전국시대에 권세가 당당한 왕이 있었다. 당시 관상을 잘 보는 사람이 있다고 하여, 왕은 그를 초청하여 관상을 보고 자기의 운명에 대하여 말하라고 하였다. 그 사람은 왕을 바라보기만 하고 아무 말도 하지 않았다. 그래서 왕은 어떤 말을 해도 괜찮으니 아뢰라고 독촉했다. 그러자 그 사람은 내년 보리가 익을 때쯤 죽을상이라고 왕에게 스스럼없이 말했다.

그리하여 왕은 이듬해 보리가 익을 즈음에는 외출도 삼가고, 측근도 멀리하며 각별하게 몸조심했다. 보리가 누렇게 익어 황금물결을 이루었는데도 죽지 않자, 왕은 거짓말로 마음만 상하게 했다는 죄로 관상쟁이를 죽였다. 근심이 사라졌다고 기뻐하며, 저녁으로 햇보리 밥을 지어 올리라 하고 맛있게 들었다. 그러나 왕은 그날 저녁 보리밥으로 체해서 급사했다.

올레그나 왕은 끝까지 참지 못하고 조급함을 보였다. 말을 가까이 하지 말라는 조언은 살아 있는 말만이 아니고 죽은 말도 여기에 해당한다. '보리가 익을 때쯤'이 완전히 지나지 않았는데 이를 무시한 것이다. 그러니 그 예언의 시기가 다 지나지 않았는데 미리 자축(自祝)하여 스스로 예언에 들어맞게 행동했다. 본인이 자초한 죽음이라 하겠다.

이솝우화 〈사자 그림의 저주〉에도 같은 맥락의 이야기를 전개한다.[23]

겁이 많은 노인이 있었다. 그는 하나밖에 없는 아들이 사냥에 빠진 것이 걱정거리였다. 그의 아들은 용기가 뛰어난 청년이었지만, 노인은 매일 밤 아들이 사자에게 잡아먹히는 꿈을 꾸었다. 그 꿈이 현실로 나타날까 두려워진 노인은 아들을 위해, 매우 높은 곳에 화려한 거실을 만들어 주고 날마다 아들을 감시했다. 그는 아들을 기쁘게 해주기 위해 유능한 화가를 시켜 거실과 방에 여러 동물을 그림으로 그리게 했다. 그중에는 사자 그림도 있었다. 그러나 아무리 그림을 쳐다보아도 아들의 기분은 좋아지지 않았고 권태롭기만 했다.

하루는 아들이 벽에 그려진 사자 그림 앞으로 다가가 그림 속 사자를 저주했다. "이 빌어먹을 놈아! 네가 우리 아버지 꿈에 나타나서 지금 내가 이 고생을 하고 있다. 내가 왜 감옥 같은 곳에 갇혀있어야 하느냐 말이다. 그러니 내가 널 어떻게 처리해 줄까?" 그는 사자의 눈을 멀게 하려고 주먹으로 그림을 쳤는데, 파편이 손톱 밑에 박히고 말았다. 파편은 쉽게 빠지지 않고, 손가락은 점점 심하게 곪아갔다. 손이 통통 붓고 열이 점

---

23 이솝, 『이솝우화 전집』(고산 엮음, 동서문화사, 2007) p.500. 짧은 우화를 서사적으로 재미있게 풀이하였고, 이하 이솝우화는 주로 이 책을 참고하여 요약 정리하였다. 한국어로 번역한 저본(底本)에 따라 우화 제목과 수, 배열순서, 길이 등에 차이가 있다.

점 올라 아들은 결국 죽고 말았다.

실제 살아 움직이는 사자가 아니라 그림 속의 사자가 아버지의 꿈을 현실처럼 증명해 준 것이다. 이 청년도 운명의 예언을 비켜 가기 위해 끝까지 참지 못하고 경솔하게 행동하여 죽음을 자초하였다. 그것도 다름 아닌 그림 속의 사자로 말이다. 특히, 분노는 참음의 최대 적이라 할 만큼 어려운 상황을 초래한다. 이 아들은 분노와 목숨을 막 바꾼 셈이 되었다.

위의 사례는 운명을 반감, 저주, 분노로 대접해서 예언대로 운명의 신이 이들의 운명을 정한 대로 접수한 것이다. 운명의 신은 언제나 보이지 않는 곳에 도사리고 기회를 엿본다. 말의 두개골일망정 발로 차서 저주한다든지, 관상쟁이를 죽이고 서둘러 보리밥을 먹는다거나, 그림인데도 주먹으로 사자의 눈을 치는 경박한 행동이 운명을 앞당기도록 자초했다. 정해진 운명을 스스로 불러들인 것이다. 그런데 이것도 운명이라고 할 수 있는지는 모르지만 말이다.

그러므로 운명에 대한 태도가 중요하다. 운명도 끝까지 정성과 사랑, 인정과 겸손으로 대해 주면 반드시 보답한다. 운명은 착한 사람의 편이지 악덕을 초래하지 않는다.

어쨌든 사람의 운명은 정해져 있는지 모른다. 그러나 위의 예와는 달리 운명을 바꾼 사람도 무수히 많다. 운명을 바꾸는 방법도 사람마다 제각각 다르다. 공통점은 정해진 운명에 순응하기보다는 개척하고 응전하는 마음가짐이다. 적극적인 생활 태도가 운명을 바꿨다.

사람은 불운에 처하면 운명을 탓하고 저주하기 일쑤다. 운명을 함부로 대하면 안 된다는 철칙이 있다. 함부로 대하면 운명도 주인을 함부로 대한다. 운명에 정성을 쏟으면, 운명도 주인을 소중하게 대한다. 자기의 운명은 자기가 정하기 때문이다. 그러므로 운명을 가볍게 막무가내로 대하는 행동은 절대 금물이다.

참음은 운명을 인격으로 대하게 한다. 그래야 운명을 움직인다. 운명을 소중히 정성으로 대하면 운명은 선순환으로 움직인다. 악순환의 운명을 뒤집어 좋은 방향으로 바꾼다. 운명의 신은 우리의 일상을 늘 이러한 원칙을 고수하게 한다. '운명'이라는 본래 지니는 뜻과는 모순되는 듯하지만, 굳건한 믿음, 착하거나 바른 행동 등으로 운명을 인격적으로 대하면, 운명은 스스로 움직인다.

참음은 굳은 의지로 운명을 바꾼다. 더 적극적인 말로 운명을 극복(克服)하고 개척한다. 참음이 운명을 바꾸고 극복하고 개척하는 사례는 무수히 많다. 곧, 운명에 대한 응전과 도전이 필요하다. 그리고 참으려면 끝까지 참아내야 한다. 그러면 운명도 스스로 바꾸려는 가능성을 항상 열어 놓는다. 고통에 머뭇거리는 사람은 운명도 도와주지 않는다.

참음은 운명을 정성으로 대하기다. 지극한 정성은 사람도, 사물도, 하늘도 감동한다. 운명을 인격적으로 대하면 운명은 선순환으로 반드시 보답한다. 여기에는 참아낸다는 굳은 의지가 반드시 뒤따라야 한다.

참음은 분별하는 힘이다.

사람이 살아가는 데에는 사리(事理)를 분별하는 힘이 필요하다. 일의 이치를 잘 따져서 생각하고 행동하고 처리해야 탈이 없다. 여기서 일이란 생활하면서 맞닥뜨리는 모든 유무형 사건을 의미한다.

성현(成俔)의 『용재총화(慵齋叢話)』에는 해몽과 관련하여 다음과 같은 재미난 이야기가 실려있다.

옛날에 유생 세 사람이 있었다. 장차 과거에 응시하러 가고자 하는데, 한 사람은 거울이 땅에 떨어지는 꿈을 꾸었다. 한 사람은 쑥으로 만든 사람을 문 위에 달아 놓은 꿈을 꾸었다. 또 한 사람은 바람이 불어 꽃이 떨어지는 꿈을 꾸었다. 모두 함께 꿈 점하는 사람을 찾아갔더니 꿈 점하는 사람은 없고 그의 아들이 홀로 있었다. 세 사람이 꿈의 길흉을 물으니 그 아들이 점쳐서 말하기를 "세 가지 꿈이 다 상서롭지 않으니 소원을 성취할 수 없습니다."라고 하였다.

조금 있으니 꿈 점치는 사람이 왔다. 말을 듣고 아들을 꾸짖은 뒤에 시를 지어 주기를, "쑥 허수아비는 사람들이 바라는 것이요, 거울이 떨어지니 어찌 소리가 없겠는가? 꽃이 떨어지면 응당 열매가 있을 것이니, 세 분은 함께 이름을 이룰 것이다."라고 하였다. 과연 세 사람은 다 과거에 급제하였다고 했다.

이와 같은 꿈풀이는 〈춘향전(春香傳, 완판본)〉에도 나온다. '태산이 무너지고, 바닷물이 말라 보인다.'라는 두 가지 사항이 더 첨가되었다. 춘향은 자기가 죽을 꿈이라고 슬퍼했지만, 장님은 '능히 열매가 열어야 꽃이 떨어지고, 거울이 깨어질 때 소리가 없을 손인가. 문 위 허수아비 달렸으면 사람마다 우러러볼 것이요'라고 했다. 여기에 '바다가 마르면 용의 얼굴을 능히 볼 것이요, 산이 무너지면 평지가 될 것이라.' 하며 '좋다, 쌍가마 탈 꿈이로세. 걱정을 마소, 멀지 않네.'라고 풀이하였다.

점치는 사람 아들과 춘향은 꿈의 피상적인 상황, 현상을 그대로 바라본 관점에서 내린 흉몽(凶夢)이란 해석이고, 아버지와 장님은 좀 더 구체적으로 분석, 해석하여 눈에 보이지 않는 실상을 파악하고 내린 길몽(吉夢)으로 풀이하였다. 사리를 분별하는 능력에 따라 해석이 달라졌다. 이처럼 사리 분별은 운명의 향방을 가름하는 것으로 가볍게 취급할 일이 아니다. 이 분별이 섣부르면 운명을 엉뚱하게 해석하고 인생을 망치게도 하기 때문이다.

참음은 분별 능력을 길러 운명의 가려진 부분을 보게 한다. 참음은 눈빛을 예리하게 하여 혜안이 되게 한다. 상황을 정확하게 파악하여 운명을 움직인다. 그렇지만 이러한 분별력도 운명적인 급박한 상황에서 눈이 멀 때도 있다. 칭기즈칸의 운명과 관련한 〈왕과 매〉에 얽힌 일화는 이점을 지적한다.[24]

칭기즈칸 손목 위에 그가 제일 아끼는 매와 함께 사냥을 즐기려고 숲은 달렸다. 그날은 사냥 성적이 별로 좋지 않아 일행을 지름길로 보내고 혼자 계곡을 지나는 먼 길을 택했다. 매도 집으로 가는 길을 알므로 날려 보냈다. 날이 몹시 더워 목이 말라 주위를 살펴보니, 산속의 시냇물은 모두 말라버리고 바위 가장자리에 물이 조금씩 떨어지는 것이 보였다.

은컵에 물이 가득 차서 입에 대고 마시려 하니, 매가 갑자기 나타나 마시지 못하도록 쳐버리는 것이었다. 다시 물이 컵에 반쯤 차서 마시려 하니 매가 또다시 쳐 떨어뜨렸다. 세 번째도 똑같이 마시는 것을 방해했다. 화가 난 칭기즈칸은 네 번째 매가 날아오자 칼을 휘둘러 죽였다.

---

24 제임스 볼드윈, 『50가지 재미있는 이야기』(시사영어사 편집국 역, 1998) 줄거리를 요약하여 제시한 내용이다(pp.138~145). 이하 이야기도 여기 내용을 참조하였다.

컵이 두 개 바위 사이에 멀리 떨어져 있어 벼랑을 기어올라 샘터에 이르니, 독이 강한 뱀이 죽어 있었다. 매가 목숨을 구해 준 것이다. 궁궐에 돌아온 칭기즈칸은 중얼거렸다. "나는 오늘, 화가 난 때에는 어떤 일도 해서는 안 된다는 슬픈 교훈을 배웠다."

분노는 참음이 주는 선물인 분별하는 힘, 지혜를 망가뜨린다. 그래서 칭기즈칸은 갈증을 해소하려는 생각뿐으로, 거듭되는 매의 행동이 무엇을 의미하는지를 알려고 하지도 않고 죽여버렸다. 그러나 매는 죽음으로써 칭기즈칸의 운명을 바꿨다. 매는 독사가 죽어 있는 물은 독이 퍼져 있다는 사실을 알았다. 칭기즈칸 자신이 알아야 할 일을 매가 대신 안 것이다. 분노가 아닌 참음이 제대로 작동했더라면, 매의 희생 없이도 자기 명운을 지킬 수 있었다. 그러나 그렇게 하지 못했다. 매가 몇 번의 기회를 알려주었는데도 말이다.

이솝우화 〈행운의 여신과 두 남자〉에서 행운의 여신이 찾아와도 분별하는 능력이 없어, 기회를 포착하지 못한 경우를 보여준다. 내용을 요약해 보면 다음과 같다.

행운의 여신이 마을을 지나다 서로 다투고 있는 두 남자를 보았다. 한 사람은 행운의 여신을 앉아서 기다려서는 안 된다고 말하고, 또 한 사람은 행운은 제 발로 찾아오는 것이라 주장하며 논쟁하고 있었다. 행운은 쫓아다니면 쫓아다닐수록 달아난다는 논리고, 반대로 큰 행운을 적극적으로 끌어당겨야 자신의 것이 된다는 의견이다. 두 사람은 고집으로 자기만의 주장을 하느라, 자기 논리에 매몰되어 상대의 의견을 무시하는 데에만 정신이 없었다. 그래서 행운의 여신이 옆에 와 있는지를 눈치채지 못했다.

두 사람의 언쟁은 결론이 나지 않은 채, '찾아야 한다는 사람'은 행운을 거머쥐고 돌아오겠다고 큰소리치며 여행의 길을 떠났다. '기다려야 한다는 사람'은 운명은 어차피 태어날 때부터 정해진 것이라 하며, 행운이 저절로 굴러오기를 기다리기 위해 집에 틀어박혔다. 이 두 사람에게 무시당해 홀로 남은 행운의 여신은 "모처럼 행운을 가져왔는데…" 중얼거리며, 옆 마을로 발길을 돌렸다.

사람의 행운, 즉 운명에 대한 태도가 왜 중요한지를 시사한다. 실은 사람의 행운은 정처 없이 찾아다니며 억지로 거머쥐는 것도, 성취의지 없이 하세월로 무작정 기다리는 것도 아니다. 행운을 적극적으로 찾는 것이나 기다리는 것도, 행운이 옆에 와 있다는 낌새를 알아차리는 분별 능력이 있어야 여신도 행운을 건넨다. 이러한 분별 능력도 없는 사람이 어찌 운명을 개척하고 행운을 거머쥘 수 있겠는가. 이 두 사람은 행운이 어떻게 찾아오는지의 낌새를 모르고, 한 가지 자기 생각에만 탐착하여 가까이 있는 행운을 놓쳐 버린 어리석을 사람들이다.

행운을 적극적으로 찾아야 하고 기다릴 줄을 알아야 하지만, 그 어느 한 가지에만 해당하는 것이 아니다. 막무가내로 거기에 매몰되어서는 안 된다. 행운의 여신이 손을 내미는 기미를 슬기롭게 포착해야 한다. 기미를 포착하는 의지와 지혜가 분별력이다. 참음은 분별력을 기르고 분별하는 힘을 이성적으로 작동하게 한다.

계절이 바뀌면서 자연은 바뀌는 계제(階梯)와 그 결과를 확실하게 보여준다. 비가 오기 전에는 구름이 몰려오고, 심지어 천둥과 번개를 동반하여 그 조짐을 미리 알려준다. 바다도 폭풍이 다가옴을 여러 징후로 예시한다. 미물이나 동물들도 지진과 쓰나미가 몰려오는 기미를 미리 알고 대피를 한다. 국가의 운명도 그 조짐을 미리 알려주는

데, 미리 대비하지 않으면 지극히 불행한 결과를 초래한다.

마찬가지로 운명의 신(여신)은 인간에게 미리 대비하도록 조짐을 보여준다. 벼락 치듯이 순간에 찾아와 궁지로 몰아넣지 않는다. 운명을 바꿀 기회를 주고, 그것도 한두 번이 아니다. 어떤 경우에는 해결 방법도 제시한다. 사람이 무심하고 분별하지 않으려 해서 그냥 지나치는 것이다. 그리고 책임은 운명의 신에게 돌린다.

참음은 운명의 조짐을 미리 알고, 분별하는 힘을 배양한다. 참음은 분별하는 힘으로 운명을 움직인다. 이러한 분별력은 의도적으로 길러야 한다. 그 원천이 참아내는 힘이다.

참음은 자기만족을 이끈다.

참음은 어떤 때에는 운명을 끌어안고 순응한다. 운명에 순응하는 자세를 일상에서도 무수히 접한다. 여기서 운명에 순응한다는 말은 소극적 생활 태도를 의미하는 것이 아니다. 운명을 정성껏 대하고 정확히 사리 분별하면서, 자기만족을 이끄는 생활을 말한다. 이것도 참음을 기르는 하나의 방도이다.

홍만종은 『순오지(旬五志)』에서 '운명'과 관련한 고황제(高皇帝)와 명태조(明太祖) 일화를 소개하고 있다.

고황제는 운명이란 말이 맞는지 알아보기 위해 자기와 사주팔자(四柱八字)가 같은 동갑내기가 있으면 데려오라고 명했다. 술객(術客)이 그런 자를 불러오자 '무엇 하는 백성이냐'라고 물으니, 시골에 사는 가난한 사람으로 땅이라곤 한 이랑도 없지만, 다만 벌 열세 통을

치며 여기에 나오는 꿀을 팔아먹고 산다고 아뢰었다. 그러자 고황제
는 웃으며 말했다.

"그렇구나. 나는 황제가 되어 13성(省)을 내 치하(治下)에 두고 다스
리고 있으며, 너는 백성이 되어 열세 벌통을 벌려 놓았으니, 너도 역시 황
제라 할 수 있겠구나. 벌이란 벌통 한 개마다 왕이 하나씩 있게 되니, 비
록 크고 작은 것은 같지 않으나, 다 같이 통할해 다스리는 데는 다를 것이
없겠구나. 그러니 누가 이 운명이란 것을 미신(迷信)이라 하고 믿지 않는
단 말이냐?"

고황제는 팔자가 같은 동갑내기와 자기 생활을 비교해 운명이 같
은지를 징험(徵驗)해 본 것이다. 부귀영화를 누리며 13성을 다스리는
자신은 물론, 가난하지만 벌 13통 여왕벌을 거느리며 사는 벌치기는
같은 황제라는 생각이다. 오히려 문무백관(文武百官)과 천하를 호령
하는 황제보다도 여왕벌을 조정하는 벌치기는, 풍요롭지는 아니해도
마음이 편안하고 더 만족스러울는지도 모른다. 그리하여 팔자가 같
은 운명이란 미신이 아니라고 단정했다. 고황제는 그 사람에게 술과
진수성찬(珍羞盛饌)으로 후하게 대접했다.

비슷한 내용의 일화가 또 이어진다. 명나라 태조도 동갑내기를 찾
아 불러 무엇하면서 사는지를 물었다. 그는 가난하고 미천하여 나면
서부터 거지로 살지만, '밤마다 꿈에 천자가 되어 궁궐과 성곽, 종묘
와 백관의 아름답고 웅장한 모습을 구경하며, 폐하가 생시에 천자 노
릇을 하는 것처럼 삽니다.'라고 아뢰었다. 이 말을 듣자 명 태조는 낯
빛을 바꾸며 놀란 듯이 말한다.

"천하에 운명이 있단 말은 과연 속일 수 없는 일인가 보다. 대개 낮은 양(陽)이고 밤은 음(陰)이 되게 마련이니, 나는 양계(陽界)를 좇아서 만승천자(萬乘天子)의 높은 지위를 누리게 되고, 너는 음계(陰界)를 좇아서 남면(南面)하는 낙을 누리게 되니, 나의 낮은 곧 너의 밤이고, 너의 낮은 곧 나의 밤이로다. 생각건대, 하늘은 나에게 양계를 주장(主掌)하도록 하고, 너를 음계를 관장하게 한 것인가 보다."

명 태조는 자신이 낮에 세상을 지배하며 영화를 누리고, 가난하고 미천한 거지가 밤에 꿈속에서 천자의 지위를 누리는 것이 같다고 생각했다. 비록 꿈속의 일일망정 황제 노릇은 다를 바가 없다. 가난하고 미천해도 꿈속 황제 생활은 황홀하여 누구에게도 양보할 수 없다. 꿈일망정 천하를 호령하면 만조백관이 머리를 조아린다. 만천하 백성이 기쁜 마음으로 우러러본다. 명 태조는 같은 황제로서 그를 후히 대접해 보냈다.

고황제와 명 태조의 일화는'사주팔자가 같은 사람의 운명을 부귀영화와 가난, 미천함이라는 외양으로 가르지 말고, 어느 위치에서나 자기가 만족하면 황제'라는 큰 뜻을 전달한다. 자기만족은 운명을 끌어안기, 운명에 순응하기다. 참음은 이를 적극적으로 지원한다. 운명을 대척하여 밀어내거나 싸우지 않도록 조정한다.

『50가지 재미난 이야기』〈디 강의 방앗간 주인〉에는 일상의 행복이 무엇인지를 알려준다. 옛날 강 언덕에 방앗간 주인이 살았는데 영국에서 가장 행복한 사람으로 알려졌다. 그래서 왕이 찾아와 자리까지 바꿔 보자고 제안했으나, 이를 거절하고 행복한 이유를 말한다.

"저는 제힘으로 양식을 법니다. 저는 제 아내와 아이들을 사랑합니다. 저는 친구들을 사랑하며, 친구들도 저를 사랑합니다. 그리고 저는 누구에게도 아무런 빚도 없습니다. 무엇 때문으로 제가 행복하지 않겠습니까? 이곳에는 디(Dee) 강이 있고, 강물은 매일 제 방아를 돌려줍니다. 그리고 이 방아는 제 아내와 아이들과 제가 먹고 살 곡식을 찧어 줍니다."

방앗간 주인은 부귀하지 않아도 안분지족(安分知足)으로 행복을 누린다. 사람에게는 욕심이 끝이 없어 만족할 줄 모르는데, 최고의 행복을 누리며 살아간다. 가족과 이웃 사랑이 늘 곁에 있고, 할 일이 있어 만족하기 때문이다. 그래서 부유하게, 높은 지위로 사는 것도 거절했다. 먼지 구덩이 속에서 고달픈 육체적 노동을 해도 왕이 권세를 누리는 것보다 더 행복하다. 행복은 자기만족이다.

너무 큰 행복을 추구하다 보면 운명은 돌아서기 일쑤다. 벌통을 치고, 자기만의 꿈을 꾸며, 방앗간 일을 할지라도 만족하면 행복이고 고귀한 운명을 만끽(滿喫)하는 것이다. 다 제 분수에 흡족할 줄 아는 참음이 행복을 가져다준 것이다. 행복은 자기만족에서부터 시작한다.

사람에게는 자기만족'이란 단어가 애매하고 받아들이기 어려운 상황이 너무나 많다. 그러나 참음이 개입하면 이러한 어려움은 봄눈 녹듯 삭아진다. 행복하다고 생각하고 참고 노력하면 운명도 행복을 보장한다. 자기만족은 그 자체로 완결되는 방정식이 아니다. 더 큰 운명의 그 무엇을 펼치는, 다음을 기약하는 출발이다.

참음은 항상 행운을 부른다.

일상에서 살다 보면 행운이 의외로 갑자기 찾아오는 경우가 많다. 대부분 의외로 찾아오는 행운을 횡재(橫財)로 단순히 여긴다. 그런데 이는 횡재가 아니다. 그동안 참고 굳세게 살아온 것에 정중히 보답하는 운명의 대가(代價)이다. 이처럼 운명은 사람에게 언제나 행운을 손짓한다.

유몽인(柳夢寅)의 『어우야담(於于野談)』에 운명의 소재가 어디에 속하는지를 알려주는 이야기가 나온다.

강헌대왕(康獻大王, 태조)이 풍양(豐壤)의 행관(行館)에서 일찍이 낮에 앉아 잠이 들었다. 환관들이 자기들끼리 서로 말했다. "사람의 영화와 몰락이 하늘에 있는 것일까?" 갑은 '하늘에 있다'라고 말하고, 을은 '임금에게 있다.'라고 말했다. 이렇게 한참을 서로 힐문(詰問)하였다. 강헌대왕께서 잠결에 가만히 그 이야기를 듣다가 깨어나서, '이 심부름 가는 궁중 내시에게 우품관(右品官)을 제수하시오.'라고 쓴 밀서를 굳게 봉하여 을에게 주면서 공정대왕(恭靖大王, 정종)에게 바치도록 했다.

을이 이윽고 봉해진 서찰을 받아서 가지고 나가는데 갑자기 음양의 병을 얻은지라 사사로이 갑에게 봉서를 주면서 대신 임금에게 바치도록 하였다. 갑이 밀서를 공정대왕에게 바치니 그 밀서를 열어보고 곧 환관에게 고품관(高品官)을 제수했다. 갑이 서둘러 달려와 강헌대왕에게 보고하자, 강헌대왕이 그 봉서를 펴보자 을이 아니고 갑인지라, 놀라시어 을을 신문하니 을이 사실을 토로하면서 사죄하였다. 그러자 강헌대왕이 탄식하며 말씀하셨다. "조금 전에 갑과 을이 영화와 몰락이 하늘에 있느니 임금에게 있느니 하면서 서로 다투기에 내가 시험해보고자 한 것이었는데,… 내 이제야 비로소 영락이 하늘에 있는 것이지 나에게 있는 것이 아님을 알겠노라."

이처럼 사람은 운명의 소재를 대개 하늘이라고 믿는다. 이는 상당히 소극적인 생활 태도다. 반대로 운명은 자기 자신(사람)에게 달렸다는 생각은 상당히 적극적인 생활 방식이다. 인생은 이 두 가지 생각이 항상 다툰다. 행운을 하늘이 가져다준 듯도 하고, 자기가 참아내서 쟁취한 듯도 하기 때문이다. 간혹 주위 사람의 도움, 인간관계에서 가져오는 행운도 많이 있다. 이것이 운명이 사람에게 항상 보이는 가능성의 손짓이다. 운명을 자기가 개척하건 하늘이 도와주건 간에 언제나 행운을 같이한다. 그래서 사람은 항상 운명의 신이 도와주기를 기대한다.

이솝우화에 〈사람과 운명〉이란 이야기가 나온다. 내용을 요약하면 다음과 같다.

일자리도, 가까운 가족, 추위를 가려줄 집 한 칸도 없는 남자가 죽으려고 결심했다. 주위를 둘러보니 어떤 집 벽에 목을 매기 좋은 돌출 부분이 있어, 유일한 재산인 곡괭이를 딛고 올라가 줄을 걸고 목과 연결했다. 그러자 벽의 툭 튀어나온 부분이 무너지면서 그곳에 묻혔던 항아리가 머리를 툭 치며 떨어졌다. 마음대로 죽지도 못하는 절망하는 마음으로 항아리를 들여다보니 금화가 가득 차 있었다. 그 남자는 절망의 나락에서 벗어나 밝은 표정을 지으며 항아리를 안고 떠났다. 운명의 신이 도운 것이다.

그런데 숨어서 그 행동을 엿보고 있던 굶주린 또 한 사람의 남자는 처음에는 구해 줄 가도 하다가, 죽으면 동전 몇 개라도 털려고 마음먹고 있었다. 그러나 그는 즐거운 마음으로 항아리를 끼고 거기를 떠났다. 벽을 올려다본 남자는 무너진 옆 벽에 튀어나온 나무 조각이 있어, 금은보화 항아리를 생각하며 목을 매었다. 운명의 신이 도와주기를 바라며…

한 사람은 죽음 직전에 운명의 신이 도와주었다. 목숨을 건져줬을 뿐만 아니라 항아리 가득 금화까지도 선물했다. 운명은 최악의 궁지에 몰린 사람을 가만두지 않는다. 뒷사람은 같은 방식이 되풀이될 줄 알고 같이 행동했다. 그런데 운명의 신이 똑같이 도와주리라는 생각은 어디까지나 희망 사항이다. 그런데 사람에게는 이 희망 사항을 언제나 같이한다.

생활에서 따라 하기, 모방 행위가 다 나쁜 것은 아니다. 그러나 목숨과 관계하여 요행(僥倖)을 바라는 일이므로 이 경우는 좀 성격이 다르다. 따라하기보다는 다른 방법을 충분히 찾아야 한다. 운명의 신은 요행을 바라는 사람을 돕지 않기 때문이다. 요행은 어쩌다가 그렇게 되는 극히 드문 경우를 뜻한다.

운명은 요행보다는 다행(多幸)이 되는 방법을 선호한다. 요행과 다행은 '뜻밖에 찾아오는 행운'을 뜻한다는 점에는 같다. 요행은 목적이나 의지 없이 어쩌다가 얻어지는 행운이고, 다행은 뚜렷한 목적을 지향하여 굳은 의지로 참고 견디며 노력하다 얻은 행운을 말한다. 그러므로 요행으로 얻은 행운은 지속성 없이 단멸(斷滅)하지만, 다행은 찾아온 행운이 또 다른 행운을 낳으며 희망의 가능성을 유지한다. 다행은 참음, 참아냄이 가져다준 행운이요 지속하는 희망이다.

참음은 고통을 이기는 힘이다. 힘을 길러 고통을 물리쳐야 한다. 그래야 항상 행운이 같이한다. 요행을 바라면 절대로 운명의 신이 도와주지 않는다. 오히려 더 큰 고통을 불러온다. 운명의 신은 참고 노력하는 사람에게 언제나 행운이 손짓하도록 도와준다.

참음은 중도(中道)를 선호한다.

참음은 행동으로 연결되어야 그 결과가 가시적으로 나타난다. 참아내는 행동이다. 참음을 행동으로 전환하는 방법에는 여러 가지가 있다. 그런데 이 행동이 어느 정도로 참음과 연관되어야 하는가는 깊게 생각해 볼 문제다. 『열자』에 다음과 같은 이야기가 나온다.

우결(牛缺)이란 사람은 상지(上地)에 사는 큰 선비였다. 아래쪽 한단(邯鄲) 지방을 가다가 우사(耦沙) 지방에서 도둑을 만나 그의 옷가지와 수레와 소를 모두 빼앗겨 걸어가야만 했다. 그를 보니 걱정하고 아까워하는 기색이란 전혀 없고, 기쁜 듯하였다. 도둑들이 뒤따라가 그 까닭을 물으니 그가 대답했다. "군자는 보양해 주는 물건 때문에 그 보양 받는 몸을 해치지 않소." 도둑들이 말했다. "아! 현명한 대부로다." 그런 뒤에 서로 말했다. "저 사람같이 현명한 사람이 조(趙)나라에 가서 임금을 뵙게 된다면, 그는 우리를 처치하는 일을 맡게 될 것이다. 그러면 우리는 반드시 곤경에 빠질 우려가 있으니 그를 죽여 버리는 것이 좋겠다." 그리고는 여럿이 추격하여 그를 죽여 버렸다.
　연(燕)나라 사람이 그 얘기를 듣고서 가족들을 모아 놓고 훈계하여 말했다. "도둑을 만나더라도 상지의 우결처럼 행동하지 말아라." 모두 교훈을 받은 다음 얼마 되지 않아, 그의 아우가 진(秦)나라로 가다가 관하에 이르러 과연 도둑을 만났다. 그는 자기 형의 훈계를 기억하고는 도둑들과 힘껏 다투었다. 그러나 뜻대로 되지 않자 다시 뒤따라가면서 비열한 말로 빼앗은 물건을 되돌려 달라고 요청하였다. 도둑들은 노하여 말했다. "우리가 너를 살려 준 것만 해도 관대한 처분인데도, 우리를 단념하지 않고 뒤쫓고 있으니 우리 종적이 드러날 것만 같다. 이미 도둑질을 하는 마당에 어짊[仁]이 어디에 있겠느냐?" 마침내 그를 죽이고 아울러서 그와 동행하던 무리 너덧까지도 해쳤다. [설부편(說符篇)]

도둑에게 물건을 빼앗긴 뒤 우결은 너무 재물에 초월해 군자다워서, 연 나라 아우는 빼앗긴 물건에 너무 집착해서 비열하다고 죽임을 당했다. 빼앗긴 상황에서 보인 행동은 상반되게 다른데도 죽음은 같이 찾아왔다. 이래서 운명이 신묘하다고 생각하게 한다. 그러나 이렇다고 운명이 변덕스럽다고 여겨서는 안 된다. 사람의 마음이 고정하지 못해서 그렇게 된 것이다. 이러한 변덕스러운 사람의 마음을 잘 헤아려 처신하도록 하는 것이 참음이다.

『장자』에도 비슷한 이야기가 나온다.

> 장자가 산속을 가다가 가지와 잎이 무성한 큰 나무를 보았다. 나무 베는 사람이 그 곁에 머물러 있으면서도 베지 않았다. 그 까닭을 물으니 '쓸 만한 곳이 없습니다.'라는 대답이었다. 장자가 말하였다. "이 나무는 재목이 되지 못해서 그가 타고난 수명을 다 누리는 것이다."
>
> 장자는 산에서 나와 친구의 집에 머물게 되었다. 친구가 기뻐하면서 하인에게 명하여 거위[안(雁)]를 잡아서 요리를 만들도록 하였다. 하인이 물었다. "그중 한 놈은 울 줄 알고, 한 놈은 울 줄을 모르는데 어느 것을 잡아야 하겠습니까?" 주인이 말했다. "울지 못하는 놈을 잡아라." [산목(山木)]

다음 날, 제자가 나무는 재목이 되지 못해서 타고난 수명을 다 누리고, 거위는 재질이 없어 죽었는데, 어떤 경지에 처신하겠느냐고 묻자, 장자는, "재목이 되고 재목이 되지 않는 중간에 처신하겠다."라고 말했다. 그러나 이 중간도 옳은 경지인 듯하면서도 그릇된 것[사이비(似而非)]이어서 재난을 면할 수가 없다고 하며, 자연의 도(道)와 덕(德)을 타고서 떠다니며 노닐게 된다면 재난을 면한다고 하였다. 목숨을 앗아가는 재난을 물리치는 해결 방책으로 무위자연을 제시한 것이다.

만물의 실정이나 인간 윤리 변화는 "합해지면 떨어지게 되고. 이루게 되면 무너지게 되며, 모가 나면 꺾이게 되고, 높으면 비판을 받게 되며, 행하면 공격을 받게 되고, 현명하면 모함을 받으며, 못나면 속는다."라고 하면서, 이러하니 재난을 면하기가 어렵다고 하였다. 어쩌면 인간이 세상을 살아가는 모습을 정확히 파악하여 세태의 모순점을 세밀하게 지적하였다고 하겠다.

열자나 장자는 재난 면하기가 어렵다는 점을 죽음이라는 극단의 예를 들어 설명했다. 여기서 재난은 고통과 어려움이다. 그런데 참음은 처신을 바르게 하여 고통을 없애준다. 참음은 극단으로 처신하는 것이 아니다. 그 중간 어느 위치에서 머무르게 하여 고통과 어려움을 해소하여 준다. 그렇지만 '중간'에 머문다는 위치 선정은 그리 쉽지 않다.

라 퐁텐 우화 〈의사들〉에서도 사세(事勢)에서 어느 국면을 생각해 보게 한다.[25]

'안됐군(비관적인)' 의사가 한 환자를 방문하러 갔는데, 그의 동료 의사인 '잘됐군(낙관적인)' 의사도 동시 방문을 했다. '안됐군' 의사가 환자는 곧 조상들을 만나러 갈 것이라고 주장했지만, '잘됐군' 의사는 희망을 두고 있었다. 두 사람이 환자의 치유에 대해 서로 다른 생각을 주장할 때, '안됐군' 하는 의사의 소견이 더 받아들여졌고 환자는 세상을 떠났다. 환

25 장 드 라 퐁텐, 『라 퐁텐 그림 우화』(박명숙 옮김, 시공사, 2004) p.170. 라 퐁텐 우화는 여타 자료를 참고하되, 이 책 내용을 중심으로 정리하였다.

자의 병에서 비관적인 견해가 승리한 것이다. 한 사람은 이렇게 말했다. "그는 정말로 죽었잖아, 내가 뭐라고 그랬어." 다른 하나가 말했다. "내 말을 믿었다면 그는 아직도 살아있을 거야."

환자가 죽을 거라 말한 의사는 자기 말이 맞았다는 데 집중하고, 살지도 모른다고 주장한 의사는 살리려고 시도해 보지도 않은 행위에 맞춰 말하고 있다. 죽고 산다는 접점인 중간은 생각해 보지 않아, 두 말이 다 맞는 것 같이 보인다. 아니, 보일 뿐이다. 이래서 중도(中道), 중용(中庸)이란 말이 생겨난 지도 모른다.

일단, 여기에서는 일의 양극단 또는 사상(事象) 사이, 되고 안되는 사이 어느 위치든 '중간'으로, 좀 더 고상한 말로 '중도', '중용'으로 생각해 보고자 한다. 중도, 중용은 살아가는데 필요한 기본적인 생활원리다. 이들의 도를 현학적으로 어렵게 생각하면 더 어려워진다. 참음은 슬기롭게 행하도록 이 중도를 찾아준다. 참아내는 자체가 중도, 중용이다. 참아낼 수 있다는 자신감이 중도, 중용이다.

그러니 사물이 존재하는 현상 양극단만을 생각하여, 세상을 헤쳐나가기가 어렵다고 말하면 스스로 바보가 된다. 모든 고통은 중도에서 붙잡히고, 그 속에서 소멸한다. 그래서 참음은 운명을 움직일 수 있다.

참음은 언제나 기회를 동반한다.

사람의 운명은 어느 사건을 계기로 일순간에 바뀐다. 그 사건은 운명을 가름하는 절호의 기회가 된다. 하지만 사람은 그 기회가 어떤 성격인지, 어떻게 운명을 바꾸는지를 전혀 모른다. 그런데 참고 견디며 곰곰이 곱씹어 생각해 보면 모든 것이 환하게 보인다. 참을 줄 몰라서 보이지 않는 것이다.

『사기』권7 〈항우본기(項羽本紀)〉에서는 역사의 운명을 바꾼 두 가지 사건을 소상히 기록하고 있다. 이른바 '홍문연[鴻門宴, 홍문연회(鴻門宴會)]'과 항우의 '마지막 결전'의 모습이다.

진시황이 죽자 반란이 우후죽순으로 일어나 천하가 혼란의 소용돌이에 빠졌다. 그중 항우(項羽)와 유방(劉邦)이 가장 큰 세력이었다. 3년 만에 진의 수도인 함양은 이미 유방에 의해 함락된 상태로 이를 항우가 되찾으려는 결전의 순간이 다가왔다. 유방의 지략가 장량(張良)은 10만의 군사로 40만이나 되는 항우의 군대와는 대적할 수 없으니, 홍문에 가서 이런저런 일을 사과하는 것이 좋겠다고 제안한다. 유방은 기병 백여 명을 거느리고 항우에게로 가서 사과했다.

> "신은 장군과 함께 있는 힘을 다해 진을 공격했습니다. 장군은 하북에서, 신은 하남에서 싸웠습니다. 그러나 본의 아니게 먼저 관중에 들어와 진을 격파하고 다시 이곳에서 장군을 만나게 되었습니다. 지금 어떤 소인배의 말 때문에 장군과 신의 사이에 틈이 생겼습니다."

일단, 유방은 잘못된 이유를 소인배 책임으로 돌린다. 여기서 소인배는 유방의 좌사마(左司馬) 조무상(曹無傷)을 말한다. 자기를 낮추는 의외의 겸손한 말투 때문에 항우는 그의 본래 성격과는 달리 마음이 약해졌다. 전략가 범증(范增)은 유방을 칼로 쳐 죽이라고 몇 번 신호를 보냈으나, 항우는 이를 실행하지 못했다. 사촌 형 항장(項莊)이

칼춤을 추면서 죽이려는 계획도, 유방의 용장 번쾌(樊噲)가 목숨을 걸고 막았다.

유방은 측간에 간다고 속이고, 수레와 말을 놔둔 채 몸만 빠져나와 40리 떨어진 본영으로 줄행랑치듯 일행과 함께 돌아왔다. 장량을 중간에서 홍문으로 돌려보내 뒷일을 처리하도록 하였다. 천하를 넘보는 사람치고는 좀 옹졸해 보이지만, 이 순간에는 목숨 건지는 것이 우선했다. 항우는 유방을 산세와 길이 험한 파·촉(巴·蜀) 땅의 한왕(漢王)으로 삼고, 주위 여러 왕으로 감시하도록 했다. 이때 천하는 항우한테로 돌아갔다.

홍문연회 5년 후 전쟁에서 패퇴한 항우의 마지막 모습은 그동안의 위세와 달리 너무나 처절하다. 한왕에 봉해진 유방은 숨죽인 듯하면서 천하를 도모할 일을 차곡차곡 준비했다. 드디어 때가 되었다고 생각한 유방은 항우와 천하를 놓고 전쟁을 시작했다. 이른바 초·한(楚漢)의 천하 쟁탈전이다. 유방의 주위에는 빼어난 인물들이 많이 모여 있었다. 천하가 홍구(鴻溝)를 경계로 초·한으로 양분된 상태에서 서로 전쟁을 멈추기로 약속했으나, 이번엔 신하들 조언을 들어 유방이 협정을 무시했다. 우여곡절 끝에 한신과 팽월(彭越)의 도움을 끌어내 기나긴 각투(角鬪)가 막바지에 이르렀다.

초 군사는 해하(垓下)에서 군량은 다 떨어지고, 병사 수는 줄어들고, 한군은 몇 겹으로 포위했다. 사방은 모두 초나라 노래로 가득 찼다[사면초가(四面楚歌)]. 항우는 우희(虞姬)와 애마 추(騅) 앞에서 눈물을 흘리며 가련한 심사를 노래로 불렀다. 800여 명과 말을 타고 포위를 뚫고 달렸고, 그 뒤를 한의 기병 수천 명이 추적해 왔다. 회수

(淮水)를 건널 때는 100여 명 정도, 동성(東城)에 이르니 28기만 겨우 남아 있었다. "하늘이 나를 망하게 하려는 것이지, 싸움을 잘못한 것이 아님을 알게 하리라." 하며 힘껏 싸웠으나 승세는 이미 기울었다.

오강(烏江)에 다다르자 정장(亭長)은 "강동이 비록 작지마는 땅이 사방 천 리요, 무리가 수십만이라 왕이 되기에는 충분합니다."라고 하며 빨리 건너길 독촉했다. 그러자 항우가 웃으며 대답했다.

"나를 하늘이 망하게 하려는데 내가 어찌 건너겠는가? 또한 이 항적(項籍, 항우)이 강동 자제 8천과 강을 건너 서쪽으로 왔는데 지금 한 사람도 살아 돌아오지 못했으니, 강동의 부형들이 가련하게 여겨 나를 왕으로 삼는다고 해도 내가 무슨 면목으로 그들을 보겠는가? 설사 그들이 아무 말을 하지 않는다고 해도 이 항적의 마음이 부끄럽지 않겠는가."

그리고 5년이나 타던 말을 정장에게 주었다. 혼자서 한군 수백 명을 죽인 끝에 스스로 목을 찔러 자결했다. 항우 시신 다섯 부위를 차지한 사람은 모두 제후에 봉해졌다. 항우는 유방과 함께 봉기 3년 만에 진을 멸망시키고, 이후 5년 만에 유방에게 천하를 넘겨주었다.

좀 장황하게 설명한 것은 역사 전환이 되는 두 사건을 조명해 봄으로써, 참고 참아내지 못함이 어떻게 운명을 갈랐는가를 설명해 보기 위해서다.

홍문연(鴻門宴)에 참석한 유방은 항우 앞에서 목숨을 부지하기 위해 머리를 조아렸다. 군신 관계의 예로 자신을 대폭 낮추고 말도 삼갔다. 측간에 간다고 속이기도 하고, 작별 인사도 하지 않고 도망치다시피 자기 본영으로 돌아왔다. 이보다 중요한 점은 위급한 사태에

측근들과 상의하여 일을 처리했고. 이들이 목숨을 걸고 지켜주었다. 유방은 이의를 달지 않고 측근의 말을 그대로 받아들인 결과이다.

하지만 항우는 정반대였다. 유방의 겸손한 태도에 본심을 잃고 유방을 죽이지 못했다. 측근의 간곡한 진언을 무시해서 더할 나위 없는 결과를 초래했다. 유방 주위 인물을 압도할 만한 위인도 필요한 순간에는 나서지 않았다. 오히려 항우의 숙부 항백(項伯)은 장량에게 홍문연의 내막을 알려주고, 연회에서 칼춤을 추며 직접 유방을 보호해주기도 했다. 항우는 측근을 곁에 묶어두는 능력이 유방보다 못했다.

항우의 마지막 패주하는 모습은 너무나 비참하다. 위세가 당당할 때의 '힘은 산을 뽑고 기상은 세상을 덮는다[역발산기개세(力拔山氣蓋世)].'라던 항우와 몇십만 군대가 해하(垓下)와 오강에 이르러서는 너무나 초라하다. 패자(敗者)에 대한 역사의 기록이라 하지만 주위에 보좌하는 큰 인물이 절박한 그때에는 아무도 없었다. 항우는 자기 자신보다 출중하다는 인물을 가까이 두지 않았다. 범증은 홍문의 연회에서 유방이 살아 돌아가자 항우를 멸시했고, 그 후 유방의 계책에 속아 고향으로 돌아가 거기서 죽었다.

그래도 오강 정장은 항우에게 고향으로 돌아가 권토중래(捲土重來)를 꾀하도록 권했다. 강동 땅에는 똑똑한 인재들이 많이 남아 있으니, 힘을 기르면 다시 일어날 수 있다는 권유이다. 하지만 항우는 이를 들으려 하지 않고 자문(自刎)했다. 이 부분이 너무 애석하여 후대 어떤 이는 사흘이나 통곡하였다고 한다. 항우에 대한 동정심 때문이다.

정장의 말을 들었다고 반드시 그대로 실현된다고는 말할 수 없다. 전쟁이란 불확실하며 그래서 역사는 유전한다고 한다. 단 자결하기 전 마지막 순간에 한 번쯤 호흡을 가다듬고 참아보는 아량을 발휘하지 못한 점을 후대 사람은 아쉬워했다. 수많은 전장을 누비며 갖은 고통과 어려움을 겪었을 텐데 참지 못했다. 이 참지 못함이 개인과 국가의 역사를 바꾸었다.

항우와 유방은 참음, 참을성에서 혁혁하게 차이가 난다. 유방은 언제나 자신을 낮추고 주위의 말을 존중하여 일을 처리했다. 항우는 자신의 능력만 믿고 포용하고 굽힐 줄을 몰랐다. 참을성이 있고 없고의 차이다. 참음이 있는 사람은 귀를 확 터놓지만, 그렇지 못한 사람은 귀를 꽉 틀어막는다. 지도력을 발휘하는데 '어떻게 생각하지?'의 하여(何如)와 '어쩌하냐?'의 여하(如何)의 차이라고 한다. 유방은 참을성이 있어 위급한 상황에서 목숨을 부지하고 나중에 천하를 차지했다. 항우는 참아야 할 순간에 참을성을 제대로 유지하지 못해, 끝내 자결하고 역사의 흐름을 자기 쪽으로 돌려놓지 못했다. 참음은 순간적이었지만, 이어지는 역사는 그보다 긴 시간이 되었다.

여기에 항우와 유방의 차이점은 부끄러움에 대한 태도이다. 유방은 항우 앞에서의 굴욕을 수치(羞恥)로 여기지 않았다. 자기가 자초한 수치심이기 때문이다. 작별 인사도 하지 않고 도망치는 행위가 염치(廉恥)를 저버리는 것으로 여기지 않았다. 측근의 말을 따르는 행동이 권위를 잃는 것이라 추호도 생각하지 않기 때문이다. 그런데 항우는 자기 존엄 손상을 절대 용납하지 않았다. 오강 정장에게 소중히 여기던 말을 주는 인정은 있어도, 강동 고향으로 돌아가는 것을 대단한 부끄러움으로 여겼다. 급박한 경우 염치보다는 수치가 더 나을 수 있다. 참는 마음이 수치를 감싸주기 때문이다. 유방은 부끄러움을 부끄러움으로 여기지 않아서 천하를 얻었다. 부끄러움을 참아내는 마음과 자세가 천하를 얻게 하였다.

참음은 언제나, 누구에게나 기회를 제공한다. 참음이 인간을 공정하게 대하는 원리가 공평하게 기회를 열어주는 것이다. 참으면 기회가 생긴다. 그런데 이 기회를 잡고, 잡지 못하는 것은 참는 사람의 의지와 실천 능력이다. 희망의 기회는 참으며 잡으려고 하는 사람에게 잡힌다. 이 점이 유방과 항우의 차이점이요, 지금도 우리에게 주는 살아 있는 교훈이다.

참음은 적극적으로 대응하기다.

'마냥 앉아서 예정된 운명에 순응해야 하는가.'는 인간 모두가 지니는 고민 중 하나다. '운명의 신이 정한 내용은 변동할 수 없다.', 아니면 '내 운명은 내 손에 달렸다.'라는 생각은 항상 충돌한다. 그래서 신화를 포함하여 고대로부터 운명을 대하는 태도에 관한 이야기를 다양한 장르에서 다루고 전해 내려온다. 특히, 죽음과 관련한 운명의 신과 대결은 각별(各別)하다. 하나뿐인 목숨을 순순히 내줄 수는 없기 때문이다.

라 퐁텐 우화 〈운명과 어린아이〉는 운명을 대하는 방법이 무엇인지를 암시한다.

한 어린아이가 학교 수업 쉬는 시간에 무척 깊은 한 우물 옆에서 자고 있었다. 그 나이의 아이에게는 모든 것이 침대인 법이다. 그런데 우물의 깊이는 보통 어른 키의 스무 배가 넘었다. 그때 아주 천만다행으로 그곳으로 운명의 여신이 지나가다가 그 어린아이를 조용히 흔들어 깨웠다. 운명의 여신은 아이에게 이렇게 말했다.

"아이야 내가 너의 목숨을 구했단다. 다음부터는 좀 더 조심하도록 하여라. 만약 네가 이 우물로 떨어졌다면 사람들은 나를 탓했을 것이다. 하지만 그건 네 잘못인 거야. 나는 너에게 이 엄청난 경솔함이 나의 변덕스러움에서 온 것인지 솔직하게 묻고 싶구나." 여신은 이렇게 말하고 사라졌다.

라 퐁텐은 사람 자신이 저지른 일을 운명에 전가한다고 했다. 자신이 어리석고 경솔해서 저지른 일을 책임지지 않고 운명을 탓한다고 하였다. 사람의 처지에서는 언제나 운명이 틀렸다고 한다는 것이다. 이른바 '**운명의 신 보증 역할**'이다. 이렇게 운명의 문제도 잘되면 내 탓이고 못되면 네(운명의 신) 탓이다. 사람은 운명의 신에게 무한정 의지하고 싶어서 그렇게 생각하는 모양이다.

그런데 운명은 자신의 손에 달려 있다고도 생각한다. 운명에 대한 적극적인 태도다. 프레이저(Frazer) 『황금가지』 맨 처음에 나오는 〈숲의 왕〉 이야기는 운명에 적극적으로 대응하는 자세를 설명한다. 요약하면 다음과 같다.[26]

이탈리아 거룩한 숲속에 무성한 한 그루 나무 곁에는 항상 손에 칼을 쥐고 사제 겸 왕이 이 숲을 지키고 있다. 이 숲의 규칙은 어느 때 힘센 사람이 나타나 이 왕을 죽이면 다음 왕이 될 수 있다는 것이다. 그리하여 여름이나 겨울, 갠 날이나 궂은날 가릴 것 없이 항상 경계를 늦추면 안 된

26 프레이저, 『황금가지』(삼성출판사, 1977) pp.33~35.

다. 선잠을 자는 등 주의를 둔하게 하거나, 검술이 조금이라도 약해지거나, 백발이 되면 사형집행의 영장을 봉인하는 것이 된다.

　의식이 변이되면서 좀 부드러운 형식이 나타난다. 성역 안에는 나무 한 그루가 있는데, 그 가지를 꺾어서는 안 되었다. 다만, 도망쳐 온 노예에게만 그 가지 하나를 꺾는 것이 허용되었을 뿐이다. 이것이 성공하면 사제와 결전을 벌일 수 있는 자격이 주어진다. 만약 그 사제를 죽여 승리하게 되면 〈숲의 왕〉(Rex Nemorensis)이라는 칭호와 통치 권한이 주어진다.

　자신은 상대를 죽임으로써 왕이 되고, 또 힘센 사람한테 똑같이 죽임을 당하는 승계 방법이다. 제정일치(祭政一致) 시대 습속이라 하지만 너무나 잔인한 운명을 건 자리 쟁탈전이다. 언제 더 강하고 교활한 자가 나타나 살해당할지 모르는 고통의 연속이다. 항상 주위를 경계하고 불안한 밤을 지새우며 악몽에 시달려야만 하고, 때가 되면 영광과 권위가 운명과 같이 사라진다.

　숲속의 왕 경우에는 죽느냐 사느냐 하는 운명이 자기 손에 달려 있다. 그래서 자기 스스로 운명이 선순환으로 움직이도록 굳건히 지켜야 한다. 이처럼 의도하는 방향과는 다르게 움직이려는 운명에는 적극적으로 대항해야 한다. 목숨을 위협하는 어느 것이든 처절하게 대응하고 물리치지 않으면 안 된다. 목숨을 잃으면 그것으로써 모든 것은 종말이다. 부귀, 명예 등 무엇이든, 어느 것이든 목숨보다 귀중한 것은 없다. 운명, 운명의 신은 적극적으로 응전(應戰)하는 사람에게 도움을 주고, 굳은 의지로 붙잡으려고 도전(挑戰)하는 사람에게 붙잡힌다.

　라 퐁텐 우화 〈죽음의 신과 불행한 사람〉에서 죽음의 신이 막상 찾아오니 마음이 달라진다.

한 불행한 사람이 매일 같이 죽음의 신에게 도움을 청하고 있었다. "오, 죽음의 신이여. 나에게 그대는 얼마나 아름다워 보이는지! 어서 오시오. 어서 와서 나의 잔인한 운명을 끝내 주시오." 그 말을 믿은 죽음의 신은 그를 찾아가는 것이 그를 위한 길이라고 생각했다. 마침내 죽음의 신이 문을 두드리고 들어와 그 모습을 드러냈다. "맙소사, 이게 뭐야!" 그는 당황하며 소리쳤다. "빨리 이것을 치워버려. 정말 흉측하군! 보기만 해도 공포와 혐오감을 일으키잖아! 다가오지 마, 죽음의 신이여, 제발 가버려라."

막상 죽음의 신이 찾아오니 같이 갈 것을 단호히 거절한다. 라 퐁텐은 메세나라는 한 점잖은 신사 말을 활용한다. "나의 팔다리를 불구로 만들어도 좋고, 앉은뱅이, 관절염 환자, 한쪽 팔이나 다리가 없도록 만들어도 좋습니다. 살아 있을 수만 있다면 그것으로 충분합니다. 나는 아주 행복할 겁니다. 죽음의 신이여, 결코 나를 찾아오지 마시오."라고 한다.

어찌 보면 자기 운명은 싸워서 쟁취하는 것이다. 운명의 향방은 자신의 적극적 생활 태도에 달렸다. 운명에 적극적으로 대응하는 사람을 운명의 신은 절대로 방관하지 않는다. 성실한 대응(對應)을 값진 보응(報應)으로 무한히 보답한다. 여기에는 '인생은 나그넷길'이라는 감상적인 문학적 심취에서 벗어나 **'인생은 마라톤'**이라는 역동적 마음가짐도 필요하다. 마라톤 경주는 끊임없이 몰려오는 고통과 자기와의 싸움에서 참고 견뎌내야 월계관을 쓸 수 있다.

참음은 숨 쉬는 자를 돕는다.

참음은 참는 사람이 참아내는 심신 작용이다. 참는 자가 없으면 참음은 존재하지 않는다. 참음은 참는 사람으로부터 시작해서 참아내는 사람으로 끝난다. 참는 주체가 없으면 운명의 신이 선물을 주려고 해도 줄 데가 없다.

『삼국사기』 고구려 본기 제2 대무신왕 15년에는 다음과 같은 호동왕자(好童王子) 이야기가 나온다.

> 11월에 왕자 호동(好童)이 자살하였는데, 호동은 왕의 차비 갈사왕(曷思王) 손녀의 소생으로서 용모가 아름다웠다. 왕은 심히 그를 사랑하여 호동이라고 이름 지었다.
>
> 원비(元妃)는 적자(嫡子)를 두고 그를 태자로 삼을까 두려워 왕에게 참소하기를 "호동은 첩을 예로 대하지 않으니 아마 제 몸을 어지럽히고자 하는 것 같습니다." 하니, 왕은 "다른 사람이 낳은 아들이라고 해서 미워하는 것인가?"라고 대답했다. 원비는 왕이 그 말을 믿지 않을 것을 알고 장차 화가 미칠 것을 두려워했다. 그래서 "청하옵건대 대왕께서는 비밀히 그 징조를 살피어, 만약 이와 같은 일이 없으면 첩은 스스로 복죄하겠나이다."라고 울면서 말했다. 그러자 대왕은 의심하지 않을 수 없어 호동을 처벌하려고 하였다.
>
> 혹자가 호동에게 말하기를 "그대는 어찌하여 이를 해명하지 않는가?" 묻자, "내가 만약 이를 해명하면 이는 어머니의 악함을 드러내어 부왕의 근심거리를 만들게 되는 것이니, 이 어찌 효도라 하겠는가."라고 대답하고, 곧 칼을 물고 엎드려 자살하였다.

호동은 효도라는 천륜에 집착하다 보니 목숨을 버렸다. 이는 참음이 지향하는 궁극의 행위가 아니다. 살아서 운명을 개척해야 한다는 큰 뜻을 잊은 것이다. 운명의 신이 도우려 해도 도울 자가 없으니 도울 방법이 없다. 이런 때에는 원비의 모함을 참고 견디면서 혹독한 극한의 처지를 해결해야 한다. 정당하지 않게 윤리를 강조하는 것을 운명도 허락하지 않는다. 하지만 호동은 참아내지 못해서 또 다른 운명의 길을 찾고 개척하지 못했다. 낙랑을 멸망시킨 용기와 지혜가 이 순간에는 숨어버렸다. 참고, 참아냄이 없어서이다.

『장자』에서는 진나라 대도(大盜)인 도척(盜跖)과 공자와의 대화 장면을 설정하고 있다. 장자는 도척의 말을 빌려 다음과 같이 역설한다.

> "세상에 이른바 현사(賢士)라 부르는 사람 중에 백이(伯夷)와 숙제(叔齊)가 있는데, 고죽국(孤竹國) 임금 자리를 사퇴하고 수양산(首陽山)으로 들어가 굶어 죽은 사람이다. 그들의 시체는 아무도 장사지내 주지 않았다. 포초(鮑焦)라는 사람은 자기 행동을 꾸미며 세상을 비난하다가 나무를 끌어안고 죽었다. 신도적(申徒狄)은 간하다가 들어주지 않자, 돌을 등에 지고 황하에 몸을 던져 물고기와 자라에게 먹혔다. 개자추(介子推)는 지극한 충신으로서 그의 넓적다리 살을 떼어 문공(文公)을 먹여 살리기까지 했다. 그러나 뒤에 문공이 배반하자 그는 화가 나서 그 나라를 떠나 살다 나무를 끌어안고 불에 타 죽었다. 미생(尾生)은 여자와 다리 밑에서 만나자고 약속했으나, 여자가 오지 않자 물이 불어나도 떠나지 않고 다리 기둥을 끌어안은 채 죽었다." (도척)

장자는 이 사람들을 '잡기 위해 매달아 놓은 개[책견(磔犬)], 제물로 강물에 던져진 돼지[유시(流豕)], 표주박을 들고 구걸하는 자'들에 비유하고, '자기 명분에 얽매이어 죽음을 가벼이 하고, 근본적으로 수명을 보양할 생각을 하지 못한 사람들'이라고 혹평했다. 이들 외에도 지푸라기[초개(草芥)]처럼 목숨을 버린 사람들 이름을 다수 열거하고 있다.

호동은 물론 백이·숙제를 비롯해 이들은 유가(儒家)에서 말하는 인의(仁義), 충효(忠孝)를 실천하려다 좌절하여 목숨을 버린 현자들이다. 그러나 더 넓게 생각해 보면 어느 한 가지에만 집착하여, 고통을 당하는 그 순간을 굳건히 참아내지 못하거나 다른 방도를 생각하지 않고 자살했다. 어찌 보면 고집불통으로 꽉 막히고 하나밖에 모르는 지극히 어리석은 사람들이다. 그래서 장자는 이와 같은 부류 사람들을 개나 돼지, 걸인으로 비유하고 무시했다.

하늘은 한쪽 문을 닫으면 다른 한쪽 문을 열어준다. 가던 길이 막히면 다른 길이 앞에 펼쳐진다. 물은 흐르는 길이 막히면 고여 기다리고 있다가, 다시 꽉 차면 넘쳐흐르고, 또 막히면 다른 길을 택해 흘러간다. 자연도 이렇게 순리를 알고 그 원리를 따르는데, 사람은 그것을 배우고 실천할 줄 모르니 한심하다고나 할까. 그래서 어려운 순간을 헤쳐내는 방법, 곧 참는 방도를 잘 알아야 한다.

참음은 고통을 해결하는 방법을 찾고 안내한다. 단 살아 숨 쉬는 사람을 위해서다. 살아 움직이는 사람을 위해서 참음도 살아 움직인다. 참는 자가 숨을 쉬면 참음도 숨 쉰다. 그리하여 고통을 해결하는 방법을 그 숨소리에 기꺼이 얹어 준다. 새로운 운명을 개척하도록 말이다.

'살아 숨 쉰다, 움직인다'라는 말은 이어지는, 자기 인생을 가꾸고, 진정한 사람이 되려고 노력하고, 행복을 찾아 부단히 전력하는 내용과 관계한다. 그리하여 자연스럽게 참는 힘을 기르고 배양한다.

2.
참음은
자기 인생을 가꾼다

들녘 논밭 곡식도 어린아이 대하듯 정성을 들여야 병도 없이 무럭무럭 자란다. 산의 나무도 내버려 두면 잡목과 넝쿨이 서로 얽히고 엉클어져 제대로 성장하지 못한다. 곳곳의 유명한 정원도 정원사의 끊임없는 정성과 따스한 손길로 그 아름다운 자태를 사람들에게 과시한다.

참음도 마찬가지다. 잘 보살피고 가꾸지 않으면 있으나 마나 하는 존재에 머문다. 참음을 가꾼다는 것은 곧 자기 인생 가꾸기다. 참음을 정성 들여 가꾸면 자기 인생은 저절로 가다듬어져서 보람차고 아름답게 된다. 자기 인생을 가꾸면 참음은 자연스럽게 길러진다.

참음은 지혜를 쌓고 이용한다.

참음은 일상생활에서 항상 지혜(智慧)와 같이한다. 사람의 도리를 밝혀 주고, 옳고 그름을 가려 바르게 마음먹고 행동하게 한다. 어리석지 않도록 안내하고, 흐려진 생각을 총명하게 한다. 참음은 지혜의 샘물이다.

북송의 문장가 장뇌(張耒)는 〈송진소장서(送秦少章序)〉에서 다음과 같이 변화와 고난의 필요성 강조하였다.

『시경(詩經)』에도 "갈대 무성한데 흰 이슬 서리 되어 내리네." 하고 읊지 않았던가? 물건이란 변화를 받아들이지 않으면 제목을 이루지 못하고, 사람은 고난을 겪지 않으면 지혜가 총명해지지 않는 법이다.

사물은 이슬, 서리 변화를 겪어내면 제목을 이루게 되고, 사람은 고난을 이겨내야 지혜로 총명하게 된다. 석가모니는 "번뇌(煩惱)가 보리(菩提), 즉 지혜다."라고 말씀하였다. 그런데 이 변화와 고난은 참음이 없이는 지혜로 헤쳐나갈 수 없다. 사람은 고달픈 세상살이에 수많은 고난을 부딪고 물리쳐야 한다. 이에는 명철한 '지혜'와 이를 발휘, 지탱하게 하는 군건한 '용기'가 필요하다. 지혜와 용기는 저절로 습득하여 쌓아지는 것이 아니다. 긍정적으로 고통을 참고 견뎌내야 심신에 지혜와 용기가 차곡차곡 쌓인다. 이러한 하늘의 원리는 지구에 생존하는 생명체 모두에 해당한다.

여우는 잔꾀가 많은 동물이라고 한다. 이솝우화 〈여우의 지혜〉에서는 극한 상황을 헤쳐나가는 여우의 슬기로운 처신을 담고 있다.

사자가 양을 불러 자기 입에서 고약한 냄새가 나는지 물었다. 양은 냄새를 맡아보고는 말했다. "냄새가 고약한데요." "이 똥 항아리 같은 놈!" 사자는 화가 나서 양을 물어 죽였다. 이어 사자는 늑대를 불러서 똑같은 질문을 던졌다. 늑대는 눈치를 살피면서 말했다. "아무 냄새도 안 나는데요." "이 아첨꾼!" 사자는 화가 치밀어 늑대를 물어 죽였다. 이번에는 사자가 여우를 불러 똑같은 질문을 했다. 그러자 여우는 대뜸 이렇게 말했다. "죄송합니다만 전 지금 감기에 걸려서 아무 냄새도 맡을 수가 없군요."

양은 너무 솔직해서, 늑대는 거짓말을 해서 죽임을 당했다. 그런데 여우의 지혜는 기발하다. 그래서 목숨을 부지했다. 이것이 지혜의 힘이다. 지혜는 오묘한 듯하면서도 단순하다.

지구상 모든 동물은 나름대로 지혜를 발휘하며 살아간다. 코끼리는 무리 지어 생활하며 리더의 선도(善導)에 따라 살아가는 지혜를 읽힌다. 맹수의 위험을 물리치고 새끼를 보호하는 방법, 질서 정연히 이동하는 순서, 가뭄이 극치에 달했을 때 먹이와 물을 찾는 방법, 물살을 헤치며 강을 건너는 법, 병들어 쇠약해지면 대처하는 방법 등은 살아가면서 읽힌 고통과 참음에서 배운 지혜이다.

맹수가 새끼 기르는 법도 마찬가지다. 사자나 호랑이는 육식해야 하므로 다른 동물보다 빠르게 달리고 강인해야 한다. 그래서 어미 사자는 어려서부터 빠르고 강인해지는 법을 가르친다. 심지어 벼랑으로 밀어내 살아남는 새끼만 기른다고도 한다. 애지중지(愛之重之)하는 새끼를 벼랑으로 밀어내는 고통과 참을성은 지혜를 불러낸다. 그러해야만 앞으로 자신의 생명을 무사히 지키는 지혜와 용기가 몸에 배어나기 때문이다.

이처럼 덩치가 작거나 크거나, 개별 생활을 하거나 무리 지어 살거나 간에 모든 동물은 살아가는 지혜를 배우고 발휘한다. 벌과 개미의 군집 생활도 그러하고, 고래나 상어의 생존 능력은 다 생활의 지혜에서 터득한 것이다. 공생 관계도 참을성을 함께 모아 모자라는 점을 서로 보완하고 지혜를 발휘하는 하나의 모습이다. 전혀 상관이 없어 보이는 동물 간의 관계도 자연법칙에 은밀하게 참음과 공존의 작용으로 연결된다.

보고 듣고 말을 하지 못하는 식물도 존재하는 지혜와 기술을 배우고 발휘한다. 나란히 서 있는 나무가 서로를 배려하며 자라는 모습은 감탄을 자아내게 한다. 두 나무 사이에 있는 가지는 하늘로 쳐들고 무성하지 않다. 자라는 데 방해가 되지 않도록 서로를 배려해서이다. 그런데 바깥쪽 가지는 그 수도 많고 굵고 크게 자라 잎도 무성하다. 시야를 가늠하는 눈도 없고 말로 소통하지 않는데, 서로 차지할 수 있는 공간을 확보해 주는 지혜이다.

나뭇잎은 지형과 기후 변화에 적응하여 활엽수와 침엽수, 상록수와 낙엽수 등으로 모양과 색깔을 바꾼다. 기온이 따뜻하고 나지막한 구릉지대 산에는 활엽수가 많고, 겨울이 다가오면 낙엽으로 땅에 떨어진다. 매서운 추위와 바람에 시달리는 고산 지대 나무는 침엽수가 주종을 이룬다. 시베리아 북쪽 영원한 동토 지역은 침엽수의 낙원으로, 겨울에도 꼿꼿이 자라 푸르름으로 파노라마를 이룬다. 가지가 휘휘 늘어져 매서운 눈바람과 싸우기보다는, 햇빛을 향해 하늘로 치솟아 생존의 지혜가 흠뻑 담긴 모습이다. 그 참음의 모습에 숭고가 깃들어 있다.

겨울이 다가오면 낙엽은 선명하게 노랑, 붉은 색깔로 변하여 황홀한 자태를 보이다가 땅에 떨어진다. 이러한 가을의 정취를 사람들은 아낌없는 찬사로 만끽하지만, 실은 혹독한 환경에 몸을 움츠리고 참고 적응하는 슬기로운 모습이다. 침엽은 매서운 추위와 세차게 부는 바람에도 땅으로 팽개쳐 떨어지지 않고 참고 견디려는 숭고한 잎의 모양새다. 이처럼 나무도 참고 견디면서 생존하는 지혜를 보여준다. 살아가면서 터득한 환경에 적응하는 지혜이다.

만물의 영장인 사람에게는 더더욱 지혜가 필요하다. 사람 사이에서 발생하는 고통의 문제는 물론 다른 모든 생명체, 지구와 우주까지도 관장해야 하기 때문이다. 그래서 작은 지혜도 좋지만 크나큰 지혜가 더 필요하다. 인간은 어려서부터 죽을 때까지 크나큰 지혜가 몸에 배도록 평생 배우고 익힌다. 이들이 모두 참아내는 데서 나오는 지혜이다.

대부분 대한민국 남자라면 군에 입대하여 병역의무를 마쳐야 한다. 군대 생활은 신참(新參), 고참(古參) 구분이 확실하다. 갓 입대하여 어리둥절 정신이 흔들리는 신참은 고참 말을 따르면 만사 무난하고 해결이 잘 된다. 관공서나 회사에서도 마찬가지다. 그런데 신참이 풋기를 벗고 고참이 되는 데는 좀 시간이 걸린다. 다 그렇지는 않지만, 참음이 가져다주는 지혜의 축적에 시간이 필요하기 때문이다.

옛날 태양에 얼굴이 검게 거슬린 노련한 농부는 하늘의 구름 모양만 보고도 비가 올 날씨를 미리 점쳤다. 바다 소금 냄새에 익숙한 어부는 바람 부는 방향과 피부에 닿는 느낌만으로도 태풍이 언제 불어 닥칠지를 정확히 예측한다. 이 모두 참고 견디며 쌓아온 경험에서 오는 지혜다. 곧 참음은 지혜를 쌓고 활용하는 방법을 알려준다.

물은 흐르다가 큰 바위나 언덕, 심지어 산이 앞을 가로막으면 휘돌아간다. 사람도 살아가다가 앞에 장애가 나타나면 돌아가는 법을 배운다. '돌아간다'라는 말은 무한한 가능성을 내포한 말이다. 다만,

지혜가 적절하게 개입할 때 말이다.

참음은 곧 지혜이다. 참아내야 지혜가 우리 인간에게 다가온다. 그러므로 참음이 살아 움직이도록 하는 지혜가 필요하다. 참음이 살아 움직이면 지혜는 저절로 생기고 살아 움직인다. 이러니 어찌 참음을 얕보고 깔볼 수 있으랴! 참음은 지혜를 쌓고 자기 인생을 가꾼다. 그래서 운명을 개척하고 움직인다.

참음은 헤어나는 힘을 기른다.

'헤어난다'라는 낱말은 '헤쳐 벗어난다'라는 뜻으로 참 좋은 말이다. '탈출', '해탈'의 뜻과도 서로 통하고, '문제 해결', '성취'와도 관계하는 말이다. 참음은 고통에서 헤어나는 힘을 제공한다. 곧, 참음은 고통을 견디고 벗어나게 하는 힘을 기른다.

『사기』〈회음후열전(淮陰侯列傳)〉에는 한 고조가 중국 천하를 통일하는데 도왔던 한신(韓信)이 참아내는 모습을 소개하고 있다.

한신은 무위무관(無位無官)으로 어려운 시절에 가난한데다 이렇다 하는 선행과 내세울 공적이 없어 관리로 추천되거나 장사로 생계를 이을 수가 없었다. 늘 남에게 붙어서 먹는 형편이어서 그를 싫어하는 사람이 꽤 많았다. 남창(南昌)의 정장 집 아내는 그를 귀찮게 여겨 새벽에 밥을 지어 이불 속에서 몰래 먹고, 그의 식사를 준비하지 않았다. 한신은 화가 나서 그녀의 집을 떠나 버렸다.…

회음 백정촌(白丁村) 젊은이 중에는 한신을 멸시하는 자가 있었다. "야, 이놈아, 키만 크고 칼을 차고 있지만 속이야 겁쟁이일 테지." 하면서,

많은 사람 앞에서 한신을 모욕했다. "이놈아, 죽고 싶으면 나를 찔러 봐라. 죽기 싫으면 내 가랑이 아래로 기어나가라." 그러자 한신은 잠시 그를 쏘아보다가 엎드려서 가랑이 밑으로 기어나갔다. 온 시장 사람들이 그를 겁쟁이라고 생각하여 웃음을 터트렸다.

무명 시절, 한신은 어머니가 사망했을 때 장례를 제대로 치르지 못할 정도로 가난했으나, 뜻은 장대해서 보통 사람 같지 않았다. 그런데 참을성에 두 가지 상반되는 모습을 엿보게 한다.

정장 집 아내가 귀찮게 여겨 밥을 주지 않고 멸시하는 태도를 보이자, 그는 참지 못하고 그 집을 나와버렸다. 소극적인 참음의 태도이다. 이와는 반대로 겁쟁이라고 하는 모욕적인 말로 화를 돋우며, 백정의 가랑이 사이로 기어나가라는 강요에 가랑이 사이를 기어 나왔으니[과하지욕(胯下之辱)], 수치심을 타개하는 그의 인내심이 어느 정도인지는 알만하다. 적극적인 참음으로 견디기 어려운 모욕을 가랑이 속에 녹였다. 이러한 인내심으로 내공(內功)을 쌓고 부단히 힘을 길러, 한 고조가 천하를 통일하는 데 큰 공을 세운 것이다.

한때, 한신은 항우 휘하에 있었으나 그의 헌책이 받아들여지지 않자 유방에게로 도망갔다. 이때에도 이름이 나지 않아서 어떤 법에 연좌되어 참죄(斬罪)에 처하게 되었다. 13명이 순번으로 목이 잘리고 한신 차례가 되었다. 그는 등공(滕公) 하후영(夏侯嬰)에게 "주상(한왕 유방)께서는 천하의 대사를 도모하시려 하는데 어째서 장사(壯士)를 베려고 하십니까?"라고 말하자, 기특하고 외모가 남다르다고 생각하여 목숨을 건져 주었다. 이후에도 한왕에게 자기 헌책을 여러 번 상주했지만 받아들여지지 않자 또 도망했다. 이때는 소하(蕭何)가 직접 쫓아와 붙잡아 상주(上奏)하는 도움으로 일약 대장으로 임명되었다. 그리하여 '배수진(背水陣)', '다다익선(多多益善)', '토사구팽(兔死狗烹)' 등 일화, 고사를 남기며 한이 천하를 통일하는 데 큰 공을 세우고 영화를 누렸다. 모두 다 가랑이 밑을 지나는 굴욕을 참은 덕분이라 하겠다.

유방이 천하를 통일한 후 한신은 초왕, 이어 제왕으로 봉국(封國)을 받았다. 젊은 시절 가랑이 밑으로 지나가게 한 본인을 불러 초의 중위(中尉) 벼슬을 주었다. 그리고 당시 죽이려면 죽일 수 있었는데도 명예롭지 않아, 고통을 참고 견디어 겉으로 드러내지 않아[은인(隱忍)] 오늘의 공업을 이루었다고 말했다. 한신의 참음에 대한 또 다른 면모를 보여준다.

그러나 한신은 모반에 휘말려 천하 평정에 공을 세운 팽월(彭越), 경포(鯨布) 등과 함께 처형되었다. 그러나 모반을 획책한 괴통(蒯通)은 살아남았다. 유방 앞에서 내세운 논리는 현대를 살아가는데 귀감(龜鑑)이 된다.

"진이 사슴[황제권(皇帝權)]을 잃으니 천하에서는 모두 이것을 추적했습니다. 이리하여 키가 크고 발이 빠른 자[고조(高祖)/유방]가 먼저 그 사슴을 잡았습니다. 도척(盜跖)이 기르는 개가 요임금을 보고 짖는 것은 요임금이 어질지 못해서가 아닙니다. 개란 놈은 원래가 자기 주인이 아닌 사람을 보고는 짖게 마련입니다. 그 당시 저는 오직 한신을 알았을 뿐으로 폐하를 알지 못했습니다. 또 천하에는 무기를 예리하게 갈아서 폐하가 하는 일을 하고자 하는 사람이 매우 많았습니다. 생각해 보면 그들은 능력이 모자랐을 뿐입니다. 그러면 그들을 모두 팽살할 수 있겠습니까?"

이러한 언변과 논리로 괴통은 죽음을 면했다. 막다른 상황에 세 치뿐이 안 되는 혀로 목숨을 구했다. 다 참음이 상황을 잘 파악하여 돌파구를 찾아주었기 때문이다. 이처럼 참음은 극한 상황에서 헤쳐나가는 힘과 지혜를 번득이게 한다.

인류는 언제나 어머니를 칭송했다. 어머니의 힘은 그만큼 위대하고 성스럽기 때문이다. 칭기즈칸이 대제국을 건설할 수 있었던 것은, 어머니의 비할 데 없는 군건한 참음과 어려움을 헤쳐나가는 지혜의 후광이 있어서라는 생각이 든다.

『몽골비사』에 따르면[27] 메르키트 부족 칠레두는 젊은 신부 올코노오드 부족 출신인 열다섯 살 정도 후엘룬을 데리고 고향으로 가는 중이었다. 이때 예수게이는 형제들과 셋이 신부를 약탈하기 위해 이들을 습격했다. 칠레두는 호박색 말 뒷다리를 때려 언덕 너머로 달려 습격자들을 따돌리려 했다. 일곱 개의 언덕을 넘어 멧부리를 돌아 타고 왔던 수레로 다시 돌아오자 후엘룬이 이렇게 말한다.

> "저 세 사람이 어떤 사람인지 알겠어요. 인상들이 예사롭지 않아요. 당신의 목숨을 해칠 얼굴이에요. 당신이 살아만 있으면, 수레의 앞방마다 처녀들이 수레의 검은 방마다 귀부인들이 있어요. 당신은 살아 있으면, 숙녀와 귀부인들을 얼마든지 얻을 수 있어요. 다른 여자들을 얻어 후엘룬이라고 이름 지어요. 우선 목숨을 돌보도록 해요. 내 냄새를 맡으며 가요."

황급한 상황에 후엘룬은 칠레두에게 저고리를 벗어 주었다. 자기

---

27 『몽골비사[元朝祕史]』(유원수 역주, 사계절, 2004) pp.36~50. 이 책의 내용과 기타 관련 자료를 활용하여 정리하였다.

의 분신인 저고리라도 가지고 빨리 도망가라는 뜻이다. 이 냄새를 맡고 사랑을 느끼며 굳건히 살아가라는 메시지다. 그는 두 갈래 머리채를 한 번은 등 뒤로 한 번은 가슴 앞으로 날리며, 또 한 번은 앞으로 한 번은 뒤로 휘돌리며 멀리 떠나갔다. 후엘룬은 비통하여 "오논강이 물결치도록, 숲이 울리도록" 큰 소리로 울었다고 한다.

이 급박한 상황에서 후엘룬은 신랑의 목숨을 살리는 것을 우선했다. 칠레두는 목숨을 걸고 자기를 지켜주려 했을 것이다. 그러나 수적으로도 대항할 수 없다. 살아있으면 또 다른 인생을 개척할 수 있다. 여자로서 자신을 향한 사랑을 다른 여성에게 돌리라고 하는 마음은 보통의 결심으로는 지니기가 어렵다. 후엘룬은 이 순간에 슬기로운 판단을 내렸다. 다 드넓은 초원에서 조상 대대로 살아남는 참음의 지혜가 가져다준 덕분이다.

이들 예수게이와 후엘룬이 칭기즈칸의 아버지와 어머니이다. 후엘룬은 테무진(칭기즈칸), 카사르, 카치온, 테무게 네 아들과 딸 테물룬을 낳았다. 예수게이가 테무진을 신부가 될 여자 집에 두고 돌아오는 도중 독살당하자, 타이치우드 씨족무리는 후엘룬 가족을 핍박하고 이동 시 남겨두고 떠났다. 그녀는 이러한 처사를 강력하게 항의하고, "모자를 단단히 눌러 쓰고 허리띠를 바싹 졸라매고, 오난 강을 위아래로 뛰어다니며 산이스랏(산앵두), 머루를 따서 낮과 밤으로 허기를 달랬다."라고 『몽골비사』는 알려준다. 잇개나무 꼬챙이로 오이풀, 수리취를 캐서 먹었고, 산나리, 부추, 달래로 끼니를 이으며 절도 있고 사나이다우며, 자긍심이 강한 호남(好男)의 아들로 자식을 키웠다.

후엘룬의 이러한 힘은 칠레두와의 이별 순간에 겪었던 그 고통을 참고 견딘 의지력이라고 생각된다. 강인하지 않으면 살아남지 못하는 초원의 약육강식을 여자의 몸으로 극복해냈다. 그녀는 남자도 헤어나기 어려운 상황을 극복하는 여장부였다. 아스팔트를 뚫고 나와 아름다운 꽃을 피우는 야생화, 절벽 돌 틈에 뿌리를 내려 아슬아슬하게 매달려 사는 소나무, 시멘트 벌어진 사이로 오롯하게 자태를 뽐내며 자라는 무명초처럼 강인한 어머니였다.

칭기즈칸이 아시아, 유럽 대륙에 걸쳐 초유의 대제국을 건설할 수 있었던 것은 어머니의 이러한 참고 견디는 뒷받침이라는 생각이 든다. 칭기즈칸이 어려서부터 형제간의 갈등에 결단을 내리고, 여러 죽을 고비를 슬기롭게 넘기는 상황 인식과 판단도, 어머니에게서 받은 유전 인자와 자라면서 지켜본 참아내는 강인한 모습에서 배웠으리라. 어찌 보면, 납치당할 때의 처참한 고통을 이겨낸 참음이 대제국의 탄생으로까지 이어졌다고 하겠다.

무쇠를 담금질하고 망치로 무수히 두드려 강철을 만든다. 특히 전쟁터에서 사용하는 칼과 창은 이러한 공정을 수차에 거쳐 더욱 강해져야 쓸모가 있다. 이러한 일련의 과정을 고통을 이겨내며 참음을 단련하고 쌓는 과정에 비유할 수 있다. 그 결과로 어려움을 헤치고 벗어나는 힘이 길러진다. 참음은 무엇이든 헤어나는 힘을 기르고 운명을 바꾼다.

참음은 상황을 알고 타개한다.

참음에 앞서서 벌어지는 일이나 상황, 즉 고통이 우선 존재한다.

그런데 전제하는 일이나 상황이 선순환으로 작용하도록 유도하는 힘이 참음이다. 참음은 상황을 정확히 파악하여, 어려움을 헤치고 뚫어 나가는 길을 찾아준다. 참고 참아내면 어려움에서 벗어나는 방도가 보인다.

『사기』〈손자·오기열전(孫子·吳起列傳)〉에서는 손빈(孫臏)의 사람 됨과 고난의 전말(顚末)을 소개하고 있다. 요약해 보면 다음과 같다.

> 손빈은 손무(孫武)의 백여 년 후손으로 일찍이 방연(龐涓)과 함께 병법을 배웠다. 방연은 위나라 혜왕의 장군이 되어, 자신의 재능이 손빈만 못하다는 것을 깨닫고, 두려워하고 질투하여 죄를 씌워 그의 두 다리를 자르고 얼굴에 먹물을 들였다. 그가 숨어 세상에 나와 활동하지 못하도록 하기 위해서다.
> 손빈은 제나라 사자가 위의 도읍 양(梁)에 오자 몰래 그를 만나 자기의 포부를 밝히고, 비범한 재주를 인정받아 수레에 몰래 타고 제나라로 갔다. 장군의 지위를 전기(田忌)에게 양보하고 군사(軍師)가 되어 방연과 싸웠다. 계략을 세워 퇴각하는 체하다가 매복하여, 하루를 두 배로 밤낮 없이 추격하다 지친 방연의 군대를 모조리 무찌르고 그를 자살하게 했다.

같은 스승 밑에서 공부한 방연의 모함으로 손빈은 두 다리가 잘리고, 얼굴에 먹물을 들이는 최악의 고통을 참아내야 했다. 두 다리를 잃는 고통은 죽음과 별 차이가 없다. 다리를 잘릴 때의 신체적 고통도 참기 어렵다. 더구나 불구의 몸으로써 활동이 자유롭지 못해 무엇을 해보려 해도, 마음대로 움직이지 못하는 고통은 죽음 못지않게 크다. 여기에 얼굴에 먹물로 죄인이라 물들이는 자자형(刺字刑)을 더했으니, 정신적인 고통은 이루 말할 수 없다고 하겠다. 그러나 다음을 기약하며 고통을 꾹 참아 견뎌내고, 주어진 기회를 잘 이용하여 원수를 통쾌하게 갚았다. 손빈이 방연에게 앙갚음하는 전술(戰術) 전개 과정을 보면 병법의 대가임이 분명하다. 다 참음이 상황을 잘 파악하여 쌓은 지혜와 어려움을 헤쳐나가는 힘 덕택이다.

진퇴양난(進退兩難)이란 말이 있다. 앞으로 갈 수도 뒤로 물러날 수도 없는, 이러지도 저러지도 못하는 매우 어려운 처지를 말한다. 이러한 어려운 상황을 타개하는 것이 곧 참음이 가져다주는 지혜이다. 조조(曹操)와 두 아들에 얽힌 이야기는 상황 타개의 또 다른 일면을 보여준다.

조조는 아들 중 첫째 조비(曹丕)와 셋째 조식(曹植)을 좋아하여 둘 중 하나를 후계자로 삼을 작정이었다. 그러다 보니 두 형제는 서로 반목질시할 수밖에 없었다. 조조는 두 자식에게 성을 나가라고 지시하고, 수문 관리에게는 절대로 나가지 못하도록 하라고 신신당부했다. 조비는 나가지 못하고 그냥 돌아왔다. 그런데 조식은 양수(楊修)라는 측근의 조언을 받아 수문장을 죽이고 나갈 수 있었다.

이러한 상황 타개가 최선은 아니다. 그러나 부친 관계보다는 왕의 명령이 우선한다. 죽이고 나갈 수밖에 없는 상황에서 살생은 지혜 아닌 지혜라고나 할까. 이에도 참음이 깊숙하게 관여하지 않으면 실행으로 옮기지 못한다. 소중한 남의 목숨을 빼앗는다는 것은 인륜에 어긋나는 일이다. 차라리 문제를 해결하지 못하는 것이 오히려 나을 수도 있다. 이러한 심적 고통과 갈등을 문제 해결 쪽으로 기울게 한 것이 참음이다. 참는 힘이 대의를 위해 상황을 헤쳐나가도록 하였다.

일상은 상황을 타개해야 하는 참음의 연속이다. 따라서 참느냐 참지 못하느냐 하는 구분은 상황을 타개하느냐 그렇지 못하느냐와 직결한다. 참지 못하면 체념하고 그 자리에 주저앉지만, 참아내면 할 수 있다는 신념이 솟구친다. 즉, 참음은 체념(諦念)을 불식하고 신념(信念)을 조장한다. 체념과 신념이 초래하는 결과는 방향이 전혀 다르다. 따라서 참음으로 상황을 타개하려는 신념을 굳건히 해야 한다.

남북전쟁 때 남부 연합군 사령관을 지낸 로버트 리 장군은 전쟁이 일어나기 전에는 연방군 장교였다.[28] 그는 노예제를 분명히 반대했고, 남부 주가 연방에서 탈퇴하는 것을 반역이라 생각했다. 그래서 링컨 대통령은 전운이 감돌자 그를 연방군을 이끌어 주기를 요청했으나 의외로 거절당했다. 오히려 남부 군대의 총수(總帥)가 되어 연방군의 반대편에 섰다. 이 과정에서 그는 심한 갈등을 겪었으리라 짐작이 간다.

"나는 연방을 절대적으로 지지하지만, 내 친척, 내 자식, 내 가정에 대항하는 편에 서지 못하겠더구나.…나는 고향을 지키는 경우가 아니라면, 칼을 빼 들지 않을 것이다."

로버트 리가 아들에게 보낸 편지 내용이다. 그가 이미 표명했던 대의를 버리고 가정, 고향 편에 서서 남부 군대를 이끌었으나 결국 패했다. 도덕적 딜레마 속에서 이 편지 내용은 참고 참는 모습을 역력히 대변한다. 어느 편이 승리할지 모르는 상황에서 그의 고민은 전쟁의 결과 후 평가까지도 곁들여 생각해야 했다. 지금 당장 문제가

---

28 이 일화는 마이클 샌델, 『정의란 무엇인가』(이창신 옮김, 김영사, 2011)에 나오는 내용을 참조하였다. pp.328~329.

아니라 전쟁에서 패하는 경우, 영원히 달고 다녀야 할 오명이라는 시간의 외피도 고려해야 했다. 어떻든 그는 선택의 고통을 해소하는 방법을 가정이라는 기준으로 좁혀서 남부 총사령관을 택했다.

역사적으로 봐서는 패장으로서 그의 상황 파악은 정확하지 않았지만, 개인적으로 봐서는 불명예를 뛰어넘어 후회가 없는 판단이었다. 그에게는 대의명분(大義名分)보다는 가정이 먼저였다. 가정은 인간관계와 존재의 출발이기 때문이다. 이처럼 상황을 알고 타개하는 방법에는 원칙과 기준이 있다. 로버트 리는 가정, 가족을 참음의 기준으로 끌어들여 어려운 상황을 헤쳐나갔다. 그래서 지독한 비난도 모면했다고나 할까.

고통은 참음을 수반하고, 참음은 한 발자국 물러나 주위를 둘러보게 한다. 그리하여 어려운 상황을 파악하여 타개하도록 지혜를 높이고 그 방법을 알려준다. 참음은 막힌 앞길을 활짝 열어주는, 운명을 바꾸는 열쇠다.

참음은 창의력을 드높인다.

창의력은 '새로운 것, 뛰어난 생각을 찾아내고 해내는 능력'을 말한다. 현대 사회는 무한히 창의력을 요구한다. 그러나 이미 존재하는 것보다 참신하고 색다른 것, 다른 사람이 생각하지 못한 아이디어를 끄집어내는 일은 쉽지 않다. 그래서 지속적인 참을성이 필요하다.

세계의 유명한 예술가, 사업가, 정치가 중에는 어려서 아니면 청소년기에 어려움을 겪은 사람이 많다. 불행한 가족 환경, 그래서 고통으로 점철된 성장 과정, 사회와의 갈등, 이상과 현실과의 괴리(乖離), 여기에 가난이라는 경제적 공허는 남다른 참을성을 요구한다. 이러한 고통과 참을성이 창의력을 높이고, 가치창조로 이어져 불후의 인간적 자취와 사회적 업적을 남겼다.

특히, 문학, 미술, 음악, 철학 등에서 창의적으로 새로운 경지를 개척한 사람은 무수히 많다. 작가의 고통과 참을성이 상상력으로 승화되면서 새로운 가치창조로 이어지고, 차원을 달리하여 참신한 경지를 형상화했다고 하겠다. 고통의 무게가 더할수록 예술성이나 철학적 경지를 드높인다는 말과 통한다. 크게 땅을 치고 울어야 소리가 밖으로 나고, 미친 척 외마디로 하늘을 향해 소리 질러야 세상 사람이 관심 있게 쳐다보며, 돌을 세차게 던져야 유리창이 와장창 소리 내며 깨진다. 고통과 참음의 소리가 창의성을 수반하여 밖으로 드러나는 양상이다.

이상(李箱)은 겨울에도 여름 구두를 신고 거리를 누볐으며, 면도하기는커녕 봉두난발(蓬頭亂髮)로 미친 사람처럼 생활했다. 폐병으로 각혈하고, 일본 유학 시절에는 사상 불온자(不穩者), 불령선인(不逞鮮人)으로 구속되기도 했다. 그는 자기 생각보다 앞서지 못하는 시대, 이의 압박에서 오는 정신적 고통, 언제나 헐떡거리는 숨소리 등으로 미치지 않으려고 글을 썼다. 그리고 이러한 고통에서 탈출하려고 독특한 문학의 소리로 세상을 향해 외쳤다 〈날개〉 끝부분에서 "날개야 다시 돋아라. 날자. 날자. 날자. 한 번만 더 날자꾸나. 한 번만 더 날아보자꾸나."라고 하는 외침처럼 말이다. 이상은 개인적, 사회적 고통을 창의적 발상으로 작품을 완성하여 시대를 앞서간 사람이 되었다.

허균(許筠)은 당대에 이름 있는 집안 출신의 사람이다. 그러함에도 그는 생활이 개방적이고 자유분방하여 스님은 물론 서얼들과도 교류했다. 유교를 국시로 하는 조선 사회에 뿌리 깊숙이 내린 사회사상과 인륜, 높은 벼슬을 마다하지 않은 가풍과도 거리가 먼, 당시로서 매우 혁신적인 생각을 지녔다. 광해군일기에서도 "허위적인 책을 만들기 좋아하여 산수나 도참설과 도교나 불교의 신기한 행적으로 모든 것을 거짓으로 지어냈다."라고 한 것을 보면, 허균의 사상적 취향과 사회적 불만, 혁신적 생각이 무엇인지를 짐작하게 한다.

사방 어디를 쳐다보아도 고통이 널려 있고 불만이 쌓였다. 가문을 배경으로 출세 가도를 탄탄히 달릴 수 있었는데도 그는 그러하지 않았다. 심장 밑에서 자리한 응어리를 어서 녹여내는 일이 우선했다. 이러한 울분을 배경으로 〈홍길동전〉이 탄생했다. 세상에 새로운 빛을 던져주려고 시대를 한발 앞서간 우리 말로 쓴 소설이다. 결국, 그는 정치적으로 역모에 휩쓸려 비참하게 생을 마감했다.

러시아의 문호 톨스토이는 귀족 가문 출신으로 풍족한 삶을 누렸지만, 그의 작품 세계는 개혁과 이상주의를 주로 다뤘다. 대학을 중퇴하고, 체첸, 크림전쟁에도 참전했다. 그의 출신 신분과는 달리 비참하게 생활을 꾸려가는 농노에도 관심이 컸다. 농부의 옷을 걸치고 직접 쟁기질도 하고, 빈민굴에 들어가 가난에 허덕이는 삶도 실제 겪어보았다. 연장선에서 사회 참여에도 적극적이어서 정신적으로 의탁해 보고자 한 러시아 정교에서 파문당하고, 사회 제도 모순에 반대하여 정부와도 수없이 충돌했다. 톨스토이는 인간의 참모습을 밝혀 보려 했고, 행복이 무엇인지를 가르쳐 주기 위해 〈전쟁과 평화〉, 〈사람은 무엇으로 사는가〉 등 많은 걸작을 남겼다. 이 모두 고통과 이를 참아내서 탄생한 작품들이다.

고통은 참음과 함께 모든 능력을 신장한다. 특히 참음은 창의력을 유발하고 키운다. 고통이 창의력에 직접 관여한다기보다 고통을 참고 견디는 과정에서 창의력이 그 진가를 발휘한다. 즉, 참을성, 인내심이 돌파구를 마련하는 것, 이것이 창의력이다. 문학에서 위고, 도스토옙스키, 카프카를 위시해서 그림으로 밀레, 고갱, 고흐, 음악에서 모차르트, 베토벤, 슈베르트, 심지어 철학에서 소크라테스, 데카르트, 니체 등 이루 헤아릴 수 없는 사람이 창의력으로 새로운 가치를 창조하고 질서를 부여했다. 불후의 작품과 정신세계를 우리에게 선사하여, 인간으로 참되고 착하고 아름다운 생활을 누리게 했다.

이렇게 참음은 창의력을 신장하여 새로운 가치를 생성하고, 삶을 윤택하게 한다. 어떤 경우에는 극한 상황, 벼랑에 선 자신의 운명을 선순환으로 되돌린다. 이것이 참음이 주는 힘이요, 고귀한 선물이다.

참음은 지도력을 신장한다.

지도력은 '어떤 목적이나 방향으로 남을 가르쳐 이끌 수 있는 능력이나 힘'을 말한다. 주로 지도력은 인간과 사회에 대한 지도력을 뜻하는데, '참음'과 관련해서 **자기 통제**, **자제력**, 즉 **자기 자신에 대한 지도력**으로까지 의미를 확장할 수 있다.

이처럼 지도력은 인간관계에서 유형, 무형으로 발휘하는 힘이다. 그래서 지도자가 지니는 덕목을 유형에 따라 여러 가지를 나열하기도 한다. 좀 고전적이지만 노자는 지도자의 유형을 네 가지로 제시하였다.

위대한 사람이 자리에 있으면 밑에 있는 사람은 그가 존재하고 있다
고만 알 뿐이다. 그보다 못하면 그를 친근히 여기고 기린다. 그보다 더 못
하면 그를 두려워한다. 그보다도 또 더 못한 사람이면 그를 업신여긴다.
믿음이 부족해서 믿지 않게 되기 때문이다. [『노자』 순풍(淳風) 17]

노자는 무위(無爲)로 세상을 다스리는 사람을 최고의 지도자로 여
겼다. 그래서 백성은 그가 있다고만 알 정도이다[유지(有之)]. 요순시
절에 다스리는 방법과 백성이 그리는 지도자상이다. 백성은 격양가
(擊壤歌)를 부를 뿐이다. 친근하고[친(親)] 기리고[예(譽)], 두려워하고
[외(畏)], 업신여기는[모(侮)] 것 등도 백성의 지도자에 대한 태도이다.
다스리는 사람에 대한 백성의 믿음의 정도에 따른 구분이다. 노자는
한 마디로 지도자의 덕성, 지도력은 '믿음[신(信)]'이라고 확신했다.
현대에도 통하는 불후의 덕목이다. 그런데 믿음의 원천은 참음이다.
『사기』〈손자·오기열전(孫子·吳起列傳)〉에는 다음과 같은 이야기
가 나온다. 오기는 위(衛)나라 사람으로 용병을 좋아하고, 공자의 제
자 증자[曾子, 증삼(曾參)]에게서 배웠다. 벼슬을 얻으려고 아내를 죽
이기까지 하고, 어머니가 죽었을 때도 끝내 집으로 돌아오지 않아 박
정하다 하여 증자가 그를 파문하기도 했다. 다음 이야기는 그의 사람
됨을 어느 정도 알 수 있게 한다.

오기가 장군이 되자 가장 신분이 낮은 사졸과 함께 의식(衣食)을 같
이하고, 잘 때도 자리를 깔지 않았다. 외출할 때도 말이나 수레를 타지 않

고, 자신의 양식을 꾸려서 지는 등 사졸들과 다름없이 노고를 나누었다. 병졸 중에 종기를 앓는 자가 있어, 오기는 고름을 빨아 주었다. 병졸의 어머니가 그 소식 듣고 소리 내어 울었으므로, 어떤 사람이 이상하게 여겨 물었다. "당신 아들은 일개 병졸에 지나지 않는데, 장군이 몸소 그 종기를 빨았다 해서 어찌 그리 슬피 우는가?" 그 어머니는 대답했다. "그게 아닙니다. 왕년에 오공(吳公)이 저 애 부친의 종기를 빨아 주셨습니다. 부친은 감격해서 나아가 한 걸음도 물러설 줄 모르고 적의 손에 죽었지요. 오공이 지금 또 저 애의 종기를 빨았다고 들으니, 나는 저 애가 언제 어디서 죽을지 모르게 됐습니다. 그래서 우는 겁니다."

이에서 연저지인(吮疽之仁) 고사가 생겼다. 전쟁터에서 지휘관에 대한 부하의 믿음은 승리와 연결되는 절대적인 덕목이다. 오기는 용장보다는 지장이, 지장보다는 덕장이 낫다는 점을 증명한 셈이다. 종기를 입으로 빨아 주니, 장군을 믿고 목숨까지 바치려는 생각을 아니 낼 수 있겠는가.

그런데 입으로 종기를 빨아 준다는 것은 웬만한 참음이 없이는 실천할 수 없다. 참을성이 더러움과 역겨움을 초월하여, 흔들리는 인간관계를 자석(磁石)에 쇳가루 달라붙듯 끌어당긴다. 모든 별이 북극성을 향하여 모여들듯이 믿음으로 장졸이 하나로 뭉치니 전쟁의 승산은 따져볼 필요가 없다.

지도자/지도력 요소와 조건에는 여러 가지가 있다. 믿음, 지혜, 용기, 헌신, 권위, 위엄, 감성 등의 덕목에다 전문성, 공평무사, 친화력, 기다림, 양보, 긍휼, 소통 등을 추가하고, 더 구체적으로 목표 설정, 조정, 청취, 대화, 자기관리, 위기관리, 감정 억제, 흥분 조절 등의 능력을 들기도 한다. 지도자 자질을 이루는 좋은 덕목은 다 열거해 보았다. 자질 조건이 이렇게 많은 것은 그만큼 지도자 되기가 어렵다는 말이다.

　개인이 지닌 능력을 발휘하고, 사회와 국가를 이끄는 지도력 요소는 이 외에도 무수히 많고, 상황마다 요구하는 능력도 천차만별(千差萬別)이다. 여기에 지도력의 덕성으로 참을성, 인내심을 추가해야 한다. 참을성은 지도자의 제일 덕성이라 할 수 있다. 왜냐하면 앞에서 열거한 지도자 덕성과 능력은 참을성과 융합할 때, 이들 자질이 완성되고 진가를 발휘할 수 있다고 보기 때문이다.

　세종대왕은 조선의 국가 기반이 어느 정도 튼튼해지자 내치에도 힘을 기울였다. 그래서 생활 언어와 문자 활용의 차이에서 오는 백성의 고통을 덜어주기 위해 훈민정음(訓民正音)을 창제하였다. 나라를 다스리는 데 백성의 고통을 그대로 바라만 볼 수가 없었다. 당시 훈민정음 창제에는 반대의 목소리도 만만하지 않았지만 자주, 애민, 실용이라는 지도력을 앞세워 세계 제일의 우수 문자를 창제하였다. 백성의 고통이 자신의 고통이 되어, 이 고통을 참아내는 힘이 가치창조로 이어져 위대한 유산을 탄생시켰다. 몇백 년 앞을 내다보고 디지털 시대에 가장 적합하고도 과학적인 최고의 실용 문자를 창제한 것이다.

　미국 초대 대통령 워싱턴은 영국의 식민지 치하에서 엄습하는 고통을 참아내며, 성실과 정직으로 독립전쟁을 승리로 이끌었다. 세 번 연임을 거절하는 참음으로 민주주의 전통을 확립했다. 링컨은 노예의 고통을 자신의 고통으로 여겨 참고 견디며, 노예해방을 선언하고 민주주의를 더욱 발전시켰다. 오바마는 자신이 유색인이라는 생각과 어려서 헤어진 아버지와의 거리가 늘 마음에 고민으로 파고들었다. 그러나 이러한 고민이 첫 흑인 대통령을 탄생시켰다. 모두 참아내는 힘이 대통령으로서 지도력을 높여서 역사적 존재가 되었다고 하겠다.

정치, 경제, 종교, 교육 등 모든 분야 지도자들은 참을성이 큰 분들이었다. 우리나라 광개토대왕, 정조, 중국 한 고조 유방, 몽골 칭기즈칸, 서양의 알렉산더, 시저, 옥타비아누스, 나폴레옹, 처칠 등 모두 자신에게 다가오는 고통을 참아내고 지도력을 키워서, 위대한 업적을 청사(靑史)에 남긴 분들이다.

참음은 지도력을 단련시키고, 이 지도력은 자신의 운명을 바꾼다. 나아가 더 큰 지도력은 창조적으로 세상을 움직인다. 참음이 세상의 운명까지도 바꾼다는 말이다. 역사는 여실히 이를 증명한다. 참음이 위대하면 지도력도 위대하다. 그래서 위대한 인물이 된다. 이것이 참음을 기르는 목적이요 그 결과이다.

참음은 선택 능력을 촉진한다.

사람은 태어나면서부터 자의건 타의건 선택의 연속 속에서 살아간다. 어떤 때에는 선택을 강요받기도 한다. 문구점에서 볼펜, 색연필을 고를 때도 고민하고, 심지어 밥을 먹을까 말까, 김밥, 라면 등도 선택의 대상이 된다. 사과, 배, 수박을 사면서도 더 좋은 것을 골라잡으려고 망설인다. 대학과 전공학과처럼 인생의 앞날을 좌우하는 선택도 많다. 세상살이에서 양자 중 택일(擇一)이지만 그 결과는 마찬가지인 악어의 눈물 같은 선택도 있다. 어쨌든, 각종 선거에서처럼 좋은 선택은 좋은 결과를 낳는다.

마이클 샌델은 자신의 저서에서 도덕적 딜레마가 선택의 문제와 어떻게 연관되는지를 생각해 보기 위해 다음과 같은 장면을 제시했다.[29] 아프가니스탄에서 미국과 탈레반의 전쟁은 매우 치열했다. 해군 특수 부대 소속 마커스 루트렐 하사와 수병 세 명이 비밀 정찰 임무를 수행 하는 도중, 농부 두 명이 약 100마리의 염소를 몰고 나타났다. 모두 무 장하지 않은 사람들로 열네 살 정도의 남자아이도 끼어있었다. 이들은 살려 그냥 지나가게 하면 미군의 위치가 탄로 날 위험에 처한다.

　　미군은 몇 가지 선택을 놓고 고민했는데, 밧줄이 없어서 이 염소 치기 들을 묶어놓고 다른 은신처를 찾을 수도 없었다. 유일한 선택은 이들을 죽이든가 풀어주든가, 둘 중의 하나였다.
　　한 사람은 염소 치기들을 죽여야 한다고 주장했다. "우리는 상관의 지시로 적의 전선 후방에서 임무를 수행 중입니다. 우리 목숨을 지키기 위해서라면 어떤 일도 할 수 있는 권리가 있습니다. 군의 결정은 자명합 니다. 저들을 놓아주는 것은 잘못입니다." 루트렐은 갈등했다.

죽일까 말까 하는 마음의 고민, 죽이면 그리스도 신자로서 양심 의 가책을 평생 안고 살아가야 하고, 죽이지 않으면 필연코 자신들이 죽을 수 있다. 그러나 선택은 죽이느냐 살리느냐 둘 중에서 단 하나, 단 한 번의 기회다. 결국, 루트렐 하사는 그들을 죽이지 않는 쪽을 택 했다. 무장하지 않은 사람을 죽이는 것은 크나큰 잘못이라고 판단했 기 때문이다. 그러나 결과는 너무나 참혹했다. 동료를 모두 잃고, 구 출하러 온 헬리콥터 한 대도 격추당하여 탑승했던 16명이 모두 죽었 다. 11킬로미터 떨어진 파슈툰 마을까지 기어서 피신했고, 그곳 사

---

29 마이클 샌델, 앞의 책, pp.41~42.

람들의 도움으로 혼자만 살아남았다.

　종교적 신념과 현실 사이의 갈등에서 어느 하나를 빨리 결정해야 할 때, 그는 얼마나 고통스러웠고, 정신적 압박감과 혼란을 겪었을까. 결국, 참음이 신앙 쪽 손을 들어주도록 하였다. 그러나 희생이 이렇게 클 줄은 전혀 생각하지 못했다. 선택이 운명과의 싸움에 개입한 결과를 신앙의 양심은 위로해 준다. 훗날 루트렐은 죽은 동료를 생각하여, "내 평생 가장 어리석고, 가장 남부인스러운 덜떨어진 결정이었다."라고 후회하고, 당시 사건을 책으로 남겼다.

　이처럼 선택이 단 하나, 단 한 번이라는 상황은 그 결과를 책임져야 하므로, 결정 내리기가 어렵고 인생의 희비(喜悲) 문제로까지 비화한다. 소크라테스가 제자들에게 사과밭을 지나는 동안 제일 크고 좋은 사과를 단 한 번의 선택으로 고르는 과정을 통하여, 인생이 무엇인지를 가르쳐 주고자 한 에피소드도 여기에 해당한다.[30]

　옛날 초등학교 3학년 시절, 구슬치기는 당시 재미있는 놀이의 하나였다. 모처럼 등굣길에 가게에서 구슬을 한 움큼 사서 아랫도리 봉창(호주머니)에 넣고 학교에 갔다. 교실 조회가 시작되자마자 담임 선생님께서 자기가 가지고 있는 구슬을 전부 교탁에 내놓으라고 하셨다. 솔직하게 다 내놓느냐, 아니면 없다고 버텨 보느냐 하는 선택의 고민, 아니 산더미가 짓누르는 고통에 빠졌다. 한 번도 따먹기/치기를 해보지 못한 구슬이라는 아까움, 안타까움에 심장은 고동쳤지만, 반장으로서 늘 아껴 주시는 담임 선생님을 속일 수는 없었다. 그리하여 순순히 몽땅 한 움큼의 구슬을 선생님 앞 교탁에 내놓았다.

---

30 윌리엄 베너드, 『위즈덤 스토리북』(유소영 옮김, 일빛, 2008) pp.85~86.

이때의 선택이 평생 정직하고 바르게 사는 마음가짐으로 굳어버렸다. 아깝다는 고통이 정직하게 살라고 하는 참음이란 심연에 녹아들어 선택을 빨리 내리게 한 것이다.

사람은 선택의 순간에 고민하기 마련이다. 더 좋은 선택이 남아있을 것이라 하는 **'여지의 미련'** 때문이다. 여지의 미련은 참음의 상황을 더욱 복잡하게 만든다. 그러나 정직과 정도에 벗어나는 미련은 금물이다. 성실하고 진정한 마음과 생활 태도 앞에서는 여지의 미련은 생겨나지도 않고, 생겼더라도 바로 없어진다.

살아가다가 막다른 골목에 부닥치면 이를 뛰어넘느냐, 지나온 길로 되돌아가느냐, 아니면 그 자리에 주저앉아 모든 것을 포기하느냐 하는 선택을 해야 한다. 이때 참을성의 지혜가 필요하다. 지혜로운 참을성, 현명한 인내심은 여유를 마련하고 선택의 능력을 신장한다. 여유의 공간이 생기고 선택 능력이 넓혀지면, 사유하는 존재로서 삶은 더욱 평안하고 윤택해진다. 그러므로 막다른 골목에서 참을성은 더욱 절실하고, 긴요하며, 무엇과도 바꿀 수 없다. 그런데 지혜가 충만한 참을성, 인내심으로 생활하면 아예 막다른 골목은 찾아오지도 않는다.

선택은 개인적인 경우도 꽤 되지만, 국가 사회적인 경우도 수월찮게 많다. 이러한 모든 선택에도 참음이 필요하다. 정치적, 경제적, 교육적 결정에 참음이 필요하다는 말이다. 국가 간 영토 및 외교 문제도 감정으로 치달으면 볼썽사나운 일이 벌어진다. 복지 정책의 폭과 선후 문제, 대학 입시와 사교육 경감 대책 등 나라 안에서도 참음으로 정책을 결정할 문제가 한둘이 아니다. 국가나 정부도 크나큰 참음이 필요하다는 말이다. 이러한 참음이 정확하게 선택하는 능력을 기르고, 커다란 민생민복(民生民福)으로 이어진다.

참음은 삶의 에너지를 충전한다.

속담에 '비 온 땅이 굳고 단단하다.'라고 하였다. '굳고 단단하다'라는 말에는 그만큼 에너지가 충만하다는 뜻을 내포한다. 반복하여 강조하는 말이지만, 높은 온도에서 달구고 망치로 수없이 두들겨 맞고 담금질한 칼이 단단하고 부러지지 않는다. 비, 고온, 망치, 담금질은 고통과 참음을 말한다. 참을수록 단단하고 굳세고 강인(强靭)해진다. 이는 에너지를 몸체에 충전하는 과정이다. 참음은 살아가는데 우리 심신을 굳세게 단련하여 에너지를 항상 가득히 채우고 유지하게 한다.

진시황제부터 봉선(封禪) 의식을 치른 태산 동악묘(東岳廟) 천황전(天皇殿), 공자묘 대성전(大成殿)에는 지금도 몇백 년 된 향나무가 즐비하고, 천년이 넘는 것도 의연히 자리를 지키고 있다. 우리나라 양주 용문사 은행나무도 수령이 이만저만이 아니다.

세계적으로 수령이 몇천 년이나 되는 나무가 많다. 나무의 나이는 대개 나이테를 보거나 방사성탄소연대 측정법으로 알 수 있다. 지금까지 알려진 최고령 나무는 칠레 남부 '알레르세 코스테로' 국립공원에 있는, 사이프러스의 일종인 '알레르세'(Alerce) 종으로 나이를 최고 5,484살로 추정하고 있다.

이밖에 미국 캘리포니아 화이트 마운틴에 있는 강털 소나무(bristlecone pine) 므두셀라(Methuselah)는 나이가 4,851살이고, 미국 네바다 휠러 피크에 있는 강털 소나무 프로메테우스

(Prometheus)는 4,844살이나 된다. 그란 아부엘로(Gran Abuelo)
는 칠레 알레르세 코스테로(Alerce Costero) 국립공원에 아직도 살
아있고, 무려 나이가 3,648살이나 된다. 이밖에 2,000살 이상 되는
나무는 수없이 많고, 그 생명력이 상상을 초월한다.[31]

　'어떻게 고령의 나무로 생명을 유지할 수 있을까'란 물음에 '참음'
과 연결하여 해답을 생각해 볼 수 있다. 이들 나무는 대개 찬 바람이
많이 불거나 강수량이 적은 메마른 고산 지대에 서식하는 경우가 많
다. 이런 혹독한 환경에 살아남으려면 뿌리를 땅속 깊이 뻗어 내려
수분과 양분을 적극적으로 빨아들여야 하고, 성장의 속도를 조절하
여 이들 소비를 최대한으로 억제해야 한다. 그리하여 이러한 고령 나
무에는 나이테 구분이 어렵다고 한다. 결국, 이들 나무의 장수 비결
은 가혹한 자연환경을 이겨낸 참음의 대가(代價)라고 말할 수 있다.

　군 복무 중에 해마다 유격 훈련을 받았다. 본격적으로 훈련에 들
어가기 전에 준비 운동인 PT 체조부터 고통을 순간순간을 잘 버티고
참아내야 한다. '아는 것이 힘이다.'란 말이 있듯이, '참는 것이 힘이
다.'라는 말도 틀리지 않는다. '고통을 참는다'에서 '참는다'도 크나큰
고통이다. 참고 견뎌내는[인내(忍耐)] 아픔과 고달픔이다. 그런데 이
준비 체조를 거뜬히 이겨내면 그다음 코스는 자신감이 앞선다. 고통
을 참음으로 견뎌 낸 효과이다. 유격 훈련을 마치면 두려움이 없어져
걷는 발걸음도 가볍다.

　등산에서 어려운 코스를 인내심으로 버티며 정상에 오르면, 산 아

---

31 미국 애리조나대학의 트리링연구소(Laboratory of Tree-Ring Research)에
　서는 세계에서 나이가 많은 나무 10선을 발표하였다. (『월간 산』, 조선일보,
　2019.8.21.)

래 펼쳐진 산야는 모두 인생의 자산이 된다. 세상만사가 자기 것이 된 양 성취감에 흠뻑 젖는다. 한발 한발 내어 딛고 오르는 여정이 힘들어도 이러한 감흥을 맛보려고 참는 것이다. 정상에 오르면 고통을 참아낸 결실의 달콤함이 심신을 감싼다. 인생은 산 정상을 향하여 올라가는 등산과 비유적으로 맞아떨어진다.

참아냄으로 사람은 소설가가 된다. 어찌 보면 우리는 모두 소설가이다. 인생이 소설적이기 때문이다. 어디 자기 인생이 소설적이지 않은 사람이 있으랴. 소설적이라는 함은 우여곡절(迂餘曲折)이 있다는 뜻이고, 고통을 해결하는 슬기가 우리에게 있다는 말이다. 고통은 인생을 윤택하게 하는 신비스러운 능력을 지녔다. 사람은 이러한 고통의 가치를 깨닫고 이용해야 한다. 깨닫고 이해하는 기제가 참음이고, 이 참음이 삶의 에너지이기 때문이다.

고통을 참아내서 대재벌의 회장이 되고, 유능한 정치가가 되어 큰 일을 한 사람이 한둘이 아니다. 예술, 학문, 과학 등 여러 분야에서 이러한 분들도 수없이 많다. 이들 모두 고통을 참아내어 삶의 에너지로 승화시킨 사람들이다. 고통은 사람을 못살게 구는 '**가학자**'가 아니라 삶의 '**구원자**'라고 하겠다.

참음은 인생 낭비가 아니라 행복을 위한 투자이다. 참아낸다는 것은 손해, 피해가 아니다. 참음은 모자람을 채우고 만족하기 위한 미덕이면서, 동시에 일생에서 그 무엇이 찾아오기를 고대하는 숭고한 기다림이다. 그 기다림이 삶의 에너지를 충전한다. 그래서 참음은 고통을 고통으로 되돌리지 않는다. 삶의 에너지를 충만하게 하고, 행운을 가져오는 운명의 신을 항상 우리 곁에 머물게 한다.

참음은 희망의 문을 열어준다.

　어릴 적 운동회에서 달리기 경주는 마음을 졸이게 하였다. 출발선에서 신호를 기다리는 순간에는 일등 하면 상품을 탈 수 있다고 생각할 여유가 전혀 없다. 심장이 쿵쿵 요동하는 소리만 들릴 뿐이다. 총성 신호가 떨어지자마자 온 힘을 다하여 앞으로 내닫는다. 결승선이 다가오면 누가 나를 앞지르랴 걱정하며, 머리를 앞으로 쭉 빼고 남은 힘을 다하여 달린다. 어찌 보면 달리기는 출발에서 결승선 통과까지 고통과 참음의 연속이다. 노트, 연필, 필통 정도지만, 그래도 상을 탄다는 자체는 커다란 영광이요 기쁨이었다. 숨을 헐떡이며 입의 쓴 내를 참으며 달리는 목적은 조그맣지만 이러한 상을 타기 위해서이다. 그 시절에는 그러했다.

　이처럼 생활에서 참는 목적과 이유는 희망이 있어서이다. 고통을 참고 견디면 '희망의 문'이 열린다. 희망의 문은 관념적이지만, 이보다 더 큰 문도 별로 없어 보인다. 그런데 사람들은 희망의 문을 너무 가볍고 소홀하게 여기는 것 같다. 참음을 소홀히 대하거나 아예 없어서이다. 그러나 '인지일자 중묘지문(忍之一字 衆妙之門)'이란 말처럼 참을 '인(忍)'자 하나가 세상의 어려운 일을 해결하는 문이다.

　우리가 살아가는데 문은 또 다른 공간으로 이동하는 통로이다. 지금 딛고 있는 공간에서 새로운 장소로 통과하는 경계이다. 사람은 문을 통하여 들어가고 나온다. 이것이 일상이며 늘 그렇게 살아가야 한다. 천당 문, 극락 문, 등용문, 불로문 등 희망적인 문도 있고, 연옥문(煉獄門), 지옥문 등 말하기조차 꺼리는 문도 있다. 그러나 이 세상에는 무지개 공간으로 연결되는 희망의 문이 더 많다.

문은 건물 형태, 기능, 구조에 따라 구분한다. 우리 민족은 문의 문화가 보편화되어 있다. 집의 공간은 문으로 구분된다. 정문(대문), 안채 문, 사랑채 문, 측간(뒷간) 문, 여기에 안방 문, 부엌문, 벽장문, 샛문, 다락문, 곳간(광) 문, 또 사립짝문, 싸리문, 댓가지 문 등 집의 구조, 재료에 따라 문에 이름이 붙는다.

한양 도성에는 동서남북 정방향으로 숭례문(崇禮門), 흥인지문(興仁之門), 돈의문(敦義門), 숙청문(肅淸門)/숙정문(肅靖門) 등 사대문(四大門)이 있다. 그 사이에 홍화문(弘化門)/혜화문(惠化門)[동소문(東小門)], 광희문(光熙門)[남소문(南小門)], 소덕문(昭德門)[서소문(西小門)], 창의문(彰義門)/자하문(紫霞門)[북소문(北小門)] 등 사소문(四小門)이 있었다.

조선조 5대 궁궐인 경복궁(景福宮), 창덕궁(昌德宮), 창경궁(昌慶宮), 덕수궁(德壽宮), 경희궁(慶熙宮)에도 문이 많다.[32]

경복궁에는 동서남북에 건춘문(建春門), 영추문(迎秋門)/연추문(延秋門), 광화문(光化門), 신무문(神武門)을 두었다. 신무문 옆으로 계무문(癸武門), 광무문(廣武門)도 있다. 흥례문(興禮門), 근정문(勤政門)을 지나 근정전으로 들어간다. 그 전에 용성문(用成門), 협생문(協生門), 유화문(維和門), 일화문(日華門), 월화문(月華門), 덕양문(德陽門)이 있다. 사정전 앞 사정문(思政門), 주위에 사현문(思賢門), 연태

---

32 『궁궐·유교건축』(이상해, 솔출판사, 2004), 『궁궐의 현판과 주련』(경복궁/창덕궁·창경궁/덕수궁·경희궁·종묘·칠궁)(문화재청 편, 수류산방, 2007) 내용을 참고하면 5대 궁궐문의 윤곽을 알 수 있다. 권역별로 순서 없이 포괄적으로 나열하였고, 그동안 많이 복원되어 출입이 있을 수 있다. 궁궐을 직접 방문, 확인하고 정리하였다.

문(延泰門), 안지문(安至門), 용부문(用敷門), 지도문(志道門), 내성문(乃成門)이 있다.

강녕전(康寧殿), 교태전(交泰殿), 함원전(含元殿) 중심으로 선장문(善長門), 대재문(大裁門), 이견문(利見門), 필관문(必觀門), 만시문(萬始門), 봉양문(鳳陽門), 장거문(長居門), 향오문(響五門), 양의문(兩儀門), 만통문(萬通門), 재성문(財成門), 함형문(咸亨門), 건순문(建順門), 원지문(元祉門), 연휘문(延暉門)이 있다.

동궁(東宮), 자경전(慈慶殿) 권역에는 구현문(求賢門), 이극문(貳極門), 중광문(重光門), 진화문(震化門), 이모문(貽謨門), 숭덕문(崇德門), 미성문(美成門), 길위문(吉爲門), 삼비문(三備門), 만세문(萬歲門)이 있다. 경회루(慶會樓) 주변에 자시문(資始門), 함홍문(含弘門), 필관문(必觀門), 만시문(萬始門)이 있다.

함화당(咸和堂)·집경당(集慶堂) 주위에 승광문(承光門), 계명문(啓明門), 향명문(響明門), 봉양문(鳳陽門), 응복문(應福門), 백상문(百祥門), 진덕문(眞德門), 영지문(迎祉門), 예성문(禮成門)이 있다. 건청궁(乾淸宮) 주변에는 함광문(含光門), 필성문(弼成門), 관명문(觀明門), 취규문(聚奎門), 창무문(彰武門), 경화문(瓊華門), 인유문(麟遊門), 초양문(初陽門), 청휘문(淸輝門), 무령문(武寧門), 무청문(武淸門)이 있다.

태원전 주변에는 건숙문(建肅門), 경안문(景安門), 홍경문(弘景門), 일중문(日中門), 건길문(建吉門), 대서문(戴瑞門), 보강문(保康門), 기원문(綺元門), 신거문(辰居門), 인수문(仁壽門), 유형문(維亨門), 광림문(廣臨門)이 있다. 이 외에도 복원되지 않은 크고 작은 문이 많이 있다.

창덕궁에는 정문과 인정전(仁政殿) 주변에 돈화문(敦化門), 그리고 진선문(進善門), 인정문(仁政門), 숙장문(肅章門), 광범문(光範門), 숭범문(崇範門), 단봉문(丹鳳門), 요금문(曜金門), 건무문(建武門), 금호문(金虎門)이 있다. 선정전, 대조전 주변에 선정문(宣政門), 영현문(迎賢門), 자시문(資始門), 망춘문(望春門), 동인문(同仁門), 선평문(宣平門), 요휘문(耀暉門), 경극문(慶極門), 여춘문(麗春門)이 있고, 각사 권역에 운한문(雲漢門), 연경문(衍慶門), 보춘문(報春門), 정숙문(正肅門), 영휘문(永輝門), 만수문(萬壽門), 만안문(萬安門), 만복문(萬福門), 의풍문(儀豊門), 이 외에 만월문(滿月門)이 있다.

창덕궁 후원 입구 소양문(少陽門), 어수문(魚水門), 영춘문(永春門), 금마문(金馬門), 불로문(不老門)이 있다. 후원 제2영역인 연경당(演慶堂) 주위에는 장락문(長樂門), 장양문(長陽門), 수인문(脩仁門), 우신문(佑申門), 통벽문(通碧門), 태일문(太一門), 정추문(正秋門), 태정문(兌正門), 소휴문(紹休門), 숙경문(肅敬門)이 있다.

창경궁에는 정문인 홍화문(弘化門)이 있고, 정전인 명정전(明政殿) 출입문인 명정문(明政門)과 문정문(文政門), 광덕문(光德門), 숭지문(崇智門), 광정문(光政門), 영청문(永淸門), 빈양문(賓陽門)이 있다. 통명전 권역에 함양문(涵養門), 그리고 월근문(月覲門), 선인문(宣仁門), 집춘문(集春門) 등이 있었다.

덕수궁[본래 경운궁(慶運宮)]에는 남쪽의 인화문(仁化門/仁和門), 동쪽에 대안문(大安門), 북쪽에 생양문(生陽門), 서쪽에 평성문(平成門)이 있었다. 궁의 정문은 원래 인화문이었는데 동쪽 대안문(大安門)을 대한문(大漢門)으로 바꾸어 정문으로 삼고, 도로 확장 때문에 안쪽으로 옮겨져 지금도 오롯이 서 있다. 정전 중화전의 정문은 중화문

(中和門)이고, 대한제국 황제의 침전(寢殿)인 함녕전(咸寧殿) 권역에 정문인 광명문(光明門), 이외에 창신문(彰信門), 유현문(惟賢門), 용덕문(龍德門), 석류문(錫類門)이 있다.

경희궁[본래 경덕궁(慶德宮)]에는 정문으로 흥화문(興化門), 이밖에 숭정문(崇政門), 자정문(資政門) 있고, 흥원문(興元門), 개양문(開陽門), 숭의문(崇義門), 무덕문(武德門), 태녕문(泰寧門)이 있었다.

그 많은 문의 이름이 서로 겹치지 않는 데 놀라지 않을 수 없다. 참을성이 많은 우리 민족이 문에 대하여 다른 민족과는 판연히 다른 생각과 자세를 견지했음을 발견할 수 있다. 우리나라에서의 문은 사람 자체이며, 그 문을 드나듦으로써 그러한 사람이 되었다. 그래서 문지방도 밟지 않고 드나들었다. 일상생활에서 이처럼 지혜가 돈독한 민족이 세계 어디에 있을까 싶다. 자랑스러운 민족이다.

영토 확장과 넓은 지역의 통치로 전쟁이 잦았던 로마 시대에는 다양한 형태의 개선문이 있었다. 승리를 자축하는 개선문의 통과는 로마의 번영 그 자체를 상징하였다. 프랑스 파리의 개선문, 독일 베를린의 브란덴부르크 개선문, 벨기에 브뤼셀의 개선문도 마찬가지 승리와 영광, 번영을 간직하고 국가의 이미지를 부각하는 문이다. 중국의 자금성 천안문(天安門)은 황제의 위용과 권위의 상징이다.

문의 명칭을 몸 장황하게 열거해 본 것은 공간을 구분하고, 구분한 공간을 연결하는 단순한 기능의 문이 아니라는 점을 생각해 보고자 해서이다. 문의 존재 이유는 그 문의 명칭에 다 들어 있다. 단순히 물리적 소통의 통로가 아니라, 그 문을 통과함으로써 현재의 영광을 빛내 주고, 다가오는 운명의 옷을 입혀주는 번영과 축복의 통과 공간이다.

종교적인 문은 한층 차원을 달리한다. 불교에서는 시각, 청각, 후각, 미감, 촉감 등을 다섯 가지 문으로 비유해서 말한다. 이 다섯 가지 문을 닫지 않고 활짝 열어 두면, 고통과 번뇌가 노상 출입하고, 나태와 욕심, 쾌락이 판친다고 하였다. 이러한 악마에 사로잡히면, 이 늪에서 도저히 빠져나올 수 없게 된다고 여러 경전에서 강조한다. 문은 이러한 악마가 통과하지 못하도록 막아주는 역할도 한다. 그러나 열반의 문, 깨달음의 문은 언제나 활짝 열려 있다.

성경에 나오는 문은 좁다고 하지만 너무나 넓고 숭고하다.

> 구하라, 그러면 너희에게 줄 것이요, 찾으라, 그러면 찾을 것이요, 문을 두드려라, 그러면 너희에게 열릴 것이니, 구하는 사람마다 얻을 것이요, 찾는 사람은 찾을 것이요, 두드리는 사람에게 열릴 것이다. (마태복음 7:7~8)
> '좁은 문'으로 들어가라. 멸망으로 인도하는 문은 크고, 그 길이 넓어 그리로 들어가는 자가 많고, 생명으로 인도하는 문은 좁고 길이 협소해서 찾는 이가 적구나. (마태복음 7:13~14)

문이 닫혀 있다면 스스로 열도록 힘써야 하고, 열어 달라고 두드려야 열린다. 두드리지 않는데 저절로 열리는 문은 없다. 문을 열려 있어야 구실을 제대로 한다. 열린 문은 무엇이든 가리지 않고 지나가게 한다. 여기에서 '좁은 문'은 신앙으로 참된 생명을 얻는 방법을 깨우쳐 주는 영혼의 문이다. 이러한 깨달음은 넓고 큰 문보다는 영원한 생명으로 인도하는 좁은 문에서 얻어진다. 진정한 영혼은 공간의 크기에 상관없이 지나갈 수 있다. 일반적으로는 좁은 문은 고난의 길을 걸어 노련함을 단련해야 사람의 진가가 드러난다는 의미로 쓰이기도 한다. 그래서 참음을 통하여 좁은 문은 더 큰 문으로 연결된다.

예수는 자신을 선한 목자에 비유하고 다음과 같이 말씀한다.

"나는 너희에게 진리를 말한다. 나는 양들의 문이다.… 나는 문이다. 나를 통해 들어가는 사람은 구원을 얻을 것이다. 그 사람은 들어가기도 하고 나가기도 하며, 또 좋은 목초를 발견하기도 한다." (요한복음 10:7~9)

자신을 문이라 하였다. 진리와 구원으로 통하는 문이다. '나는 선한 목자'로서 양의 생명을 풍성히 얻게 하려고 목숨까지 내놓는다고 하였다. 여기에서의 문도 그저 통과하는 경계의 물리적 문이 아니다. 영혼과 영생이 자유롭게 지나다니는 믿음의 문이고, 숭엄한 구원의 문이다.

'영생의 문', '마음의 문'을 열라는 말이 있다. 영생의 문은 의지와 목적이 있어야 열린다. 의지와 목적은 참음이라는 공간에서 살아 움직인다. 참음이 무한한 힘이요 원동력이기 때문이다. 성경 말씀처럼 구하려고 해야 구할 것이고, 두드려야 열릴 것이다. 그래야 '영생의 문', '마음의 문'이 활짝 열린다. 그러므로 이러한 사람이 되도록 참고, 참아내며 노력해야 한다.

문은 두 세계를 연결하는 경계이다. 참음은 고통과 희망의 경계를 넘어서는 힘을 제공한다. 공간을 구분하는 닫힌 문이 아니라 열려 있어야만 진정한 문이다. 문은 열려 있어야 제구실을 한다. 참음은 희망의 문을 여는 열쇠다. 참음은 언제나 문을 활짝 열어 놓는다. 그래서 항상 사람의 운명과 함께 드나들고 선순환으로 움직인다.

참음은 고귀한 선물을 제공한다.

고통을 참는 순간은 마음과 몸이 용광로의 열기처럼 치열하게 들끓고 달아오른다. 용광로 열기에서 무쇠[선철(銑鐵)]가 쏟아지듯이 참음의 열기도 귀중한 선물을 건네준다. 빛깔 좋은 맛있는 과일도 비바람을 견디고, 따가운 햇빛을 받아야 탐스럽게 익어간다.

일연(一然)의 『삼국유사(三國遺事)』에는 단군신화가 나온다. 다 아는 내용이지만, 참음의 뜻을 반추해 보기 위해서 인용해 본다.

그때 한 마리 곰과 호랑이가 같은 굴에 살며 항상 신웅(환웅)에게 사람으로 변하기를 빌었다. 신웅이 신령스러운 쑥 한 묶음과 마늘 20개를 주면서, 이것을 먹고 백일 동안 햇빛을 보지 않으면 사람이 된다고 말했다. 곰과 범이 이것을 받아먹고 조심하여 21일 만에 곰은 여자의 몸으로 변하고, 범은 참지 못하여 사람이 되지 못했다. [고조선(古朝鮮)]

먹기 거북한 쑥과 마늘을 먹고 캄캄한 동굴의 어둠 속에서 견딘다는 것은 더할 나위 없는 고통이다. 쑥, 마늘, 어둠은 고통을 나타내는 원형적 상징(原型的 象徵, archetypal symbol)이다. 고통을 스스로 굳건하게 견디고 극복하니까 사람으로 변한 것이다. 하늘은 고귀한 선물을 거저 만들어 주지 않는다. 고통을 참아내며 노력해야 고통으로만 머물지 않도록 돕는다. 언제나 그만한 대가(代價)의 선물을 건네준다.

단군신화는 우리가 참을성이 많은 민족이라고 말해 준다. 그런데 우리 민족은 참을성이 강한 미련한 곰이 아니라, 참을 줄 아는 슬기로운 곰이다. 어찌 보면, 곰은 지혜롭게 참아서 사람이 되고, 호랑이는 얄팍한 마음 때문에 소원을 이루지 못했다고 하겠다. 우리는 '현명한 참음'과 '어리석은 참음'을 구별할 줄 아는 지혜로운 민족이다.

『삼국유사』에는 효도에 얽힌 다음과 같은 이야기도 실려있다.

> 손순(孫順)은 모량리 사람으로 처와 더불어 남의 집에 품을 팔아 홀어머니를 모셨다. 어린 아들이 있어, 늙은 어머니의 음식을 빼앗아 먹어 민망했다. 그리하여 '아이는 다시 얻을 수 있으나, 어머니는 다시 얻을 수 없으니 아이를 묻어 어머니를 배부르게 하는 것이 좋겠다.'라고 아내와 의논했다. 아이를 업고 취산 북쪽으로 가서 땅을 파다가 기이한 석종(石鐘)을 얻었다. 나무에 걸고 두드려 보니 소리가 은은하고 아름다웠다. 그리하여 아이의 복이라고 하여 아이를 도로 업고 집으로 돌아왔다.
>
> 종을 대들보에 메고 두드리니 소리가 대궐까지 들렸다. 흥덕왕이 그 소리를 듣고 청원(淸遠)함이 그지없으니 속히 조사해 보라고 명하였다. 사실을 조사하여 보고하니, "옛날 곽거(郭巨)가 아들을 파묻을 때 하늘이 황금 솥을 내렸는데, 땅은 석종을 내렸으니 두 효도는 천지에 같은 귀감(龜鑑)이 된다."라고 하고, 집 한 채를 주고, 해마다 메벼 오십 석을 주어 지극한 효성을 숭상하게 하였다. [손순매아(孫順埋兒)]

옛날에는 효도가 가정의 기본 윤리로 국가에서도 이를 장려하고 표창했다. 효도하는 방법에는 여러 가지가 있다고 해도, 효도와 자식을 맞바꾸는 참담한 심정, 참을성을 무엇과 비교할 수 있겠는가. 곽거나 손순 모두 하늘과 땅이 감동해서 자식도 살리고, 황금 솥과 석종도 얻어 지독한 가난을 면하고 이름도 세상에 알렸다.

구약 창세기에도 이와 비슷한 이야기가 나온다. 하느님의 계시에 따라 아브라함이 장작과 칼, 불을 가지고 모리아 산에 올라 100살 늘그막에 얻은 외아들 이삭을 하느님에게 바치고자 했다. 경외하는 마음을 확인하자, 하느님은 천사를 시켜 번제물(燔祭物)로 숫양 한 마리를 보낸다. 그리고 '하늘의 별처럼, 바닷가의 모래처럼 후손이 번성'할 것이라는 축복을 내렸다.

'정성이 지극하면 하늘이 감동한다[지성감천(至誠感天)].'라는 말이 실감으로 다가온다. 하늘은 믿음과 도리가 강건한 사람을 마냥 저버리지 않는다. 믿음과 도리를 사랑하는 자식과 맞바꿀 수 있는, 지난한 고통을 이겨내는 참음에 하늘도 감동하여 도와주었다. 그래서 부모와 자식 모두 운명을 순경(順境)으로 새롭게 열었다.

참음에는 반드시 기대하는 목적이 있다. 갓난아이는 그냥 울지 않는다. 젖이나 먹을 것을 달라고, 기저귀를 갈라달라고, 일으켜 세워달라고 운다. 청소년과 어른의 울음도 마찬가지다. 그 소리가 더 크고 애절하다. 울음에는 견디고 참는 힘과 그에 따른 기대치가 섞여 있다. 참아내면 반드시 선물이 따라온다. 그것도 하찮은 것이 아니라, 고귀한 선물이다. 여기에서 선물은 제한이 없다. 유형/무형이건, 정신적/물질적이건, 심적/육체적이건 모두가 선물이다.

앞에서 '참음을 기르는 방법', 곧 '참음으로 인생을 바꾸는 방법' 몇 가지를 생각해 보았다. 실은, 우리 자신의 운명을 정확하게 알기는 어렵다. 영험한 점쟁이나 신통력을 지닌 사람도 마찬가지라고 본다. 그런데도 앞서 살다간 선현들은 운명을 개척하여 바꾼 많은 일화를 남겼다. 이들 일화의 공통점은 참고 견디는 의지가 어떤 목적성과 합치되어야 한다는 사실이다. 따라서 위에 예거한 인생을 가꾸는 방법이 곧 참음을 기르는 기법이 된다고 하겠다.

참음은 돈을 주고 사는 거래 물이 아니다. 오로지 자신이 결심하고 내달리고 유지하는 자신의 소유물이다. 그래서 참음은 자신이 기르고 움직일 수 있다. 그런데 우리는 이러한 중요한 사실을 간과하거나 잊고 산다. 지금이라도 이점을 빨리 깨닫고 운명을 자기 손아귀에 꽉 잡아 쥐어야 한다. 손아귀에 잡힌 운명은 주인을 배반하지 않고, 주인이 원하고 조정하는 대로 앞으로 나아갈 뿐이다. 참음은 운명을 손아귀에 쥐고 움직이고 가꾸게 한다.

3.
참음은
진정한 사람 되기다

사람이면 다 사람이 아니다. 사람다워야 사람이다. 그런데 '사람답다'라는 말을 규정하는 데는 그리 간단하지 않다. 더욱이 '진정한 사람 되기'는 더욱 다가서기가 어렵다. 사람의 존재란 원래 오묘하고 신비해서이다. 그래서 '사람 됨됨이'를 지금까지 그렇게 논했어도 만족스럽지 못하다. 참음은 사람 됨됨이가 무엇인지 알려주고 진정한 사람이 되도록 돕는다. 진정한 사람 되기는 참음을 기르는 중요한 방도이다.

참음은 기다림의 미학이다(시간).

인간은 틈틈이 시계를 들여다보고, 하루라도 달력을 쳐다보지 않는 날이 없다. 시간을 정하여 시간 내에 만나고, 시간에 따라 공부도 하고 근무도 한다. 버스나 지하철도 시간에 맞게 운행한다. 시간에 맞춰 움직이지 않으면, 사회가 제대로 돌아가지 않는다. 그리고 보면 사람은 '**시간적 존재**'로 시간에 얽매인 것이 인간이다.

그래서 통속의 철학자 디오게네스는 "시간은 인간이 소비할 수 있는 것 가운데 가장 귀중한 것이다."라고 하였다. 근대에 와서 "시간은 돈(금)이다."라는 말이 생겨났다. 인간에게서 진정 시간처럼 중요한 것이 어디 있겠는가. 그러나 정해진 시간에 따라 정상적으로 움직여야 한다. 살아가는 관계를 급격히 단축하거나 늘리면 폭발하거나 소멸한다. 인간의 존재가 사라진다고나 할까. 따라서 시간이 소중한 만큼 그만한 당위(當爲)도 따른다.

또한 '시간이 약'이란 말이 있다. 일정 시간이 지나면 어려운 일도 해결되고, 상처받은 마음도 안정된다는 말이다. 어쩌면 시간은 만병통치약인지도 모른다. 그래서 많은 성현과 선지자들은 이점을 강조했다. 그러나 시간은 잘 활용할 때만이 귀중해지고 약이 된다. 기다림도 시간을 잘 쓰는 방법에 들어간다. 그런데 참음은 기다림이다. 참음은 잘 기다려야 미학(美學)이 된다. '참음의 미학', '기다림의 미학'이다.

자연의 순리를 저버리고 기다리지 못해 일을 망쳐버리는 사례를 맹자는 들고 있다. 앞에서 일부 언급했지만, 공손축장구(公孫丑章句) 상(上)에 '알묘조장(揠苗助長)' 관련 이야기가 나온다. 맹자는 '호연지기(浩然之氣)란 무엇인가'라는 물음에 '의로운 일이 있다면, 그것을 그만두어 버리지 말고, 마음을 망령되이 갖지 말고, 무리하게 잘되게 하려고 하지 말라.'라고 설명하면서, 송나라 사람이 한 것같이 하는 일이 없도록 조심하라고 당부한다. 실감으로 다가오도록 일부를 인용해 본다.

"송나라 사람 중에 곡식의 싹이 자라나지 않는 것을 안타깝게 여겨 싹을 뽑아 올린 사람이 있었다네. 그 사람은 피곤해하면서 돌아와 집안 사람들에게 '오늘 나는 싹이 자라나는 것을 도와주느라 지쳤다.'라고 말하여, 그 사람 아들이 뛰어가 보았더니, 싹은 말라 있었다네. 천하에 싹이 자라는 것을 도와주지 않는 사람은 적네. 무익하다고 버려두는 사람은 김 매어 주지 않는 것이고, 무리하게 자라게 도우려는 사람은 싹을 뽑아 올리는 것이니, 무익할 뿐만 아니라 도리어 해치는 것일세."

호연지기를 기르는 법도 참고 견디며 순리에 맞게 제대로 길러야 한다는 뜻을 비유적으로 전달한 말이다. 이러한 원리는 사람이 살아가는데 닥쳐오는 모든 상황에 그대로 적용된다. 만사는 무엇을 이루려면 절대시간이 필요하다. 이 절대시간을 기다린다는 것은 쉽지 않다. 그러나 참으면 기다릴 줄 알게 된다. 이것이 자연의 순리에 따르는 기본이다. 그런데 농부는 절대시간을 기다리지 못하고 조급함에 싹을 뽑아 일을 망쳐버렸다.

황금알을 낳는 닭이 있어, 어리석은 사람이 한꺼번에 황금알을 얻으려고 닭을 죽였다는 〈황금알을 낳는 닭〉 이솝우화가 소개된 개화기 이후에, 우리나라에서도 이와 비슷한 이야기가 닭이 거위로 대치되기도 하면서 전국적으로 퍼져나갔다. 불경에 나오는 나무를 베어 열매를 따는 비유도 같은 뜻의 이야기다.

옛날 어떤 국왕에게 좋은 나무 한 그루가 있었다. 그것은 높고 넓고 아주 크며, 장차 훌륭한 열매를 맺어 향기롭고 맛있을 것 같았다. 그때 어떤 사람이 왕에게 갔다. 왕은 그에게 말하였다. "이 나무는 장차 맛있는 열매를 맺을 것이다. 너는 그것을 먹지 않겠는가." 그는 왕에게 이렇게 대답했다. "이 나무는 높고 넓어 아무리 먹고 싶어도 얻을 도리가 없는 군요." 그래서 그는 나무를 베어 그 열매를 얻으려고 하였다. 그러나 아무것도 얻은 것이 없이 한갓 수고만 하였다. 다시 나무를 세우려 하였으나 이미 말라 죽어버렸으므로 살아날 이치가 없었다. [『백유경(百喩經)』 제2권 33]

나무가 높고 넓어 과일을 따기 어려우면 딸 수 있는 적당한 다른 방도를 찾아보아야 하는데, 참지 못하고 나무를 조급하게 베어 넘어 뜨렸으니, 맛 좋은 과일을 계속해서 얻을 기회를 놓쳤다. 조급하여 한꺼번에 얻으려는 욕심이 참을성을 멀리 내쫓아 일을 망친 것이다. 참을성은 '지속 가능성'을 지향하고 미래를 위한 확실한 보험이다. 참을성은 일이 되어감과 순리를 가르쳐 준다.

당나라 문장가 유종원(柳宗元)은 〈종수곽탁타전(種樹郭橐駝傳)〉에서 곽탁타의 나무 기르는 법을 기다림의 미학으로 역설한다. 다른 사람이 나무 기르는 법을 그에게 묻자 다음과 같이 대답했다.

"나 탁타가 나무를 오래 살게 하고, 잘 자라게 할 수 있는 것이 아닙니다. 나무의 천성을 잘 따르고, 그 본성을 다하게 하기 때문이죠. 모든 나무의 본성은, 그 뿌리는 뻗어나가기를 바라고, 그 북돋음은 고르기를 바라며, 그 흙은 본래의 것이기를 바라고, 그 다짐에는 빈틈이 없기를 바랍니다.

이미 그렇게 하고 나면 건드려도 안 되며, 걱정해서도 안 되고, 떠나가서 다시 돌아보지 않아야 합니다. 처음에 심을 때는 자식을 돌보듯 하지만, 심고 나서는 내버린 듯이 합니다. 그래서 그 천성이 온전해지고, 그 본성이 얻어지게 됩니다. 그러므로 나는 나무의 자람을 방해하지 않을 따름이지, 나무를 크고 무성하게 할 수 있는 것이 아닙니다. 나무의 열매 맺음을 억누르지 않을 뿐이지, 열매를 일찍 많이 열리게 할 수 있는 것이 아닙니다.…"

나무를 잘 자라게 하는 방법은 남 이야기처럼 저 멀리 있는 것이 아니다. 나무의 천성을 온전히 하고, 자라는 성질을 얻게 하여 해치지 않으면 된다. 순서와 순리에 맞게 버린 듯하면서도 정성을 쏟아야 함을 강조하고 있다. 실은, 이렇게 나무를 대하는 태도도 그리 쉽지는 않다.

일은 한 단계가 끝나야 다음 단계로 옮겨진다. 벽돌 쌓기와 같은 이치다. 벽돌도 단번에 몇 층을 쌓으면 무너지고 만다. 굳기를 기다렸다가 다음 벽돌을 위로 올려야 한다. 아래 벽돌이 위 벽돌을 지탱하고 떠받들어야 한다. 깨지거나 무른 벽돌을 중간에 껴 넣으면 안 된다. 참음을 북돋는 방법도 같은 원리다. 무작정 정처 없이 참는 것이 아니라, 적당한 시간을 기다리며 참아야 한다. 그래야 시간이 약이 된다.

마음이 조급하면 일을 망가트리고 참음을 해친다. 성격이 급살 같으면 좋은 일보다는 낭패(狼狽) 보는 일이 더 많다. 느긋하게 좌우를 돌아봐야 한다. 낚시를 일삼아 때를 기다린 강태공은 이러한 천리(天理)를 알아 명재상이 되지 않았는가. 만사는 시간이 약이요, 기다림의 미학이다. 참음은 의연히 기다릴 줄 알게 한다. 기다릴 수 있다는 마음가짐은 무엇이든지 할 수 있다는 증거이다.

세상에 일반화된 대기만성(大器晚成)의 본래 의미를 참음과 연결하면 새로운 의미가 다가온다. 노자는 옛말을 인용하여 다음과 같이 언명한다.

아주 큰 사각형은 귀가 없어 보이고[대방무우(大方無隅)], 큰 그릇은 더디게 완성된다[대기만성(大器晚成)]. 아주 큰 소리는 들리지 않으며[대음희성(大音希聲)], 아주 큰 형상은 형체가 없는 듯이 보인다[대상무형(大象無形)]. [『노자』 41장 동이(同異)]

원래 '대기만성'은 노자가 도(道)를 설명하면서 한 말이다. '만(晚)'은 면(免), 만(慢), 심지어 무(無) 등 여러 가지 뜻으로 해석한다. 그리하여 '만성(晚成)'이란 '본래 아직 이루어지지 않았다'라는 말로, '거의 이루어질 수 없다'라는 부정의 뜻이 강하다. 그런데 후일 이 말이 '큰 그릇' 이미지와 밀접하게 관계하여 '늦게 만들어진다'라는 뜻으로 쓰이게 되었다. 어쨌든, 큰 그릇은 시간과 품이 들어 늦게 만들어지고, 도량이 큰 사람은 더디게 인격이 완성된다는 말은 틀리지 않는다. 뜻을 확대하면, 큰 사람이 되기 위해서는 보통과는 다른 노력과 참아내는 힘과 시간이 더 필요하다는 말이다.

그런데 시간 문제는 또 다른 차원의 접근이 있다. '마시멜로 실험' 결과처럼 참을 줄 아는 사람이 성공률이 높다. 반면에 〈우성(偶成)〉이란 시에서처럼 '소년은 쉬 늙고 학문 이루기가 어려우니, 아주 짧은 시간이라도 가볍게 여기면 안 된다.'라는 시간 개념과는 별개의 문제로 생각해야 한다. 여기에 '관념적 시간'은 더 오묘하다.

무작정 참는다고 참는 것이 아니다. 참음을 기르고 훈련하는데도 절대시간이 필요하다. 참음에도 미학적 기법을 요구한다. 한 술에 배부르고, 한 모금에 갈증이 가시지 않는다. 한 마리 새끼 새도 날갯짓을 몇 차례 해야 드높은 창공을 날아오를 수 없다. 티끌이 모이는 시간이 충분해야만 태산을 이룬다. 물도 험난한 여정을 겪어야 다시 바다에 도달한다. 고통을 이기는 법, 참음을 연마하는 기술도 이에서 벗어나지 않는다. 참음은 미학적 기다림이다. 참고 기다릴 줄 아는 사람이 진정한 사람이다.

참음은 터전 넓히기다(공간).

사람이 살아가는 데 반드시 따라다니는 두 가지는 '시간'과 '공간'이다. 시간은 흐름의 문제요, 공간은 이동의 문제다. 사람은 이 두 가지와 불가분의 관계에 놓인 존재다. 이 두 가지를 잘 조화시키면 살아가는 데 큰 문제가 발생하지 않는다.

어릴 적에 읍에 장 보러 가시는 부모님을 따라가려고 생떼를 부리며 울었다. 어느 장날 십 리가 넘는 길을 손을 잡고 따라나섰다. 좁은 보폭을 빨리하느라 다리가 아프기도 했지만, 천하를 얻은 양 너무나 신이 났다. 사람들은 갖가지 옷차림에 지고, 이고, 들고 한 모습이 각양각색이다. 읍에 도착하기 전 신작로 가에는 짚으로 엮은 계란줄, 창호지로 주둥이를 막은 기름병, 되박이나 말에 담긴 쌀, 포대기 위에 작은 무더기로 콩, 팥 등 곡식을 늘어놓고 파는 사람도 꽤 있었다. 장마당에서 사람도 많이 보고, 그런데 눈에는 먹을거리만 들어 왔다. 흰옷을 물들여 입고 아주 잘 살지 못했던 시절, 동구 밖을 처음 나가 보는 신비 체험을 한 것이다. 마음도 야릇하고 가슴도 두근거렸다.

점점 높은 산에 올라 탁 트인 산하의 풍경을 보고 감개무량할 기회도 많아졌다. 이젠 세상을 내려다볼 줄도 알았다. 올려다보는 공간보다 내려다보는 공간은 하늘을 더 넓고 높게 하였다. 조금 더 자라

중학교 운동장에서 제식 훈련을 하면서, 새로운 공간에 서 있다는 야릇한 감정을 억제하느라 혼났다. 칙칙폭폭 하며 증기를 뿜어대는 기차를 타고 하는 수학여행은 성장통(成長痛)의 고민을 일부 해소해 주었다. 소년 시절 바다에 대한 동경으로 꽉 차 있다가, 드넓고 짙푸른 바다를 처음 보았을 때, 저 수평선 너머 미지의 세계로 동경의 마음을 한껏 보냈다. 어느 순간에 친구와 고무공 차고 구슬치기하던 그 넓어 보이던 초등학교 운동장이 좁아 보였다. 야욕의 지도자가 땅을 넓히려고 전쟁을 하는 이유가 여기에 있다는 것을 깨달았다.

그런데 공간은 모든 면에서 시간과는 차원이 다르다. 시간은 가만히 서 있어도 흐르는데, 공간은 그렇지 않다. 시간은 한곳에 멈추려 해도 멈춰 묶어놓을 수 없는데, 공간은 사람의 의지에 맞춰 변화가 무쌍하다. 그러므로 공간은 사람마다 다가오는 느낌이 다르고, 작아 보이기도 넓어 보이기도 한다. 살아가는 영역으로 끌어들이는 방법도 사람마다 다르다. 그래서 다양한 공간의 변화를 참는 문제와 연결할 수 있다.

박지원의 『열하일기(熱河日記)』〈도강록(渡江錄)〉에는 빼어난 문필가로서 다음과 같이 강을 건너는 장면을 실감 나게 묘사하고 있다.

(6일) 임오(壬午). 개다. 시냇물이 약간 줄었으므로 길을 떠나다. 나는 정사(正使)의 가마에 함께 타고 건너다. 하인 30여 명이 알몸으로 가마를 메고 가다가, 강 한가운데쯤 물살이 센 곳에 이르러 별안간 왼쪽으로 기울어 하마터면 떨어질 뻔하니, 사세가 실로 위급하기 짝이 없다. 정사와 서로 부둥켜안아서 겨우 물로 떨어져 빠짐을 면했다.

저쪽 강 언덕에 올라서 물 건너는 자들을 바라보니, 혹은 사람 목을 타고 건너고, 혹은 좌우에서 서로 부축하여 건너기도 하며, 더러는 나무로 떼를 엮어서 타고 네 사람이 어깨로 메고 건너기도 한다. 말 타고 떠서 건너는 이는 모두 허리를 쳐들어서 하늘만 바라보고, 혹은 두 눈을 꼭 감기도 하고, 혹은 억지 표정으로 웃기도 한다. 하인들은 모두 안장을 끌러서 어깨에 메고 오는 것이 젖을 염려를 하는 모양이다. 이미 건너왔다 다시 건너가려는 이도 무엇을 어깨에 지고 물에 들어서, 이상하게 여겨 물은즉 '빈손으로 물에 들면 몸이 가벼워 떠내려가기 쉬우나 반드시 무거운 것으로 어깨를 눌러야 한다.'라고 한다. 몇 번 왔다 갔다 한 사람은 벌벌 떨지 않는 이가 없다. 산속 물이 몹시 차기 때문이다.

비가 많이 온 후, 날이 개어 강물이 많이 줄었다고는 하나, 워낙 물이 차고 빠르게 흐르고 물살도 꽤 세어, 강을 건너는데 두려움이 이만저만이 아닌 모양이다. 그래서 두려움을 없애기 위해 강물을 건너는 모습도 가지가지다. 혼자 맨몸으로 건너는 사람은 하나도 없다.

여기에서 강을 건너는 장면을 공간 이동의 장소로, 이쪽 언덕에서 저쪽 언덕으로 건너가는 모습을 인생살이에 비유할 수 있다. 몹시 차고 빠르고 세찬 강물을 삶의 장애물이나 어려움 즉, 고통으로 간주해 보면 다른 의미를 찾을 수 있다. 살아가는 세상살이에는 고통이 생겨나게 마련이고, 고통을 해소하는 방법은 혼자가 아니고, 사람과 사람, 사람과 사물, 사람과 자연이 서로 도와야만 한다는 사실이다.

공간 속의 사람은 저 멀리 하늘을 보아야 할 때도, 눈을 감아야 할 적도, 억지로 웃어야 할 때도 있다. 사람 속에서 부딪치고 여러 소리를 내며 살아야 한다. 고통을 헤어나는 참음의 방법도 여러 가지가 있다는 말이다. 박지원은 〈도강록〉에서 이 모든 것을 묶어 한마당에서 묘사하고 설명했다.

사람이 살아가는 장소, 공간은 다양하다. 고향과 타향, 도시 또는 농촌, 육지와 바다, 하늘과 우주, 여기에 공부하고 노는 장소도 있다. 만나고 헤어지는, 싸우고 화해하는, 식사나 커피 마시는, 심지어 잠자고, 머물고 움직이는 일상적 장소도 있다. 나만의 호젓한 방, 기도나 고해성사하는 곳, 영혼이 머무는 곳 등 물리적·심리적 공간은 무수하다. 그런데 이러한 삶의 공간을 단순하게 생각하는 사람이 대부분이다.

참음은 삶의 영역 넓히기다. 사람은 성장하면서 나-가족-사회-국가-세계로 더 넓게 존재의 공간을 넓혀 간다. 사람은 **'공간적 존재'**이기 때문이다. 살아가는 공간이 넓어질수록 생각도 넓어지고, 이 넓어진 생각 속에 모든 어려움이 함께 녹아든다. 바다가 모든 물을 포용하는 형세와 같다고나 할까?

참음은 멀리 바라보기다. 멀리 바라보아야 원대하게 생각한다. 공자는 '사람은 멀리 생각지 않으면 반드시 가까이 근심이 생긴다[『논어』 위령공(衛靈公) 11].'라고 하였다. 곁에 있는 사리사욕만 추구하면 오히려 자기를 해치는 우환이 찾아온다는 말이다. 나라, 세계를 바라보고, **'우주적 존재'**라는 생각으로 공간을 마냥 넓혀야 인간으로서 가치 있는 삶을 영위할 수 있다.

참음은 더 넓은 세계로의 여행이다. 여행은 참음을 다지는 보물이다. 플라톤은 스승이 죽은 다음에 크게 낙망하여 아테네를 떠나 세상을 전전했다. 이집트, 시칠리아, 이탈리아, 심지어 인도까지 견문을 넓혔다고 한다. 이러한 여행에서 여러 사상과 종파를 접함으로써 그의 철학 사상의 기본을 이루고, 생각 체계의 밑바탕을 넓혔다고 볼 수 있다. 위대한 예술가, 철학자, 문학자는 물론 정치가도 대부분 여행을 즐겨 다양한 세상사와 문물, 사상을 접한 인물이다. 톨스토이는 마지막 여행에서 건강이 악화하여 기차역에서 세상을 떠났다.

사마천의 『사기』〈태사공자서〉에는 그가 스무 살 때부터 천하를 두루 여행한 여정을 밝히고 있다. 장안에서 낙양으로, 다시 남쪽으로 회수와 양자 강 등 많은 강과 물을 건너고, 공자의 고향 곡부(曲阜)와 태산도 올라아가 보았다. 그리고 여러 현(縣)을 거쳐 양(梁)과 초(楚)를 둘러보았다. 그의 천하 유람은 인물과 사건, 풍속과 지리를 세세하고 정확하게, 유려한 문체로 기록하는 소양이 되었다.

사람은 본능적으로 삶의 공간을 무한히 넓히고, 미지의 세계를 갈망한다. 그 옛날부터 깊은 바닷속을 탐방하고 어린 왕자처럼 우주로 시선을 돌렸다. 당시에는 허황하게 보이는 이러한 갈망이 지금은 어느 정도 실현된 분야가 많다. 한국-지구-우주 속의 '나'는 그 위치에 따라 존재 의미가 다르다. 넓은 공간은 넓은 생각을 유발하고 존재의 값을 넓힌다.

공간 확장은 칼끝처럼 다가오는 고통을 억제하고 진정한 '참음의 공간'이 되게 넓혀준다. 참음의 공간은 한 군데 머무는 공간이 아니라 살아 움직이는 공간이다. 고전 소설에 많이 등장하는 하늘로의 비상(飛翔)과 축지법도 공간 이동의 열망을 구체화한 표현이다. 청운의 꿈, 원대한 포부란 말도 공간과 관계한다. 어항 속의 물고기는 그 공간보다 더 크지 않는다고 한다.

고통을 해결하는 수단 즉, 참을성은 기르는 좋은 방법의 하나가 원대한 공간으로의 이동, 우주적 존재가 되는 것임을 명심할 필요가 있다. 이제부터는 마음과 생각만으로도 저 넓은 공간으로 여행을 떠나보는 것도 좋다. 아무도 붙잡지 않는다. 그래서 세상이 더 넓다. 참음이 자연적으로 길러져서이다. 저 드넓은 지평선, 높푸르고 공활(空豁)한 하늘, 그리고 우주 공간을 바라보고 이 모두를 자기 마음에 담는다고 누구도 뭐라고 하지 않는다. 시야가 넓어진 만큼 마음도 넓어지고 참음도 무한히 커진다.

참음은 다양한 관계 설정이다(작용).

사람은 태어나면서부터 어버이와 형제, 친척과 이웃 등과 관계를 이룬다. 유아원과 어린이집에서 서로의 눈빛을 느끼고, 유치원과 학교에서 벗, 학우를 만나 표정을 나누고, 직장과 단체에서 뭇 사람과 다양한 감정으로 관계를 이루며 살아간다. 개인/집단 관계, 공적/사적 관계, 크게는 사회/국가 간 관계의 일원으로 참여하고 만나지 않으면 안 된다. 성공과 실패도 인간관계에서 나온 말이고, 사회적 동물, 나비효과란 용어도, '백지장도 맞들면 낫다.'라는 속담도 관계 속에서 더욱 그 의미가 선명해진다.

이것이 있으므로 저것이 있고, 이것이 생기므로 저것이 생긴다. 내가 있으므로 네가 있고 우리가 있다. 반대로 우리가 있으니 네가 있고 내가 있다. 어느 말이 더 타당한가를 따져보는 것은 시간 낭비다. 포용하는 관계 역학에서는 옳다고 생각하면 모두 옳게 보인다. 갈등이 개입할 틈이 생기지 않는다.

관계는 사람들과 사람들 관계만 있는 것은 아니다. 인간과 자연과의 관계, 자연과 자연과의 관계도 있다. 원자나 분자도 관계 속에 존재하고, 양자 물리학도 관계를 살피는 존재의 학문 분야다. 사람은 독립된 존재가 아니다. 관계 속에서 존재하지 않으면, 앉고 서 있을 가치가 없다. 사람은 이를 무시하고 잊고 사는 경우가 너무 많다.

그런데 인간관계처럼 어려운 것이 없다. 사마천은 『사기』 〈노자·한비열전(老子·韓非列傳)〉에서 『한비자(韓非子)』 〈세난편(說難篇)〉을 인용하여, 관계 속에서 갈등과 고통이 발생하고, 이에 따른 참음의 형태도 각각 다르다는 점을 제시하였다.

송나라에 한 부자가 있었다. 비가 내려 그 집의 담장이 무너졌다. 때에 그의 아들이 "다시 쌓지 않으면 도적이 들어올 것입니다."라고 말했다. 그 이웃집 주인도 같은 말을 했다. 해가 저물고 나서 과연 도적이 들어와 크게 재물을 잃었다. 그 부자는 그 아들을 선견지명이 있다고 칭찬했지만, 이웃집 주인에 대해서는 저놈이 훔친 것이 아닌가 하고 의심했다.

또 옛날에 정나라 무공(武公)이 호(胡)라는 오랑캐를 치려고 생각했다. 그래서 우선 자기 딸을 호의 군주에게 시집보내고 나서 신하에게 물었다. "내가 전쟁을 일으키고 싶은데 어느 나라를 치면 좋을까?" 대부인 관기사(關其思)가 "호를 치셔야 합니다."라고 대답했다. 그러자 무공은 "호는 형제 국인데 그대는 어째서 이 나라를 치라고 하는가." 하고 관기사를 사형에 처했다. 호의 군주는 이것을 듣고 정나라가 자기 나라와 친근한 줄로 알고, 정나라를 방비하지 않았다. 그러자 정군이 호를 덮쳐서 그 나라를 빼앗았다.

처신하기 어려운 상황을 예로 들었다. 아들이나 이웃집 주인은 같은 의견을 냈으나 '선견지명'과 '의심'으로 시선의 눈초리가 다르다. 관기사는 군주의 입맛에 맞게 정당한 의견을 개진했으나 처형당했다. 그래서 사마천은 "이것은 곧 지혜로서 한 사물의 진상을 안다는 것은 어려운 게 아니나, 안 것을 어떻게 처리할 것인가가 어렵다는 말"이라고 하였다. 말의 가치가 시간과 공간, 인간관계에 따라 달라진다는 말과도 통한다. 그래서 사람은 처신하기가 무엇보다도 어렵다고 한다.

『열자(列子)』에도 다음과 같은 비슷한 이야기가 나온다.

> 송(宋)나라에 난자(蘭子)라는 사람이 있었는데, 재주를 가지고서 송나라 원군(元君)을 찾아뵈었다. 송나라 원군은 그를 불러 그의 재주를 보이도록 하였다. 그는 자기 몸 두 배 길이가 되는 두 개의 나무 막대기를 그의 정강이에 붙들어 매고서, 달리기도 하고 들뛰기도 하면서 일곱 개의 칼을 희롱하는데, 번갈아 그것들을 위로 던지어 다섯 개의 칼은 언제나 공중에서 있었다. 원군은 매우 놀라서 즉석에서 금과 비단을 내렸다.
>
> 또 다른 난자가 있어서 그는 '제비 재주 부리기[연희(燕戱)]'를 잘했다. 그 이야기를 듣고서 다시 원군을 찾아뵈었다. 원군은 크게 노하여 말하였다. "옛날에 특이한 재주로서 나를 찾아온 자가 있었다. 재주는 쓸곳이 없었지만, 마침 나의 환심을 샀었기 때문에 금과 비단을 내렸다. 저 사람도 반드시 이 이야기를 듣고서 찾아와 다시 나의 상을 바라는 것이 틀림없다." 그리고는 그를 죽이려다가 한 달이 지난 다음에야 석방하였다. [설부편(說符篇)]

임금 앞에서 재주를 멋지게 연희하는 사람들인데, 한 사람은 재주를 부리고 금과 비단의 상을 받았고, 또 한 사람은 재주부릴 기회도 없이 한 달이나 잡혀 있으며 죽을 고생을 했다. 이 일화에서도 인간관계의 어려움을 제시하고 있다. 그렇다고 다양한 인간관계를 인간의 변덕스러움에 떠넘길 일은 아닌 듯싶다. 인간 만사는 서로 기분과 느낌이 다르고, 처한 사세(事勢)가 유별해서 판단이 달라진다. 이러한 분위기를 잘 타야 하는데, 이러한 인간관계 기법은 참음이 밑거름으로 작용한다.

인간과 인간, 인간과 자연의 관계 설정을 어떻게 할 것인가가 삶의 질과 방향을 결정한다. 인생은 만남의 연속을 조절하는 방법에 따라 삶의 질이 달라진다. 이 조절하는 방법이 바로 참음, 참을성이다. 그런데 자주 만나고, 자주 부딪치고 자주 부닥쳐야만 한다. 그 소용돌이 속에서 인생이 정제되고 정수만 남는다. 그런데 사람은 이 만남에서 오는 소용돌이를 피하려고만 한다. 피하는 것은 비겁하고 바보스러운 생활 처사이다. 그래서 용기가 필요하다. 어떤 때에는 지나치지만 않는다면 만용(蠻勇)도 괜찮다.

현대에 개인화, 개별화되는 사회로 진화하는 행태가 매우 우려스럽다. 정감 어린 음성 통화보다는 문자 메시지 소통이 만연한다. 이제는 스마트폰, AI 디지털 기기에만 매달리는 사회 구조와 분위기를 의도적으로, 정책적으로 바꿔야 한다. 디지털 시대의 발전을 도모하되, 인간관계가 부담 없이 자유롭게 꽃피는 환경을 조성해야 한다. 이러한 환경 조성의 첫 번째 기제(機制)가 참을성이 충만한 사회 만들기다.

참을성을 터부시하는 사회 분위기도 어서 빨리 바꿔야 한다. 참는 것을 바보처럼 취급하고, 참는 사람을 어리석은 사람으로 폄훼하는 풍토는 인간관계를 삭막하게 만든다. 참음이 충만하고, 제대로 참아낼 수 있는 사회 분위기가 필요하다. 참을 때는 맵고 쓰지만, 그 결과는 더욱 달콤하기 때문이다.

참음은 무쌍한 변화이다(방편)

공자는 제자들이 정치에 관해 묻자, 각각 다르게 답변했다. 제자의 근기, 관심에 맞추어 설명을 쉽게, 또는 어렵게 한 것이다. 석가의 설법도 마찬가지다. 듣는 사람의 이해 능력, 소양에 따라 수준을 달리했다. 이른바 '대기설법(對機說法)', '수기설법(隨機說法)'이라고 한다. 또 성향과 수준에 따라 행한 다양한 교설의 방법을 '방편(方便)'이라고도 한다.

가르침과 설법에도 근기와 수준, 이해력에 맞게 변화를 준다. 그런데 일의 형세와 상황이 매우 다른 세상만사에서야 말할 필요가 없다. 앞서도 언급했지만, 장뇌(張耒)는 〈송진소장서(送秦少章序)〉에서 "물건이란 변화를 받아들이지 않으면 제목을 이루지 못하고, 사람은 고난을 겪지 않으면 지혜가 총명해지지 않는 법이다."라고 하였다. 사람은 물론 다른 생물과 사물도 변화와 고난의 필요성을 강조한 말이다. 그런데 생활에 변화가 필요함을 설명하는 방법에는 여러 가지다.

『사기』〈소진열전(蘇秦列傳)〉에는 소진이 강국 진나라에 대항하는 '합종(合從)'이란 정치적 행적을 자세히 설명하고 있다. 소진은 유명해지기 전, 본국을 떠나서 유학하는 수년 동안 많은 어려움을 겪었고, 집에 돌아와서도 아내, 형수 등 모든 가족에게 멸시를 당했다. 그런 와중에 강태공이 지은 병법서 등을 읽으며 포부를 키웠다.

소진은 합종(合從)하여 강대한 진(秦)나라와 대항하도록 6국을 설득하려고 주유하였다. 제(齊)에서 연(燕)으로 돌아오자 연왕이 본래의 관직에 복직시키지 않았다. 다음은 연왕(燕王)을 만나 복직을 설득하면서 인용한 대화 내용이다.

　　"증삼(曾參)과 같이 효성이 지극한 인물은 의리를 지켜 부모를 떠나서 단 하루도 외박을 안 했을 것입니다. 이런 인물로 왕께서 어떻게 천 리 밖에까지 가서, 약소국인 연을 위기에 빠진 왕을 섬기게 할 수 있겠습니까. 청렴한 백이(伯夷)는 의리를 지켜 고죽국(孤竹國)의 후사(後嗣)가 되지 않고, 무왕의 신하가 되는 것도 즐겨하지 않고, 제후에 봉해지는 것도 사퇴하고 수양산 기슭에서 굶어 죽었습니다. 왕께서 또한 어찌 이런 인물을 천 리 밖에 보내어 제에서 진취적 활동을 할 수 있겠습니까. 또 신의로 유명한 미생(尾生)은 한 여자와 다리 밑에서 밀회를 약속하고, 그 여자가 오지 않아 밀물이 밀려와도 물러가지 않고, 다리의 기둥을 껴안은 채로 익사했습니다. 이런 신의 있는 인물이라면, 왕께서 어떻게 천 리 밖에 보내어 제의 강병을 물리치게 할 수 있단 말입니까.…"

　　소진은 효자로 유명한 증삼(曾參), 청렴한 충신 백이(伯夷), 신의로 소문난 미생(尾生)을 탐탁하게 여기지 않았다. 너무나 꽉 막힌 성격 소유자라는 것이다. 자기를 복직시키지 않는 것은 이들 인물과 별다름 없는 처사고, 소진은 자신이 이들과는 구별되는 사람이라고 강변하고 싶었던 모양이다.

　　이 세상에서 어려운 일 중의 하나가 인물에 대한 평가이다. 소진이 내린 이들 세 사람의 인물 평가가 사리에 꼭 맞아떨어지는 것은 아니다. 다만, '천 리 밖으로 보내서'라는 단서를 붙여, 좀 더 크고 원대한 일을 맡길 수 없다는 뜻이 내재해 있다. 자기의 논리에 맞추어 융통성이 없는, 고지식하고 고루한 성격만을 강조, 부각한 인물 평가라고 하겠다.

그런데 '형세에 따라 임기응변으로 일을 처리하는 재주나 능력'이란 '융통성'은 일상생활에서 그리 쉽게 자주 적용되는 덕목은 아니다. 그러나 이것이 나쁘다고만 여길 문제도 아닌 듯하다. 맹자는 임시방편의 예를 구체적으로 들며 설명했다.

> 순우곤(淳于髡)이 "남녀가 직접 주고받지 않는 것이 예입니까?"라고 말하자 맹자가 말씀하시기를 "예요", "형수가 물에 빠지면 손으로 끌어당겨 줍니까?"
> "형수가 물에 빠졌는데 끌어당겨 주지 않는다면 그것은 이리요. 남자와 여자가 주고받는데 직접 하지 않는 것은 예이고, 형수가 물에 빠진 것을 끌어 당겨주는 것은 임시방편[권(權)]이요."
> "지금은 천하가 물에 빠졌는데 선생께서 끌어당겨 주지 않는 것은 무슨 까닭입니까?" "온 천하가 물에 빠지다시피 되면 도(道)로써 구원해 주고, 형수가 물에 빠지면 손으로 끌어당겨 주는 거요. 당신은 천하를 손으로 끌어당겨 주려는 거요?" [『맹자』 이루장구(離婁章句) 상]

옛날에 남녀가 서로 손을 맞잡는 것을 허락하지 않을 적 이야기다. 그런데 형수가 물에 빠진 경우는 손을 잡아 살려내야 하고, 이를 임시방편, 임시변통[권(權)]이라 한다는 말이다. 일상에서 이러한 처사가 필요한 경우는 수없이 많다. 그러나 맹자는 천하가 물에 빠지는 경우는 정도(正道)를 실천하여 구원할 것을 강조하고 있다. 임시변통이라도 사세에 맞는 방법을 사용해야 한다는 말이다.

장자의 꿈 이야기 '호접몽('胡蝶夢')은 변화의 차원을 한 단계 높여 그 경지를 달리한다.

옛날에 장주(莊周)가 꿈에 나비가 되었었다. 그는 나비가 되어 펄펄 날아다녔다. 자기 자신은 유쾌하게 느꼈지만 자기가 장주임을 알지 못했다. 갑자기 꿈을 깨니 엄연히 자신은 장주였다. 그러니 장주가 꿈에 나비가 되었던 것인지, 나비가 꿈에 장주가 되어 있는 것인지 알 수가 없었다. 장주와 나비에는 반드시 분별이 있을 것이다. 이러한 것을 '물화(物化)'라 부른다. [『장자(莊子)』 제물론(齊物論)]

장주가 나비가 되고 나비가 장주로 변하는 것, 즉 한 물건이 다른 물체로 변화하는 것을 '물화(物化)'라고 한다. 그러나 장주와 나비는 같은 것인지 다른 것인지 구분하기가 어렵다. 꿈속에서의 체험은 분명 같았는데, 깨어 보니 본래 장주 모습만 보였다. 그래서 장자는 '사물이 변화하는 것'을 '물화'라 풀이하면서, 장주와 나비는 다르면서 궁극적으로 같다는 물아일체(物我一體)의 경지인 '제물론(齊物論)'을 설파하였다. 한 차원 높은 변화의 경지다.

소진의 '융통성', 맹자의 '임시변통', 장자의 '물화'는 일과 사세(事勢)를 변화의 관점을 달리해서 설명한 말이다.

변화에는 여러 종류가 있다. 급진적/점진적 변화를 비롯하여 인위적/자연적, 의도적/비의도적, 자의적/타의적, 내부적/외부적 변화 등 여러 변화를 생각할 수 있다. 같은 차원에서 참음에도 무쌍한 변화를 요구한다.

변화와 방편은 상관관계에 놓인다. 범박하게 변화는 '사물의 모양·성질·상태 등이 달라지는 것'을 뜻하고, 방편은 '그때그때 형편에 따라 편하고 쉽게 이용하는 수단'이란 의미 관계로 연결된다. 그러므로 방편은 변화 내에서 존재하는 수단이다. 참음은 변화와 방편이

상보적이어야 그 존재가 확실하게 드러난다. 참음은 변화만을 추구하는 것이 아니다. 그 변화 속에서 어떤 목적을 이루기 위한 수단이 필요하다.

그래서 참음은 물화의 경지도 추구한다. 어찌 보면 물화는 궁극적 차원의 참아내는 모습으로, 세상을 보는 눈이 달라진다. 이 경지에 이르면 고통과 슬픔이 사라지고 세상만사가 희망으로 보인다. 물화가 일상 통하는 사회로의 변화는 어렵다. 그러나 그렇게 되려고 하는 시도는 해볼 필요가 있다.

변화는 참음에 좌우된다. 참음으로 변화를 조정해야 인생의 가치가 더해지고 사는 재미와 묘미가 생긴다. 참음은 변화를 억제, 방해하기보다는 변화를 추장하고 조정한다. 그래서 참음은 변화 속에서 그 의미를 더하고 길러진다.

참음은 한결같이 마음먹기다(결심).

'사람' 하면 몸과 마음을 동시 언급한다. '몸[신(身)]'은 눈에 보이는 신체, 육신(肉身)을 일컫고, '마음[심(心)]'은 기본 뜻으로 '몸에 깃들여서 지식·감정·의지 등 정신활동을 하는 것, 또는 그 바탕이 되는 생각'을 말한다. 몸과 마음은 서로 도와 사람으로서의 격을 완전히 갖추게 한다. 이 둘의 구분과 작용은 철학과 종교에서 삶의 문제와 결부하여 중요 논의 대상이 된다. 그리고 몸보다는 마음의 문제를 깊이 있게 다룬다.

『화엄경(華嚴經)』〈보살설게품(菩薩設偈品)〉 4구 게송(偈頌)에 너무나 잘 아는 '일체유심조(一切唯心造)'라는 눈에 익은말이 나온다.

> 만약 사람이 삼세 일체 부처를 알고자 한다면[약인욕료지삼세일체불
> (若人欲了知三世一切佛)], 마땅히 법계의 본성을 바라보아야 한다[응관
> 법계성(應觀法界性)]. 모든 것은 오로지 마음이 지어낸다[일체유심조(一
> 切唯心造)].

뒤 문장을 '마땅히 법계의 본성이 모두가 마음이 지어냄에 달려
있음을 보라.'라고 해석하기도 한다. 어쨌든, '일체유심조' 뜻은 생각
보다 넓어서 한 마디로 이것이라 말하기는 어렵다. 그러나 범박하게
"일체 제법(諸法), 모든 존재의 본체는 마음이 지어내고 마음에 달려
있다."라고 풀이할 수 있다. 일반적으로 '모든 것이 마음먹기에 달려
있다.'라고 쉽게 이해하는 것이 좋다.

『대학』〈정심수기(正心修己)〉에도 다음과 같은 말이 나온다.

> 마음이 있지 않으면 보아도 보이지 않고, 들어도 들리지 않으며, 먹어
> 도 그 맛을 모른다. 이러므로 몸을 닦음이 그 마음을 바르게 함에 있다고
> 하는 것이다.[심부재언 시이불견 청이불문 식이부지기미 차위수신재정기
> 심(心不在焉 視而不見 聽而不聞 食而不知其味 此謂修身在正其心)]

'몸 닦음[수신(修身)]은 마음을 바르게 함[정심(正心)]에 있는데 노
여움[분치(忿懥)], 두려움[공구(恐懼)], 좋아하고 즐김[호락(好樂)], 근
심[우환(憂患)]이 없어야 한다.'라는 내용을 전제로 이어지는 말이다.
이러한 감정은 사람이 살아가는데 꼭 따라다닌다. 그런데 이를 앞세

우면 마음에 관심이 없어, 즉 마음을 바르게 할 수 없어, 보려고 해도 볼 수 없고, 들으려고 해도 듣지 못하며, 먹어도 음식 맛을 모른다는 말이다.

학창 시절에 '일체유심조', '정심'이란 말을 배우고, 나름대로 뜻을 새겨보지 못한 사람은 거의 없을 것이다. 그런데 문명의 이기(利器)가 예측할 수 없을 정도로 우리 생활을 압도하는 시대에, 이 말의 본뜻을 제대로 파악하여 생활의 지혜로 삼을 필요가 있다. 다음 일화는 이 뜻을 좀 더 우리 생활 곁으로 다가서게 한다.

육조 혜능(惠能) 선사는 출가 전에 나무를 팔아 어머니를 봉양했다. 하루는 주막에 나무를 팔고서 문을 막 나서는데, '마땅히 머무는 바 없이 그 마음을 낸다[응무소주 이생기심(應無所住 而生其心)].'라는 금강경 구절 읽는 소리가 들렸다. 이에 문득 깨달은 바 있어 안내를 받아 황매산 오조 홍인(弘忍) 화상을 찾아가, 방아 찧고 장작 패는 일만 했다. 여덟 달이 지나자, 오조로부터 가사와 발우[의발(衣鉢)]를 받고 목숨의 위협을 느껴 남쪽 조계산 쪽으로 피신했다. 15년 동안 사냥꾼과 함께 숨어 지내다가, 하루는 법을 펼 때가 되었다고 생각하여 광주 법성사에 이르렀는데, 마침 인종(印宗) 법사가 열반경을 강의하고 있었다.

그때 마침 바람이 불어 깃발이 펄럭이고 있었다. 그것을 보고 한 스님이 말하기를 "바람이 움직인다." 하였고, 또 한 스님은 "깃발이 움직인다." 하여 서로 토론이 그치지 않았다. 이때 혜능이 말하기를 "그것은 바람이 움직이는 것도 아니고, 깃발이 움직이는 것도 아니며, 당신들의 마음이 움직이는 것입니다." 하였다. [『육조단경(六祖壇經)』]

'바람이 불어 깃발이 펄럭인다.'라는 하나의 사상(事象)을 '바람이 움직인다, 깃발이 움직인다, 마음이 움직인다.'라고 자기 생각을 각각 주장한 의견이다. 그런데 혜능은 '바람과 깃발이 움직이지 않고 마음이 움직인다.'라고 하여, 외적으로 보이는 물리적 실체 현상을 버리고, 사람의 내부 마음에서 흔들리는 깃발만을 보려고 했다. '물아일체', 아니면 이를 뛰어넘는 보다 높은 경지로 세상 모든 존재의 본체는 오직 하나 마음뿐이라는 유심(唯心)의 관점으로 보려고 한 것이다.

'마음의 만족'은 불교에서만 강조하는 사항은 아니다. 모든 사람이 억만장자가 될 수 없고, 최고 권위를 모두 누리지 못하는 사회 구조는 어느 위치에서나 마음의 만족이 최고의 경지라는 생각을 요구한다. 물질적, 육체적 행복도 중요하지만, 마음을 채워주는 행복은 더 중요하다.

그런데 마음먹기는 마음을 쓰고 움직이는 사람의 의지와 태도가 좌우한다. 심리학의 이론을 끌어들이지 않더라도, 사람은 의식적으로 어느 한쪽을 차단하고, 다른 쪽으로만 바라보려는 경향이 있다.

옛날 제(齊)나라에 금이 욕심나는 사람이 있었다. 이른 아침 의관(衣冠)을 걸치고 시장에 가서 금을 파는 곳을 찾아가 그곳의 금을 훔쳐 가지고 갔다. 관리가 그를 체포한 다음 그에게 물었다. "사람들이 모두 있었는데 그대가 남의 금을 훔쳐 간 것은 어째서였는가?" 그가 대답했다. "금을 갖고 갈 적에는 사람은 뵈지 않고 금만이 보였습니다." [『열자(列子)』 설부편(說符篇)]

인간은 이처럼 어느 한 가지만을 집착하여 이성을 잃을 때가 많다. 금에 욕심이 강한 사람은 금만 보일 뿐이다. 아마, 이러한 부류 경험을 겪어보지 않은 사람은 별로 없을 것이다. 집착은 고통의 원인이다[고집(苦集)]. 이러한 집착을 지혜로운 마음, 적멸(寂滅)의 경지로 되돌리는 방법[멸도(滅道)]이 참음이다. 참음은 마음을 조종하는 운전자다. 곧, 참음은 '일체유심조'의 바탕이요 주체이다.

세상만사가 마음먹기에 달렸다. 이 말은 참음과 관계하면 본뜻이 진정으로 살아난다. 참는 마음이 있기에 마음이 깃발을 움직일 수 있다. 가난해도 13개 여왕벌을 거느리는 것을, 꿈속에서 천자가 되어 천하를 호령하는 것도 실제 황제가 되었다고 생각할 수 있다.

그런데 마음먹기는 자의적인 면이 강하다. 마음먹는 사람이 어떻게 마음을 조종하느냐에 따라 행동으로 옮기는 방향이나 정도가 달라진다. '흐지부지 마음먹기','되는대로 마음먹기', '하자마자 마음먹기'는 '마음대로 마음먹기'로 바람직하지 않다. '일체유심조' 본뜻과는 거리가 멀다.

마음먹기는 한결같아야 한다. '끝장 보기 마음먹기', '단호하게 마음먹기', '부단하게 마음먹기'는 '변함없이 마음먹기'다. 참음은 이렇게 마음먹는 것을 원한다. 참는다고 다 참아지는 것이 아니다. '날카로운 칼에 부딪는 아픔을 견뎌내는 마음가짐'으로 참아야 한다. 본인 의지가 강하게 작용해야 참음이 살아 움직인다. 이것이 참음을 기르는 하나의 방법이다.

참음은 바른 인격 형성이다(자질).

사람이면 다 사람이 아니다. 사람다워야 사람이다. 참음은 사람을 사람답게 한다. 진정한 사람이 되어야만 참을 수 있다. 참음은 사람다운 인격(人格, 자아)을 형성하는 원동력이요, 일상에서 생활 능력을 제공하는 제일 중요한 자원이다.

인격은 생활 또는 학문 연구에서 배우며, 사람과의 관계에서 형성되고 가다듬어진다. 『대학(大學)』〈수기치인(修己治人)〉에서는 몸을 닦고 천하를 다스리는 단계를 다음과 같이 설명하였다.

옛날의 밝은 덕을 천하에 밝히려면, 이는 먼저 그 나라를 다스렸고, 그 나라를 다스리려는 이는 먼저 그 집안을 가지런히 하였고, 그 집안을 가지런히 하려는 이는 먼저 그 몸을 닦았고, 그 몸을 닦으려는 이는 먼저 그 마음을 바르게 하였고, 그 마음을 바르게 하려는 이는 먼저 그 뜻을 정성 되게 하였고, 그 뜻을 정성 되게 하려는 이는 먼저 그 앎에 이르게 하였나니, 앎에 이르게 됨은 사물을 구명함에 있다.

'수신-제가-치국-평천하(修身齊家治國平天下)'란 말을 접해 보지 못하거나 그 뜻을 모르는 사람은 거의 없다. 여기에 '정심(正心)', '성의(誠意)', '치지(致知)', '격물(格物)'의 단계를 더하여 팔조목이라 한다. 격물은 그 해석이 분분하지만, 보통 '사물의 이치를 궁구하여 지식을 극처(極處)에 이르게 하는 것', '양지(良知)에 이르게 하여 사물을 바로 잡는 것' 등으로 해석한다. 어쨌든, 사물의 이치를 끝까지 파고들고 연구하면 앎에 이르고, 결국 천하를 잘 다스리는 데까지 이어질 수 있다는 큰 뜻을 담고 있다.

이러한 성인, 군자와 같은 위대한 사람의 큰 배움[대학(大學)] 단계는 매우 거창해 보인다. 여기에서 가장 중요한 밑바탕은 사물의 이치를 잘 파악하고 깨달아야 하는데, 그리 만만치 않다는 사실이다. 배우는 데에는 게으르지 않고, 부단히 참고 견디며 정진해야 하기 때문이다. 이처럼 사람다운 격을 갖추기란 쉽지 않다.

자연의 이치란 현상과 실상에 거리가 있어 옳고 그름을 판단하기가 어렵다. 그래서 다음과 같은 공자에 얽힌 일화는 시사하는 바가 크다.

공자가 동쪽으로 유람을 다니다가 아이들이 말다툼하는 것을 보고서 그 까닭을 물었다. 한 아이가 대답했다. "저는 해가 처음 떠오를 때가 사람들로부터 가깝고, 해가 중천에 온 때에 멀어진다고 했습니다." 다른 아이가 말했다. "저는 해가 처음 떠오를 적에는 멀고, 해가 중천에 온 때에는 가깝다고 했습니다."

한 아이가 말했다. "해가 처음 떠오를 때는 크기가 수레 덮개와 같은데, 해가 중천에 오면 곧 대접과 같아집니다. 이것은 먼 것은 작게 보이고, 가까운 것은 크게 보이기 때문이 아니겠습니까?" 다른 아이가 말했다. "해가 처음 떠오를 적에는 싸늘하고, 해가 중천에 오게 되면 끓는 국에 손을 넣는 것처럼 뜨겁습니다. 이것은 가까운 것은 뜨겁고, 멀리 있는 것은 서늘하기 때문이 아니겠습니까?"

공자도 결단을 내리는 수가 없었다. 그러자 두 아이가 웃으면서 말했다. "누가 선생님이 아는 게 많다고 하였던가?" [『열자』탕문편(湯問篇)]

아이들의 말은 논리적으로는 옳고, 틀리지 않는다. 당시, 지금처럼 과학이 발달하지 못한 시대에 아이들의 말은 사실이고 진리 그대로이다. 따라서 현상과 실상의 차이를 분명하게 알 수가 없었던 그 시대에, 공자도 사리를 뚜렷이 밝혀 줄 수 없었을 것이다. 당시 자연 현상은 인간이 자연을 대하는 태도와 인식에 달린 문제였다. 그래서 공자도 아이들에게 명쾌하게 대답하지 못했고, 일부러 안 했으리라고 본다.

이처럼 삼라만상의 옳고 그름은 과학적 기준으로만 판단하기는 어렵다. 그 시대에는 감각적 경험이 바로 진리고 과학이었다. 그래서 아이들이 감각적으로 체험한 '해가 동쪽에서 떠서 서쪽으로 넘어가고, 크고 작게 보이고, 서늘하고 뜨겁게 느껴지는 것'은 분명히 거리 때문이라는 사실이다. 현대에도 감각적 경험을 진리라고 하는 사람이 많다고 한다. 이러한 사람들에게는 "동쪽에서는 해가 뜨고, 남쪽에서는 태양이 남중하며, 서쪽에서는 해가 지고, 북쪽에서는 태양을 절대 볼 수 없다(최소한 유럽이 있는 북반구에서)."라고 해도 곧이듣는다는 것이다.[33]

열자가 사실 여부를 떠나서 일화를 인용한 이유가 무엇이든 간에, 공자가 아이들 물음에 부실한 답변을 피하는 태도는 그의 인격과 결부시킬 수 있다. 성인은 상대를 인정하는 넓은 도량을 지닌 사람이다. 공자가 노자를 용이라 표현한 말에서도 공자의 인격을 엿보게 한

---

33 에른스터 페터 피셔, 『과학한다는 것』(김재영 외 옮김, 반니, 2015) p.78. 피셔는 코페르니쿠스가 하늘로 눈을 돌린 후, '하나는 그 안에서 우리가 측정하고 계산할 수 있는 친구이고, 다른 하나는 우리가 체험하고 가치를 평가할 수 있는 친구'라는 이중성이 존재하는데, 이 이중성이 인간의 의식에 침투하는 데는 성공하지 못했다고 하였다. 그런데 이 이중성은 새로운 것, 즉 '주체로서 자연으로부터 분리된 인간', '자연은 인간의 대립물, 인간의 대상이 되었다.'라고 주장한다.(p.79.)

다. 그래서 공자도 아이들의 조롱과 비웃음을 참을망정 허튼 대답은 하지 않았다. 이처럼 넓은 도량은 참음과 결부된다. 참아내야 도량이 넓어진다. 참음은 진리와 진리에서 파생하는 문제를 슬기롭게 풀고 풀어나간다.

유비는 제갈량을 얻기 위해 세 번이나 집을 찾아가서야 겨우 만났다[삼고초려(三顧草廬)]. 유비의 아량과 인품을 엿볼 수 있다. 그리하여 제갈량은 2세에 이르기까지 극진하게 충정을 다 바쳤고, 그 애절한 심정을 〈출사표(出師表)〉에서 엿보게 한다. 유비의 지고한 참을성은 제갈량을 세 번이나 찾아가게 했다. 그리하여 제갈량은 출사표에서 '삼왕초려(三往草廬)'라 하지 않고 '삼고초려'라는 말을 사용하여 선왕을 향한 애틋한 심정을 표명했다.

대화 중, 아니면 여러 상황에서 참지 못해 고래고래 소리 지르고, 물건을 던지거나 깨부수고, 심지어 자해하는 모습을 종종 본다. 다 참지 못해서 하는 행동이다. 물러서서 조금만 생각해 보면 모두 참을 수 있는 일을 그렇게 하지 못하는 모양새다. 그래서 참을성이 고귀한 인격과 결부되도록 내면적으로 부단하게 노력해야 한다. 고귀한 인격은 스스로 행동을 자제할 수 있기 때문이다.

지금이야 인장(印章) 문화가 없어지다시피 했지만, 벼락 맞은 대추나무로 인장을 파면 신령하고 효험이 있다고 한다. 원래 단단한 대추나무가 벼락 맞으면 더 단단해지고, 그것으로 새긴 인장은 인생의 앞날을 잘 인도해 준다는 말이다. 참음은 대추나무가 벼락 맞듯이 사람의 인격을 고귀하고 단단하게 하여, 가치를 높여주면서 장래를 활짝 열어준다.

조각품은 끌과 망치 등으로 절차탁마해야만 아름다운 예술적 조형이 완성된다. 국화는 삼월에 부는 동풍을 마주 대한 다음, 날씨가 매서워 나뭇잎이 다 떨어진 후에 오상고절(傲霜孤節)의 자태를 들어낸다. 난초는 깨끗한 모래 틈에 뿌리를 내리고, 미진도 가까이하지 않고 비와 이슬을 받고 살아야, 자태가 고결해지고 향기가 그윽하다. 비바람, 햇볕, 물, 토양이 서로 돕고 여기에 농부의 지극한 보살핌이 있어야만 한 톨의 쌀을 이룬다. 이는 사람이 고통을 참아내야 고귀한 인품이 완성되는 것과 꼭 맞아떨어진다.

인격 형성에는 인간관계가 중요하다. 상대방의 인격을 존중하는 태도는 자신의 인격을 존중하는 것과 같다. 뭇 짐승, 심지어 나무 등도 서로의 존재를 인격적으로 대해 주는데, 왜 영장인 사람이 관계하는 사람을 동등한 인격으로 대하여주지 못할 이유가 없다. 여기에도 참음의 상황과 법칙이 관여한다. 참고 참아 어려움을 이겨낸 사람이면, 원만한 인격의 소유자로서 세상을 부드럽고 평화롭게 한다.

참음은 사람을 사람답게 하는 기본이다. 참음은 바른 인격으로 나타난다. 사람뿐만이 아니라 모든 사물, 자연을 인격체로 대하면 이들도 인격적으로 대꾸한다. 이들도 인격, 자신의 품격이 무엇인지를 알기 때문이다. 그러기 위해 우리 자신은 바르고 고귀한 인격이 되도록 스스로 가다듬고 매만져야 한다. 그래서 참음과 참을성이 절대로 필요하다.

참음은 사람다운 단단한 인격, 올바른 자아를 형성케 한다. 사람에게 참음처럼 고귀한 재산은 없다. 참음이란 재산을 형성하는 데 돈이 드는 것도 아니다. 그런데 이러한 고귀한 재산을 쌓는데 노력하는 사람이 많지 않은 것 같다. 영장류로서 반성할 문제다.

참음은 바로 나 자신이다(주체).

참음[인(忍)]은 어짊[인(仁)]이요, 사람[인(人)]이다. 참음은 나를 인격자로서 사람답게 살아가는 존재로 만든다. 누가 대신 나의 고통을 해결해 주지 않는 것처럼, 참음도 바로 나 자신이 '주체'로서 꼿꼿이 서 있어야 긍정적으로 관여한다. '나'를 잊고 있으면 나의 존재를 잃어버리고, 더불어 모든 것을 내던진다. 그야말로 자아(自我) 소멸이다. 내가 없는데 무엇을 할 수 있겠는가. 그래서 누가 무어라 해도 참음으로 나 자신을 내가 똑바르게 곧추세워야 한다.

맹자의 다음과 같은 언급은 세상사에 널리 알려진 말이면서도 접할 때마다 새롭다.

"순(舜)은 밭 가운데서 기용되었고, 부열(傅說)은 성벽 쌓는 틈에서 등용되었다. 교력(膠鬲)은 생선과 소금 파는 데서 등용되었고, 관이오(管夷吾)는 옥관에서 잡혀 있는 데서 등용되었다. 손숙오(孫叔敖)는 바닷가에서 등용되었고, 백리해(百里奚)는 시정에서 등용되었다. 그러므로 하늘에서 이러한 사람들에게 큰일을 맡기는 명령을 내리면 반드시 먼저 이들의 심지(心志)를 괴롭히고, 이들의 근골(筋骨)을 수고롭게 하고, 육체를 굶주리게 한다. 그리하여 이들 자신에게 아무것도 없게 하여, 이들이 하는 것이 해야 할 일과는 어긋나게 만드는데, 이것은 마음을 움직이고 자기의 성질을 참아서 이들의 해내지 못하는 일을 더 많이 할 수 있게 해 주기 위해서이다.

사람들은 언제나 잘못을 저지르고 난 후에야 고칠 수 있고, 마음속으로 번민하고 생각으로 달아보고 난 후에야 하고, 안색으로 타내고, 음성으로 발하고 난 후에야 안다. 들어가면 법도 있는 세가(世家)와 보필하는 선비가 없고, 나가면 적국과 외부에서의 우환이 없다면 그런 나라는 언제나 멸망한다. 그렇게 되고 난 후에야 우환(憂患) 속에서는 살고, 안락(安樂) 속에서는 망한다는 것을 알게 된다." [『맹자』 고자장구(告子章句) 하]

하늘은 큰일을 맡기려면 먼저 그 사람에게 육체적으로 고통을 주고, 심적으로 부단히 괴롭힌다. 그리하여 할 수 없는 능력을 할 수 있는 능력으로 바꾸고, 더 많은 일을 할 수 있게 한다는 말이다. 국가도 마찬가지여서, 내우외환이 없고 안락 속에 빠지면 쉽게 망한다는 사실은 역사가 증명한다. 너무 바쁘게 살아가는 현대인에게도 귀감(龜鑑)이 되는 말이다.

모든 종교에서 '나'를 고통으로 시험하는 것은 좀 더 큰일을 맡기려 하기 때문이라 한다. 땅을 주시해 보라! 하늘을 쳐다보라! 보이는 듯 보이지 않는 듯 모두가 움직이고 생동하지 않는가. 왜 나만 멈추고 있는 듯 느끼는가. 저들보다도 지혜롭고 진지하게 움직일 수 있는데 말이다. 신들도 '나'를 더 큰 인물로 만들려고 노력하고 있는데, 이를 깨닫지 못하면 안 된다. 그래서 참음으로써 나를 언제든지 곧추세우고 나날이 새롭게 정진해야 한다.

나는 본질이다. 나는 삶의 문제를 스스로 결정하고 세상을 움직이는 주체다. '나'가 있으니까 해가 뜨고 지는 것이 아닌가. 나 때문에 존재하는 것들이 얼마나 많은가. 나로 말미암아 가치를 발휘하는 것이 한두 가지 아니라는 사실을 왜 모르는가. 나가 있어 보고 듣고 맛보고 냄새 맡고 느끼지 않는가. 나 때문에 걷고 기록하고 너를 좋아한다고 말하지 않는가. 무엇이 두렵고 거추장스럽다고 생각하는가. 그 생각도 나가 하는 것이 아닌가.

나는 주인이다. 나가 있으니까 네가 있고, 세상이 있고, 우주가 있는 것이다. 기뻐서 웃는 것이 아니다. 나가 있으니까 웃는 것이다. 웃음소리가 크고 작게도 나가 하는 것이다. 슬퍼서 우는 것이 아니다. 나가 우니까 우는 것이다. 눈물이 많고 적게도 나가 하는 것이다. 고개를 숙이고 드는 것도 나가 하는 세상사는 방법이다. 그런데 나를 왜 잊고 사는가. 잊는 것도 나가 잊고자 해서이다.

나는 중심이다. 주위의 모두가 나를 쳐다보는데 왜 그것을 모르는가. 그 흔한 유행 가사에서 인생의 참맛을 느끼지 못하고, 넘쳐나는 영화의 한 장면에서 지혜와 용기를 터득하지 못하는 바보가 되는 것도 나 때문이다. 돌아가는 중심에 서면 원심력과 구심력의 작용을 모두 느낀다. 돌지 않으면 팽이는 멈춰 선다. 돌고 멈춤도 중심에 서 있는 나가 하는 것이다. 내가 중심에 서면 세상이, 우주가 다 보인다. 중심에서 가까이, 멀리 떨어져 보는 것도 나 의지에 달렸다. 나가 중심축이 되어야, 세차(歲差)운동으로 다시 일어나고 영원히 돌고 돈다.

참음은 나의 본질을 찾고, 주인 의식을 기르고, 세상의 중심에 놓는 주체 의식 갖기다. 석가는 룸비니 동산에서 태어나자마자 '천상천하에 오직 나 홀로 존재한다[천상천하유아독존(天上天下唯我獨尊)].'라고 외쳤다. 그런데 '나도 황제, 영웅, 소설의 주인공이다.'라고 큰소리로 외쳐 보지 않는가. 하늘은 스스로 돕는 자를 돕는다고 했다. 목청껏 외쳐야 하늘도 스스로 돕는다는 사실을 알게 된다. 그래서 세상살이를 잘하고 못하는 것도 나 때문이다.

『사기』〈이사열전(李斯列傳)〉에서 다음과 같은 일화가 나온다.

청년 시절에 군의 하급 관리가 되었을 때, 관청의 변소에서 쥐 새끼들이 불결한 음식을 먹다가 사람이나 개가 접근하면 자주 놀라서 달아나는 것을 보았다. 그러나 이사가 창고에 들어가니, 창고 가운데 있는 쥐 새끼는 쌓아놓은 곡식을 먹으며 큰 건물 안에서 살고 있으므로, 사람이나 개에게 위협받을 근심이 없이 사는 것을 보았다. 여기서 이사는 느낀 바 있어, "인간의 어질고[현(賢)] 어질지 못함[불현(不賢)]은, 예를 들면 쥐 새끼나 다름없다. 몸을 두는 장소에 따라 그렇게 되는 것이다."라고 생각하고, 순경(荀卿/순자) 밑에서 제왕의 정치학을 공부했다.

이사는 하찮은 쥐 새끼도 변소, 창고라는 거처에 따라 삶의 질이 달라진다는 점을 깨닫고, 큰 스승을 찾아서 배우고, 이후 진(秦) 나라로 들어가 승상이 되어 천하를 통일하는 데 큰 공을 세웠다. 그는 사람에게서 "최대의 치욕은 빈천한 것이며 최대의 비통은 곤궁한 것이다."라고 생각했다. 그래서 내면에서 솟구치는 분발심이 그 누구보다도 컸다. 이사의 이러한 판단과 행동은 자기가 이 세상에서 존재하는 주체, 주인, 중심이라는 생각에서 출발한다. 그래서 평범하지 않은 인생을 스스로 개척했다.

사람이 여타 동물과 다른 것은 사물의 이치를 깨닫고, 삶의 문제를 자기 스스로 결정할 수 있는 능력을 지닌다는 점이다. 이것이 사람을 만물의 영장이 되게 하였다. 이제 주위를 돌아보고 주의 깊게 살펴서, 삼라만상이 은연히 건네주는 선물이 무엇인지를 알아채야 한다. '내가 이 세상의 주인이다.'라는 생각은 이러한 선물이 쉽게 눈에 띄도록 사람의 눈을 지혜로 가득 채운다. 참음이 가져다주는 지혜이다.

지금 내가 서 있는 자리가 참음의 바로 중심자리다. 나 자신을 잘 알아서 중심을 잡고, "무소의 뿔처럼 혼자서 가라"의 참뜻을 되새기면 참음을 자기화할 수 있다. 따지고 보면 '나'는 우주다. 우주 속의 우주다. 참음은 그 속에서 나의 본질을 찾고 나를 주인공이 되게 한다.

참음은 모두 '하나 되기'다(통일).

인간과 인간관계에서 갈등과 고통이 생기고 심지어 인간과 자연 사이에서도 이들이 수시로 드나든다. 인간 사이에서 발생하는 고통, 인간과 자연 사이에서 생기는 갈등은 앞서 참음의 종류에서 설명했다.

고통과 갈등은 인간과 인간, 인간과 자연 사이에 틈이 생기게 한다. 사이가 벌어지면 문제가 생긴다. 친밀한 관계가 멀어진다는 말이다. 사이가 멀어질수록 또 다른 고통과 갈등이 재빠르게 발호(跋扈)하고 더욱 커진다. 틈이 조금 생겼을 때는 때우고 메꾸기가 쉽지만, 너무 사이가 떨어지면 좁히기가 어렵다. 인간관계에서도 손쉽게 보완할 수 있는 일을 아주 새롭게 관계를 설정해야 하는 경우가 많다. 애초부터 틈이 생기는 것을 막는 것이 참음이다.

세상살이에서 '나-너'가 우리로 하나 되는 것이 매우 중요하다. 2002년 월드컵 당시 우리 민족은 '대한민국' 함성으로 하나가 되었다. 그래서 4강의 위업을 달성했다. 미국 대통령 선거 유세에서는 그렇게 치열하게 헐뜯고 비난했어도, 일단 당선자가 확정되면 하나로 화합한다고 한다. 국가를 위해 모두 하나가 되어 뭉친다. 대통령 자격을 혹독하게 검증하려고 갈라졌던 언론도 한마음으로 앙금을 깨끗이 씻는다. 이것이 민주주의 참모습이 아니겠는가. 다 서로를 이해,

포용하고 참아내는 데서 오는 슬기로운 모습이다.

『삼국유사』에는 어렸을 적에 많이 듣고 읽었던 경문왕(景文王)과 관련한 재미난 이야기를 전한다.

왕의 자리에 오르자 귀가 갑자기 길어져서 나귀의 귀와 같았다. 왕후와 궁인들은 다 알지 못하고, 오직 복두장(幞頭匠) 한 사람만이 알고 있었다. 평생 남에게 말하지 않고 있다가, 그 사람이 죽을 때에 도림사의 대나무 숲속 사람 없는 곳에 들어가, 대를 향해 "우리 임금님 귀는 당나귀 귀와 같다."라고 외쳤다. 그 후에 바람이 불면 대나무도 "우리 임금 귀는 당나귀 귀와 같다."라고 소리 내었다. 왕이 싫어하여 이에 대를 베어버리고 대신 산수유를 심었더니, 바람이 불면 "우리 임금의 귀는 길다."라고 하였다. [경문대왕(景文大王)]

약간씩 내용이 변형되어 모티프가 세계적 분포를 보이는 설화다. 이 이야기는 사람과 사람, 사람과 사물이 하나가 되려고 참는 노력을 보여준다. 왕과 복두장이 하나가 되고, 복두장과 대나무, 산수유가 하나가 되는 모습이다. 따지고 보면, 세상 모든 존재는 '조화와 균형'을 목표로 하나가 되려고 노력한다.

'하나 되기'는 먼저 마음이 하나가 되어야 한다. 그러면 몸도 하나가 된다. 그야말로 뜻을 합하여 한 사람이 되는 일심동체(一心同體)의 경지다. 『주역(周易)』〈계사전(繫辭傳)〉에는 "두 사람의 마음이 같으니 그 예리함이 쇠붙이를 자를 수 있고, 같은 마음에서 나오는 말은 그 향기가 난(蘭)과 같다[이인동심 기리단금 동심지언 기취여란(二人同心 其利斷金 同心之言 其臭如蘭)]."라는 말이 나온다. 두 사람 마음이 하나가 되면 날카로운 칼이 쇠를 자르듯 이루지 못할 것이 없고, 같은 마음의 말은 난의 그윽한 향기가 세상을 감싸듯 감미롭고 아름답게 한다.

자연과 하나 되기는 물아일체(物我一體)의 경지다. 물심일여(物心一如)라고도 한다. 그 옛날 '사람은 자연보호, 자연은 사람 보호'라는 구호가 있었다. 대형 서점 앞 '사람은 책을 만들고, 책은 사람을 만든다.'라는 언명도 있다. 이 모두가 사람과 자연, 사람과 사물이 하나가 되는 경지이다. 개인적 덕목인 언행일치(言行一致)라는 말은 물론, 사제동행(師弟同行), 붕우유신(朋友有信), 부부 일심동체(夫婦 一心同體)란 말은 너무 평범하지만, 하나 되기의 궁극적 실천 요강이다. 줄탁동시(啐啄同時)/줄탁동기(啐啄同機)는 차원을 달리하는 하나 되기다. 그런데 부단히 참고 견뎌야 하나 되기를 이룰 수 있다. 일심으로 단결하기가 그만큼 어렵다는 말이다.

『논어』 이인(里仁) 편에서 공자가 '나의 도리는 하나로 꿰뚫어 말할 수 있다[일이관지(一以貫之)].'라고 증자(曾子)에게 말하자 '예, 그렇습니다.'라고 대답했다. 공자가 밖으로 나가자 그 도리를 '충서(忠恕)'라고 그의 제자에게 말했다. '충(忠)'은 성심성의, '서(恕)'는 남을 자기 몸 생각하듯 너그럽게 용서한다는 뜻이다. 어찌 보면 어진 마음과 충서의 감정은 같다고 할 수 있다. 충서는 공자의 핵심 사상으로, 이로써 인간 세상이 서로 화합하고 하나 되기를 원하였다고 하겠다.

앞서 살다간 성현 모두는 숭고한 사상으로 세상이 하나 되는 것을 원했다. 그러나 하나 되기는 누워 떡 먹듯 쉬운 일은 아니다. 이해, 양보, 관용, 포용, 용서하는 마음으로 서로를 감싸고 하나로 녹여야 한다. 넓은 사랑을 늘 행동으로 실천해야 한다. 참음은 이들 덕목을 조장하고 통괄한다. 그래서 세상을 하나로 아름답게 만든다. 상호 관계가 조화와 균형으로 합일하고, 고통과 갈등을 해소한다. 참음은 진정 사람이 모두 하나의 마음이 되는 출발이며 종착점이다.

참으며 평생을 같이하면 마음뿐만 아니라 얼굴과 모습도 한 사람처럼 닮아가는 부부를 많이 본다. 북극성은 뭇별을 하나로 모은다. 참음은 북극성처럼 사람을 하나로 모으고 관계를 원만하게 한다. 합창해야 소리가 크고 우렁차다. 여러 사람이 참음으로 한마음이 된 조화의 모습이다. 관악기, 현악기, 타악기가 하나 되어 연주하는 오케스트라의 음향이 조화롭고 감미롭고 웅장한 멜로디를 선사한다. 모든 악기가 참음이라는 하나의 지휘봉에 묶여 움직이는 결과이다. 그러니 참음으로 모두 하나가 되지 않을 수 있겠는가.

참음은 지속적 면역이다(반복).

면역은 의학적으로 "사람이나 동물의 몸 안에 들어온 항원(세균이나 독소)에 대하여 항체[면역체(免疫體), 저항체]가 생겨서 같은 항원에 대해서는 병이 발생하지 않는 현상"을 말한다. 여기에서 항원, 즉 면역원을 고통과 어려움으로 생각하면, 항체는 참음, 참을성 더나아가 그 결과가 빚어낸 성공, 성취, 행복 등으로 간주할 수 있다.

세파를 헤치며 고생을 많이 한 사람이 평범하게 산 사람보다 성공한 예가 더 많다. 그런데 사람들은 '인내는 쓰나 그 열매는 달다.'라는 말을 잘 알면서도 생활에 이를 적용하는 데는 인색하다는 느낌이

다. 인내는 항원이요, 열매는 항체라는 이 평범한 사실을 잘 알아야
한다. 어린이는 갖은 종류 예방 주사를 맞을 때 아프다고 울지만, 그
덕택으로 건강하고 튼튼하게 웃으며 자라, 부모에게 커다란 기쁨을
선사하지 않는가. 어른도 예방 주사를 맞으면 건강하게 행복을 누리
며 여생을 즐길 수 있지 않은가. 쓰다고 멀리하면 뒤따라오는 단맛은
영원히 찾아오지 않는다.

　너무나 복잡한 현시대에 『논어』와 『후한서』에 나오는 다음과 같
은 아주 평범한 진리를 마음에 되새길 필요가 있다.

　　한겨울의 추운 날씨가 된 다음에야 소나무와 전나무의 절개를 알 수 있
　　다[세한연후 지송백지후조(歲寒然後 知松柏之後彫)]. [『논어』 자한(子罕)]
　　세찬 바람이 불 때 비로소 쓰러지지 않는 굳센 풀을 알 수 있고, 혹심
　　하게 서리가 내릴 때 비로소 곧은 나무를 알 수 있다[질풍지경초 엄상식
　　변목(疾風知勁草 嚴霜識堅木)]. [『후한서(後漢書)』]

　군자와 선비의 기상과 절조를 추켜세우는 언사이지만, 일반 세사
에 두루 적용할 수 있는 교훈적인 말이다. 소나무, 잣나무, 굳센 풀
[경초(勁草)], 곧은 나무[변목(堅木)]의 진가는 혹독한 날씨와 세찬 바
람이 불 적에 알아볼 수 있다. 반대로 혹독한 바람과 세찬 바람(항원)
이 이들 나무와 풀을 굳건하게 만든 것(항체)이다. 참고 견뎌서 형성
된 면역이다.

　사람에게서 면역은 경험에서 오는 지혜이다. 사스, 메르스, 코로
나 다 경험이 쌓이면서 무난하게 물리쳤다. 질병 면역체계는 참는다
는 면역체계와 전혀 다를 바 없다. 면역이 질병을 물리치듯이, 참음

은 생활에 면역체계를 형성케 하고, 어떠한 어려움도 물리친다.

면역은 본래의 모습을 유지하는 기본이다. 다음 백유경(百喩經)의 일화는 시사하는 바가 크다.

옛날 어떤 어리석은 사람이 손님을 청하여 소의 젖을 모아 대접하려 하였다. 그런데 "내가 날마다 미리 소젖을 짜 두면 소젖은 점점 많아져 둘 곳이 없을 것이다. 또한 맛도 변해 못 쓰게 될 것이다. 그보다 소젖을 소 배 속에 모아두었다가 그때 가서 한꺼번에 짜는 것이 낫겠다."라 생각하고 어미 소와 새끼를 따로 매어 두었다. 한 달이 지난 후 잔치를 베풀고 손님을 맞이했다. 소를 끌고 와서 젖을 짜려 하였다. 그러나 소의 젖은 말라 없어졌다. 때에 손님들은 성을 내거나 혹은 비웃었다. [『백유경(百喩經)』 제1권 2]

원래 경전에서 비유하려는 의도는 "내게 재물이 많이 쌓이면 한꺼번에 보시(報施)하려고 하지만, 수재나 화재, 혹은 도적을 당하거나, 또는 갑자기 목숨을 잃어 보시할 시기를 놓친다."라는 뜻이다. 그런데 이 말이 참음의 면역체계와도 꼭 맞아떨어진다.

소젖을 한꺼번에 짜려고 마냥 내버려 둔다면 젖이 생기는 생리 작용을 잊어버린다. 채워져 있으면 다시 채울 필요가 없다고 스스로 작용을 멈춘다. 비우는 자체가 다시 채워지도록 하는 자극이다. 그래서 송아지가 젖 걱정 없이 자란다. 마찬가지로 고통을 견디고 억제하는 참을성도 지속적인 체계가 이루어지도록 강화해야 한다. 이 강화 방법도 일종의 훈련이다. 단지 한번 강하게 참을성이 생겼다고 해서 평생 가지 않는다. 중간중간 훈련으로 참아내는 면역성을 강화하고 유지해야 한다. 송아지가 계속 어미 젖을 빨아 끊임없이 젖이 나오도록 하는 것처럼 말이다.

온실의 철쭉을 온실 안에만 놔두면 철쭉꽃이 무성히 만발하지 않는다. 추운 날씨에 내놓았다가 다시 들여놓고를 반복해야 꽃이 무성하고, 아름답게 핀다고 한다. 일종의 주기적 강화 요법 (reinforcement)이다. 망각곡선도 강화를 통해서 잊히는 속도를 늦추어 기억으로 오래 남게 하는 것과 같은 원리다. 맞고 맞으면 맷집이 생기는 것처럼, 참고 참으면 심신(心身)이 더욱 단단해져 두려운 것이 없어진다.

지속해서 참음이라는 면역을 강화하여 강인함을 보강해야 한다. 참음이 오래 지속되도록 강화하는 방법이 무엇인지도 개발해야 한다. 무조건 참는 것이 아니고, 지속해서 참을성을 유지하기 위한 기법이 필요하다. 그래야 참음이 고통을 그 자리에 머물지 않게 하고, 생활을 기쁨으로 창조하는 일상의 다이아몬드가 된다. 참음의 면역이 강하면 고통도 어려움도 아예 접근하지 못한다.

참음은 부단한 노력이다(태도).

성공의 기본은 끊임없는 노력이다. 노력 없이 무엇을 이루려는 것은 요행을 바라는 마음으로 하늘도 용납하지 않는다. 참음, 참을성도 매 한 가지다. 참아봐야 참음이 무엇인지를 알고 참는 요령도 자연히 생긴다. 고되게 참아봐야 진정하게 참을 줄 아는 사람이 된다.

다음, 너무나도 잘 아는 이백(李白)에 관련한 일화는 가슴을 울리는 메시지가 너무나 크다.

　　미주(眉州) 상이산(象耳山) 기슭에 있을 때 세상에 전하는 말이 있었
다. 이태백이 산중에서 글을 읽다가 다 이루지 못하고, 학업을 중도에 포
기하고 떠났다. 작은 시냇물을 지나는데 노파가 쇠 절굿공이[철저(鐵杵)]
를 갈고 있는 것을 보고, 무엇을 하려느냐고 물으니 "바늘을 만들려고 하
네."라고 대답했다. 이태백은 그 노파의 의지에 감격하여 도로 돌아가 학
업을 마쳤다. 노파는 자기의 성이 무씨(武氏)라고 하였다. 지금도 시냇가
에는 무씨암(武氏巖)이 있다. [『당서(唐書)』 문예전(文藝傳)]

　'절굿공이를 갈아 바늘을 만든다.'라는 '마저작침(磨杵作針)'이란
고사가 여기에서 나왔다. 언제 죽을지 모르는 노파가 절굿공이를 갈
아 바늘을 만든다는 그 목적과 의지가 자신을 부끄럽게 만들었다. 학
문 성취뿐만 아니라 세상만사는 부단한 노력이 필요하다. 고생과 노
력 없이 성취되는 일이란 별로 없다. 참음이 부단한 노력을 조장하고
유지해 준다.

　『열자』에는 '우공이산(愚公移山)'이란 고사가 실려있다. 우공은 흙
을 삼태기에 담아 산을 옮기는 참을성을 보인다. 산을 옮기는 것은
누가 봐도 바보짓이다. 그런데 우공은 산을 옮기려 했다.

　　태행(太行)·왕옥(王屋)은 길이 700리, 높이는 만인(萬仞)이나 되는,
기주(冀州) 남쪽과 하양(河陽) 북쪽에 있는 산이다. 북산(北山)에 사는 우
공(愚公)은 나이가 90세에 가까운데도, 이 두 산이 가로막혀 돌아다녀야
하는 불편을 덜고자 집안사람들과 의논하여 산을 옮기기로 했다.
　　그는 자손과 짐을 지는 세 사람과 함께 삼태기로 발해 끝 은토(隱土)

북쪽으로 흙을 파서 날랐다. 그들은 추위와 더위 계절이 바뀌어야 한번 되돌아왔다. 하곡(河曲)의 지수(智叟)가 웃으며 말렸다. 우공은 그의 고루함을 탓하고, 내가 죽어도 자식도 있고 자식은 손자를 낳고, 그 손자는 또 자식을 낳아 자자손손 영원히 대를 잇지만, 산은 더 불어나는 일이 없지 않아 언젠가는 평평하게 된다고 말했다. [탕문편(湯問篇)]

산이 장애요 고통이라면 삼태기로 흙을 옮기는 행위는 부단한 노력이다. 우공의 행위는 얼핏 보면 무모하고 어리석다. 그런데 그의 말대로 손자의 손자, 또 그 후손 대대로 조그마한 삼태기로 흙을 옮기면, 언젠가는 산이 옮겨질 것이라는 말은 옳다. 이처럼 참을성에 시간과 공간, 부단한 노력이 하나로 개입하면 이루지 못한 일이 없다. 그런데 사람은 짧은 시간에 목적을 달성하려고 한다. 먼 미래까지 기약하면 노력의 결과를 믿으려 하지 않는다. 따라서 참을성에는 부단하게 노력하는 의지가 필요하다. 우공은 자신의 논리로 이러한 점을 강조했다. 우공의 정성에 하늘이 감동하여 천제(天帝)는 하나는 삭동(朔東)으로, 다른 하나는 옹남(雍南)으로 산을 옮겨 주었다.

참을성은 사람이 목적을 향해 노력하도록 하는 힘과 용기의 원천이다. 참음이 쌓이면 힘과 용기가 백배한다. 유몽인(柳夢寅)의 『어우야담(於于野談)』에는 자린고비가 재물 지키는 방법[수재법(守財法)]을 소개하고 있다. 자린고비가 어느 정도 지긋이 나이가 든 뒤, 마을 사람들이 부자가 되는 법을 배우기를 원했다. 어느 날, 그는 성 위에 있는 소나무 사이에 마을 사람들을 모이라고 했다.

고비는 성 위에 있는 소나무 가지가 멀리 성 밖으로 뻗어 있고, 성 밑에는 낭떠러지인 것을 보더니, 마을 사람이 그 나무에 올라, 가지를 붙잡아 몸을 늘어뜨리고 한 손을 놓고 한 손만으로 가지를 붙잡게 하였다. 그리고 좌우를 모두 물리치고 조용히 말했다. 당신 손이 나뭇가지를 잡은 것 같이 재화 지키는 것을 하면 충분할 것이오." 그리고는 한마디 말도 더 덧붙이지 않고 가버렸다.

'자린고비' 뜻은 '절인 고비(考妣)'라고 한다. 대개 제사를 지낼 때 붙이는 지방(紙榜)에 남자는 고(考), 여자는 비(妣)자를 쓴다. 그래서 지방을 고비라고 한다. 그런데 이 지방을 한 번만 쓰고 태우기가 너무 아까워, 기름에 절여 여러 번 썼다는 데서 유래했다고 한다. '자린'은 '절인'이 변화한 어형이다. '자린고비'는 부자가 되는 첫 번째 원칙인 절약을 철저히 지켰음을 의미한다. 모은 재물은 헤프게 쓰지 말고 아껴야 한다. 죽지 않으려고 낭떠러지 위에 있는 소나무 붙잡듯이 재물을 쥐라고 한 말과 통한다.

잘 알다시피 자린고비에 얽힌 굴비 이야기는 더 재미난다. 우물에 담가 놓고, 그물을 끼니마다 퍼서 국 대신 먹었다기도 하고, 밥상 위에 매달아 놓고 한 숟가락씩 밥을 입에 넣으며 한 번 쳐다보고, 너무 오래 쳐다보면 "이놈아! 짜다, 짜다."라고 말했다고 한다. 이보다 더한 버전이 생겼다. 장에 갔다 오다가 종이에 싸인 뭉텅이를 주어 뜯어 보니 그 속에 크고 싱싱한 굴비가 있었다. 자린고비는 도로 싸서 집에 가져가지 않고 "예끼! 밥 도둑놈" 하며, 길바닥에 내팽개쳐 버렸다고 한다.

지독하게 참지 않으면 아낄 수 없다. 옛날에는 대개 다 아껴서 부자가 되었다. 아끼는 것도 고통을 절제(節制)하는 참을성의 모습이다.

재물을 아끼고 꽉 힘주어 잡는 것처럼 참을성도 그렇게 하지 않으면, 삼베옷에 방귀 빠지듯 도망간다. 이같이 참음, 참을성은 별다르게 노력해야 유지할 수 있다. 작심삼일(作心三日)이면 안 된다. 한번 손아귀에 넣으면 낭떠러지 위 소나무 가지를 꽉 잡듯 놓지 말아야 한다.

이제는 잊힌 약이지만 살바르산(Salvarsan)은 606호라고 부르기도 한다. 육백여섯 번만의 실험 끝에 성공했다고 해서 붙여진 이름이다. 대단한 집념으로 탄생한 세계 최초의 화학 요법제 약이다. 에디슨은 주위에서 그의 천재적 자질을 칭송하는 말을 들으면, "천재는 1%의 영감과 99%의 땀이다."라고 말했다. 이처럼 참아내는 노력은 결단과 뚝심을 요구한다.

금강석은 고열과 압력을 견디고 탄생한다. 금강석같이 단단하고 값나가는 인생을 꾸려나가려면, 그와 맞먹는 참음과 노력이 있어야 한다. 지혜의 상징인 거미는 수십 번 노력 끝에 자기 집을 완성한다. 이쪽과 저쪽의 연결은 한두 번의 시도만으로 성취되지 않는다. 거미는 성공할 때까지 반복해 노력함으로써 작품을 완성한다. '열 번 찍어 안 넘어가는 나무는 없다.'라는 속담은 부단한 노력을 강조한다. 태산이 높다 하되 하늘 아래 메일 뿐이다. 우리의 삶은 넘어졌다 다시 일어나는 오뚝이 인생이라 해도 틀린 말은 아니다. 넘어지면 다시 일어나야 한다. 이것이 참음의 출발이며 궁극의 목적이다.

첫술에 배부를 수 없다. 새도 단번에 하늘 높이 날지 못한다. 어미새 보호 아래 둥지에서, 둥지 밖에서도 수없이 연습하고 나서 하늘로 비상(飛翔)한다. 냇가, 강가에는 둥글둥글하게 생긴, 주머니에 넣고 싶은 돌들이 널려 있다. 물이 바위를 깎아 둥글고 매끈한 조약돌과 자갈을 만든다. 떨어지는 물이 바위를 뚫는다. 부드러운 물이 수억 년에 걸쳐 이룩한 부단히 노력하고 참아낸 모습이다.

천재도 노력을 능가하지 못한다. 느린 새는 먼저 시작해야 한다. 바위도 매일 쉬지 않고 닦으면 보석이 될 수 있다. 노력을 강조하는 동양의 교육관이다. 그런데 '부단한 노력'과 '무작정 노력'은 다르다. 부단한 노력은 정도와 원리로 목적을 향하여 꾸준히 전진한다. 참음의 '존재 법칙'과 원리를 알아서이다. 막무가내(莫無可奈)식 무작정 노력은 방향성이 없어 힘만 키고 결과가 없다.

백 년 안팎에 불과한 인생의 고달픔이 뭐 그리 대단하고 견디기가 어려운가. 어려서 코 찔질이 친구들과 '나무를 심고 나무가 자라는 대로 뛰어넘기를 하면 나무 키만큼 뛰어넘을 수 있다.'를 두고 논쟁한 기억이 난다. 뛰어넘을 수 없다는 결론인데도 그 가능성을 동경한 마음이 지금도 생생하게 남아 있다. 그때는 무엇이든지 할 수 있어 보였다.

참을성과 가능성이 똘똘 뭉치면 안 될 일이 없고, 무한하게 가치를 창조한다. 부단한 노력으로 참음을 금강석으로 만드는 일은 참는 주체 자신이다. 부단하게 참고 견디면 진정한 사람이 된다.

4.
참음은
행복의 원력(原力)이다

원력(原力)은 '본디부터 가지고 있는 기운, 근원이 되는 힘'을 말하고, 본인이 그렇게 되려고 하는 원천적인 노력이 항상 뒤따라야 한다. 원력은 궁극에서 '바라는 바를 이루는 힘' 원력(願力)과도 통한다. 여기에서 언급하는 '씨앗', '마중물', '수레바퀴', '소금', '빛', '뿌리', '길', '다리', '어머니'는 참음을 삶의 생활력으로 실체화(實體化)하는 원력이다. 즉, 참음의 단순한 속성과 추상적인 개념을 객관화하여, 실제 눈에 보이도록 형상화하는 말이다. 행복하기 위해 마음가짐을 하는 모티브다. 이들 말을 항상 마음에 담고 강한 의지로 참고 노력해야 행복이 손짓한다.

견디고 다스리고, 억누르고 기다리는 참음(인내)이란 속성은 이들 말이 표상하는 의미와 가치 속에 행복을 구체화한다. 여기에서 '행복'은 희망, 사랑, 즐거움, 기쁨, 보람 그리고 성공, 믿음, 꿈, 이룸, 미래 등을 포함하는 넓은 의미의 말이다. 이들 각각의 말들이 다 중요하지만, '어머니'는 참음이 행복을 불러오는 최고 경지요 가치로서,

어느 것에 비교할 데 없이 경이롭고 숭고하다.

참음은 행복의 씨앗이다.

흙이 썩어야 '씨앗'이 움튼다. 썩은 씨앗이 움튼다. 씨앗이 썩어야 움트고 힘차게 자란다. 환경을 이기고 굳세게 자라야 많은 열매를 맺는다. 어떻게 보면, 이는 씨앗이 썩어 열매를 맺기까지 참아내는 과정이라 하겠다. 그런데 열매는 행복의 결실(結實)이다. 그러므로 참음이 행복의 씨앗이 되려면, 씨앗의 개념부터 정확히 잘 알 필요가 있다.

지구상 모든 생명체는 본능적으로 자신의 다음 세대를 갈망한다. 동물, 식물 구분 없이 미래에까지 존재를 지향하는 욕망은 자연 현상으로 가시화된다. 종자(種子) 번식 본능으로 자자손손 세상을 이어가는데, 이는 씨앗이 존재하는 이유다. 씨앗의 사전적 의미는 다음과 같다.

① 곡식이나 채소 따위의 씨
② 앞으로 커질 수 있는 근원을 비유적으로 이르는 말
③ 어떤 가문의 혈통이나 근원을 낮잡아 이르는 말 (표준국어대사전)

일반적으로 ①을 씨앗이라고 부른다. 어쨌든 ①~③ 뜻풀이는 모두 미래를 품고 있는 말이다. 특히, ②의 풀이에 주목이 간다. 의미를 좀 확장하면, '앞으로 커질 수 있는, 어떤 일이나 상황의 근원, 원인, 계기, 바탕'을 비유적으로 '씨앗'이라고 할 수 있다.

씨앗은 싹이 터서 새로운 식물이 될 수 있는 정교하고도 잠재적인 생명체다. 지구에 생명체가 존재하면서, 식물은 씨앗의 생태 능력과 매우 밀접하게 진화했다. 특히, 속씨식물의 등장으로 씨앗의 진화가 지구 식물 생태계를 혁명적으로 바꾸었다. 대부분 소철류, 은행 등 겉씨식물이 주류를 이루었다가 백악기 중반에 속씨식물이 등장했다. 겉씨식물과는 달리 속씨식물은 꽃을 피워서 중복 수정이 가능하고, 이에 따라 번식 주기도 몇 주로 짧아지게 되었다.

아름다운 색깔의 꽃은 향기와 꿀을 제공하여 곤충을 불러들이고, 곤충은 꿀을 얻는 대신 꽃가루를 이 꽃, 저 꽃으로 옮겨 수정을 확실하게 한다. 보고 듣지도 못하는 식물이 이러한 번식 체계를 형성한 것은 신비의 극치다. 동물처럼 식물도 눈으로 보고 생각하는 대로 진화하는 듯하다.

이뿐만이 아니다. 씨앗을 퍼뜨리는 방법은 자연의 섭리라고만 하기에는 너무나 신의 손이 관여한 듯 미묘하다. 씨앗의 겉모양은 생식(生殖) 본능과 아주 밀접하다. 사과, 앵두 등은 보호 육질이 두텁고 먹음직스럽게 생겨 들·날 짐승이 먹고 배설물에 묻혀서, 반대로 호두는 딱딱한 껍질을 활용하여 물에 흘려서 본래의 장소를 떠나 멀리 보낸다. 민들레나 소나무는 바람에 잘 날아가는 모양을 갖추고, 도깨비바늘과 도꼬마리 등은 갈고리나 미늘로 동물(사람)에 붙어서 딴 장소로 자연스럽게 이동한다. 근거리 이동으로 도토리나 굴밤은 잘 구르도록 둥글게 생겼고, 콩이나 봉숭아처럼 꼬투리가 터져 멀리 보내 종족을 사방으로 퍼지게 한다. 다윈이 말한 '생존경쟁', '생존을 위한 노력'의 한 양상이다.

씨앗은 껍질의 생김새와 크기, 색깔도 천태만상(千態萬象)이다.

바다 야자처럼 아주 큰 씨앗으로부터 작은 겨자 씨앗, 아주 작아 현미경으로 보아야 잘 보이는 난초 씨앗 등 크기도 제각각이다. 껍질은 일반적으로 연하고 매끈하지만, 볍씨처럼 거칠하거나 호두처럼 아주 단단한 것도 있다.

모양과 크기와는 관계없이 모든 씨앗은 그 자체에 생명력을 지니고 있다. 광합성을 하지 않고도 이미 가지고 있는 영양분으로 스스로 배아를 틔워 자란다. 이처럼 씨앗은 자기를 키워준 주인과 분리되어 스스로 독립할 수 있는 능력도 갖추었다. 오묘한 자연의 섭리다.

수천 년 인류 역사에서 우리와 가장 가까웠던 씨앗의 하나가 목화라고 한다. 목화는 표피세포가 왕성하게 자라서 섬유세포가 되고, 씨앗을 포근하게 감싸 잘 보이지 않게 한다. 씨앗을 안전하게 보호하고 퍼뜨리기 위해서다. 이러한 의도로 생긴 섬유세포를 무명실로 자아 당목(唐木), 광목(廣木)을 짜서 인류의 생존에 커다란 일익을 담당해 왔다.

목화씨를 빼는 도구를 '씨아[교거(攪車)/연거(碾車)]'라고 부른다. 씨아의 손잡이를 '씨아손[도괴(掉拐)]'이라 하고, 씨아로 목화의 씨를 빼는 일을 '씨아질'이라고 한다. '씨앗'에서 파생한 순우리말의 조합에 애정이 간다. 솜털을 씨아에 넣고 돌리면 보송보송하게 솜 뭉치는 뒤로, 목화씨는 앞으로 빠진다. 어렸을 때만 해도 사랑방에 씨아가 있었고, 씨아손을 돌려 씨아질을 돕기도 했다. 그때에는 물레를 자아 실을 직접 뽑고, 베틀의 날실에 씨실로 북을 찔렀다 빼며 베를 짜는 할머니 모습을 흔히 볼 수 있었다. 열심히 세상을 살아가시는 참음의 모습이 선명히 떠오른다.

곰이 활동을 멈추고 겨울잠을 자듯이, 씨앗도 환경에 따라 다양한 휴면 기간을 유지한다. 식물이 사는 기간과 아주 밀접하기 때문이다. 불확실한 미래를 대비하여, 노르웨이 스발바르 국제종자저장고(Svalbard Global Seed Vault)에는 현재 세계 각국에서 보내온 약 450만 종의 씨앗을 보관하고 있다.

동물의 씨앗은 경쟁에서 승리해야 미래가 보인다. 그 많은 경쟁자 중에 승리자는 단 하나다. 벌이나 특히 거미는 목적을 쟁취하면 잡아먹혀 죽는다. 자연의 원리가 너무 매정해 보인다. 식물은 생존을 위해 동물의 그것 이상이다. 자체 무한한 생명력과 안전장치를 개발하고, 심지어 곤충 등 동물과 공생하며 현재에 이르고 있다. 그 슬기가 사람 못지않음에 찬탄하지 않을 수 없다.

이러한 오묘한 존재의 씨앗을 성현들은 그 의미를 더욱 확장하였다. 다음과 같은 성경 말씀은 자연의 원리를 영생과 천상의 원리로 바꾸어 생명의 가치를 무한으로 넓혔다. 씨앗의 지상 의미를 천상의 높은 가치로 승화시켰다.

"하느님의 나라는 사람이 씨앗을 땅에 뿌림과 같으니, 밤낮 자고 깨고 하는 동안에 씨앗에서 싹이 나고 자라되, 사람은 어떻게 그렇게 되는지를 알지 못한다. 땅이 스스로 열매를 맺되 처음에는 싹이요 다음에는 이삭에 충실한 곡식이 된다." (마가복음 4:26~28)
"하늘나라는 마치 겨자씨와 같다. 어떤 사람이 겨자씨를 가져다가 자기 밭에 심었다. 이 씨는 다른 어떤 씨보다도 작다. 그런데 이것이 완전히 자라면, 다른 어떤 풀보다도 더 큰 식물이 된다. 그러면 하늘의 새들이 와서, 그 가지에 둥지를 틀 수 있게 된다." (마태복음 13:31~32)

두 복음서를 연결, 인용하여 의미를 한층 더 넓혀 보았다. 하늘나라를 사람이 땅에 씨앗을 뿌리는 것에 비유하였다. 겨자와 같은 작은 씨도 밭에 심으면 더 큰 식물로 자라나 큰 가지를 내고, 다른 것 못지않게 제 역할을 다한다. 하늘나라는 다름 아닌 새들이 깃드는 둥지 같은 집처럼 아늑하고 편안하다. 밭에 좋은 씨를 뿌리는 이를 인자, 밭은 세상, 좋은 씨는 하늘나라의 모든 아들에 비유하여 이 세상에서 겨자씨 뿌리는 인자가 도래했음을 암시한다. 예수는 씨앗에 또 다른 차원의 말씀을 이어간다.

"'인자'가 영광을 받을 때가 왔도다. 내가 진실로 너희에게 이르노니, 한 알의 밀이 땅에 떨어져 죽지 아니하면 한 알 그대로 있지만, 죽으면 많은 열매를 맺는 법이다. 자기 생명을 사랑하는 자는 생명을 잃어버릴 것이요, 이 세상에서 자기 생명을 미워하는 자는 영원히 생명을 보존하리라." (요한복음 12:23~25)

죽음을 예상한 예수가 자기의 죽음이 어떤 의미를 지니는지 무지한 사람들에게 알려주는 말씀이다. 한 알의 밀이 땅에 떨어져 썩어야 많은 열매를 맺듯이, 하느님은 예수에게 천둥소리와 천사의 말을 통하여 한 알의 밀알이 되는 영광을 내리셨다. 그리하여 "'인자'가 도대체 누구십니까?"라는 질문에 "빛이 잠시만 더 너희와 함께 있을 것이다. 빛이 있을 때 다니면, 너희는 어둠에 사로잡히지 않을 것이다.… 너희에게 아직 빛이 있을 동안에 빛을 믿어라. 그러면 너희는 빛의 아들이 될 것이다(요한복음 12:35~36)."라 답하고 잠시 몸을 숨겼다.

이루 말할 수 없는 고귀한 뜻을 지닌 '겨자씨'와 '한 알의 밀알'을 씨앗의 의미에 포함하고자 한다. 아주 작으면서 더 큰 목적을 지향하고, 자기를 희생함으로써 더욱 큰 가치를 유발하는 씨앗을 고통, 참음과 결부시켜 보고 싶어서이다. 고통을 참아내는 씨앗은 행복으로 연결된다. 즉, 참음은 참음 자체로 끝나지 않는다. 참음은 대가(代價)로 이어지는데, 그 첫째가 행복의 결실(結實)이다. 참음은 행복의 근원이요, 원인, 계기, 바탕이 되는 씨앗이다. 그것도 평범한 것 이상의 굳건한 바탕이다. 이처럼 씨앗은 자연 순환 원리 그 이상의 의미를 행복으로 제공한다.

최향섭 시인의 〈꽃씨 속에는〉 시는 씨앗에 대한 통찰의 혜안이 우주의 신비로까지 연장된다.

조그만 꽃씨 속에는/ 꽃과 줄기와 잎이 들어 있고/ 자기를 닮은 꽃도 함께 들어 있고/ 우주의 신비도 들어 있습니다.

우리가 살아가는 현재 속에도/ 우리의 미래가 배태하여 있습니다.

씨앗 속에 꽃이 들어 있듯이/ 현재 속에는 미래의 희망이/ 곱게 깨어날 날을 준비하고 있습니다.

씨앗을 땅에 심지 않으면/ 싹이 틀 수 없는 것처럼/ 현재의 시간도 우리 마음속에서/ 껍질을 벗으려고 분발하지 않으면/ 시간에게 희망을 걸지 않으면/ 희망의 씨앗은 싹이 틀 수가 없습니다.

씨앗에는 신성이 깃들어 있으니/ 뿌리고 가꾸는 손과 마음도 신성해야 합니다./ 꽃씨 속에는 고이고이/ 과거-현재-미래가/ 아름답고 거룩하게 간직되어 있습니다.

이 꽃씨의 운명을 주재하는 바로 당신/ 사랑으로 가꾸고 보전하십시오./ 조그만 꽃씨에도 믿음과 약속이 있습니다.

싹이 나오든 안 나오든/ 예쁜 꽃이 피어나든 그렇지 않든/ 그건 바로 당신의 손에 있습니다.

마음에 영원히 간직하고픈 감동의 울림이다. 씨앗의 생존 이치도 이렇게 오묘한데, 사람으로서 멍멍하게 가만히 있으려고만 한다면 어찌 영장류라고 하겠는가. 씨앗은 하나의 우주다. 꽃씨 속에는 우주의 모든 것이 들어 있다. 신비, 미래, 희망, 신성이 깃들어 있고, 아름다움, 사랑, 운명, 믿음과 약속이 항상 손짓한다. 싹이 트고 예쁜 꽃이 피는 것이 당신의 손에 달려 있다. 씨앗처럼 희망이 가득한 운명의 주재자는 바로 당신이다. 그러므로 좋은 씨앗을 이웃에게 나누어 주고 행복을 함께 누려야 한다.

참음이 있어 '내'가 있고, 행복이 있다. 행복해지려면 참아야 한다. 참음은 씨앗이 지니는 생태적 진리를 행복으로 연결한다. 그런데 참는다는 문제를 행복과 연결하는 데는 지혜가 필요하다. 그 지혜가 씨앗을 찾아 심는 것이다. 씨앗을 뿌리지 않고 행복을 찾는 것은 땅과 하늘이 용납하지 않는다.

참음은 행복의 씨앗이다. 사람은 씨앗처럼 살면서 자신이 행복의 씨앗인 줄 모른다. 참음은 자신이 행복의 씨앗인 줄 알게 한다. 그러므로 우리는 모두 참음의 씨앗이 되어 행복하게 살도록 노력해야 한다.

참음은 행복의 마중물이다.

'큰물'을 지하에서 지상으로 끌어올리는 데는 한 바가지 '마중물'이 필요하다. 큰물을 끌어 올리는 마중도 한 바가지 물이다. 사람처럼 물도 마중을 나간다. 마중물이 없으면 저 깊은 곳에서 솟아오르는 큰물을 마중할 수 없다.

요즈음에는 오는 사람을 나가서 맞이한다는 '마중', '마중 간다'라는 말을 잘 사용하지 않는다. 그 옛날 시골에서는 마중을 나갔다. 특히, 장에 가신 아버지, 어머니 마중은 가슴을 설레게 했다. 마중 나오는 자식을 위해 먹을 것과 선물을 사 오셨기 때문이다. 마중은 자식으로서 도리지만, 부모로서는 반갑고 흐뭇하여 저만치서 자식 이름을 정겹게 부르시며 달려오셨다. 자식을 키우는 보람과 부모를 섬기는 '어엿한 마음'이 서로 만나는 순간이다.

지금은 시골에서도 구경하기 어렵지만, 옛날 웬만히 사는 집에는 펌프가 있었다. 펌프질을 멈추고 사용하지 않을 때는 중력으로 물이 저 밑 지하수로 빠져 내려간다. 이때 다시 물을 끌어 올리기 위해 먼저 위에 붓는 물을 '마중물(priming water)'이라고 한다. 마중물이 공기 압력을 조절하여 땅속 깊이 고여있는 지하수를 지상 위로 끌어올린다.

마중물은 한 바가지면 충분하다. 그런데 한 바가지의 물은 수 갑절이나 되는 물을 끌어 올리는 힘을 제공한다. 지닌 뜻대로 마중하는 물이다. 그런데 그 마중의 결과는 엄청나다. 마중 나온 자식을 위해 사 온 선물의 엄청난 기쁨처럼 말이다.

마중물은 '달마중' 말과 상호 작용에서 의미가 통한다. 정월 대보름에는 연 끈을 끊어 보내듯 재앙을 저 멀리 보내고, 가족의 행복과 평안을 기원하기 위해 달맞이를 나갔다. 쟁반과 같이 환하고 커다란 둥근 달을 맞이하면, 가슴도 확 트여 밝아지고 세상도 내 것인 양 마냥 즐거웠다. 어른들은 어린 자식에게도 귀밝이술[이명주(耳明酒)]을 마시게 했다. 마중물은 보름달을 맞이하는 희망의 마음과 똑같다.

마중물은 물이 지닌 덕성에 한 가지를 더한 역할을 한다. 물은 생명을 탄생시키고 유지하는 근원이다. 그래서 절대자는 인간에게 물을 무한정으로 사용할 수 있는 환경을 만들어 주었다. 천지(天地)가, 사람 사는 주위가 다 물이다. 사람의 인체 구조도 70% 이상이 물이다. 그래서 물의 덕성은 사람의 덕성이 되었다.

공자는 『논어』에서 "지나가는 것들이 흐르는 물과 같구나. 밤낮없이 쉬지 않는구나[자한(子罕) 16]!"라고 하여 세월의 빠름을 밤낮없이 흐르는 물에 비유하였다. 맹자는 이를 원용하여 "근원의 샘물은 졸졸 끊임없이 밤낮을 가리지 않고 흘러, 파인 구멍을 채우고 난 후에 앞으로 나아가서 사방의 바다에 도달한다[이루장구(離婁章句) 하]."라고 하였다. 군자의 인간상을 물의 덕성과 비교하며 찬양한 것이다.

노자도 『도덕경(道德經)』에서 물의 덕성을 극찬하였다.

최고의 선은 물과 같다[상선약수(上善若水)]. 물의 선함은 만물을 이롭게 하지만, 다투지 않고 모든 사람이 싫어하는 곳에 처신한다. 그러므로 도에 가깝다고 한다. [8장 역성(易姓)]

강과 바다가 모든 계곡의 왕자가 될 수 있는 까닭은 그것이 낮은 자리를 차지하고 있기 때문이다. 그래서 모든 계곡의 왕자가 될 수 있는 것이다. [66장 후기(後己)]

천하의 부드럽고 약한 것으로는 물보다 더한 것이 없다. 그러나 굳고 강한 것을 공격하는 데는 물보다 나은 것을 알지 못한다. 그 무엇으로도 물에 대신할 만한 것은 없다. [78장 임신(任信)]

노자는 물을 인간 만사에서 최고의 선(善)으로 보았다. 플라톤이 최고로 삼은 '선의 이데아'와 상통한다. 다투지 않고 남들이 싫어하는 곳에 안주한다. 겸손하여 언제나 몸을 낮추어 바다로 향한다. 세상에 여기저기 가득하고 지극히 부드럽고 유약해 보이지만, 물보다 강한 것은 없다. 노자는 이러한 물의 덕성을 인간이 살아가는 방도이며, 인위를 멀리하는 표본으로 여겼다.

불경에도 물의 여덟 가지 덕성[팔공덕수(八功德水)]을 찬양하였다.

> 극락에는 일곱 가지 보석으로 된 연못이 있는데, 그 가운데에는 여덟 가지 공덕이 있는 물로 가득하다. 호수 바닥은 순금 모래로 이루어져 있고, 그 기슭에는 금, 은, 유리와 수정으로 만들어진 길이 놓여 있다. [불설아미타경(佛說阿彌陀經)]

극락정토 연못의 물과 수미산을 둘러싸고 있는 칠내해(七內海)에 채워진 물이 지닌 여덟 가지 공덕은 경전마다 조금씩 다르다. 그러나 대개 달고[감(甘)], 차고[냉(冷)], 부드럽고[연(軟)], 가볍고[경(輕)], 맑고[청정(淸淨)], 냄새가 없고[무취(無臭)], 마실 때 목을 손상하지 않으며[음시불손후(飮時不損喉)], 다 마시고 나서는 배가 아프지 않음[음이불상복(飮已不傷腹)]이라 한다.[34]

극락정토나 수미산 주위 물이라 하지만, 사바세계에 사람이 살아가는 데 도움을 주는 물의 덕성과 차이가 없다. 이렇게 물의 공덕은 지상의 것이 천상으로까지 연장된다. 이것도 또 하나 물의 덕성이다. 강물은 바다로 흘러 들어가 그 넓은 자비의 품에 안기고, 이 언덕에

---

34 『칭찬정토경(稱讚淨土經)』에는 '맑고 깨끗하고[징정(澄淨)], 신선하고 시원하고[청냉(淸冷)], 달콤하고[감미(甘味)], 부드럽고[경연(輕輭)], 윤택하고[윤택(潤澤)], 온화하고[안화(安和)], 배고픔과 갈증을 없애 주고[제기갈(除饑竭)], 신체의 여러 부분을 성장시킴[장양제근(長養諸根)]'이라고 하였다. 『불교대사전』(편자 길상(吉祥), 홍문원, 2008)을 참조 바람(pp.2662~2663.)

서 물을 건너 저 언덕을 넘으면 고통이 없는 세계에 이를 수 있다. 진 흙탕 물속에 뿌리를 내린 연꽃은 하늘을 향하여 극락의 물과 연결해 준다. 천상과 천하의 물도 같은 물이다.

예수는 요한에게서 세례를 받았다. 지금까지의 죄악을 씻는다는 의식으로 세례(영세)를 받을 때 성수를 사용한다. 물에 담갔다 일어나면 새로운 생명의 탄생이다. 물은 심신을 정화하고 신에게 다가가는 영혼의 분신이다. 그래서 꼭 물로 손을 씻고 예배에 참석한다. 예수는 물 위를 걸어 지상의 고통을 천상의 사랑으로 감쌀 수 있음을 보여주었다. 요단강을 건너면 새로운 삶의 탄생으로 영원한 세계로 들어간다. 이처럼 물은 하느님의 은총과 축복이고, 영원한 생명의 근원이며 매개이다.

이슬람에서도 "알라의 옥좌는 너희들 중 누가 제일 훌륭한 행실을 하는가를 시험하기 위해 물 위에 있었다(『코란』 11:7)."라고 하고, "물에서부터 우리(알라)가 모든 생명을 창조했다는 것을 믿지 못하느냐(『코란』 21:30)."라고 하여 물은 생명의 근원, 사랑, 영지(靈知), 정화, 생명, 평등을 상징한다. 언제나 물은 진실하고 변함이 없다. 그래서 모스크에 들어서면 반드시 손을 씻고 참배한다.

이처럼 모든 종교를 초월하여 물을 생명의 근원으로 탄생, 재생, 영혼, 정화 등과 관련하여 중요시하였다. 이상 설명한 물의 덕성을 참조하고, 이 밖에 성인, 군자의 인격과 합치하는 물의 덕성을 종합해 보면 다음과 같다.

물은 낮은 마음으로 항상 아래로 흐른다. 대상의 귀천을 가리지 않고 적시고 감싸준다. 공간(구멍)이 다 차야 넘쳐흐른다. 더러운 것 가리지 않고 씻어준다. 변화시키는 대로 모양이 변한다. 감추는 것 없이 속을 보여준다. 빛깔이 좋고 나쁨을 따지지 않고 물들이는 대로 물든다. 깨끗하고 더러운 것 가리지 않고 모두 포용한다. 언제 어디서나 만물의 목마름을 해소해 준다. 더우면 땀이 되어 시원하게 해준다. 기쁘거나 슬프거나 눈을 통해 같은 모양으로 감정을 표현하게 한다.

뜨겁다고 불평하지 않고 음식을 익혀준다. 자기를 희생해 불을 끈다. 모든 생명의 근원이다. 생물의 성장을 도와준다. 형태를 바꾸어(구름, 안개, 비, 폭포, 얼음 등) 자연의 아름다움을 더해 준다. 자연의 한 부분으로 본분을 다한다. 자연의 변화에 순응한다. 하늘, 지상, 지하 어느 곳이든지 도달하여 맡은 역할을 다한다. 때에 따라 온화하기도, 용감하기도 포악하기도 하다. 주위와 조화를 이뤄 따듯하기도 차기도 한다. 고여있기도 퐁퐁 솟기도 한다.

마중물은 이러한 물의 덕성을 모두 지니고 더 큰 일을 마중한다. 비록 한 바가지 물이지만, 종자(宗資)가 되어 좋은 일을 끌어온다. 참음은 행복의 마중물이다. 참음은 행복을 마중 나간다. 작은 참음이 큰 참음이 되고 커다란 행복을 끌어온다. 참음은 마중물처럼 달려 들어오는 행복을 기꺼이 맞이하여 받아들이고 기른다.

'**마중물 작용**', '**마중물 효과**'란 용어도 사용할 수 있다. 마중물은 최소의 노력으로 최대의 효과를 거두는 '경제원칙'을 준수한다. 여기에도 참음이 개입해야 작용과 효과가 드러난다. 마중물은 희생과 봉사의 화신이기 때문이다. 참음은 마중물처럼 더 큰 행복을 끌어오고, 세상을 행복으로 뒤덮는다. 그런데 사람은 참아내야 마중물이 된다. 참음이 행복의 마중물이 되게 한다. 그리하여 마중물은 모든 것을 받아들이고 포용하는 행복의 바다에 이른다. 마중물은 바닷물과 만나면서 행복을 더 없이 넓히며 본연의 임무를 완성한다.

참음은 행복의 마중물이다. 사람은 마중물처럼 살면서 자신이 행복의 마중물인 줄을 모른다. 참음은 자신이 마중물임을 알게 한다.

참음은 행복의 수레바퀴다.

진흙탕에서 수레바퀴는 힘차게 구른다. 자갈길에서 수레바퀴는 더욱 요란하고 세차다. 세차게 굴러야만 앞으로, 사방으로 나아갈 수 있다.

수레바퀴 이용은 문명의 전환을 가져왔다. 바퀴 발명 이전에는 통나무 굴대를 이용하여 물건을 이동하였다. 하지만 노력과 에너지가 상당히 필요하여, 자연스럽게 바퀴를 고안하게 되었다. 수레바퀴의 역사는 기원전 3500년경 메소포타미아에서 발견된 전차용 원판 바퀴로 거슬러 올라간다. 이후 이집트 등 다른 지역으로 전래하였다.

수레가 완전한 모양을 이루려면 수레바퀴는 필수적 구성요소이다. 다른 부분은 조금 부족해도 눈에 잘 띄지 않지만, 바퀴가 없으면 완전한 수레라고 할 수 없다. 그리고 바퀴를 이루는 요소 어느 하나만 없어도 굴러가지 못한다. 굴대, 굴대 축, 안쪽 바퀴[내륜(內輪)], 바퀴살, 바퀴 테[외륜(外輪)] 등이 서로 협동, 협조해야만 굴러간다.

굴러가는 모든 것을 바퀴라고 한다. 이동 수단인 유모차, 자전거는 물론 승용차, 전철은 바퀴가 없으면 무용지물이다. 비행기가 지상에 착륙하려면 브레이크가 잘 듣는 튼튼한 특수 바퀴가 있어야 한다.

공장 설비나 문명의 이기 대다수는 모두 굴러가는 것이다. 그러므로 바퀴를 빼놓으면 사람이 문명 생활을 할 수 없다. 이른바 문명의 핵심에 바퀴가 존재한다. 그래서 예로부터 수레바퀴를 소중히 여기듯, 바퀴 만드는 장인(匠人)을 대접해주었다.

장자는 글 읽는 것이 부질없음을 논하면서 수레바퀴장이의 말을 활용하고 있다. 제(齊)나라 환공(桓公)이 대청에서 글을 읽고 있을 때, 뜰 아래서 수레바퀴를 깎고 있던 수레바퀴장이 윤편(輪扁)이 환공에게 '돌아간 성인의 말씀을 적은 책은 옛날의 찌꺼기에 불과하다.'라고 반문했다. 이 말을 듣자 환공이 벌컥 화를 내며, 근거를 대지 못하면 죽여 버리겠다고 하자 다음과 같이 말했다.

> "저는 제가 하는 일로써 그 일도 관찰할 것입니다. 수레바퀴를 깎을 때 엉성히 깎으면 헐렁해져 견고하게 되지 않고, 꼼꼼히 깎으면 빠듯해져 서로 들어맞지 않습니다. 엉성하지도 않고 꼼꼼하지도 않게 하는 것은 손의 감각에 마음의 호응(呼應)으로 결정되는 것이지, 입으로 말할 수는 없는 것입니다. 거기에는 법도가 존재하기는 합니다만, 저는 그것을 저의 아들에게 가르쳐 줄 수가 없고, 저의 아들도 그것을 제게서 배울 수가 없습니다. 그래서 나이 칠십의 노인이 되도록 수레바퀴를 깎게 된 것입니다. 옛날 사람과 그의 전할 수 없는 정신은 함께 죽어버린 것입니다."
> [『장자(莊子)』 천도(天道)]

장자는 세상에서 귀중히 여기는 글은 말에 지나지 않고, 말이 귀중한 것은 뜻이 있어서라고 하였다. 그런데 뜻이 추구하는 것은 말로 전할 수 없다고 하면서 윤편의 입을 빌려 이를 설명하려 했다. 수레바퀴는 엉성하지도, 꼼꼼하지도 않게 다듬어야 하는데, 이는 손의 감각과 마음의 호응(呼應)으로 하는 것이지, 입으로는 말할 수 있는 성질이 아니라는 것이다.

여기에서는 이러한 주장의 옳으냐 그르냐를 떠나, 수레바퀴를 만드는 데에는 글과 말의 뜻으로 표현할 수 없는 기술이 필요하고, 자식한테도 전할 수 없는 법도가 있다는 데에 관심을 가져 보고자 한다. 즉, 수레바퀴는 굴러가는 단순한 이동 수단으로 보이지만, 그것을 굴러가게 만드는 기술은 성현의 고리타분한 말씀과는 비교도 할 수 없는 유일무이(唯一無二)의 법도가 있다는 주장이다. 수레바퀴는 굴러가는 물리적 실체보다 그 모양새에 들어있는 법도가 중요하다고 말한 것이다. 법도가 수레바퀴 위상을 우주 원리로까지 끌어올린 것이다.

소순(蘇洵)은 〈명이자설(名二子說)〉에서 자식 이름 짓은 이유를 수레 구조와 결부하여 설명하고 있다.

수레바퀴[륜(輪)]와 수레바퀴 살[복(輻)]과 수레 덮개[개(蓋)]와 수레 뒤의 가로 나무[진(軫)]는 모두 수레에서 맡은 구실이 있으나, 수레 앞 가로 나무[식(軾)]만은 홀로 하는 일이 없는 것 같다. 그러나 수레 앞 가로 나무를 없애 버리면, 나는 그것이 온전한 수레가 된다고는 보지 않는다. 식아! 나는 네가 겉치레를 하지 않음을 두려워한다.

천하의 수레는 수레의 바퀴 자국[철(轍)]을 따라가지 않음이 없다. 그런데 수레의 공로를 수레바퀴 자국은 끼어들어 말하지 않는다. 그렇지만 수레가 넘어지고 말이 죽어도 재난이 수레바퀴 자국에는 미치지 않는다. 이 수레바퀴 자국은 화(禍)와 복(福)의 사이에 있는 것이다. 철아! 나는 네가 화를 면할 것임을 알겠구나.

바퀴는 수레를 이루는 다른 부분과 협력해야 제 기능을 발휘한다.

소순은 수레 여러 구성요소에서 있으나 없으나 표시 나지 않는, 수레 앞 가로 나무를 닮으라고 장남 이름을 소식(蘇軾)이라 지었다. 수레 바퀴는 지나가면 꼭 자국을 남기는데, 수레의 공을 논할 때는 더불어 말하지 않는다고 하여, 둘째는 소철(蘇轍)이라 하였다. 그런데 실은 두 아들은 모난 성격으로 정치에 연루되어 유배당하거나 유랑했는 데, 아버지가 두 아들의 성격을 미리 잘 파악하고 이름을 붙여 주어, 이를 예방하고자 했던 모양이다.

어쨌든, 수레바퀴를 포함하여 수레는 여러 구성요소가 맞대어야 만 제구실을 한다. 구성요소 모두가 맡은 구실을 제대로 해야 완전한 수레가 된다는 말이다. 문학적 발상이지만 〈명이자설은〉 수레를 전 체로서의 부분과 부분으로서의 전체를 파악하게 한다. 이 세상의 모 든 존재가 연기법(緣起法)으로 존재하듯이 수레도 마찬가지다. 그런 데 수레의 제대로 된 구실은 수레바퀴에 달려 있다. 느리게, 아니면 빠르게 굴러가든 굴러가야 수레라고 한다. 그래서 수레라는 이름도 바퀴가 제공한 명명(命名)이라고 해도 과언이 아니다.

수레바퀴와 연관하여 참음과 행복의 관계를 생각해 보면 사리가 맞아떨어진다. 처음에 수레바퀴 굴리기는 어렵지만, 출발하여 가속 도가 붙으면 상황이 달라진다. 성현들의 여정이 모두 그러했다. 공자 는 일생이 성숙하는 과정을 단계적으로 다음과 같이 말했다.

나는 열여섯 살에 학문에 뜻을 두었고, 서른 살에 독립했으며, 마흔 살에 미혹되지 않았다. 쉰 살에 천명을 알게 되었고, 예순 살에는 남의 말 을 순순히 받아들이며, 일흔 살에는 마음으로 하고자 하는 바가 법도에 어긋나지 않게 되었다. (『논어』 위정(爲政) 4)

인생의 발전 과정을 정확하게 제시하여 현대에도 그대로 적용이 가능한 슬기로운 말씀이다. 강물의 흐름이 세월이라면, 사람이 성숙해지는 이러한 과정은 수레바퀴가 돌아가는 인생 역정(歷程)이다. 울퉁불퉁 거친 자갈길을 수없이 다니며 수레바퀴처럼 돌아가야만, 칠십이 되어서 하는 일도 법도에 어긋나지 않는다. 그런데 사람들은 수레바퀴가 돌아감을 모르거나, 반대로 너무 빨리 돌아감에 두려움을 느낀다. 그러나 수레바퀴는 쉼 없이 돌아가야 한다.

불교에서는 불법의 가르침을 수레바퀴가 굴러감에 비유하여 법륜(法輪)이라고 한다. 가르침이 한곳에 머무르지 않고 수레바퀴처럼 굴러 사방으로 자유롭게 퍼진다는 뜻도 들어 있다. 석가는 갖은 시험과 고초를 겪으며 깨달음을 얻은 뒤, 녹야원(鹿野苑)에서 처음으로 이전에 같이 고행한 적이 있는 다섯 수행자를 대상으로 사성제(四聖諦), 팔정도(八正道)의 가르침을 설법하였다. 이를 '불법의 수레바퀴를 처음으로 굴렸다.'라는 뜻인 '초전법륜(初轉法輪)'이라 한다. 이 다섯 사람은 최초의 제자로서 수다원(須陀洹)이 되었다.

앞에서 설명했듯이, 예수는 예언자 요한에게서 세례를 받자 성령의 소리를 들었다. 성령은 예수를 광야로 데리고 가 40일 밤낮으로 단식하여 굶어 죽을 지경에 이르게 한다. 이때 '사람은 빵만으로 사는 것이 아니라. 하느님의 말씀으로 살아야 한다.'라고 마귀를 설득하고 잇따른 시험을 물리친다. '하느님을 시험하지 마라.' 마귀의 시험에 대항하는 이 말씀을 수레바퀴가 처음 돌아가는 시발로 하여, 첫 제자에게 '회개하라. 하늘나라가 가까이 왔다.'라고 외치며 전도를 시작했다. 산상수훈(山上垂訓)으로 이어지면서 누구도, 무엇이라도 이를 막을 수 없이 온 세상으로 진리 말씀의 수레가 굴러 나아갔다.

이같이 성현은 고통을 참아 이겨낸 후 진리의 수레바퀴를 굴렸다. 그래서 수레바퀴는 어떠한 길이든지 거침없이 굴러간다. 성현의 말씀은 행복을 찾아 사방으로 퍼져나가는 참음의 수레바퀴다. 참음은 수레바퀴 돌아가듯 행복을 연결해 준다. 그래서 수레바퀴는 만드는 데도 이루 말할 수 없는 법도가 있고, 만들어진 수레의 구성요소 하나하나는 물론, 심지어 지나간 바퀴 자국에도 법도가 남아 있다.

수레바퀴는 지나간 자국을 반드시 남긴다. 처음 출발은 힘들지만 한 번 구르기 시작하면 가속도가 붙는다. 참음은 처음에 행복이 희미하게 보이지만, 수레바퀴처럼 일단 굴러 가속이 붙으면 파도 몰려오듯 행복을 불러 모은다. 바퀴가 굴러갈수록 행복은 끊임없이 찾아오고 쌓인다. 행복도 수레바퀴처럼 굴러가야 한다. 솜사탕처럼 행복도 굴러갈수록 커진다. 사람은 참음이 행복의 수레바퀴가 되도록 노력해야 한다.

반면, 수레가 느리고 빠른 것은 끌고 달리는 힘과 바퀴 성능과 내구성에 달렸다. 이러한 수레, 수레바퀴의 특성을 살리고 못 살리는 여부는 참는 사람(나)의 능력이 좌우한다. 행복을 불러오고, 불러오지 못하는 것도, 적게 또는 많게 불러오는 것 모두 참음의 주체인 사람의 몫이다. 어찌 딸린 것이 이뿐이겠는가. 사람은 참음으로써 분발해야 한다. 사마귀가 수레바퀴에 대항하거나[당랑거철(螳螂拒轍)], 수레바퀴 자국에 고인 물에서 숨을 헐떡이는 붕어[학철지부(涸轍之鮒)]가 되지 않도록 슬기롭게 노력해야 한다.

참음은 행복의 수레바퀴다. 사람은 수레바퀴처럼 살면서 자신이 행복의 수레바퀴인 줄을 모른다. 참음은 자신이 수레바퀴임을 알게 한다.

참음은 행복의 소금이다.

소금은 인간이 살아가는 데 필수적인 무기물로 음식에 소금기가 없으면 맛이 없다. 양이나 야크도 소금을 주면 조랑조랑 따라다니며 모여든다. 소금은 생명체 모두에 없어서는 안 될 필수품이다.

예로부터 단맛[감미(甘味)], 신맛[산미(酸味)], 짠맛[함미(鹹味)], 쓴맛[고미(苦味)]의 네 가지를 4 원미(元味)라고 하고, 여기에 매운맛[신미(辛味)]을 더하여 이 다섯을 기본 맛이라고 한다. 생활에서 어느 맛이나 다 중요하지만, 짠맛을 내는 소금을 먹지 않으면 동물, 특히 사람은 생존할 수 없다. 소금은 바닷물에 약 2.8%, 인체의 혈액과 세포 안에 약 0.71% 들어 있다. 그리고 어른 기준으로 매일 10~20g 소금을 먹어야 정상적으로 신체를 유지할 수 있다고 한다.

예수는 산상수훈(山上垂訓)에서 '소금'을 다음과 같이 언급하였다.

> "너희는 세상의 소금이니 소금이 만일 그 맛을 잃으면 무엇으로 짜게 하리오. 맛을 잃은 소금은 아무 쓸데 없이 밖에 버려져 사람에게 밟힐 뿐이니라." (마태복음 5:13)

예수는 참다운 신자들을 '세상의 소금'이라고 지칭하였다. 소금의 세 가지 힘은 물건이 썩는 것을 막는 '방부성(防腐性)', 그에 따라서 오래 유지·지탱하게 하는 보유력(保有力), 맛을 내게 하는 조미력(助味力) 등인데, 나의 말을 믿는 자는 소금과 같은 이러한 성질과 힘으로 사회도덕을 바로 잡고 유지하도록 힘써야 하고, 그렇게 하지 못하면 맛을 잃는 소금처럼 길가에 버려져 사람에게 짓밟혀 천대받게 된다고 하였다. 소금처럼 사회도덕을 정화·향상하여, 모범으로 살아가도록 노력해야 함을 비유적으로 당부한 말씀이다.

짠맛을 내는 소금은 적당히 넣어 간이 맞아야 제대로 음식 맛이 난다. 너무 적어도, 쓸데없이 많아도 제맛을 내지 못한다.

> 옛날 어떤 어리석은 사람이 남의 집에 가서 주인이 주는 음식을 먹고, 싱거워서 맛이 없다고 불평하였다. 주인이 그 말을 듣고 소금을 넣었다. 그는 소금을 넣은 음식을 맛나게 먹고 생각하였다. "음식이 맛이 나는 것은 소금 때문이다. 조금만 넣어도 맛나는데, 하물며 많이 넣을 때이겠는가?" 그리하여 그는 무지하게도 소금만 먹었다. 소금만 먹고는 입맛이 틀려 도리어 병이 되었다. (『백유경』 제1권 1)

외도의 지나친 금욕을 어리석은 사람이 소금이 맛있다고 많이 먹어, 입맛을 가시게 하는 행동에 비유한 말이다. 그러나 일상생활에서도 꼭 맞아떨어지는 교훈이 담겨 있다. 그야말로 과유불급(過猶不及)이 여기에 해당한다. 소금은 식생활에서 꼭 필요한 무기물이지만, 다른 음식물과 함께 간을 맞추어 적당량을 먹도록 한 자연의 조화에 경탄하지 않을 수 없다.

생물학적으로 생명이 바다에서 시작되었다고 한다. 그래서 생명 유지를 위해서는 소금과 밀접한 관계를 설명하지 않을 수 없다. 소금은 음식물에 맛을 내는 데만 사용하는 것이 아니라 일반 생활용, 공업용 등 사용하는 곳이 수없이 많다. 그래서 물과 공기처럼 그 양도 이에 못지않게 많다. 돌소금[암염(巖鹽)]은 육지에서도 채취할 수 있어 바다와 접하지 않은 지역에서도 생명이 무난히 존재할 수 있었다.

소금은 적당함, 중용을 지향한다. 사방에 지천해도 쓰임을 스스로 제한한다. 소금은 생명 유지에 필수 관건이다. 그러나 적당량을 먹거나 흡수하지 않으면 죽을 수 있다. 소금은 부패를 방지하고 신선도를 유지해 준다. 소금의 짠 성분은 언제 어디서나 변함이 없다. 소금은 물속에 자취를 감추고 존재하다가 환경, 여건에 따라 모양을 들어낸다. 그러다 필요하면 다시 물에 녹아들어 자취를 감춘다. 소금은 촉매제(觸媒劑) 등 중요한 역할을 하면서도 자기를 드러내 자랑하지 않는다. 그야말로 말없이 본분을 다하는 소금의 덕성이다.

소금의 덕성처럼 괴로움을 참아내면 행복이 저절로 찾아오고 오래 지속된다. 그래서 생활에서 '소금' 관련 속담이나 관용구가 생각보다 많다. 그만큼 소금이 인간 생활과 밀착하여 지혜의 원천이 된다는 뜻이다.

가루 팔러 가니 바람이 불고 소금 팔러 가니 이슬비 온다./밀가루 장사하면 바람이 불고, 소금 장사하면 비가 온다. 간장이 시고 소금이 곰팡 난다. 들 중은 소금을 먹고 산(山) 중은 물을 먹는다. 말 죽은 집에 소금 삭는다. 부뚜막의 소금도 집어넣어야 짜다. 새앙 쥐 소금 먹듯 한다. 소금도 곰팡 난다. 소금도 쉴 때가 있다. 소금도 없이 간 내 먹는다. 소금 먹은 놈이 물켠다. 소금 먹은 소 굴우물 들여다보듯. 소금 먹은 푸성귀. 소금 섬을 물로 끌어라 하면 끈다./소금 섬을 물로 끓여라 하면 끓여라. 소금 실은 배만 하다. 소금에 아니 전 놈이 장에 절까. 소금으로 장을 담근다 해도 곧이듣지 않는다./콩으로 메주를 쑤고 소금으로 장을 담근다 해도 곧이들리지 않는다. 소금이 쉰다./소금이 쉴까. 소금이 쉴 때까지 해보자. 여울물로 소금 섬을 끌래도 끌지. 장 내고 소금 낸다.

일반 사전과 속담 사전[35]에 나오는 속담을 모아 본 것이다. 소금이 지니는 뜻 '짜다, 변함이 없다, 녹는다, 쉬지 않는다, 맛을 낸다' 등을 수사적으로 조합한 속담이 대부분이다. 관용구에는 부정(不淨)한 것을 대하듯 한다는 '소금 들고 덤빈다.', 아주 춘 방에서 매우 춥게 잔다는 뜻의 '소금을 굽다.' 등이 있다. 생활에 이성(理性)과 지혜를 찾아주는 말이다.

'참음은 행복의 소금이다.'라는 명제를 유념할 필요가 있다. 짜다고만 하는 맛이 주는 직관을 버리고, 소금이 지니는 덕성을 찾아 배워야 한다. 짜다고만 하면 소금이 아니다. 짜다는 맛 속에 생활의 지혜가 가득 차 있다는 점을 깨달아야 한다.

소금은 부정한 것, 액운(厄運), 사악(邪惡)한 것을 막고 쫓아낸다고 하여, 세속에서는 소금을 뿌리거나 지니고 다신다. 이러한 신앙은 우리나라에서보다 외국에서 더하다고 한다. 따라서 소금은 행복을 해치고 빼앗는 못된 것을 물리치고 접근하지 못하도록 한다고 생각해도 무방하다. 참음이 고통을 물리치고 행복을 초청하는 것과 같다.

소금에는 막 소금, 정제 소금, 맛소금, 깨소금, 볶은 소금, 천일소금, 돌소금, 물 소금, 죽염 등이 있다. 종류에 따라 소금은 먹는 맛을 돋우고, 생명을 일정 수준으로 유지하게 한다. 마찬가지로 참음은 소금처럼 행복의 진정한 맛이 무엇인지를 북돋고, 그 행복이 오래 유지되도록 해준다. 이것이 자신의 행복을 소금이 되게 하는 길이다.

참음은 행복의 소금이다. 사람은 소금처럼 살면서 자신이 행복의 소금인 줄 모른다. 참음은 자신이 행복의 소금임을 알게 한다.

---

35 이기문 편, 『속담 사전』(일조각, 1989)

참음은 행복의 빛이다.

캄캄한 밤이 되어 어두워야 빛이 그립다. 우주의 탄생은 빛과 함께 시작되었고 그래서 빛으로 가득 차 있던 공간이었다. 우주가 팽창하면서 지금과 같은 어두운 공간이 되었다.

빛은 어둠을 밝히고, 만물을 생동하게 하는 에너지의 본질이며 바탕이다. 빛은 물과 같이 생명의 근원이면서 그 존재를 확인하게 한다. 빛이 없으면 탄소동화작용도 이루어지지 않아 식물이 자라 수 없다. 식물이 없으면 동물의 생태계는 파괴된다. 먹이 사슬이 끊어져 살아가지 못한다. 그러므로 빛은 자연 조화의 원천이다.

밝아오는 동쪽 하늘의 은은한 여명, 해가 지는 석양의 휘황한 노을, 뭉게구름 사이로 하늘이 계시를 보내는 양 쏟아지는 빛줄기의 휘황함, 이 모두가 빛이 빚어내는 아름다운 자연의 조화다. 빛이 있어 이러한 아름다움을 감상할 수 있다. 빛 때문에 사람은 서로 뽐내면서 살고, 언제 어디에서나 서로의 존재를 확인할 수 있다.

관솔불, 촛불, 횃불은 자신이 몸을 태우면서 빛을 낸다. 그 옛날 농촌에선 이들 불이 칠흑 같은 밤을 밝혀 줘, 야행(夜行)에 무서움을 덜어주기도 했다. 지금은 없어졌지만, 백열전구는 필라멘트저항이 전기 흐름을 방해하면서 열과 빛을 낸다. 전기 사정이 좋지 않아 안방과 윗방 사이 좁은 공간에서 깜박거리기도 했다. 그래도 그 희미한 불빛 아래에서 공부도 하고, 제사도 지내고, 가족이 화목하게 모여 서로 정을 건네주고, 옛날 동화도 재미나게 들었다. 최전방에서 남폿불 아래 군 복무를 하다가, 유사 이래 처음으로 전깃불을 마주했을 때의 감격을 지금도 잊지 못한다. 남폿불 빛이 전기 불빛으로 세상을 바꾸는 환희는 겪어보지 않으면 모른다.

어둠에 싸여 한 치 앞도 분간하기 어려운 어느 신비스러운 공간에서, '지금은 올 때가 아니니 빨리 돌아가라' 하는 독촉하는 말이 들렸다. '돌아갈 길이 안 보입니다.'라고 외치니, 갑자기 어둠이 칼로 잘리듯 갈라지며 그 사이로 빛이 번쩍 비치고, 다시 현세로 되돌아오는 길이 환하게 보였다. 정신 차려 보니 병원 침대였다. 이처럼 이승과 저승도 빛이 연결해 준다. 실제 체험한 사람의 이야기다.

석가, 예수, 무함마드 성현 모습에는 원 모양이나 휘황한 후광과 불꽃이 외경(畏敬)을 자아낸다. 성현들은 이 빛을 누구보다도 중하게 여겼다. 그래서 빛이 모습을 항상 감싸고, 미간에서도 빛을 발했다. 이 빛은 창조, 생명, 진리, 광명, 은혜 등을 상징한다. 이 빛은 온 세상을 따뜻하게, 사람이 평온하게 살도록 하고, 더 큰 사랑의 빛이 되었다.

예수는 산상수훈에서 다음과 같이 설교하였다.

> "너희는 세상의 빛이니라. 산 위에 있는 동네는 숨기지 못할 것이요, 사람이 등불을 켜서 됫박 안에 두지 않고 등산대[등경(燈檠)] 위에 두나니, 그래야 집안 모든 사람에게 비취느니라." (마태복음 5:14~15)

여기에서도 신실한 제자를 '세상의 빛'이 되라 하고, 그리하여 대상을 가리지 않고 산 위 동네나 집안사람 모두에게 다 비추라고 했다. 그리하여 '사람들이 너희 선한 행동을 보고, 하늘에 계신 너희 아버지께 영광을 돌리게 하라.'고 강조했다. 세상 모두에게 빛처럼 환하게 은혜를 베풀고, 밝은 세상의 진정한 사표(師表)가 되어야 한다는 지시이다.

성경에는 "나는 세상의 빛이다. 나를 따르는 사람은 어둠 속에서 생활하지 않을 것이며, 생명의 빛을 얻을 것이다(요한복음 8:12).", "하느님은 빛이요, 그에게는 어둠이 조금도 없습니다(요한일서 1:5).", "모든 선한 행위와 완전한 선물들은 빛(예수)을 창조하신 하느님으로부터 위에서 내려오는 것이다. 하느님께서는 결코 그림자처럼 변하는 일이 없으시다(야고보서 1:17).", "성모 마리아는 '빛(예수)'을 가진 분이다."라 하여 예수를 '빛'이라 했다. "주의 말씀은 내 발의 등불이며, 내 길의 빛이다(시편 119:105)."라고 하여 말씀도 등불, 빛이라 하였다.

이슬람교에서도 "알라는 하늘과 땅의 빛이다. 이 빛을 비유한다면 등잔 속의 불과 같다(『코란』 24:35)."라고 하였고, "알라는 해를 찬란하게 빛나게 하고, 달을 빛나게 하고, 너희들이 세월의 계산을 알도록 그 운행을 정해 주는 분이시다(『코란』 10:5)."라고 하였다. 이처럼 알라는 세상을 환하게 비추는 빛이고, '신성한 지식', '신의 위엄과 아름다움'의 모습이며, '지성', '말씀' 등을 의미한다.

플라톤은 『국가』 '동굴의 비유'에서 선(善)의 이데아를 설명하면서 '빛'의 역할을 분명히 하였다. 동굴에서 죄수는 사지와 목이 묶여 꼼짝 못 하고 안쪽만 쳐다볼 수밖에 없는데, 뒤쪽 동굴 입구에 횃불이 타오르고, 죄수 앞쪽 담장 모양의 무대에 그림자가 비친다. 자신의 그림자만 볼 수 있는 이들은 그림자를 실물이라 판단하고, 통행인이 내는 소리를 그림자가 내는 소리로만 여긴다.

그런데 족쇄를 풀어 주위를 둘러보게 하고, 동굴 밖으로 나와 햇빛을 마주하게 하면, 태양도 보이고, 밤에는 별과 달도 볼 수 있다. 자신들의 그림자만 보고 살던 죄수가 동굴 밖 밝은 세상을 접하게 되면서, 낮과 밤, 사계절, 동굴의 그림자 이 모두가 태양의 빛이 원인이라는 것을 알게 된다. 태양이 보이는 영역 모든 것을 다스린다는 것을 깨닫는다.

이처럼 빛은 캄캄하여 보이지 않는 세계를 보이게 한다. 어둠의 세계에서 밝은 빛의 세계로, 허상의 세계에서 실상과 진실의 세계로 시선을 옮기게 한다. 즉, 사람은 폐쇄된 동굴 속의 그림자가 아닌, 밝은 세계의 진정한 존재를 볼 수 있도록 시야를 넓혀야 함을 강조한 비유이다. 그리하여 인식되는 영역에서 '선의 이데아'는 고심해야 볼 수 있고, 빛과 빛의 주인이 되어야 한다고 강조하였다.

이에서 플라톤은 "사람의 영혼 속에는 이미 학습에 필요한 능력이나 기관이 있어, 밝은 곳을 보기 위해 몸 전체의 기능을 전향시키듯, 영혼이 밝은 부분을 볼 수 있도록 관조하면서 견디게 해주는 것이 필요하고, 이것이 '최고의 존재인 선'을 찾아 터득하는 지름길"이라고 하였다. 그리하여 진정한 의미의 교육은 '봉사 눈에 빛을 넣어 주는 것 같은 주입식 교육'이 아니라고 이를 배격하였다.

이어, 컴컴한 동굴에서 빠져나오기 위해 국민과 동고동락하며, 어둠 속에서도 사물을 잘 분별하고, 진리를 목격한 혜안과 지혜, 식견을 갖추고, 정치적 야심가와는 다른 명예심을 지닌 인물을 찾았다. 철학자 소양의 통치자 발굴 및 교육이 필요하고, 이를 뒷받침하는 학문으로 수학, 기하학, 천문학, 변증론의 중요성을 역설하였다. 2천

여백 년 이상 지난 지금에도 귀담아들어야 할 주장이 아닌가 싶다.

빛은 가시광선뿐만 아니라 적외선, 자외선은 물론 심지어 x선, 감마선도 포함하여 말한다. 빛은 입자의 성질도 있으며 파동으로 직진, 반사, 복사, 회절도 한다. 지금도 빛의 성질은 꾸준히 탐구의 대상이다. 모든 과학은 빛을 토대로 연구가 시작된다고 해도 과언이 아니다. 빛이 있어 현상이 눈에 들어오기 때문이다.

빛은 인간 존재의 시야를 넓혀준다. 저 언덕, 저 산 너머 무지개 색깔도 빛이 있어 볼 수 있다. 무지개 색깔도 빛이 분광(分光)한 스펙트럼(spectrum)이다. 빛이 파장의 차이에 따라 여러 가지 색의 띠로 나뉘어 나타나는 현상이다. 이렇게 자신의 아름다움도 가끔 보여준다. 너와 나도, 우리의 관계, 온갖 사물도 빛 때문에 눈에 들어오고 서로의 존재를 확인한다. 사물을 본다는 것은, 반사되는 빛을 접한다는 의미다. 그리하여 물체의 모양과 색, 위치를 파악한다. 빛의 삼원색인 빨강, 파랑, 초록을 모두 합치면 흰색이 된다. 빛은 섞을수록 밝아진다. 빛은 신비 그 자체다.

빛은 광명, 지성, 진리, 지혜, 창조를 비롯해 기쁨, 착함, 잉태, 깨달음은 물론, 은혜, 영광, 영혼, 영성 등 그 상징적 의미도 넓고 다양하다. 사람은 이러한 의미의 빛을 쫓으며 살면서 자신이 빛이 될 줄을 모른다. 참음은 행복의 향유자로서 인간이 빛이 되게 돕는 신이 준 선물이다.

참음이 빛처럼 세상을 비추니까 행복이 보인다. 태양의 빛이 사라지면 사람은 생존할 수가 없다. 같은 맥락에서 사람이 살아가는데 참음이 없으면 존재의 의미를 찾을 수 없다.

참음은 행복의 빛이다. 사람은 자신이 빛처럼 살면서 자신이 행복의 빛인 줄을 모른다. 참음은 자신이 행복의 빛임을 터득하게 한다.

참음은 행복의 뿌리다.

식물은 주로 뿌리를 땅에 내려 줄기를 지탱하고 물과 영양분을 빨아올려 생명을 유지한다. 그리하여 자연의 일원으로서 성실하게 살면서, 꽃도 피우고 열매를 맺으며 제 역할을 다한다. 생태계에 조화와 균형은 뿌리로부터 시작된다고 해도 틀리지 않는 말이다.

뿌리에는 곧은 뿌리(원뿌리, 곁뿌리), 수염뿌리 그리고 특수한 형태인 공기뿌리(호흡뿌리, 버팀뿌리, 붙음뿌리, 기생뿌리), 저장뿌리, 물뿌리, 균뿌리 등 여러 종류가 있다. 그 모양도 이루 헤아릴 수 없이 각양이다. 아주 딱딱한 것, 유연한 것 등 단단한 정도도 다르다. 보통 뿌리는 땅속으로 뻗어 내린다. 반면 물속, 바위, 벽돌, 나무줄기, 심지어 동물 피부, 그 무엇에 매달려 공기 중에도 자리 잡는다. 줄기차게 어려운 환경을 극복하고 슬기롭게 적응하는 참음의 다양한 모습이다. 그러면서 고구마, 감자, 무, 당근 등 저장뿌리처럼 인간의 생존에 먹거리로서 헌신하고 봉사한다.

옛 시절 칡뿌리[갈근(葛根)]는 간식 대용으로 씹어서 그 즙을 맛있게 빨아 먹었다. 지금도 칡차는 건강식품으로 애용한다. 인삼, 황기(黃芪/黃耆), 당귀(當歸) 등의 뿌리는 약재로서 건강을 책임진다. 연뿌리[연근(蓮根)]는 도시락용 고급 밑반찬이다. 진흙 속에 뿌리내리는 아름다운 연꽃은 그래서 그 상징적 의미가 너무 크다. 연꽃이 그렇게 아름답게 보이는 이유는 진흙 속에 뿌리내리고 자라면서도, 널따란 잎에서 영롱한 이슬이 반짝이고 향기 그윽한 꽃을 피우기 때문이다.

이들 뿌리 중 나무뿌리는 우리 생활과 아주 밀접하여 그 생태를 문학적으로 많이 원용하기도 한다. 메마른 땅에서 자라는 나무뿌리는 물을 찾으려고 왕성하게 뻗어나간다. 태풍이 지나가면, 뿌리가 얕게 내린 나무는 뿌리째 뽑혀 내동댕이쳐지지만, 뿌리를 땅속 깊이 내린 나무는 멀쩡히 서 있다. 엉성하고 성긴 땅에 뿌리 내리는 나무는 이웃 나무와 뿌리를 얽히고 섞어 서로를 지탱하도록 협력한다.

보리는 늦가을에 파종하여 추운 겨울을 견디고 자라 이듬해 이른 여름에 수확한다. 눈이 많이 와 보리 싹을 포근히 덮어주면 풍년이 든다고 한다. 눈이 겨울 냉해를 막아주기 때문이다. 봄이 돌아오면 보리 싹 밟기를 한다. 얼었던 땅이 녹으면서 들뜬 뿌리를 밟아 땅속으로 잘 자리 잡게 해주는 것이다. 그래야 풍년이 들었고, 끼니를 걱정하지 않았던 시절 얘기다. 뿌리가 튼튼해야 사람들의 먹거리도 해결해 준다는 깊은 뜻도 들어 있다. 그땐 '보리 한 가마 1만 원, 보리 밟는 운동화 5만 원'이란 우스갯말도 유행하였다.

순우리말로 된 『용비어천가(龍飛御天歌)』 제2장은 물과 뿌리의 의미 전달에서도 백미(白眉)이다.

> 샘이 깊은 물은 가물에 아니 그치므로, 내를 이루어 바다에 가나니.
> 뿌리 깊은 나무는 바람에 아니 움직이므로, 꽃 좋고 열매가 많나니.

샘이 깊어야 혹독한 가물에도 물이 퐁퐁 솟아 내를 이루고 드디어 바다에 도달한다. 나무도 뿌리가 튼튼해야 큰 비바람에도 견디어 꽃도 무성하게 피고 열매도 많이 달린다는 뜻이다. 아주 상식적인 내용이지만 평생을 가슴에 담고 살아야 할 고귀한 명구이다. '가뭄과 바람'은 세차게 몰아치는 세상의 풍파다. 이를 참고 견디면 '내와 바다', '꽃과 열매'처럼 기쁨과 보람된 희망의 목적지에 이르고, 영광을 성취하고 누릴 수 있다는 말이다. 참고 견뎌 어려움을 물리치고 얻은 결과는 그만큼 보람되고 무엇에 비할 데 없이 값지다.

뿌리는 줄기와 가지를 지탱해주고 열매가 달리도록 도와준다. 뿌리는 보이지 않는 곳에서 말없이 제 역할을 한다. 뿌리는 자기의 공로를 드러내 놓고 자랑하지 않는다. 뿌리는 나무(식물)의 살아가는 방법, 자연과의 조화 기법, 특히 참을성이 무엇인지를 알려준다. 뿌리는 죽어서도 조형예술로 다시 탄생하여 우리 주위를 아름답게 꾸며준다. 어떤 식물의 뿌리는 한약의 재료로서 사람의 건강을 위해 희생한다. 그야말로 성인·군자 같은 '뿌리의 힘'이다. 그래서 뿌리는 정직하고 성실하며 언제나 변함없는 마음이다. 좋은 것만 가리지 않고 모든 것을 포용하고 다가선다. 썩고 질편한 땅도, 메마르고 거친 모래땅을 가리지 않고 뿌리 내린다.

알렉스 헤일리(Alex Haley) 소설 『뿌리』는 가계(家系)를 추적하여 가족 변천사(족보)를 밝힌 명작이다. 나무뿌리가 거친 비바람에 움직이지 않도록 지탱하여 주듯, 가족사에서의 뿌리는 가문을 고귀하고 영원하게, 어떤 어려움에도 삶을 연속적으로 유지하게 하는 원동력이다. 『뿌리』의 주인공은 그런 철학과 생활 자세로 세상을 맞이하고 살았다. '가족의 뿌리'와 '나무의 뿌리'는 같은 맥락의 의미이다.

이 모두 '뿌리의 힘'으로 세상의 어려움을 선의(善意)로 대하고 헤쳐 나갔다. 민족에도 뿌리가 있다. 지금은 다문화 지구촌이 형성되었지만, 아직도 그 뿌리 때문에 갈등이 빚어지기도 한다.

이처럼 뿌리는 존재의 기둥이다. 건축물도 주춧돌, 상기둥 등 기초가 단단해야 오래 지탱하고 층을 높일 수 있다. 사람이 두 다리로 선다는 것은 진화에서 남다른 의미를 지닌다. 직립하여 손을 자유자재(自由自在)로 움직이고 불과 도구도 사용하게 되었다. 그래서 창조의 가능성을 무한히 높여 만물의 영장이 되었다. 사람에게서 두 다리는 뿌리에 해당한다.

참음은 행복의 근원이요 뿌리다. 참음은 뿌리처럼 행복을 세워주고 지탱해준다. 뿌리가 굳세고 튼튼해야 나무가 오래 살 듯이, 참음은 뿌리가 되어 행복을 오래 유지해 준다. 산도 골짜기가 깊어야만 정상이 높다. 깊고 높음은 같이 간다. 참음이 깊게 뿌리 내리면 행복도 그만큼 높아진다. 뿌리가 튼실하면 어깨를 짓누르는 어떤 어려움도, 무시무시하고 광폭하게 다가오는 두려움도 물리칠 수 있다.

뿌리도 잘 보살펴 주어야 제대로 자리 잡고 제 역할을 다한다. 가끔 거름도 주고, 흙을 북돋아 주되 너무 지나치지 않게 한다. 마찬가지로 참을성도 뿌리 소중히 대하듯이 너무 덜하거나 과하지 않게 정성으로 다루어야 한다. 참음도 인격적으로 소중히 다루고, 무한히 힘을 길러야 한다. 그러면 참음은 반드시 행복으로 보답한다.

참음은 행복의 뿌리다. 사람은 뿌리처럼 살면서 자신이 행복의 뿌리인 줄을 모른다. 참음은 자신이 행복의 뿌리임을 깨닫게 한다.

참음은 행복의 길이다.

성현들은 모두 길[도(道)]을 언급했다. 그래서 순우리말 '길'에는 뜻도 많고, 파생하는 속담도 한둘이 아니다. 사람이 있어 길이 있고, 길이 있으니까 사람이 있다. 어찌 보면 길과 사람은 한 몸이다.

눈에 잘 띄든, 그렇지 않든 사람이 다니면 모두 다 길이다. 사람이 함께 사는 곳엔 길이 생긴다. 길은 주위와 어울릴 줄 알아서 더 아름답고 좋다. 길섶의 민들레, 할미꽃을 비롯해 버드나무, 소나무 등도 좋고, 가까이, 좀 멀리 펼쳐지는 들과 산의 풍광(風光)과 정취도 길과 어울리니 더 좋다. 어린 시절 고향을 떠올리면, 늘 다니던 골목길, 논두렁길, 산길이 제일 먼저 눈에 펼쳐진다. 논밭 갈던 황소도 그 길 따라 집으로 돌아갈 때는, 고개를 신나게 흔들어 워낭소리가 피로를 녹이고 발걸음도 가볍게 달리다시피 했다. 길은 사람의 아름다운 추억을 고스란히 간직한다.

눈에 보이든, 보이지 않든 길의 종류도 수없이 많다. 오솔길, 둘레길, 고갯길, 갈림길, 여기에 샛길, 갓길, 지름길도 있다. 저속 길과 고속 길(도로), 하늘길과 바닷길 등은 자유롭고 넓어 보인다. 직선으로 쭉 뻗은 벌판의 곧은길은 젊은이의 기상이고, 휘휘 감아 도는 산중 구비 길은 자연의 속삭임이다. 배우느라 즐겁게 오갔던 등·하굣길, 힘들어도 보람이 걸음을 재촉한 출·퇴근길은 희망의 길이다. 끌면 끌리는 대로, 밀면 밀리는 대로 발을 디디는 고생길, 행복길, 통일길, 인생길은 마음의 길이다. 어떤 때에는 가시밭길도 걸어야 한다.

한자 '도(道)'의 의미 조합으로 인도(人道), 차도(車道), 상하수도

(上下水道) 등 '소통의 길'도 있다. 태권도(跆拳道), 역도(力道), 유도(柔道), 검도(劍道) 등 '단련의 길'도 있고, 법도(法道), 사도(師道), 상도(商道), 기사도(騎士道), 기도(棋道) 등 '도리(道理)의 길'도 있다.

60년대 초반 중학교 1학년 시절, 3월 말 전후 한 달 동안은 공부도 하지 않고 사방공사(砂防工事) 일로 나무 심으러 다녔다. 그땐 나무를 땔감으로 의존해서 벌거벗은 '민둥산'이 대부분이었다. 이 등성이 저 등성이, 이 마루 저 마루 오르내리며 식목을 마치고 집에 오는 도중 신작로를 만났을 때, 집과는 반대 방향으로 끝까지 가고 싶은 충동을 참느라 애를 먹었다. 확 트인 신작로의 유혹에 정신이 나간 것이다. 이처럼 귀신에게 홀리듯 길은 언제나 사람을 유혹한다. '뜻이 있는 곳에 길이 있다.'라는 말도 같은 맥락이다. 무지개를 찾아서 이 길 끝까지 어서 가보라고.

길은 사람이 만든다. 사람이 다녀야 길이 난다. 자연적으로 나는 길도 있고 인위적으로 만드는 길도 있다. 하지만 부단히 다녀야 길이 확 트이고 모양새를 갖춘다. 그런데 사람이 만든 길이지만, 다양한 인생길 중에서 하나의 길을 선택해야 하는 경우가 많이 생긴다.

열자는 다음과 같은 이야기를 소개하였다.

양자(楊子)의 이웃 사람이 양을 잃어버리고, 그의 무리를 거느리고도 부족하여 또 양자네 하인까지 청하여 양을 뒤쫓았다. 양자가 말했다. "어허! 한 마리의 양을 잃었는데 어찌 뒤쫓는 사람은 그렇게 많소?" 이웃 사람이 대답했다. "갈림길이 많습니다." 되돌아오자 양을 붙들었느냐고 물으니 그가 대답했다. "그놈을 잃어버렸습니다." "어째서 잃어버렸다는 거요?" "갈림길 속에 또 갈림길이 있더군요. 저로서도 갈 바를 몰라 되돌아오고 말았습니다." 양자는 근심스러운 듯 얼굴빛이 변하며, 한동안은 말도 하지 않고 하루가 지나도록 웃지도 않았다. [『열자』설부편(說符篇)]

원래 학문하는데 이것저것 쫓다가 본래 학문의 길을 잃고 헤맴을, 갈림길이 많아서 양을 찾지 못하는 것에 비유한 이야기다[다기망양(多岐亡羊)]. 학문에서 하찮은 방법으로 지엽적인 것을 추구하다가 본류나 전체를 잃고, 결국 삶까지 잃을 수 있다. 비유 목적이야 어떻든, 양 한 마리 찾는 일의 어려운 이유를 갈라지고 또 갈라지는 갈림길 때문이라고 하였다. 갈림길에서는 어느 하나를 선택해야 한다. 모든 길을 다 같이 갈 수 없기 때문이다.

사람의 삶을 노정(路程), '인생길'이라 한다. 수없이 갈라지고 갈라지는 인생의 길을 선택하고, 또 선택해야 한다. 인생길은 아스팔트 고속도로처럼 순탄할 수도, 울퉁불퉁 자갈길처럼 험난하고 거칠 수도 있다. 이 정도는 아무것도 아니다. 칼을 휘두르며 정글 밀림을 헤쳐나가듯 한 발자국도 전진하기 힘든 길도 있다. 곧장 가는 길, 돌아가는 길, 혼자 가는 길, 함께 가는 길도 있다. 빨리 가려면 혼자 가도 좋고, 멀리 가려면 함께 가는 길도 괜찮다. 그러나 이 모두 자기 자신이 선택하는 길이다.

로버트 프루스트는 유명한 시 〈가지 않는 길(The Road Not Taken)〉 마지막 연에서 길의 선택이 얼마나 중요한지를 설파하고 있다.

훗날, 훗날에 나는 어디에선가/ 한숨지으며 이야기할 것입니다./ 숲 속에 두 갈림길이 갈라져 있었다./ 나는 사람이 적게 간 길을 택하였고/ 그리고 그 때문에 모든 것이 달라졌다고.

여기에서의 길은 인생길이다. 프루스트는 노랗게 물든 가을 숲속에서 두 갈림길을 만났다. 길은 원래 선택의 속성을 지닌다. 선택은 망설임을 앞세우는데, 그는 사람이 적게 다니는 길을 택했다. 가지 않는 길은 저만치서 눈으로만 바라볼 뿐이다. 길은 다른 갈림길로 또 나뉘므로 돌아온다는 것을 의심하면서, 다음을 위해 가지 않는 길을 남겨 놓았다고 했다.

그런데 인생이란 언제나 가지 못한 길에 대한 미련이 남는다. 선택한 길의 발자국이 한숨이나 후회로 서려 있다면, 그 미련은 더욱 강렬하게 살아 다가온다. 그러나 선택한 길은 자기만의 인생길이요, 이것이 바로 인생이다. 그 선택이 운명적으로 모든 것을 바꿔 놓는다.

길은 자기 인생을 주재하는 수단도 된다. '모든 길은 로마로 통한다.'란 말은 길을 만든 의도가 정치적이겠지만, 인생의 길도 마찬가지다. 모든 길이 자기 인생의 중심으로 통하게 해야 한다. 이렇게 되면 길이 많다고 선택의 어려움을 고민할 필요가 없다. 로마가 동서양에 걸쳐 대제국을 건설하고 천년 넘게 부흥할 수 있었던 것같이, 선택의 길이 많을수록 우리 인생도 그렇게 넓혀 가고 웅대할 수 있지 않을까 한다.

길은 사람이 살아가는 공간을 넓히는 탈출구다. 그래서 사람 사는 곳이면 길이 나 있다. 길이 있다고 다 길이 아니다. 걷고 다니고 가꾸어야 길이다. 길을 감상적으로 바라만 볼 것이 아니다. 그 길을 의도적으로 걷고 뛰고 달려서 확실하게 길이 나도록 해야 한다. 나의 인생길은 남이 만들어 주는 것이 아니다. 힘들고 고통이 따라도 자기 스스로 개척하고 이겨내야 길이 보인다. 그래서 자기만의 행복의 길을 만들려면 굳건한 참음이 필수적이다.

참아야 선택할 수 있는 길이 많아지고, 올바르게 선택할 수 있다. 길이 많다고 고민할 필요가 없다. 길이 거칠고 앞이 잘 보이지 않는다고 좌절해서는 안 된다. 길이 휘돌아간다고 멈칫, 주저하는 것은 더욱 나쁘다. 길은 오가라고 존재한다. 참음은 길을 개척하고 행복의 길로 안내하는 지남침(指南針), 지남차(指南車)가 된다. 참아내야 행복의 길이 탁 트인다.

참음은 행복의 길이다. 사람은 길처럼 살면서 자신이 행복의 길인 줄 모른다. 참음은 자신이 행복의 길임을 알려준다.

참음은 행복의 다리다.

그 옛날에 징검다리, 외나무다리는 장마가 지면 떠내려가거나 모래, 자갈에 파묻혀 흔적 없이 사라진다. 그러면 양말을 벗어 손에 들고, 바지를 발끈 걷어 올리고 물을 건넌다. 어머니는 갓난애를 등에 업고, 물건은 양손에 꼭 잡고, 보통이는 머리에 이고 건넜다. 아버지는 자식을, 형님은 동생을, 젊은이는 어른들을 업어서 건네주었다. 겨울에 물이 차 살을 에는 듯 발이 시려도 꾹 참고, 두 손을 더욱 꼭 잡고 건넜다. 지금 생각하면 정겹고 그립고 눈물 나는 풍경이다.

장마로 다리가 사라지면, 사람은 그 자리에 다리를 다시 놓는다. 다리가 없어지고 다시 살아나는 모습을 여러 번 보았다. 다리는 이쪽과 저쪽을 연결해 주는 소통 수단으로 없으면 불편하기보다는 고통이다. 사람 사는 세상에 단절보다 더 큰 고통은 없다. 다리가 사라지면 즉시 살리고 또 없어지면 다시 살렸다. 항상 다리는 그 자리에 있었다. 그래서 다리를 '만든다'라고 하지 않고 '놓는다'라고 했다.

지금은 기술이 발달해서 뭍과 섬, 섬과 섬은 물론, 마루와 마루, 등성이와 등성이, 언덕과 언덕을 여러 형태의 다리로 연결한다. 전쟁이 나면 다리를 적극적으로 보호하거나, 아니면 먼저 파괴해 버린다. 그만큼 다리가 중요하다는 뜻이다.

다리에도 종류가 많다. 징검다리, 돌다리, 외나무다리도 있고, 수표교, 선죽교, 3.8교처럼 역사가 서려 있는 다리도 있다. '효·불효교(孝·不孝橋)'는 전설을 간직한 다리며, '드리나강의 다리'는 문명의 교류 통로이면서 노벨상을 탄 소설명이기도 하다. 현수교(懸垂橋), 사장교(斜張橋) 등 그 모양도 다양하고 밤이면 휘황한 불빛 조명으로 눈을 부시게 한다. 견우와 직녀가 일 년에 한 번 만난다는 오작교(烏鵲橋)도 있고, 금수저, 은수저, 동수저를 잇는 다리, 이심전심(以心傳心)의 다리, 통신 소통 수단의 다리, SNS 다리, 인터넷 다리도 있다. 시간과 공간을 연결해 주는 장치의 다리도 있고, 종교, 역사를 하나되게 연결해 주는 다리도 만들려고 한다.

그러나 다리는 연결의 뜻만 지니는 것은 아니다. 정나라의 정치를 맡아본 자산(子産)은 자기가 타는 수레에다 사람을 태워 진수(溱水)와 유수(洧水)를 일일이 건너 주었다. 이를 보고 맹자가 말했다.

"은혜로우나 정치를 할 줄 모른다. 십일월이면 인도교가 완성될 것이고, 십이월이면 거교(車輿)가 완성될 것이니, 그렇게 되면 백성은 물 건너는 것은 근심하지 않게 된다. 군자는 그의 정치를 공평하게 하면 길을 가면서 사람을 피하게 하여도 좋은 것이다. 어떻게 한 사람 한 사람을 모두 건너 주는 일을 할 수 있겠는가? 그러므로 정치를 하는 사람이 사람마다 기뻐하게 해주려 든다면, 날마다 그 일만 하여도 모자랄 것이다." [『맹자』이루장구(離婁章句) 하]

물을 건너려는 백성을 자기 수레에 태워 건너 주는 것은 백성을 사랑하는 진정한 모습이다. 그러나 맹자는 그보다는 차라리 다리를 놓아 주는 더 큰 정치를 가르쳐 준 것이다. 이때 다리는 위정자와 백성을 하나로 연결해 주는 큰 정치의 상징이라 하겠다. 어쩌면 정치는 백성에게 다리를 수없이 만들어 주는 것일지도 모른다. 위정자와 백성 사이 틈을 메꾸고 연결해 주는 희망의 다리다. 그러면 백성이 믿고 따른다.

다리는 역사와 문화를 연결하는 촉매가 되기도 경계가 되기도 한다. 즉, 다리는 하나로 연결하거나 반대로 분리하는 틈새가 된다. 그래서 사람이 사는 곳에는 늘 다리가 놓이고 노상 왕래한다. 다리는 역사, 문화, 정치, 종교의 풍토가 같으면서도 다른 점이 많다. 이러한 모든 다리를 사람이 놓고, 그 위를 끊임없이 오간다. 그런데 한 번 가면 되돌아오지 못하는 다리도 있다.

길과 다리는 공존한다. 길이 있어 다리가 놓이고, 다리가 있으니까 길이 가치를 발휘한다. 다리는 계곡, 물길 등으로 단절된 길을 연결하여 놓이기 때문이다. 이렇게 다리는 길과 상보적 관계로 제구실을 완성한다. 그러므로 다리를 이용하는 사람들은 이런 관계를 염두에 두어야 인생길에서 행운으로 연결할 수 있다. 길과 연결되지 않은 다리는 다리가 아니다.

라 퐁텐 우화집에 〈두 마리의 염소〉 우화가 나온다. 이솝우화를 근거로 하는 다 아는 이야기지만, 의미를 다른 각도로 이해하기 위해 줄거리를 요약해 보면 다음과 같다.

두 마리의 염소가 행운을 찾아 나섰다. 그들은 목장에서 사람들이 거의 가지 않은 쪽으로 길을 떠나, 우연히 널빤지 하나로 된 좁은 다리 위에서 마주치게 되었다. 다리 아래에는 빠른 물살이 흐르고, 물속은 두려움에 떨게 할 정도로 깊었다. 이런 위험에도 이들은 코를 치켜세우고 한 걸음씩 앞으로 나아가 다리 중간에서 만났다. 그런데 이들은 각자 가문의 영광을 내세워 서로 양보하려고 하지 않았다. 한 마리는 외눈 거인 폴리페모스가 갈라테이아에게 선물했던 자랑스러운 염소를 조상으로 두었고, 다른 하나는 제우스 신을 젖 먹여 키웠던 아말테 염소의 혈통이라고 주장했다. 서로 뒤로 물러서지 않고 싸우다 함께 추락하여 물속으로 떨어졌다.

인생에서 행운은 이쪽이 아니라 저쪽, 가보지 않는 곳에 있어 보인다. 건너편 목장 풀이 더 크고 무성해 보이는 것처럼 말이다. 그래서 두 마리 염소는 각자 행운을 찾아 다리 반대쪽으로 길을 나섰다. 그런데 인생길에는 넓은 다리만 놓여 있는 것은 아니다. 아주 좁은 다리도 건너야 할 경우가 너무 많다. 염소들도 한 마리만 건널 수 있는 좁은 다리에서 마주쳤다. 이들은 가문의 영광만 내세워 서로 코를 세우기보다 코앞에 닥친 어려움 해결이 우선인 데, 저쪽에 있으리라는 행운만 눈에 아른거렸다. 다투면 위험한 좁디좁은 다리 형세도 생각조차 하지 못했다. 그래서 처절하게 밀고 밀리다가 결국 행운은커녕 둘 다 죽음의 물속으로 떨어졌다.

상대를 끝까지 밀어붙이려는 각자의 자존심이, 한발 물러서서 다른 방도를 찾아보려 하는 참을성을 아예 막아버렸다. 참음의 여유가 아예 없다 보니, 짧은 다리를 먼저 건너야겠다는 어리석음에 빠져, 행운으로 연결되는 그다음의 먼 길이 더 펼쳐있다는 중요한 사실도 잊은 것이다. 다리 위에서 벌어진 사건을 참음과 관련하여 인생에 주는 교훈이 무엇인지를 해석해 보았다.

사람이라면 반드시 건너야 할 다리가 있다. 하늘(천당/극락)과 땅(현세/지옥)을 연결하고, 신과 인간의 매개물이 되며, 삶(이승/차안)과 죽음(저승/피안)의 통로가 되고, 육체와 영혼이 만나는 다리다. 보이고 보이지 않는 세계가 만나는 유일한 다리다. 어느 날 석가는 갠지스강에 이르렀는데, 강을 건너려고 배와 뗏목을 분주히 구하고, 뗏목을 묶고 있는 사람들을 보고 다음과 같은 게송을 읊었다.

다리를 만들어 작은 늪지를 버리고/ 강과 호수를 건너는 사람들은,/
[세상] 사람이 뗏목을 묶는 동안,/ 지혜로운 그 사람들은 이미 건넜다네.
[대반열반경(大般涅槃經)]

게송의 본뜻은 '세상 사람들은 고난을 극복하기 어렵지만, 지혜로운 사람은 다리를 건너듯이 쉽게 고난을 극복한다는 말'이다. 여기에서 다리는 지혜로 고난을 쉽게 극복하는 수단의 다리다. 즉, 이 언덕에서 저 언덕으로 연결해 주는 영생의 다리다. 결국 인간은 행복을 찾아서 이 다리를 건너기 위해 이 세상에서 열심히 살아가는 것이 아닐까.

다리는 짧든 길든, 좁든 넓든 간에 행복과 연결해 주는 가교(架橋)이다. 그런데 그 다리는 참음으로써 행복을 추구할 때 제 역할을 한다. 놓여 있다고 다 다리가 아니라, 참음으로 그 다리에 새로운 의미를 부가해야 한다. 그러면 참아내는 사람은 서로 손잡고 비끼며 웃음을 간직한 채로 그 다리를 건널 수 있다.

참음은 행복의 다리다. 사람은 다리처럼 살면서 자신이 행복의 다리인 줄 모른다. 참음은 사람을 행복의 다리인 줄을 알게 한다.

참음은 행복의 어머니다.

어머니 사랑은 모레·자갈 속에서도 꽃을 피운다. 어머니 손길과 사랑이라면 언제 어디에서나 꽃이 핀다. 불꽃 속에서도 그 불꽃을 헤치고 사랑이 빛난다. 이 세상에서 어머니 손길처럼 자애로우시고, 어머니처럼 사랑을 주신 분이 어디 있으랴. 우리의 모든 어머니는 언제나 위대하시다.

참음은 '어머니'를 생각하면 저절로 생긴다. 어머니는 참음의 화신(化身)이고, 존재 그 자체가 참음이기 때문이다. 그래서 동서고금을 막론하고 '우리 어머니' 이야기는 무수히 많고 언제나 감동으로 심신을 적신다.

『사기』〈저리자·감무열전(樗里子·甘茂列傳)〉을 보면, 감무가 증삼(曾參)의 어머니에 얽힌 일화를 인용하면서 자기의 주장을 펼친다.

"옛날에 효도로 유명한 증삼이 노(魯)나라에 있을 때, 노의 사람으로 증삼과 동명 동성의 사람이 있었는데 사람을 죽였습니다. 어떤 사람이 그의 어머니에게 '증삼이 사람을 죽였습니다.'라고 알렸지만, 태연자약하여 조금도 동요되지 않고 베를 짜고 있었습니다. 조금 이따가 또 한 사람이 '증삼이 사람을 죽였습니다.'라고 했지만 역시 태연하게 베를 짰습니다. 그러나 조금 후 또다시 한 사람이 어머니에게 '증삼이 사람을 죽였습니다.'라고 하자, 그의 어머니는 북[저(杼)]을 던지고 베틀에서 내려와 담장을 넘어서 달려갔다고 합니다."

이 장면은 원래 뭇 사람이 반복해서 말하는 계략(計略)의 말에, 감무 자신의 충성된 말을 의심하지 말라는 의도로, 진의 무왕을 설득하면서 증삼의 일화에 빗댄 말이다. 『논어』에는 증삼(증자)의 말이 다수 실려있고, 공자도 증삼의 효도를 칭송했다. 증삼 어머니는 효자로 소문난 아들이 사람을 죽였다는 말을 곧이듣지 않다가, 세 번이나 반복해서 들으니 북을 내던지고 사실을 확인하러 현장으로 달려 나갔다는 이야기다. 아들에 대한 철석같은 믿음도 여러 번 반복해서 좋지 않다는 말을 들으면, 어머니의 마음도 움직일 수밖에 없다. 어머니의 굳건한 참음도 반복되는 말에는 한계가 있다. 감무는 아들 증삼에 대한 지극한 어머니 사랑을 이용하여, 자신의 주장을 합리화하고 있다.

그러나 자식을 사랑하는 어머니 마음은 의지가 굳고 강직하다. 지진의 잔해 속에서 자신의 목숨은 버리고, 아이를 품에 꼭 안아 살리는 모성애는 잘 알려진 사실이다. 빗발치는 총탄과 포탄 속에서도 자신이 총알받이가 되면서 자식을 보호한다. 불이 나자 자식을 품에 안고 고층에서 뛰어내려 자식은 살리고 본인은 희생한다. 밀림에서 자신은 죽어가면서 자식들이 어떻게 하면 살아 버틸 수 있는지 애절하게 유언을 남긴다. 어머니 사랑과 희생은 모든 것을 초월하여 위대하다.

김유정은 죽을 때까지 한 장의 어머니 사진을 가슴에 꼭 지니고 다녔다. 그리고 친한 친구들에게는 "우리 어머니 참 이쁘다."라고 자문자답하며 우쭐했다고 한다. 그래서 그의 몇 소설의 여자 주인공은 포근한 어머니상으로 나타난다. 영화 '1917년' 마지막 장면은 주인공 스코필드가 나무에 기대어 자기 품속에서 사진과 무엇을 꺼내어 읽는 장면이다. '살아서 꼭 돌아와다오.' 어머니가 보내주신 편지의 메모이다. 그리고 다시 소중하게 품속에 집어넣는다. 자신의 품속이 아니라 어머니의 포근하면서도 무한한 사랑의 품속으로 자신을 맡기며 말이다.

맹자의 어머니와 관련한 삼천지교(三遷之敎) 고사는 모르는 사람이 없다. 그래서인지 맹자는 순임금과 증삼의 효성을 구체적으로 설명하여 그 중요성을 강조하였다. 김수환 추기경은 많은 글에서 어머니 사랑을 애틋한 그리움으로 나타내어 우리 가슴을 뭉클하게 한다. 본인의 인품과 위치를 어머니 사랑의 덕으로 돌리는 데 존경하는 마음이 아니 생길 수 없다. 글씨 공부를 철저히 시킨 한석봉 어머니, 자식의 명예를 위해 목숨까지 내거신 양사언 어머니, 링컨, 헬렌 켈러를 위대하게 만든 것은 어머니 사랑과 뒷받침이었다.

농촌 초등학교 3학년 때 똥 마려움을 억지로 참고 오다가, 대문에 들어서자마자 어머니와 마주쳤고, 어머니를 보자마자 긴장이 풀려 옷에 그만 싸고 말았다. "그냥 넓은 들 아무 데나 누고 오지, 고지식한 녀석아!" 하시는 말씀이 지금도 생생하다. 옷을 벗겨 깨끗하게 씻기고, 새 옷으로 갈아입혀 주셨다. 낮에 많이 뛰어노느라 피곤해서인지, 초등 저학년까지 자다가 오줌도 많이 쌌다. 나도 모르게 담요에 이상한 지도를 그리면, 속옷을 갈아입히면서 무릎 상처를 보시고,

"달리고 뛰놀 때도 부딪치지 않도록 조심해야지." 하며 요를 갈아주셨다. 이 일을 평생 잊지 못한다. 그래서 요즈음도 생각나면 "어머니, 고맙습니다!"라고 마음속으로 세 번, 어떤 때에는 소리 내어 외쳐 본다. 잊지 못할 영원한 어머니 사랑이다.

『부모은중경(父母恩重經)』에는 어머니의 열 가지 큰 은혜를 설명하고 있다.

① 어머니 품에 품고 지켜주는 은혜[회탐수호은(懷耽守護恩)], ② 해산 때 고통을 이기는 은혜[임산수고은(臨産受苦恩)], ③ 자식을 낳고 근심을 잊는 은혜[생자망우은(生子忘憂恩)], ④ 쓴 것을 삼키고 단 것을 뱉어 먹이는 은혜[연고토감은(咽苦吐甘恩)], ⑤ 진자리 마른자리 가려 누이는 은혜[회건취습은(廻乾就濕恩)], ⑥ 젖을 먹여 기르는 은혜[(유포양육은(乳哺養育恩)], ⑦ 손발이 닳도록 깨끗이 씻어주는 은혜[세탁부정은(洗濯不淨恩)], ⑧ 먼 길을 떠나갈 때 걱정하시는 은혜[원행억염은(遠行憶念恩)], ⑨ 자식을 위하여 나쁜 일까지 하는 은혜[위조악업은(爲造惡業恩)], ⑩ 끝까지 불쌍히 여기고 사랑해 주는 은혜[구의연민은(究意憐愍恩)]

어머니 은혜가 어디 이뿐이겠는가만은, 이러한 열 가지 은혜는 그대로 어머니가 자식을 위해 어떤 일에도 희생하며, 어려움을 물리치고 고통을 참아내는 모습이시다.

유교를 국교로 삼은 조선 시대는 삼종(三從)의 도리를 강조하였다. "혼인하기 전에는 아버지를, 혼인해서는 남편을, 남편이 죽으면 자식을 따라야 한다."라는 것으로 『예기(禮記)』 교특생(郊特牲)에 나온다. 삼종을 도리로, 예법이나 덕성으로 간주하여 여성으로서 살아가는 길에 자유를 주지 않았다. 우리 어머니는 눈을 감고, 입을 닫고,

귀를 막고 각각 3년씩이나 살았다. 그리하여 참고 따라야 하는 '인종(忍從)'이 몸에 배지 않으면 안 되었다. 자신의 행복보다는 가족, 집안의 행복을 위해서다.

지금은 남녀 차별이 없어진 지가 오래다. 모든 분야에서 평등하게 제자리를 지키며 각자 생활을 꾸려 나간다. 이제는 어머니의 인종(忍從)을 요구하거나 자랑하지도 않는다. 그렇지만 우리 어머니들이 감내한 참음의 역사를 알림으로써, 참고 살아야만 하는 현대에 생활의 지혜가 무엇인지를 찾아보기 위해서 생각해 보았다.

어머니는 고통과 고난을 헤치고 참음으로 인생을 개척할 수 있다는 우리 모두의 거울이다. 어머니이니까 참음을 실천할 수 있는 일들이 너무나 많다. 어머니만이 이룰 수 있는 참음은, 『부모은중경』에 나오는 십대(十大) '은혜' 앞에 수식어로 전제한 말들이 기본으로 작용한다.

어머니는 생명, 사랑, 자비, 기쁨의 뜻은 물론, 재생, 지혜, 지복(至福), 은혜, 감로(甘露), 샘물, 풍요의 상징과 함께 희생, 순결, 운명, 창조, 우주를 의미한다. 우리 어머니는 참음만이 아니라 생활의 지혜와 용기도 우리 앞에 놓인 바구니에 듬뿍 담아 주신다. 사람은 이러한 '어머니'를 늘 가슴에 간직하면 어느 고통이나 어려움도 물리칠 수 있다.

참음은 행복의 어머니다. 사람은 늘 어머니를 생각하며 살면서 자신이 행복의 어머니임을 알지 못한다. 참음은 자신이 행복의 어머니임을 알려준다. 현대에는 남자도 어머니의 참음을 배워야 한다. 이것이 진정으로 진실하게 현대를 살아가는 남자다.

1. 참아내니 여러 소리가 난다.
2. 참아내니 생활이 즐겁다.
3. 참아내니 인생이 아름답다.
4. 참아내려고 오늘은 노력했는가.

3부
참음은
아름다운 세상을
만든다

참음을 쓰는 법
[용인법(用忍法)]-[감(甘)]

참음을 이해하고[지인(知忍)] 기를 줄
[양인(養忍)] 알면서, 여기에 참음을
잘 쓸(이용/활용) 줄[용인(用忍)] 알아
야 한다. 참음을 잘 활용해야 즐거움
과 행복이[감(甘)] 언제나 우리 곁에서
살아 움직인다.

참아야 할 순간에는 반드시 참아야 한
다. 그러나 참기 싫다면 참지 않아도
좋다. 그래도 참음의 끈은 절대로 놓
지 마라. 이것마저 놓아 버리면, 운명
의 신이 도와줄 대상을 결코 찾지 못
한다.

1.
참아내니
여러 소리가 난다

참음은 삶의 여러 소리를 낸다.

　사람은 '소리 속'에서 존재하는 동물이다. 사람 자신이 내는 소리, 자신의 주위에서 온갖 사물이 내는 소리 속에서 존재한다. '**언어적 존재**'의 구체적 한 양상이 '**소리적 존재**'다. 그러나 이러한 '소리에 의한 존재', '소리를 위한 존재', '소리의 존재' 사실을 모르고 일생을 살아간다. 소리는 자기가 존재한다는 사실을 과시하고, 자기 외의 존재를 확인하는 기제이다. 빛이 시각으로 존재를 확인하듯, 똑같이 소리는 청각으로 존재를 확인한다. 이들 둘이 상보적으로 작용하면 존재 확인은 더욱 확실하다.

　한유(韓愈)는 〈송맹동야서(送孟東野序)〉에서 소리를 내는 여러 양상을 세밀하게 설명하였다.

　　대개 만물은 평정(平靜)을 얻지 못하면 소리를 내게 된다. 초목은 소리가 없으나 바람이 흔들면 소리를 내게 되며, 물은 소리가 없으나 바람이 움직이면 소리를 내게 된다. 물이 뛰어오르는 것은 바위 같은 곳에 부딪혔기 때문이고, 물이 세차게 흐름은 한 곳에서 물결을 막기 때문이며, 물이 펄펄 끓어오르는 것은 불로 데우기 때문이다. 쇠나 돌은 소리가 없으나 치면 소리를 낸다. 사람이 말하는 데에도 이와 같으니, 부득이한 일이 있은 다음에야 말을 하게 된다. 노래하는 것은 생각이 있기 때문이며, 우는 것은 회포가 있기 때문이다.…

자연의 계절에서도 역시 그러하니, 소리를 잘 내는 것을 선택하여 그것을 빌려서 소리를 내게 된다. 그러므로 새를 빌려 봄의 소리를 내고, 우레의 소리를 빌려 여름의 소리를 내며, 벌레를 빌려 가을의 소리를 내고, 바람을 빌려 겨울의 소리를 낸다. 사계절이 서로 바뀌어 나타나는 현상은 반드시 그 평정(平靜)을 얻지 못했기 때문이다.

사람의 소리, 자연의 소리를 총망라한 느낌이다. 요약해 보면, 사람은 부득이한 일, 생각, 회포가 생기면 말하고 노래하고 소리 내어 운다. 만물은 바람이 불어 흔들고, 바위에 부딪히고, 불로 데우고, 망치로 치면 평정을 얻지 못하여 소리가 난다. 자연도 조화와 균형이 깨져 평정을 잃으면 새, 우레, 벌레, 바람을 빌려 사계절의 소리를 낸다.

이처럼 삼라만상은 고통과 장애가 앞을 가로막으면 소리를 낸다. 즉, 참음이 작용하여 여러 형식으로 소리를 낸다. 막혔다, 참았다 터져 나오는 소리다. 이 소리는 사람이 살아가는 소리요, 존재를 과시하는 자연의 소리다. 사람은 이러한 소리 속에서 자기를 찾아보고 존재를 확인한다. 그런데 가청(可聽) 파동으로 들리는 소리가 있고, 귀에는 들리지 않아도 마음으로 들리는 소리도 많다.

음악의 소리는 너무나 다채롭다. 타악기는 두드려야 하고, 관악기는 불어야 하며, 현악기는 줄을 타고 튕겨야 소리를 낸다. 두드리고 불고, 타고 튕기는 것은 소리를 내기 위해 참아내는 모습이다. 참음은 리듬, 박자, 장단이 조화롭게 만나는 소리로 조절한다. 참음은 감미롭다가도 애절하게, 부드럽다가도 웅장하게, 느리다가도 빠르게 음악다운 소리로 승화시킨다.

시나 소설에도 소리가 난다. 이들을 읽고 감상하는 순간에 작가나 시적 자아, 주인공 등 등장인물의 소리가 들린다. 별로 관심의 대상이 아닌 엑스트라의 소리도 섞여 들린다. 그 소리는 사상과 감정이 되어 가슴 속 깊이 파고들어서 영혼을 움직이게 한다. 그리하여 자아와 인격을 형성하고, 사람 구실을 하며 문학적 존재가 되게 한다.

그림 속에도 선과 색깔의 소리가 가득하다. 사람 사는 소리가 요란하게 들린다. 동물, 자연이 움직이는 소리로 가득 차 있다. 특히 동양화는 새소리, 폭포 물 떨어지는 소리, 나무나 풀이 속삭이는 소리, 바람 부는 소리 등 온갖 자연의 소리가 합창한다. 그림에 물이 보이지 않는다고 지적하면, 그림 앞의 확 트인 공간 모두가 물이라고 한다. 자연의 소리가 색과 어우러져 내는 웅장한 코러스다. 그 가운데 유유자적(悠悠自適)하는 사람의 발걸음 소리, 낚싯대 뻗는 소리, 배 젓는 소리, 자연과 주고받는 운율의 소리도 은은히 들린다.

조형물은 모양으로 소리를 낸다. 특히, 조각품에서 끌과 망치 소리도 요란하게 들리지만, 소리 속에 담긴 작가의 정성과 땀방울이 송골송골 돋아나는 소리도 난다. 미켈란젤로 불후의 명작 '피에타'에는 성모 마리아의 아들을 잃은 절규(絶叫)의 목소리가 들리고, 로댕의 '생각하는 사람'에는 고뇌가 속삭이는 듯 신체 전체로 스며드는 소리가 난다. 거리나 공원의 조형물은 고달픈 삶에 안식을 건네고, 무거운 발걸음에 감미로운 향기의 소리를 뿌려준다.

재래시장에 들어서면 우리가 '소리적 존재'라는 것을 실감한다. 물건을 팔려고 하는 마음, 사려고 하는 마음이 하나로 합쳐져, 그 소리의 의미를 정감으로 나누고 높인다. 사람이 살아가는 모습이 소리에 녹아있고, 소리가 살아가는 힘을 불어넣는다. 다 참음이 내는 일상의 소리다. 그 소리에 세상의 고달픔과 어려움이 녹아든다. 그래서 거기에 갔다 오면 인정이 듬뿍 배어 있는 또 다른 '나'를 발견한다.

옛날에는 '애 우는 소리', '글 읽는 소리', '다듬이 소리'를 '세 가지 상서로운 소리[삼길성(三吉聲)]'라 했다. 지금은 다 잊힌 소리가 되었다. 애 우는 소리는 우리가 사람으로 살아감을 확인하는 정정(淨淨)한 소리고, 글 읽는 소리는 사람답게 산다고 과시하는 낭랑(朗朗)한 소리며, 다듬이 소리는 영혼을 하늘과 연결하는 청청(淸淸)한 소리다. 이 소리는 가족을 하나 되게 하고, 이웃을 공명(共鳴)으로 아우르며, 믿음으로 세상을 평화롭게 하는 소리다. 이 소리를 하루빨리 일상으로 되돌려 언제 어디에서나 마주했으면 한다. 다듬이 소리는 포근한 어머니 마음의 소리로 고이 간직하며 말이다.

범종 소리, 복음의 소리도 옛 소리로 뇌리를 스쳐 간다. 언제나 인정과 감동이 넘치는 소리, 발걸음을 가볍게 하는 지혜의 소리로서 우리 생각과 몸을 감쌌다. 이 소리는 사람의 정신과 육체에 위안을 주고, 일상생활에서 가치, 의미, 교훈, 역사를 가르쳤다. 이러한 소리는 삶의 소리, 창조의 소리, 영혼의 소리다. 복잡한 현대에 되살리고 싶은 영원한 소리다.

사람은 남의 소리를 듣기보다는 자신의 소리를 내는데 더 익숙하다. '나' 밖의 존재를 알아주기보다 '나' 존재를 더 알려주고 싶은 마음이 앞서서 그런 것 같다. 그런데 내는 소리와 듣는 소리가 균형과 조화를 이루어야 평정을 찾을 수 있다. 내는 소리만 강조하면 외로움이 빨리 찾아오고, 듣는 소리에만 치우치면 자신을 잊어버리기가 쉽다. 이것이 세상 살아가는 원리요 자연의 법칙이다.

그러므로 사람은 소리를 내는 데 그치지 말고 들을 줄도 알아야 한다. 참음은 이 소리를 바르게 내고 들을 줄 알게 한다. 이 '소리'는 소리로만 머물지 않고 삶을 가치창조로 연결한다. 참음은 소리에 의미를 부여하여 가치로 전환한다. 이처럼 참음은 진정한 삶의 여러 소리를 내고, 밖에서 나는 소리를 올바르게 들을 줄 알게 한다. 이것이 참음을 알고 기르고 쓰는 첫걸음이다.

참음은 삶의 가치를 창조한다.

우리 일상은 참음의 연속이다. 그런데 참음은 끊임없이 가치를 창조한다. 삼라만상, 두두물물(頭頭物物) 모든 존재가 가치창조의 결과이다. 반대로, 가치를 창조하면서 살면 참을 수 있다. 가치를 창조하면 참음이 생긴다. 일상생활에 늘 찾아오는 참음은 그 자체가 가치 전환 행위다. 즉, 고통을 참아냄은 인간의 삶을 새롭게 하는 가치 창조다.

그 옛날 고등학교 국어책에 유달영 교수의 〈슬픔에 관하여〉라는 수필이 실려있었다. 대학 4학년 교생실습 때, 이 단원을 대상으로 대표 수업을 했고, 이어 교단에 서서 여기에 담긴 뜻을 빠뜨리지 않고 열심히 가르쳤다. 그 내용이 더 없이 가슴을 울려서, 지금까지 삶의 감초로 마음에 간직하며 살아왔다. 글의 첫머리는 이러하다.

사람의 일생은 기쁨과 슬픔을 경위(經緯)로 하여 짜 가는 한 조각의 비단일 것 같다. 기쁨만으로 일생을 보내는 사람도 없고, 슬픔만으로 평생(平生)을 지내는 사람도 없다. 기쁘기만 한 듯이 보이는 사람의 흉중(胸中)에도 슬픔이 깃들이며, 슬프게만 보이는 사람의 눈에도 기쁜 웃음이 빛날 때가 있다. 그러므로 사람은 기쁘다 해서 그것에만 도취될 것도 아니며, 슬프다 해서 절망만 일삼을 것도 아니다.

슬픔과 기쁨이 날줄과 씨줄로 서로 엇갈리며 교차하는 것이 우리 인생이다. 그런데 그 인생은 비단이다. 비단처럼 부드럽고, 값지며, 고귀한 뜻을 지니고 있다. 그래서 기쁨에 도취하거나 슬픔에 절망할 필요가 없다고 하였다. 이러한 인생을 강조하면서 유 교수는 천붕(天崩)과 참척(慘慽)의 슬픔을 비교하고 다음과 같이 글을 마무리한다.

인생은 기쁨만도 슬픔만도 아니라는, 그리고 슬픔은 인간의 영혼을 정화시키고, 훌륭한 가치를 창조한다는 나의 신념을 지긋이 다지고 있는 것이다. "신(神)이여, 거듭하는 슬픔으로 나를 태워 나의 영혼을 정화하소서."

모파상은 〈여자의 일생에서〉 '인생은 행복한 것도, 불행한 것도 아니다.'라고 끝을 맺었다. 유 교수도 같은 생각을 피력하면서 '슬픔은 영혼을 정화하고 가치를 창조한다.'라고 하였다. 그리하여 거듭하는 슬픔으로 자신의 영혼을 태워 정화해 달라고 신에게 간청했다. 그래야 신이 다른 문을 열어준다. 자신을 태우는 일이 가치창조다. 자신을 태우는 일은 무수히 많고, 태운 결과도 이루 헤아릴 수 없다. 자신을 태우는 것은 참음의 매서운 열정이다. 유 교수는 슬픔을 가치창조로 잊고 없애려 하였다.

성현들은 인간의 고통과 슬픔을 최고의 가치창조로 전화하여, 떠도는 인간의 영혼을 정화하고 구원했다. 그리하여 성현들의 얼굴이나 모습에서 전혀 고통과 고뇌를 찾아볼 수 없고 성스러울 뿐이다. 사람들은 경외(敬畏)의 마음으로 이분들의 고귀한 말씀을 본받아 종교로 승화했다.

구분	고통/슬픔	중심 사상	가치창조
공자	사회의 혼란, 무질서	인(仁)/충서(忠恕)	유교(유가)
석가	인간의 고뇌(苦惱)	대자대비(大慈大悲)	불교(불가)
노자	인간의 유위(有爲)	무위자연(無爲自然)	도교(도가)
예수	인류의 죄악(罪惡)	박애(博愛)	가톨릭/기독교
무함마드	인간의 죄/불평등	사랑/평등	이슬람교

사람은 부단히 가치를 창조한다. 모든 행위가 가치창조로 이어진다. 철학자, 사상가, 문필가, 예술가, 과학자 모두 드높은 곳을 향하여 부단히 가치를 창조한다. 고흐, 밀레, 고갱은 선과 색으로, 모차르트, 베토벤, 쇼팽은 소리로, 카프카, 푸시킨, 도스토옙스키는 문자나 글로, 미켈란젤로, 로댕은 조형으로 가치를 창조하여, 인간의 영혼을 정화하고, 세상의 간난(艱難)을 아름다움으로 순화하려고 노력하였다.

이처럼 사람은 붓과 펜을 놀리고, 망치를 휘두르며, 건반을 두드리는 등 부단히 몸을 움직여서 가치를 창조한다. 이러한 행위만이 아니다. 과학의 발견이나 발명, 새로운 인간관계나 사회질서 정립, 인간 생활을 윤택하게 하는 모든 구조물, 새로운 생각과 사상의 수립, 높은 학문적 경지의 개척 등 세상만사가 모두 가치창조물이다. 보통 사람이든 잘난 사람이든 사람의 모든 행위, 거창하든 조촐하든 모든 자연의 움직임, 여기에 절대자 등 모두가 가치창조의 주체이다. 정신적, 물질적인 것 구분 없이 모두 창조자가 빚어낸 '가치창조물'이다.

상(賞)을 타 이름이 붙고, 사람들이 인정해야 가치물이 되는 것이 아니다. 가치물은 고귀한 것도, 고상한 것도 아니다. 오관(五官)을 가진 인간 모두가 창조할 수 있는, 신이 내려준 선물이다. 가치창조는 전문가 전유물이 아니다. 어느 위치에 있든 사람은 화가, 조각가, 시인, 소설가, 수필가가 되고. 작곡가, 성악가, 연주자, 무용가 등이 될 수 있다. 옛날 사람은 시인이며, 소설가며, 화가며 정치가를 겸하였다. 일반인과 전문가를 누구도 일부러 구별하려 하지 않았다. 사회구조가 그렇게 만든 것이다. 현대에도 어려서부터 이를 다 배우고 가르치려고 하지 않는가. 우리는 참으로 다재다능하고 수월성(秀越性)이 강한 민족임이 틀림없다.

그런데 이러한 가치창조는 고통, 슬픔 등 어려움을 참아내는 데서 요원(燎原)의 불길로 점화한다. 참음은 삶의 가치를 의도적으로 창조하는 부싯돌, 라이터다. 밥 짓기, 인절미 만들기, 좋은 술 빚기, 화초 가꾸기, 날마다 일기 쓰기 등 모두 참음을 가치로 전환하는 행위다. 한강에 돌 던지며 인생을 다시 설계하고, 돌부리를 발로 차며 시적 언어를 머리에 떠올리고, 저 산을 향해 소리 질러 메아리와 호흡을 맞추고, 둘레길을 거북이가 된 양 걸으며 삶의 행보를 조절하는 것 등 모두 가치창조 행위요 살아가는 모습이다. 심지어 노래방에서

박자나 리듬에 맞지 않게 목청껏, 가사도 틀리며 소리 지르는 노래도 가치창조다. 가치창조란 순응과 저항, 몸부림과 카타르시스, 사색과 자기방어란 참음이 개재한 현신(現身)이다.

가치창조는 거창한 것만이 아니다. 아침 식사를 하면서, 출근하러 양말을 신으면서, 바쁘게 집을 나서면서 하는 행위, 생각, 대화가 다 가치 창조다. 비좁은 공간에서 운전하며 양보하는 것도, 버스·전철에서 앉는 자리나 상대가 설 수 있는 공간을 마련해 주는 것도 가치창조다. 바쁜 생활에서 눈길을 주고받으며 서로를 격려해 주고, 덕담을 나누는 것도 가치창조다. 서로 허전한 마음을 채워주고 부족한 부분을 메꿔주며, 모자란 점은 손을 내밀고, 넘쳐나는 부분은 손길을 주는 것도 가치창조다. 참아내는 일상의 생활, 행위 자체 모두가 가치 창조다.

이처럼 가치창조는 멀리 동떨어져 있는 것이 아니다. 혜자(惠子)라는 사람이 큰 박[대호(大瓠)]으로 물건을 만들어도 쓸모가 없다고 푸념하자 장자는 다음과 같이 말한다.

> "송(宋)나라 사람 중에 손이 트지 않는 약을 잘 만드는 사람이 있었는데 대대로 솜을 빠는 일에 종사했소. 한 손님이 그 이야기를 듣고서 그 처방을 백금(百金)으로 사겠다고 제의했고, 그는 가족을 모아 놓고 '우리는 대대로 솜을 빨았지만, 겨우 수금(數金)을 버는 데 불과했다. 지금 하루아침에 그 기술을 백금에 사겠다니 그에게 처방을 내주자.'라고 상의했소. 이래서 손님은 그 처방을 얻어 가지고 가서 오(吳)나라 임금을 설득하였고, 마침 월(越)나라가 침범해 와서 오나라 임금은 그를 장수로 삼았소. 겨울철에 월나라 군사들은 물에서 맞아 싸워 크게 패배시켰고, 그 공로로 그는 오나라에서 땅까지 봉해 받았소." [『장자』 소요유(逍遙遊)]

혜자가 물건이 커서 쓸데없다고 하자, 장자는 좀 더 크게 쓸 수 있는 방법을 찾아보지도 않고 불평하는 것을 못마땅히 여겨 예를 들어 반박한 내용이다. 손 트지 않는 약도 크게 쓰면 나라를 구하고 벼슬도 얻게 된다는 결론이다. 그런데 송나라 사람은 더 크게 쓸 줄을 몰라 빨래하는 직업에서 벗어나지 못했다. 그냥 행하고 있는 일에 매몰, 안주하여 다른 생각의 싹을 아예 틔우지 못했다. 조금만 크게 멀리, 그러면서도 세밀하게 보면 보이지 않는 것이 보이는데 말이다.

이처럼 가치창조는 크고 먼 데 있지 않다. 늘 일상에서 우리 생활과 같이한다. 가치창조는 명작, 명품, 지고한 사상으로 칭송받는 것만이 아니다. 우리 일상생활과 밀착하여 사람의 인격을 넓히고, 존재의 의미를 높이는 것도 값지다. 나만의 가치보다도 관계의 가치를 더해야 진정한 가치 창조다. 그래서 조금만 더 관점을 바꿔 생각하면 구각(舊殼)에서 탈피하여 생활이 윤택해지고 자기 운명도 바뀐다. 다 참는 여유에서 생긴 가치창조 덕분이다. 참음은 우리 모두를 위하여 한 단계를 넘어서는 계기다. 마루 턱을 자연스레 넘어서는 지혜와 창조의 힘이다.

참음을 참음 그 자체에 머물게 하지 말고 가치창조로 이어져야 한다. 참음이 그 자리에 머물면 갈등의 불씨가 되고, 투혼(鬪魂)이 제일인 양 하여 일반적 가치가 전도(顚倒)된다. 이러한 몽상(夢想)은 사회악이다. 참음이 가치창조로 이어지면, 내 주위부터 생활이 부드러워지고, 사회가 서로를 격려하며 명랑해진다. 개인과 국가가 어떤 횡포나 소용돌이에도 휘둘리지 않는다. 그래야 사람답게 살아가고 만물의 영장 자리를 지킬 수 있다. 이것이 참음을 가치로 전환하는 지고의 목적이요, 어느 것도 이를 대신할 수 없다. 도자기는 높은 고열을 참고 견뎌서 명품이 된다.

참음은 삶을 다듬고 새롭게 한다.

참음은 고통을 다듬고 조정하고 억제한다. 참음은 삶을 더 나은 경지로 탈바꿈시키고, 사회 변화를 유도한다. 그리하여 우리 삶을 새롭게 가다듬고 개척한다. 매미, 나비, 잠자리가 탈바꿈하듯, 누에고치에서 나방이 용쓰며 나오는 것처럼 날로 새로워지고 또 새로워지도록 도와준다.

우리 인생은 **'울며 겨자 먹기'**가 아니다. **'누워서 떡 먹기', '식은 죽 먹기'**는 더욱 아니다. 이러한 인생은 삶에 의미가 없다. 삶에 의미를 부여해야 한다. 창조한 가치가 삶의 의미를 더하도록 노력해야 한다. 이것이 참음이 존재하는 또 다른 가치다. 다음은 참음으로 삶을 다듬고 새롭게 한 대표적인 예이다. 저자나 작가의 삶이든, 그가 창조한 저서, 작품 세계든 모두 말이다.

《'사기 열전' 삶의 코러스》

서양에서는 헤로도토스를 '역사의 아버지'라 부르듯이 동양에서는 사마천을 역사의 아버지라 한다. 이러한 명성은 『사기』를 꼼꼼히 읽어 보면 쉽게 이해가 간다.

『사기』는 역사서이면서 인물 열전이란 인상이 짙다. 본기(本紀, 12권), 표(表, 10권), 서(書, 8권), 세가(世家, 30권), 여기에 열전(列

傳, 70권)을 포함 총 130권으로 구성되어 있다. 일반 역사서가 그러하듯 대체로 인물 중심 체제나 설명으로 이루어져 있다. 열전에는 온통 세찬 비바람과 거센 풍파를 헤쳐가는 사람 사는 이야기로 가득하다. 사마천은 역사가이면서 그 역사 위에 인간의 존재 문제를 철학적으로 간파했다. 『사기』는 사람이 살아가는데 필요한 정보를 제공하는 '인생철학서'이다.

사마천은 20세부터 몇 년 동안 천하를 주유하면서 역사의 현장을 실제 답사하고, 자료를 직접 수집하고 사실을 확인했다. 이후 아버지가 못다 한 유업을 이어받아 태사령(太史令)이 되어 관련 자료를 탐독, 정리하고, 『사기』를 집필하기 시작했다. 그러나 운명은 순조롭지 못해 이능(李陵) 장군 사건에 연루되어 일생일대의 참혹한 궁형(宮刑)을 받았다. 이때에는 절망과 비탄, 비참함에 삶의 의욕을 모두 빼앗기고 나락에 떨어진 심정이었다. 그러함에도 이러한 수치심을 참아내고 왕조의 흥망성쇠를 밝혀야겠다는 사명감으로 흩어진 기록을 망라, 정리하여 불후의 역사서를 완성하였다.

『사기』 내용 구성에서 열전은 〈태사공 자서(太史公自序)〉를 포함하여 무려 70권에 달한다. 그만큼 사마천은 인물의 행적과 업적을 중요시하였다. 자서를 뺀 열전 69권의 구성도 남긴 업적과 내용에 따라 치밀하게 분류하고 제목에 이름을 붙였다. 그의 인간관과 자연관을 비롯해 가치관이나 역사의식도 여기에 녹여 담았다고 하겠다.

특히, 인간이 살아가는 방법 등 삶의 문제는 자료로 뒷받침하여 더욱 사실을 더해 기록했다. 무수한 사람들의 인간관계가 가을의 단풍 색깔처럼 그려져 있다. 군신(君臣), 부자(父子), 부부(夫婦), 붕우

(朋友), 장유(長幼) 관계는 물론 가족, 사제(師弟), 학우(學友), 여기에 피아(彼我), 적과 동지 관계를 세밀하게 언급하여, 이들 사이에서 벌어지는 갈등과 치유, 전쟁과 평화, 성공과 실패, 성취와 죽음, 협동과 복수 등을 소상하게 묘파하였다. 그야말로 사람이 살아가는 모습의 파노라마이다.[36]

사마천은 제1권에 〈백이열전(伯夷列傳)〉을 시작으로 하였다. 자서에서 "말세에는 누구든지 이해를 다투었으나, 다만 백이(伯夷)와 숙제(叔齊)만은 한결같이 의(義)를 존중하여, 나라를 양보하고 굶어 죽어 천하가 그를 칭송했다."라고 하였다.

널리 알려진 이야기로서 백이·숙제는 고죽국(孤竹國)에서 중자(中子)에게 왕위를 양보하고, 주(周)나라 무왕한테 귀속하려고 갔는데, 무왕이 은(殷)나라 주왕(紂王)을 치려 하자 말고삐를 잡고 말렸다. 이를 듣지 않자 수양산에 들어가 고사리를 캐 먹으며 연명하다가 굶어 죽은 사실을 그는 소상히 밝히고 있다.

사마천은 공자가 "백이·숙제는 부정·불의를 혐오했지만 일을 미워했지, 사람을 미워하지 않았다."라고 한 말을 의심하면서 백이의 심경에 동경을 금할 수 없다고 하였다. '천도(天道)는 공평무사(公平無私)하여 언제나 착한 사람 편을 든다.'라는 말에도 전적으로 공감하지 않았다. 그래서 행동이 그르고 도를 벗어나 악행을 저지르고도 부귀가 자손만대로 이어지는 사람도 있고, 정당한 땅과 말을 골라 딛고 말하고, 큰길을 걸으며 공명정대하게 처신해도 재화(災禍)를 당하

---

36 이하 인용 내용은 홍석보 역 『사기열전』(삼성출판사, 1977)을 중심으로 하고, 원전(原典) 및 기타 관련 자료를 참조하였다.

는 사람이 헤아릴 수 없이 많다고 하였다.

　사마천의 인간관이 무엇인지를 엿볼 수 있게 하는 말이다. 그는 인간의 윤리, 도덕 문제를 중요시하여 높이 평가하고 이러한 사람을 추앙했다. 백이·숙제 사실을 열전 제1권으로 삼은 이유를 자연스럽게 설명해주는 부분이다.

　공자와 그의 제자, 노자, 맹자와 순자는 물론, 한신을 위시하여 한(漢)나라를 세우는 데 공을 세운 인물을 빠뜨리지 않았다. 흉노(匈奴), 남월(南越), 동월(東越), 조선(朝鮮), 서남이(西南夷), 대완(大宛) 등 주변 민족도 언급하고, 백성을 잘 다스린 순리(循吏), 가혹하게 다스린 혹리(酷吏)를 한편의 열전으로 삼았다. 한대(漢代)의 유학자를 모은 유림(儒林), 협객을 기록한 유협(游俠), 의리를 지킨 자객(刺客) 인물을 따로 모았고, 세속, 권세, 이욕(利欲)을 초월하여 아무 해도 입지 않은 사례를 모은 골계(滑稽)도 한편으로 독립시켰다. 심지어 각 지방 점복가(占卜家)의 풍속을 살핀 일자(日字), 거북 등딱지와 사방 국외 점치는 방법을 대략 살핀 귀갑(龜甲)도 열전으로 분리하여 정리했다.

　특히, 친우, 동문수학한 인물 이야기는 인간관계의 교훈이면서 교활한 양면성을 엿보게 한다. 시련 속에서도 꽃핀 관중(管仲)과 포숙(鮑叔)의 우정[관포지교(管鮑之交)], 화씨 구술[화씨지벽(和氏之璧)]과 관련한 염파(廉頗)와 인상여(藺相如) 친분[문경지교(刎頸之交)]은 교육성이 짙다. 소진(蘇秦)과 장의(張儀)처럼 귀곡(鬼谷) 선생 밑에서 같이 배웠어도 '합종(合從)'과 '연횡(連橫)'으로 가는 길이 매우 달랐다. 이사(李斯)와 한비자(韓非子)도 스승 순자(荀子)에게서 배웠지만, 이사는 한비자를 죽음으로 몰았다. 방연(龐涓)은 같이 배운 손빈(孫臏)

의 재능에 미치지 못함을 시기하여 죄를 씌워, 두 다리를 자르고 얼굴에 먹물을 드리는 혹독한 벌을 가했다.

고조를 도와 한나라를 세웠던 공신 한신(韓信), 팽월(彭越), 경포(鯨布) 등도 결국 모반하여 죽임을 당했다. 그런데 한신에게 모반을 획책한 괴통(蒯通)은 남다른 언변과 처세술로 목숨을 부지했다. 열전에는 이러한 반목과 질투, 영화(榮華)와 쇠락 등 세상 사는 이야기를 유려한 필치로 무수히 소개하고 있다. 출세 가도를 순탄하게 달린 사람도 있고, 고초와 고역을 무수히 극복하지 않으면 안 되는 인물도 빠뜨리지 않았다.

그런데 사마천은 인본주의, 인간중심 사상만을 표방하지 않았다. 그는 자서에서 "무위무관(無位無冠)의 평민으로서 정치를 어지럽히지도 않고, 남의 생활을 해치지도 않고 때맞춰 거래해서 재산을 늘려 부호가 되었다. 지자(智者)라도 여기서 얻는 바가 있다."라고 하며, 그래서 열전 제69권에는 재물을 더욱 늘리는 사람의 사례를 모아 〈화식열전(貨殖列傳)〉을 서술한다고 하였다.

인간 생활에서 의식주를 해결하고 남에게 도움을 청하지 않으면 그만이라고 하여, 자기만족에 머무는 사람이 드물다. 재물에 관한 한 만족이 없다고 한다. 사마천은 그 이유를 다음과 같이 들었다.

대체로 일반 서민은 상대의 부자가 자기보다 십 배가 되면 그에게 비하(卑下)를 당하고, 백 배가 되면 두려워하고 꺼리며, 천 배가 되면 부림을 받고, 만 배가 되면 노예가 된다. 이것은 만물의 도리다.

사람들은 재물을 많이 모으려고 분투한다. 남에게 업신여김을 당하거나 노예 취급을 받기 싫어서이다. 이것이 보통 사람이 지니는 인간 간의 감정이다. 그래서 사마천은 '부자가 되는 것은 인간의 기본 성정으로 배우지 않아도 누구나 원하는 욕망이다. 부자가 되기 위해서는 지력과 능력을 다할 뿐 힘을 남겨둔 채 재산을 남에게 넘겨주는 일은 결코 없다.'라고 하면서, 부자가 되는 방법도 속담을 인용하여 소개한다.

속담에 말하기를 '백 리의 먼 곳에는 땔나무를 팔지 마라. 일 년 산다면 곡식을 심어라. 십 년을 산다면 나무를 심어라. 백 년 산다면 덕을 베풀어라.'라고 하였다. 여기에서 덕이라는 것은 인간에게 덕을 심으라는 뜻이다.

현대에도 꼭 맞아떨어지는 재화 늘리는 방법이다. 재화는 쌓아둔다고 거저 늘어나는 것은 아니다. 타산이 맞아야 하는데, 거기에는 반드시 적절한 시간과 공간이 개입하여 물산(物産)을 가공하고 이동하는데 정성이 들어야 한다. 그래도 제일 우선하는 것은 주위에 덕을 베풀어야 한다는 점이다. 그래야만 부호를 자자손손 대대로 오래 유지할 수 있다. 재화가 사람을 순순히 따라야지, 사람이 재화를 억지로 쫓으면 재앙이 된다는 경계의 말로 받아들이고 싶다.

재물에 대한 이해관계는 통치 방법에까지 영향을 미친다. 사마천은 〈화식열전〉 첫머리에서 먹고 입는 것을 자급자족하고, 이웃 나라와 서로 왕래하지 않는 치세(治世)를 칭송한 노자의 묘론(妙論)을 정면 비판하면서 다음과 같이 주장한다.

최선의 위정자는 백성의 마음에 따라 다스리고, 차선의 위정자는 이익을 미끼로 백성을 인도하고, 그다음의 위정자는 도덕으로 백성을 설교하고, 또 그다음의 위정자는 형벌로 백성을 다듬어 가지런히 하며, 최하의 위정자는 백성과 다툰다.

백성을 다스리는 방법에도 급수가 있는데, 이익으로 백성을 이끄는 방법은 두 번째에 해당한다. 그리하여 지위고하 구별 없이 많은 사람이 물산의 흐름을 이용하여 부자가 되는 갖가지 사례를 들고 있다. 여기에는 정당한 거래가 대다수이지만 매점매석(買占賣惜), 투기의 수법도 엿보인다. 그러나 이를 궁극으로는 정치를 잘하는 법과 연결하려고 하였다. 그리하여 사마천은 다음과 같이 결론한다.

부를 얻는 데는 일정한 직업이 없으며, 재화(財貨)의 주인이란 일정불변하는 것이 아니다. 재능이 있는 자에게는 재화가 집중하고, 불초한 자에게는 흩어진다. 천금의 부자는 한 도시를 지배하는 제후에 비길만하고, 거만의 부호는 왕자(王者)와 즐거움을 같이 한다. 그들이야말로 소봉(素封)이라 할만하지 않을까.

앞서 언급했듯이 공자도 부자인 제자 자공의 덕에 천하를 돌아다니며 이상을 지필 수 있었다. 기본 생활이 유지되지 않으면 인간의 윤리 도덕도, 지고한 덕망과 공적도 소용이 없다. 그리하여 사마천은 열전 맨 마지막 〈화식열전〉에서 뭇사람의 재화 증식과 이의 사용 방법을 소개하였다. 열전의 구성을 처음 시작은 인문주의를 강조하면서, 마지막은 물질주의 표방으로 끝맺음으로써 양자를 교묘히 조화시켰다고 하겠다.

사마천은 역사가로서 오로지 역사만을 기록한 것은 아니다. 역사 속에 인간이 살아가는 모습이 어떻게 투영되었는가를 새롭게 해석하고 앞으로 나갈 길을 제시하였다. 죽고 싶어도 죽을 수 없는 고통을 참아냄으로써 가치창조로 이어졌고, 자신의 삶을 새롭게 하여 불후의 역사적 업적을 남겼다고 하겠다.

참음은 삶을 다듬고 새롭게 한다. 사기 열전은 뭇사람의 인생살이를 소개함으로써 이러한 점을 분명히 하였다. 혹독한 형벌의 고통을 감내하고 주유천하 하며 현장을 답사했다. 손에 닿는 자료를 모두 수집하여, 인간 군상이 엮어나가는 삶의 형태를 모두 망라하려고 노력하였다. 그리하여 이를 유려한 문체로 기록하여 삶의 가치를 따져보고, 이를 후대에 전해주었다고 하겠다.

《'드리나강의 다리' 망치 소리》

〈드리나강의 다리〉는 1961년 노벨문학상을 받은 이보 안드리치(Ivo Andric) 소설 이름이면서 드리나강 중상류에 실제 존재하는 다리 이름이다. 보스니아와 세르비아를 연결하고, 터키 제국의 다른 지역과 이스탄불까지 잇는 역할을 했다.

안드리치는 보스니아 작은 마을에서 금세공 장인 아버지와 가톨릭 신자인 어머니 사이에서 태어났다. 태어난 지 2년 후 두 살 때 아버지가 사망하고, 어머니는 비셰그라드에 사는 고모에게 안드리치를 맡겨, 정서적으로 불안하게 유년을 보냈다. 그런데 비셰그라드는 드리나강의 왼편에, 초등학교는 오른편에 있어 매일 다리를 건너다니며 생생하게 추억을 쌓을 수 있었다. 성장하면서 주위의 도움으로 학문적 기반을 쌓고, 1차 대전 당시에는 사회운동으로 투옥되기도 하였다. 이후 외교관과 여행가로서 각국, 각지를 순방하여, 그의 소설 배경을 실감 나게 사실적으로 묘사하는 자산이 되었다.

이 소설은 터키 시대(1516~1878)와 오스트리아 시대(1878~1914)에 걸친 무려 400년간의 인간사를 다룬 대하소설이다. 11개의 아치로 이루어진 돌다리를 중심으로 형성된 카사바에서 일어난 사건을 다루고 있다. 더욱이 이곳은 보스니아인, 세르비아인, 크로아티아인, 그리고 가톨릭, 이슬람, 정교, 유대교 등 각양의 인종과 종교가 어우러져 지정학적으로 동양과 서양의 문화가 충돌하는 지역이다.

여기에서는 몇 가지 중요한 에피소드를 중심으로, 사람이 어떻게 고통을 소화하여 참음으로 삶을 개척하고 새롭게 했는지를 살펴보고자 한다.[37]

1516년 11월 어느 날 아침, 일정 수 10~15살 되는 기독교 어린이들을 선발하여 데리고 이스탄불로 돌아가는 '예니체리' 행렬이 강가에 다다랐다. 이 어린이들은 멀리 타국에서 고된 훈련으로 자신의 가족, 신앙을 잊고 군인, 아니면 관리가 되어 터키인으로 살아간다. 어머니, 할머니, 누이들이 이별의 슬픔으로 울부짖으며 몰려오면, 호위 기병은 무자비하게 채찍을 휘두르며 이들을 갈라놓았다.

이 강가에서 하룻밤을 머문 한 10살쯤 된 검은 머리 소년은 황량한 강의 나루터에서 바늘로 콕콕 찌르는 통증을 느꼈고, 강으로 잘린 이 장소를 절망과 고독, 슬픔을 간직한 불안한 장소, 비운의 땅으로 기억하게 된다. 이 소년이 바로 나중에 황제의 사위, 장군, 정치가 메

---

37 이보 안드리치, 『드리나강의 다리』(김지향 옮김, 문학과지성사, 2005) 이 책을 많이 참고하여 정리하였다.

흐메드 파샤 소콜리가 되었다. 그는 높은 지위에 오르자 그때의 검은 칼과 같은 고통과 불편함의 감정에서 영원히 벗어나기 위해, 개인의 출자(出資)를 보태 공사를 명령한다. 바야흐로 동방과 서양을 연결하는 변화가 시작된 것이다.

다리 건설에는 많은 노동력이 필요했다. 총독 베지르가 파견한 감독관 아비다가는 잔혹하고 막무가내로 행동하는 성격의 소유자였다. 다리 건설이 2년째에 접어들자 각지 출신 농부, 강을 건너는 나그네 등 아무나 잡아다 일을 시켰고, 피가 흠뻑 묻은 나막신을 신고 돌을 운반하고, 매서운 바람에 벌벌 떨어야 했다. 가을 추수도 제대로 하지 못하고, 돈 한 푼도 받지 못하는 강제 노동은 불만을 차곡차곡 쌓아갔다.

물의 요정이 낮에 다리를 부수고, 이 요정이 쌍둥이 남매를 다리 중앙 교각에 집어넣지 않으면, 이런 일이 계속 일어날 것이라고 감독관에게 말했다는 소문이 나돌았다. 실제 다리에 손괴(損壞)가 나고 물속 다리 공사는 파괴되는 일이 생겼다. 경비를 엄하게 서고, 교각에 다가서는 농부 두 명 중 한 명 라디사브를 붙잡아 천막 구석으로 끌고 가 쇠사슬로 묶었다. 두 사람이 불에 붉게 달군 쇠사슬을 들어 그의 가슴에 대니, 털이 불에 타는 소리가 났다. "입이 뒤틀리고 목에는 핏줄이 서고, 갈비뼈가 곤두서는 것 같았고, 배의 신경은 사람이 음식을 토할 때처럼 죄었다 늘었다." 하는 고통에 비명을 질렀다. 집게로 발톱을 빼기 시작하자 어마어마한 아픔에 무어라 중얼거렸다. 라디사브는 자백할 수밖에 없었다.

마을 사람과 인부들이 양쪽 둑 어디에서나 볼 수 있는 장소에서 사형에 처하라는 결정이 났다. 준비물은 사형이 어떻게 진행되는지를 알려준다.

그곳에는 길이가 4아르쉰이나 되고 끝이 뾰족하게 다듬어서 얇고 날카로운 쇠붙이를 씌워, 그 위에 염소 기름을 바른 느티나무 막대기가 있었다. 나무 발판 위에는 이 창살 막대기를 세워서 못질할 수 있도록 바탕 나무와 자살(刺殺)형에 쓸 나무망치와 밧줄, 그밖에 필요한 것들이 모두 마련되어 있었다.

이른바 '꽂 사람'을 만들어 세우는 사형 집행이다. 너무 사실적이고 끔찍한 장면이라 여기에서는 생략한다.

몸뚱이는 강물 위에 높다랗게 걸려 있는 나무 발판 꼭대기에 하늘 높이 동상처럼 서 있었다. 그때까지도 살아 있었다. "다리 위의 터키 놈들… 지옥으로 떨어져라… 개새끼들" 신음과 함께 몇 개의 단어 소리만 들렸다. 완성된 '꽂 사람'이 오래 생명을 부지하는 기술력을 인정받아 집행자는 상도 받았다. 꽂 사람이 오래 살게 하는 것도 기술이었다. 이후 꼬챙이에 매달린 사람은 모든 사람이 걱정하는 성인과 같은 대상이 되었다.

감독관도 바뀌었다. 석공들이 떠났다가 돌아오고, 얼굴이 검은 아랍인도 죽기도 하며 고통과 인내의 힘으로 드리나강의 다리는 드디어 완성되었다. 메흐메드 파샤를 칭송하는 비석도 세우고 잔치도 성대하게 치렀다. 괴상한 사공과 거무칙칙한 배도 이제는 사라졌다. 그런데 준공된 지 얼마 안 되어 메흐메드 파샤는 반미치광이 사나이에게 갈빗대를 칼에 찔리어 사망했다.

그동안 자주 크고 작은 홍수가 있었지만, 이번에는 대홍수로 다리 아치가 물에 잠기고, 중앙에 솟아있는 쉬어가는 장소 카피아만 조금 보일 뿐이었다. 반란과 폭동이 일어나 희생자도 생기고, 다리를 사이에 두고 전쟁을 하여 다리 위에는 피난민 행렬이 줄을 서고, 흑사병, 콜레라 전염병도 유행하였다. 터기 제국도 조금씩 쇠잔해 갔다.

또 하나의 에피소드는 매우 동양적이고, 그 묘사와 감흥도 신비롭다.

1878년 오스트리아 황제와 헝가리 왕 군대는 터키어와 세르비아어로 포고문을 붙였다. 이제 지배자가 바뀌었다. 점령 후 카사바도 급격히 모습이 바뀌었다. 커다란 건물도 많이 들어서고 세르비아인, 이방인, 젊은이 등 많은 사람이 모여들어 생기도 돌고 다양해졌다. 생활도 풍족해져 놀음하는 사람이 많아졌다. 그중 밀란 글라시챠닌 상인도 끼어있었다.

가을 무렵 장사꾼 이방인 한 사람이 노름판에 나타났다. 처음에는 돈을 잃고 따더니, 어느 순간부터 따기를 더 많이 했다. 이방인은 밀란 마음을 괴롭혔다. 이방인의 제의를 받아들여, 밀란은 드리나강의 다리 카피아에 가서, 달빛 아래서 단둘이 놀음을 시작했다. 한 시간도 안 되어 밀란은 돈이 다 떨어지고, 집에 가서 더 돈을 가져왔다. 또 잃자 집에 가서 돈을 가져오고, 돈은 두세 배로 너 늘고, 금화, 은화들이 왔다 갔다 했다. 온화한 달빛 아래 밀란은 숨이 막히고 식은땀이 흘렀다.

또 현금을 모두 잃자 네 마리 말과 안장, 암소와 송아지, 다음으로 밭을 걸었으나 모두 잃었다. 토지, 집 두 채, 참나무 숲을 걸 때는 이기는 듯 희망이 비치기도 했지만 결국 모두를 잃었다. 마지막으로 이방인 제안대로 오늘 저녁에 딴 모든 것과 밀란은 목숨을 걸었다. 그는 마지막 카드를 뽑고 뒤집었다. 진 것이다. 발끝에서 머리끝까지 불덩이 같은 것이 휘돌았고 동이 트는 것을 느꼈다. 그때 강둑 어딘가에서 수탉 날갯짓과 울음소리가 들리고, 카드 한 장과 돈이 흩날리고, 카피아 전체가 흔들렸다. 목숨을 빼앗기는 최후의 순간이 찾아온 것이라 두려움에 눈을 감았다 뜨자, 자기 혼자만 남았을 뿐 상대방, 카드와 돈도 모두 사라졌다. 그는 실신 상태로 두 달을 앓아 누었고, 이후 카드 곁에도 가지 않았다. 결국, 도박벽을 귀신이 고쳐준 셈이 되었다.

밀란 글라시촨닌이 최후의 도박을 한 맑게 갠 가을 다음날, 또 다른 도박에 얽힌 운명 이야기가 이어진다. 가난하지만 경건하고 정직한 이발사 아브라람 가온의 장남 부쿠스 가온은 열여섯 살이었다. 아침 일찍 카피아에 제일 먼저 도착해서 앉을 자리를 살피는데, 카피아 돌 틈 사이에 누런색이 번쩍이는 헝가리 금화 두카트를 발견했다. 흥분과 초조로 혹시나 주위에 보는 사람이 없나 살피면서, 정오가 될 때까지 그 자리에 그대로 앉아 있었다. 사람들이 다 돌아가자 금화를 꺼내 주머니에 넣고, 사치스러운 앞날이 열려 있는 듯 환희로 흥분했다.

이 금화를 밑천으로 도박을 시작했는데, 돈을 딸 때마다 피가 머리로 솟구치고 땀과 열로 몸이 몽롱해졌고, 크게 잃을 때는 숨과 심장 고동이 멈추는 듯했다. 그래도 주머니에는 4두카트가 남아 있었다. 가난을 면해 찬란한 전망이 앞에 열려 있는 듯하여 집에 돌아오는 걸음도 거만해졌다. 그러나 그는 집을 떠나 직업 도박사로서 방랑자가 되었고, 14년이 지난 후에도 그의 소식을 듣는 사람은 아무도 없었다. 세상 사람들은 토요일에 카사바에서 얻은 '악마의 두카트' 저주 때문이라고 하였다. 굴러 들어온 한 잎의 금화가 일생을 망가트린 것이다.

이 밖에도 많은 이야기가 드리나강의 다리에 얽혀 전개된다. 다리를 사이에 둔 치열한 불덩이 전쟁에서도 사람들은 살아남았다. 그런데 1차 세계대전 그 어느 날 일곱 번째 교각이 육중한 폭발음과 함께 순식간에 사라졌다.

우리를 쫓고 고통을 주는 것을 멈추게 하려고 하나의 사물로부터 등을 돌리는 것은 충분한 것이 아니다. 눈을 감는다고 해도 그것을 보게 될 뿐이다.

오랜 세월 동안 다리를 지켜본 사람(알리호좌)의 심정을 빌려 다리가 파괴된 것에 대한 작가의 말이다. 다리를 깨끗하게 청소하고 꾸미고, 기초공사를 보수하고, 그렇게 아끼던 다리를 마치 산에 있는 미천한 돌처럼 폭파해 버린 것이다. 동서양을 잇는 문화적 가교가 처절한 단절의 모습을 처음으로 보인 것이다.

좀 장황하게 일부 소설 내용을 요약한 의도는, 드리나강의 다리는 그냥 돌다리가 아니라 사람의 고통과 참음의 숨결이 고동하는, 살아 있는 다리라는 점을 소개하고 싶어서이다. 다리의 완성에도 고통이 넘쳐났지만, 그 주변에 살면서 다리를 왕래한 사람들도 고통을 참아 내는 생활 속에서 행복을 찾고 삶을 개척해 나갔다고 하겠다.

드리나강의 다리는 다리 주위에 모여 사는 여러 민족, 특히 종교가 다른 사람들이 어떻게 살아왔는지를 사건 중심으로 설명하는 연대기 소설이다. 특히, 대홍수가 졌을 때는 한마음으로 서로를 돕고 위로하며 이들을 하나로 묶어 주었다. "살아 있는 것은 모두 메이단과 성채에 옮겨, 터키인들 것이 건 기독교인들 것이 건 그곳에 놓았으며", "이렇게 하나의 현실처럼 따듯하고 좁은 원"이 생겨났다. 작가는 "이것은 전에도 없었고 앞으로도 있을 수 없는 마치 시간의 홍수 위에 지나가는 섬과 같은 것"이라 하였다. 그러나 인류의 이상은 항상 서로를 이해하고 사랑하고, 행복과 평화를 추구하는 것이 아닐까 한다.

다리 주위에 사람은 바뀌어도 갈등을 순화하고 조화를 이루려는 근본 노력은 같다. 사람의 삶이란 언제나 환경변화에 적응하기 마련이다. 그런데 이러한 적응에는 종교와 문화의 포용이 제일 우선한다. 그래서 유럽 전통문화와 오스만튀르크 이슬람 문화의 공존과 융합은 다문화 발전으로 자연스러웠는지도 모른다.

드리나강 다리를 중심으로 살다 간 사람들은 인연으로 맺어진 역사의 질곡을 고스란히 대변한다. 자기만의 삶뿐만 아니라 인과(因果)로 연결된 여러 사건도 신이 연출하는 연극의 한 장면인지도 모른다. 다만 귀결은 고통과 참음 속에서 삶의 의미를 찾고, 그 의미가 무엇인지를 알게 한다. 그래서 소설이 던져주는 감명은 작가의 이름과 함께 영원히 드리나강의 다리를 기억하게 한다.

이는 참음이 더 넓은 무엇을 위해 인간의 삶을 다듬고 새롭게 한 덕택이다. 인간은 항상 그 무엇을 향해 전진한다. 그런데 그 무엇은 그것을 참으면서 행하는 주체만이 확실하게 알 수 있다. 그래서 인생이 가치 있고 즐겁고 아름답다.

《'노인과 바다' 의지의 아우성》

〈노인과 바다〉는 어니스트 헤밍웨이(Ernest Miller Hemingway)의 소설로 1954년 노벨문학상을 탄 작품이다. 헤밍웨이는 전쟁에 관심이 많았다. 1차 대전 말엽 자원입대하여 1918년에 이탈리아 야전병원 수송 운전자로 참여 부상당하기도 했다. 1938년 스페인내란에는 정부 공화 군에 가담하였고, 1944년에는 특파원으로 노르망디 상륙작전에 참가하기도 했다. 이탈리아 전쟁 체험을 바탕으로 〈무기여 잘 있거라〉를, 스페인내란을 배경으로 한 〈누구를 위하여 종을 울리나〉는 전쟁과 인간 고뇌, 생존하는 방법을 심도 있게 다룬 소설이다.

이러한 모험은 〈노인과 바다〉로 이어진다. 헤밍웨이는 이 소설에서 인간의 고통과 참음을 어떻게 삶의 의지와 집념, 그 가능성으로 변화시킬 수 있는가를 보여주려고 하였다. 노인은 자연이 자기에게 가하는 도전을 필사의 응전으로 맞섰다. 노인에게는 어떤 결과를 예상하며 하는 행위는 사치에 불과한 것이다.

늙은 어부 산티아고는 유일한 말동무 소년 마놀린의 도움으로 외로움을 달랜다.[38] 그런데 80일 동안 고기를 한 마리도 잡지 못하자 소년마저 다른 배로 옮겨 타서, 이른 새벽 혼자서, 아직 어둠에 잠긴 항구를 뒤로하고 고기잡이를 나선다.

낚싯바늘에 미끼를 꿰어 바다에 드리우고 고기가 물기를 기다렸다. 망망대해에 단지 날치, 갈매기, 군함조, 돌고래, 그리고 구름이 외로움을 달래 주었다. 5킬로그램 정도 다랑어도 잡혔다. 85일째 되는 날, 드디어 무언가가 큰 놈이 미끼를 물었다. 아직 정체를 모르는 고기와의 싸움이 시작된 것이다. 낚싯줄을 잡아당기는 손가락에 피가 나고 쥐도 덩달아 났다. 밧줄이 거칠게 비벼대며 등을 파고드는 아픔 뒤에 드디어 놈이 정체를 드러내기 시작했다. 주둥이는 야구방망이처럼 길면서 칼처럼 뾰족하고, 길이는 배보다도 60센티미터는 길게 보였다. 그러나 아직 힘이 지치지 않아 고기는 빙빙 원을 그리기도 하며 배를 끌고 나갔다. 가는 낚싯줄에는 돌고래도 걸려 식사 거리도 제공했다.

---

38 어니스트 헤밍웨이, 『노인과 바다』(윤종혁·장진한 옮김, 삼성출판사, 2004) 이 책을 많이 참조하여 정리하였다.

이제 고기는 바다를 가르며 몇 번을 하늘로 뛰어오르다 떨어졌다 한다. 본격적으로 싸울 시간이 된 것이다. '소년과 같이 나왔으면 좋으련만'을 몇 번이고 생각했다. 노인이 바다로 나온 이후 세 번째 해가 뜨고, 압력이 줄어드는 낚싯줄을 당기면서 놈이 도는 원을 작아지게 했다. 고기를 지치게 하는 데에는 무한한 참을성이 필요했다. 노인을 생각했다.

'이놈의 고통은 이 정도에서 멈추게 해주어야겠다. 내 고통은 문제 되지 않는다. 내 고통쯤은 억제할 수 있다. 그러나 이놈의 고통은 놈을 미치게 만들고야 말 것이다.'

기나긴 줄다리기 싸움 중에도 자신의 고통보다는 놈의 고통을 염려한다. 그러나 이 싸움에서 반드시 이겨야 하는 법, 주 기도문과 성모송을 암송하며 다가온 고기 옆구리를 작살로 힘을 다해 꽂았다. 고기는 마지막으로 노인보다 높이 뛰어올랐고, 심장에서 쏟아지는 피가 바다를 붉게 물들고 움직임을 멈췄다. 노인은 고기를 사랑하면 죽이는 게 죄가 되지 않는다고 마음속으로 생각하며, 700킬로그램쯤 되어 보이는 고기를 배 옆구리에 단단히 묶고 떠나온 항구로 향했다.

그러나 기쁨의 여신은 노인을 얼마 지켜주지 못했다. 피 냄새를 맡고 상어가 따라붙은 것이다. 첫 번째는 몸집이 큰 마코상어로 너무 빠르고 강하게 무장되어서 바다에는 적이 없는 놈이었다. 그는 머리에 코로부터 올라오는 선이 두 눈 사이의 선과 만나는 점을 향해 작살을 던졌다. 골이 있는 부분을 내리치고 작살을 다시 던져 죽였다.

그러나 약 20킬로그램쯤 큰 고기 살점이 사라졌다. 노인은 상어를 죽였다는 위로로 "인간은 패배하려고 태어나지 않았지, 인간은 파괴될 수 있을지언정 패배할 수는 없어."라고 소리쳤다.

두 시간쯤 달린 후 두 번째로 두 마리 갈라노상어가 다가왔다. 한 놈은 노에 달린 칼로 갈색 머리 정수리와 골이 등뼈와 이어지는 등 부분 교차점을 찌르고, 노랗고 고양이 같은 눈을 또 한 번 더 찔렀다. 또 한 놈은 배를 빙 돌려 배 밑에서 나오게 하고, 정수리 한가운데를 몇 번 찌르고 다시 그놈의 왼쪽 눈을 찔렀다. 이어 등뼈와 골통 사이를 힘껏 찌르고 비틀었다. 그놈들은 물었던 고기를 놓고서 미끄러져 나갔다. 그러나 제일 좋은 부분으로 4분의 1은 가져갔다.

바닷속 피 냄새는 세 번째로 악상어 한 마리를 또 불렀다. 여물통에 달려드는 돼지처럼 상어가 고기를 뜯게 내버려 둔 다음, 노에 달린 칼로 골통을 찔렀다. 노에 달린 칼날도 부러졌다. 노인은 상어가 바닷속으로 가라앉는 것을 보려고도 하지 않았다. 그래도 다음을 대비해 도움이 되지 않는 작살, 노 두 자루, 키 손잡이, 짧막한 몽둥이를 준비해 놓았다.

해지기 직전에 네 번째로 다시 상어들이 곧장 달려들었다. 두 마리 갈라노상어가 달려들자 한 놈은 몽둥이로 상어의 넓은 머리와 콧등을 세게 내려쳤다. 또 한 놈은 대가리를, 다시 주둥이를 또 한 번 내리쳤다. 두 놈은 사라지고 다시 나타나지 않았다. 이제는 고기가 반 이상 손상되었으리라고 상상만 했다. 매우 아픈 몸의 감각이 자신이 죽지 않음을 확인해 주었다.

이러는 사이 해가 기울어 밤이 찾아왔다. 밤 10시쯤 저쪽 도시의 불빛이 하늘에 반사되어 환하게 비쳤다. 다섯 번째로 이번엔 갈라노 상어가 떼를 지어 몰려왔다. 노인은 그놈들의 대가리를 내리쳤고, 키에서 손잡이를 떼어내어 두 손으로 잡고 마구 내리쳤다. 고기의 대가리를 물고 늘어진 마지막 한 마리 상어의 머리를 여러 번 힘껏 내리쳤다. 산산조각이 나 뾰족해진 키 손잡이로 다시 한번 찔렀다. 이제 뜯어 먹을 살점이라곤 더는 없었다.

마지막으로, 밤에 상어 떼가 식탁의 음식 찌꺼기를 쓸어 먹는 사람처럼 뼈만 남은 고기의 잔해에 달려들었다. 노인은 아예 관심을 두지 않고 항구로 배를 향하게 할 뿐이다. 해변에 배를 댔을 때, 비로소 죽는 듯한 피곤함을 느꼈다.

노인은 항상 바다를 여성으로 생각했다. 그래서 바다가 사납거나 나쁜 짓을 하면 어쩔 수 없이 하는 짓이라 여겼다. 그러나 실제 어쩔 수 없이 그를 대하는 바다는 너무나 잔인하고 포악했다. 쓰레기 같은 큰 고기는 6.3미터 뼈대만 남겨 주었을 뿐이다.

좀 장황하게 노인이 큰 고기를 잡고 상어와 벌리는 사투를 요약해 보았다. 노인의 참아내는 모습을 부각하기 위해서다. 큰 고기를 잡아 배 옆에 묶을 때까지 노인은 그야말로 참고 또 참아야 하는 고통의 연속이었다. 이 고기를 죽이지 못하면 자기가 죽는다는 양자 대결이었다. 이어서 몇 번에 걸친 상어와의 대결은 초인의 기질이 아니면 감내하기 어려운, 죽음을 가운데에 두고 하는 싸움이었다. 결국, 상대는 죽이고 자기는 살아남았다. 참고, 또 참는 모습을 성모송이 도와준 것이다.

노인이 고통을 물리치며 참고 참는 이러한 모습에서 삶의 의지와 가치가 무엇인지를 엿보게 한다. 비평가들은 잡은 고기를 노인 자신에 비유하기도 한다. 며칠 만에 고기를 잡아 배 옆구리에 묶는 모습은 불굴의 참음으로, 삶의 의미를 끝까지 찾아보려는 의지의 표상이다. 몇 차례의 상어 습격에 고기 뼈대만 남기까지 처절하게 맞서는 모습과 심적 변화는 인간 본연의 이데아가 무엇인지를 알려준다.

노인은 힘겹게 돛이 말려있는 돛대를 손수 어깨에 메고 배로 옮겨 출항을 준비했다. 다시 항구에 돌아와서도 돛을 감아 묶은 돛대를 어깨에 메고, 다섯 번이나 주저앉고 일어서면서 겨우 집에 도착한다. 집에 돌아와 심신이 좀 안정되니까 노인은 "우리는 고기를 죽이는 데 필요한 좀 더 좋은 창을 준비해야만 돼. 그리고 바다에 나갈 때 그것을 항상 가지고 가야겠어.⋯"라고 소년에게 말한다. 돛대와 창, 그리고 소년은 삶의 끈을 절대로 놓지 않겠다는 미래의 자기 모습이다.

노인은 출항 전에도 황혼이 깃든 해안에서 사자들이 뛰노는 꿈을 꾸었다. 고기를 잡으려고 온몸으로 낚싯줄을 누른 채 잠이 들었을 적에도, 새벽의 어둠 속을 떼를 지어 내려오는 사자의 꿈을 꾸었다. 그리고 "노인은 엎드린 채 잠들어 있었으며, 소년은 옆에서 그를 지켜보고 있었다. 노인은 사자의 꿈을 꾸고 있었다."라고 하며 소설은 끝맺는다. 고비마다 꿈에 나타나는 동물의 왕 사자는 의지와 결의, 집념이 하나로 뭉친 참음의 상징이다.

여기에서 바다는 인생의 바다, 고통의 바다[고해(苦海)]다. 〈노인과 바다〉는 '소설'이라 부르기에는 너무 아깝다. 언제나 귀중하게 간직하며 살아가야 할, 우리 삶의 고뇌와 참음이 응결한 값진 보석이다. 그러므로 우리 마음과 몸, 손과 목에 항상 지니고 다녀야 한다.

'노인과 바다' 자체가 그대로 삶의 보석이기 때문이다.

참음은 철석(鐵石)같은 굳센 의지와 결의에서 유지된다. 고기를 기어코 잡겠다는, 그리고 끝까지 온전하게 운반하겠다는 그것 말이다. 이러한 의지와 결의가 노인을 고통의 바다에서 오두막 자기 집으로 돌아오게 했다. 여섯 차례의 상어 공격으로 고기 살점을 잃었지만, 일곱 번째는 온전한 돛대, 고기의 앙상한 뼈대와 함께 살아 귀환했다. 이것이 참음이 가져다주는 귀결이며, 인간의 삶이 지향하는 저너머이다. 그래서 사람은 참음 때문에 존재하며, 모든 어려움을 참아내며 희망을 항상 곁에 머물러 있게 한다.

《'뿌리(Roots)' 영혼의 절규》

〈뿌리〉는 알렉스 헤일리(Alex Haley)가 쓴 소설이다.[39] 이야기는 1750년 이른 봄 서아프리카 감비아 해안에서 나흘 정도 올라가 있는 주푸레 마을에서 시작한다. 여기에서는 주인공 쿤타의 탄생, 성장 과정을 조금 언급해 보고 노예로 잡혀가는 배 안에서 그 이상은 없으리라는 고통, 이를 절규(絕叫)하며 참아내는 모습을 중심으로 살펴보고자 한다.

오모로와 빈타 킨테 사이에 사내아이가 태어났다. 아이는 힘차고 젊은 어머니를 닮아 피부가 검고 우렁차게 울었다. 태어난 지 여드레째 되는 날에 정해진 의식을 치르고 쿤타라고 이름을 지었다. 아이는 건강하게 잘 자랐다.

어느 날 쿤타는 이야기 잘하는 뇨 보트 할머니한테서 악어에 얽힌

---

39 알렉스 헤일리, 『뿌리(Roots)』(상, 하) (안정효 역, 문학사상사, 1977) 이 책 내용을 중심으로 정리하였다.

이야기를 듣는다. 어느 소년이 그물에 걸린 악어를 살리려다 악어의 입에 꽉 물렸다 살아났다는 줄거리로, 이야기 뜻을 '세상이란 그런 것이어서 선을 악으로 갚는단다.'라고 할머니는 결론을 맺는다. 이 소설이 언급하려는 '사람이 살아가는 모습'을 단적으로 암시하는 말이라는 생각이 든다.

쿤타는 온갖 자연을 벗 삼아 농사도 짓고 짐승도 기르고 사냥도 하며, 가족과 주위 동무, 어른들의 도움으로 건강하게 자랐다. 친척을 찾아 먼 길 나들이도 하고, 지식이 넓어지면서 노예란 말에도 관심을 기울이게 되었다. 뇨 보트 할머니는 백인 노예 사냥꾼이 무자비하고 잔인하게 노예를 다룬다는 이야기도 들려주었다. 마을에서 없어지는 사람이 자꾸 늘어나, 노예 사냥꾼이 점점 가까이 다가온다는 느낌이 짙어졌다.

몇 달 동안 곤경을 견디며 지식과 능력을 배양하는 고달픈 '성인 훈련'을 마치고, 아이라는 티를 벗어나 성인이 되었다. '적을 완전히 포위하지는 말라.'라는 전투 훈련도 받았다. 이슬람 다섯 가지 기도와 모스크 안에서의 예법도 배우고, 기독교책도 접하고 관련 이야기를 들었다. 조상 대대로 이어져 오고, 많은 아들의 아버지가 되게 하는 '카사스 보요' 수술을 받고 '어른들'이란 말을 들었다.

쿤타는 어느 날 황금을 찾으러 간다며 찾아온 나그네 세 젊은이가 그곳을 알려주었다. 아버지 허락을 받고 동생 라민과 함께, 이틀 밤낮 거리가 되는 그곳을 향하여 떠났다. 목적지에 도착해서 세 젊은이를 만나 함지박으로 암소를 사기에 충분한 금싸라기를 채취하였다. 더 큰 이익이 생긴다는 곳으로는 가지 않고, 다시 사는 마을로 돌아왔다. 쿤타의 자제력과 참을성을 엿보게 한다.

얼마 후 삼백이나 사백 장마철쯤 전에 킨테 집안이 시작되었다는 말리라고 불리는 곳을 가보고 싶었다. 메카 순례도 희망 사항이었다. 어느 날 보초 임무를 끝내고 북 테두리를 두를 더 좋은 큰 나무를 찾아서 깊은 숲속을 헤맸다. 나무 잔가지가 부러지는 소리에 순간적으로 몸을 돌리자 운명의 순간이 닥쳤다. 대적하는 숫자로 봐서 필사적인 몸부림의 저항도 소용이 없었다.

머리는 터져나갈 듯했고, 온몸이 비틀거리고, 자신의 약함에 분노를 느끼면서 쿤타는 몸을 일으켜 고함을 치면서 미친 듯이 허공에 주먹을 휘둘렀고, 모든 것은 눈물과 피와 땀에 범벅이 되어 희미해졌다. 그는 자신의 생명만을 위해서 싸우고 있지는 않았다.… 토우봅의 묵직한 몽둥이가 그의 관자놀이를 쳤다. 그리고는 모든 것이 깜깜해졌다.

자갈이 물리고, 눈을 가리고, 손목이 뒤로 묶이고, 발목도 밧줄로 동여매져, 몸부림치면 날카로운 막대기가 마구 찔러 다리에 피가 흘렀다. 토우봅, 슬라테에들의 매서운 매질과 주먹질, 채찍질, 몽둥이질도 계속되어 의식을 잃은 적도 있었다. 눈두덩이는 부어오르고, 얼굴에 흐르는 피를 팔로 닦아야 했다. 불에 달궈진 쇳조각으로 어깨를 지질 적에는 통증으로 비명을 질렀다.

미지의 어딘가로 끌려가는 뱃속에서의 생활은 지옥보다도 더했다. 찌는 듯한 더위와 칠흑 같은 어둠 속에서 두 사람 사이에서 누운 채로 정신이 들었다. 발가벗은 채로 쇠사슬에 묶이고, 발이 채워져 있었다. 잡힌 후에도 나흘 동안 매를 맞아 고통으로 경련을 일으켰고, 어깨 가운데 인두로 지진 곳이 가장 아팠다. 가슴과 배에는 자신이 쏟아낸 토사물이 지독한 냄새를 풍겨 코를 찔렀다.

고통에 울부짖는 소리, 화내며 으르릉거리는 소리, 버둥대느라 쇠고랑 스치는 소리, 무언가 알아들을 수 없게 절규하는 소리, 알라신에 기도하는 소리…. 좁은 공간에 많은 사람이 몸을 비벼대며 내는 신음과 비명, 흐느낌이 먹물보다 새까만 어둠을 칼날처럼 가른다. 구역질 나는 악취도 모르고 통통한 쥐는 냄새 맡으며 얼굴을 스친다. 며칠째 참았던 뱃속의 배설물이 자신도 모르게 볼기짝 사이로 삐져나왔다. 자신이 보탠 역겨운 악취를 자신이 맡아야 했다. 뱃속에서 꿈틀대는 또 하나의 고통은 배고픔이었다.

날이 갈수록 고통, 공포는 더해 갔다. 배설물 속에 벼룩과 이가 수천 마리나 번식해서 짐칸 안에 득실거렸다. 이가 몸을 물어대어 가려움이 점점 심해졌고, 특히 털이 난 곳 겨드랑이와 포토는 더욱 심했다.

그는 벌떡 일어나서 도망치고 싶은 생각을 계속했지만, 곧 그의 눈에는 좌절감으로 눈물이 고였고, 속에서는 분노가 일었으며, 다시 침착성을 찾을 때까지 그 감정을 모두 억눌렀다. 어디로 갈 수가 없다는 것이 가장 참기 힘든 일이었고, 그는 쇠사슬을 깨물어 버리고 싶었다. 그는 마음과 손이 무엇엔가 항상 열중해 있어야 하겠다고 생각했으며, 그렇지 않으면, 그들이 외치는 소리로 미루어 보아 벌써 그렇게 되었듯이 자기도 미쳐버릴 것만 같았다.

쿤타는 솟구치는 좌절감과 분노를 침착성과 참을성으로 이겨내려고 한다. 그러나 아무리 버둥대도 이곳을 벗어날 수 없다는 잔인한 현실이다. 이러한 고통은 참을 수가 없다. 차라리 미쳐버리는 짓이 더 좋을지 모른다. 인간이 죽음 직전 극한 상황에 대처하는 모습이다.

쿤타는 '그의 주변에서 악취를 풍기는 오줌과 토사물과 똥, 그가 누워있는 길다란 선반의 널빤지를 미끈거리는 죽처럼 덮어 버린' 그런 공간에서 시간의 흐름을 잊어버렸다. 채찍으로 내몰리면서 거의 보름 만에 대낮의 빛을 보았지만, 비틀거리며 눈을 가렸다. 머리끝부터 발끝까지 말라붙은 오물로 뒤덮인 함께 묶인 동료 월로프를 자세히 볼 수 있었다. 반란을 모의하고, 폭풍을 만나고, 전염병 이질에 걸려 죽음 직전까지 갔다가 다시 살아 돌아오기도 했다.

드디어 항해는 끝나고 미지의 어느 해안에 도착했다. 쿤타는 모든 것을 견뎌냈다. 그러나 '앞으로 벌어질 일이 더 나쁘리라는 것을 알고 있었기에, 눈물이 시야를 흐릿하게 하여 해안선이 잿빛 안개 속으로 사라지고 말았다.'라고 하여, 항해의 끝이 고통의 끝이 아님을 암시한다.

'사람이 왜 존재하는가.'라는 명제는 그 해답이 간단하지 않다. 이 세상에 태어나 하나의 영혼이 살아가는데, 왜 이리 고통을 겪어야 하고 참아야 하는 방법이 다를까. 인간처럼 잔인한 존재가 또 어디 있을까. 그러나 소설이라고 하지만, 영원히 기억해 귀감(龜鑑)으로 삼아야 할 인류 역사의 한 장면이다.

자기가 내지른 오물을 내리깔고, 그 냄새를 맡으며 지내는 '우리' 생활은 소나 돼지 등 가축에 해당한다. 그렇지만 가축은 주인의 지극한 돌봄 속에 청소도 해주고, 먹이는 언제나 넉넉하고 신선하다. 한 가족으로 여기기 때문이다. 그런데 쿤타의 처지는 이보다도 못하다. 신이 내린 천벌이 아니라 사람이 내린 재앙이다. 사람이 내린 재앙도 이보다 더한 곳이 어디 있겠는가.

팔다리 쇠사슬이 몸을 옥죄고, 수시로 몸을 튕기고 가르는 주먹질, 몽둥이질, 채찍질은 그래도 참을 만하다. 오물이 질펀한데 누어 냄새와 구역질은 꾹 참으면 된다. 쥐와 이, 벼룩의 괴롭힘은 굳은 마음만으로 견딜 수 있다. 이런 것에 비하면 배고픔은 제일 가벼운 고통이다.

그런데 참음으로도 진정되지 않는 무엇이 있다. 작별 인사도 못하고 부모, 가족과 헤어지는 슬픔, 정든 고향 그 아늑함 속에서 인정을 나누며 지내던 사람들에 대한 그리움, '어른'이란 말을 들을 때까지 어려움을 견디며 다졌던 생활의 유대감은 없애려고 해도 삭아 들지 않는 고통이다. 뇨 보트 할머니의 악어 이야기가 자꾸 귓전에서 맴돈다. 고통에 울부짖는 소리, 앓는 소리, 기도하는 소리는 입으로 내는 소리기에 더욱 참기 어려운 고통이다.

태산 같은 바위가 몸뚱이에 얹어져 피를 토할 듯 짓누르는 신체적 고통은 참아내면 언젠가는 사라진다. 그런데 기억에서 지우려고 해도 머리에 남아 있는 영상은 사라지지 않는다. 영화 필름처럼 거듭 재생하여 자신의 영혼을 갉아먹고, 머리통을 바늘 끝으로 콕콕 찔러 통증을 더한다. 사람에게서 영혼을 빼앗는 고통보다 더한 것은 없다.

쿤타는 새로 펼쳐지는 세계에서 평생 이 두 가지 고통을 참아내면서 살았다. 언제나 더 좋은 세상을 맛보리라는 기대감에 차서 희망을 잃지 않고 살았다. 희망이 잡힐 듯하면서 놀려주어도, 다시 잡으려고 부단히 입술을 깨물고 손발을 움직였다. 움직여야 무시로 달려드는 고통이 덜 느껴지고, 고향 부모와 어른들, 같이 뛰놀던 친구 생각이 멀어졌다.

참음은 이처럼 삶을 다듬고 새롭게 한다. 거울로 빛을 받아 되반사하듯, 참음은 내려꽂히는 고통을 되돌려 보낸다. 삶에 새로운 가치를 부여하고 내적 자아를 새로운 의지로 바꾼다. 그래서 인생에서 각가지 소리가 나고 세상이 아름답게 바뀐다. 참음이 있기 때문이다.

참음은 이상 세계를 지향한다.

이 세상에는 변하지 않는 것은 없다. 사람도 나면서 죽을 때까지 끊임없이 변한다. 우리 주위 모든 것, 지구나 우주도 마찬가지다. 변화해야 살아남는다. 그런데 이 변화는 이상의 세계를 지향한다.

뭇 성현을 비롯해 인류는 갖은 노력으로 자유민주주의, 복지 사회, 사해 평화 등 이상 사회를 지향해 부단히 전진해 왔다. 정의롭고 아름다운 세상을 만들어 행복하게 살기 위해서다. 이러한 변화에는 고통을 참고 견디는 생활 자세가 필요하다. 참아내는 의지와 용기를 요구한다.

여기에서는 대표적으로 코페르니쿠스, 링컨, 다윈, 니체를 통해 이들의 고통은 무엇이었으며, 이를 어떻게 참아내고 이상 세계를 지향했는지 생각해 보고자 한다.

《코페르니쿠스와 발상 전환》

과학 혁명가 니콜라우스 코페르니쿠스(Nicolaus Copernicus)는 천동설에서 지동설로 우주 질서를 다시 세웠다. 이미 기원전 3세기 경에 그리스 아리스타르코스(Aristarchos)가 주장했으나 주된 관심의 대상이 되지 못하다가, 1543년 『천체의 회전에 관하여』 저서에서 공식적으로 주장하여 코페르니쿠스적 전환을 이룬 것이다. 당시로서는 '지구 중심'에서 '태양 중심'으로 바뀌는 생각은 우주 질서에 대한 무모한 도전이었다. 그래서 그의 이론은 그만큼 값진 것이라 하겠다.

1473년 2월 19일 폴란드 토루인에서 코페르니쿠스는 부유한 상인 아버지와 상인의 딸 어머니 사이에서 태어났다.[40] 어려서부터 라틴어를 공부하고 교회도 열심히 다녔다. 토루인은 위도가 높아서 겨울이 되면 낮은 짧고 밤은 매우 길었다. 그래서 밤하늘에 영롱하게 반짝이는 수많은 별을 감상하고 관찰할 수 있었다.

열 살 때 아버지가 돌아가시고, 외삼촌 루카스 바첸로데 도움으로 학업을 계속했다. 대주교가 된 외삼촌은 코페르니쿠스 형제를 당시 폴란드 수도 크라쿠프에 있는 야기엘론 대학 예술 과정에 입학시켰다. 어려서 라틴어를 공부한 덕택으로 천문학, 수학, 기하학 등도 공부할 수 있었다. 특히, 천문학에 흠뻑 빠져 '천문학 표' 등 관련 자료와 책을 섭렵하고, 자기 이론의 기반을 하나하나 닦아 갔다. 이 대학에서 4년을 공부한 뒤 학위를 받지 않고, 외삼촌이 대주교로 있는 프롬보르크로 옮겼다. 1495년 스물두 살에 바르미아 가톨릭 대교구 참사회 참사 위원에 임명되었다.

1496년 9월에 성직자가 되기 위해 이탈리아 볼로냐 대학에 입학하여 교회법을 공부했다. 한편으로 1497년 초 같은 대학 천문학 교수 노바라 집에 머물면서, 천문학 관측을 도우며 이 분야의 지식을

---

40 오언 킹그리치·제임스 맥라클람, 『지동설과 코페르니쿠스』(이무현 옮김, 바다출판사, 2006) 내용을 중심으로 하고, 기타 자료를 참고하여 정리하였다.

넓혔다. 이때 지구 중심 천문학 이론에 모순이 있음을 발견했다.

1500년 여름에 블로냐 대학에서 법률 공부를 마치고, 1501년 10월 참사회 후원으로 파도바 대학 의학 과정에 입학했다. 당시 의사들은 몸속의 기관들과 황도 12궁 별자리를 서로 연관 짓고, 피 빼는 시간도 결정했다. 따라서 의사들도 점성술을 배웠는데, 코페르니쿠스도 이를 자연히 알게 되었다. 2년 동안의 학업이 끝나자 사정 때문에 페라라 대학에서 시험에 합격해 박사학위를 받았다.

1503년 5월 31일 교회법 박사학위를 받고, 가을 무렵 고향 바르미아로 돌아와 참사회 위원으로서 업무를 본격적으로 시작했다. 외삼촌 바첸로데 대주교 비서가 된 다음에도 틈틈이 천문학 공부를 계속했다. 앞서 연구한 천문학 서적, 특히 레지오몬타누스가 쓴 『알마게스트의 발췌본』 12권을 꼼꼼히 읽고, 모순이 발견되면 천체 운행의 새로운 방법을 시도하였다. 이때 화성, 토성, 목성이 각각 다르게 거리를 유지하며 태양을 중심으로 공전하고 있다는 사실을 알게 되었다. 그런데 내행성인 수정, 금성은 태양을 중심으로 공전하는 체계 변환은 가능한데, 그동안 우주의 한가운데 중심을 잡고 있다는 지구를 어떻게 위치시킬까가 문제였다. 각 행성의 궤도 주기를 비교하고 태양 중심으로 지구도 궤도를 바꿔 보았다.

1508~10년 즈음에 '지구 중심 체계'에서 '태양 중심 체계'로 발상의 전환이 시작된다. 이뿐이 아니다. 이 시점에서 그의 우주 질서에 대한 확고한 신념으로 출세 가도를 비켜 가는 인생의 행로로 바뀐다. 1510년 무렵, 여섯 장의 『짧은 해설서』에서 완벽한 행성 배열 체계를 설명했다. 여기에서 그는 우주를 새롭게 보는 관점 7원칙을 제

시했다. 그런데 이 해설서는 1880에야 발견되었다.

이후 대주교 비서직을 그만두고, 30년 동안 참사 위원 업무에만 열중하였다. 틈틈이 이론의 완성도를 높여, 드디어 1543년 『천체의 회전에 관하여』를 세상에 내놓아, 지구를 하나의 행성으로 간주하고, 행성 배열의 중심이 지구가 아니라는 이론을 공식적으로 발표했다. 태양을 중심에 두고 모든 행성을 배열하여 역행 운동, 각 행성의 공전 주기 운동을 합리적으로 설명했다. 옛 연구를 기반으로 천체 운동의 모순을 해결하려 한 수학적 접근 방법이 주요 해결의 열쇠가 되었다.

『천체의 회전에 관하여』 책이 1543년 나오기까지, 그의 내면에 잠재한 천체 운행의 모순에서 오는 갈등을 참아내는 힘이 연구를 몰입하게 하였다고 하겠다. 코페르니쿠스는 학창 시절이나 참사회 동료, 심지어 추기경으로부터 천문학적 발견을 빨리 세상에 공표하라는 독촉을 받아도, 이 이론이 만족스럽게 완성되지 않았다는 핑계로 미뤘다. 1539년 오스트리아에서 찾아온 수학자인 레티쿠스를 유일한 제자로 삼았고, 그의 도움으로 1540년에 코페루니쿠스 이론을 요약한 서간문인 『최초의 보고서』가 나왔다. 보고서 발간이 발상 전환의 이론을 세상에 내놓게 한 결심의 계기였다.

코페르니쿠스는 인쇄소를 정하여 일부분 제자와 함께 교정을 거듭하고, 책의 제목을 『회전』에서 『천체의 회전에 관하여』라고 바꿨다. '교황 바오로 3세에게 드리는 서문과 헌정'에서[41] 자신의 저서를 이 세상에 출간할지를 많은 시간 동안 망설였다고 고백하고, 교황 성

---

41 코페르니쿠스, 『천체의 회전에 관하여』(민원기·최원재 옮김, 서해문집, 1998) pp.13~19.

하가 다스리는 공화국의 번영에 조금이나마 보탬이 되리라 확신한다고 하였다. 비방자들의 온갖 중상모략을 교황의 권위로 보호해 주실 수 있다고도 했다. 그는 이 책을 내놓을 때까지 여러 학자의 설을 참고하여 모순점을 보정하고, 지구가 회전한다는 결론에 이르렀다고 했다. 그리하여 어떤 사람의 비판도 피하지 않는다는 점을 모든 사람에게 보이기 위해, 연구 결과를 교황님께 헌정(獻呈)한다고 하였다. 수학에 대해 무지하면서 성서의 구절을 왜곡하여 공격해도 개의치 않고, 자신의 이론이 일으키는 분란을 예방하기 위하여 수학자, 천문학자들에게만 인정받는 것을 원한다고도 밝혔다.

코페르니쿠스는 제1권 서두에서 "모든 행복과 모든 선을 포함한 모든 것들의 창조주에 경탄하지 않을 수 있겠는가?"라고 하며 다윗왕의 천문학에 대한 태도를 찬양하였다. 그리고 "나는 행성들의 경우에는-신의 도움으로, 그가 없으면 우리는 아무것도 할 수 없다.-좀 더 정밀히 검토하려고 한다."라고 하여, 책을 내놓으면서 당시 지배하고 있는 종교적 질서에 갈등을 일으키지 않으려는 심심한 배려도 엿보인다. 그러면서도 "나는 이러한 것들에 대한 탐구의 길을 처음 열어준 선배의 연구를 기초로 하지만, 문제 대부분을 그들과 다르게 설명할 것이다."라고 하여, 새로운 학설에 대한 굳은 신념을 확고히 하였다.

1542년 12월 무렵, 뇌출혈을 일으켰고, 1543년 인쇄가 완성되어서도 건강으로 서문은 직접 보고 교정하지 못했다. 나중에 밝혀졌지만, 서문은 친구인 앤드류 오시안더(Andrew Osiander)가 쓴 글이 들어갔고, 그 내용은 많은 논란을 일으켰다. 코페르니쿠스는 자신의 저서 전부를 본 그날 1543년 5월 24일 영면했다. 책으로 출간하여 화석처럼 고착화한 우주론을 깨뜨리는 순간이, 자기의 죽음과 바꾸는 형식이 되었고, 이후 전개되는 사회적, 종교적 논쟁을 보지 못했다. 이러한 오비이락(烏飛梨落) 상황은 자신이 직접 비난을 받지 않아도 되는 행운이 아닌 행운이라 하겠다.

지동설은 꾸준히 지배했던 생각, 즉 알렉산드리아의 프톨레마이오스(Ptolemeios) 천문 이론의 틀을 혁명적으로 바꾸는 내용이었으나, 세상 사람들의 관심은 그에 상응하지 못했다. 이는 어디까지나 수학적 논의였고, 그래서 세계는 공식적으로 이를 수용하지 않았다. 1616년 『천체의 회전에 관하여』는 금서(禁書)로서 많은 내용이 수정되었고, 1835년에야 케플러, 갈릴레오 책과 함께 이에서 풀렸다. 이로써 전통적인 우주관을 깨뜨린 위대한 과학자임을 본격적으로 인정받게 되었다.

이러한 코페르니쿠스의 일생을 더듬어보면, 내면에 일어나는 갈등과 이 갈등을 참아내 해소하려는 싸움의 연속이었다. 이러한 참음이 틈틈이 연구를 거듭하게 하고, 지동설을 수학적 이론으로 증명하는 쾌거를 이루었다. 반면에 당시 사회를 지배하는 종교적 질서와의 갈등을 적극적으로 해소하려는 노력도 병행하였다. 하나의 근원이 옳다고 하면, 다른 하나는 모순되는 두 개의 진리를 교묘히 모두 수용하면서 비난을 피했다고나 할까. 그러나 어디까지나 분명한 것은, 그는 질서정연하게 조화를 이루는 태양 중심의 우주를 선호했다는 사실이다.

코페르니쿠스는 의학자, 수학자, 천문학자로 생활했다. 여기에 수십 년 교회 종사자로 일했고, 임시 대주교를 몇 개월 맡기도 했다. 이러한 다양한 경험과 재능이 오히려 지동설을 확신하게 한 자산이 되었다. 그래서 그는 "인간을 세계중심에서 밀어낸 것이 아니라, 오히려 바로 그 중심에 세워 놓았다."[42]라고 말하는 학자도 있다.

그의 이론은 후대에 케플러, 갈릴레오 등이 증명하고 이어 뉴턴의 만유인력, 아인슈타인의 상대성 이론 등으로 발전하였다. 명왕성이 태양계 행성에서 제외되듯, 지금도 우주 역학은 거듭거듭 새로운 옷으로 갈아입는다. 이 모두 참음이 이뤄내는 과학적 성과다.

《링컨과 사회변혁》

1861년 3월 4일 에이브러햄 링컨(Abraham Lincoln)은 미국 16대 대통령으로 취임하였다. 암살해 취임을 막으려 한다는 소문으로 삼엄한 경계 속에서 취임식이 거행되었다. 미국 역사에 새로운 이정표를 남기는 순간이다. 취임사에서 남부 노예제도에 절대로 간섭하지 않겠다고 선언했지만, 4월 12일 사우스캐롤라이나주에서 남북전쟁의 시작을 알리는 총성이 울렸다.

링컨을 '천의 얼굴을 가진 대통령'이라고 한다. 1809년 2월 12일에 켄터키주 통나무 오두막집에서 태어나 자라고, 이사한 집마다 도로 오두막집이었다.[43] 이 가난의 상징 오두막집에서 탈출하려는 각고(刻苦)의 노력으로 대통령이 되었다. 아홉 살 때 성경을 읽고 쓰기를 가르쳐 주신 어머니가 돌아가시고, 1년 뒤 새어머니를 맞았다. 새어

---

42 에른스트 페터 피셔, 앞의 책, p.77.

43 러셀 프리드먼, 『링컨』(손정숙 옮김, 비룡소, 2009) 이 책을 중심으로 하고, 관련 책과 자료를 참고하여 정리하였다.

머니도 링컨의 재능을 알아보고 극진히 돌봐 주셨다.

학교에 다닌 날을 모두 합쳐야 1년이 채 되지 않았고, 빌린 책과 신문을 이용하여 독학했다. 일하다가도 짬을 내서, 식사하면서도, 벌목꾼으로 도끼를 휘두르면서도 손에서 책을 놓지 않았다. 문학 작품이나 전기, 웅변술 책은 물론 책이 마음에 들면 읽고 또 읽었다. 열일곱 살 때는 상인의 아들을 동반자로 3개월 동안 여행하면서 식견도 넓혔다. 이때, 쇠사슬에 묶여 비참하게 팔려 가는 남녀노소 노예도 목격했다.

법적으로 독립이 가능한 22세가 되자 뉴세일럼으로 일자리를 찾아 옮겼다. 잡화점에 일하면서도 책을 많이 읽었다. 사람을 사귀고, 토론회에서 교양을 넓혀 연설가로서 자질을 차곡차곡 쌓았다. 인디언 침략을 저지할 민병대 총사령관도 해보았다. 직후, 처음으로 일리노이주의회 선거에 나가 낙선의 고배를 마셨다. 잡화점도 냈지만 엄청난 빚을 지고 문을 닫았다. 통나무 패기, 뱃사공, 농장/방앗간 일, 측량기사, 집배원을 겸한 우체국장 등 닥치는 대로 잡일을 마다하지 않았다.

그런 가운데 인맥을 형성하고, 정직하고 믿음직한 청년으로 촉망을 받기 시작했다. 드디어 1834년 25세로 일리노이 주의원이 되었다. 이때 법률에 관심을 두어 길을 걸으면서, 나무 그늘에 누어 법전을 암송하고, 3년을 노력한 끝에 변호사 자격증을 획득했다. 드디어 정치가로서 자질을 갖추게 된 것이다.

28세가 되자 링컨은 스프링필드로 옮겨, 처음엔 법률 사무소에서 잠도 자고, 이후 잡화점 가게에서 젊은이들과 토론도 하면서 자기 계발을 소홀히 하지 않았다. 드디어 휘그당원으로 정치에 입문하였다. 정치적 야망의 싹을 더욱 키우고, 법률 공부도 소홀히 하지 않아 친구와 함께 법률 사무소도 열었다. 이후 행운의 신이 도와 주의원도 4번이나 했다. 우여곡절 끝에 메리와 결혼도 하고, 1846년 휘그당 공천을 받아 하원 의원으로 당선되었다. 1849년 하원 임기를 마치고 이후 5년 동안 변호사 일에만 전념했다. 주로 일리노이주에서 가난한 사람부터 회사 업무까지 사건을 잘 처리하여, 유능한 변호사로서 명성을 날릴 수 있었다.

노예제도 찬성과 반대가 격렬히 대립할 즈음, 링컨은 노예제도 폐지에 애매한 입장인 휘그당에서 확고한 이념을 지닌 공화당으로 자리를 옮겼다. 정치적 포부를 키우기 위해 1858년 상원의원 자리를 두고 선거에 나갔으나, 열렬한 토론 전 끝에 낙선했다. 그러나 링컨의 정치적 입지는 이 토론으로 유명세를 더했고, 1860년 5월 9일 세 번째 결선 투표 끝에 대통령 후보로, 그리고 11월 6일 드디어 대통령으로 당선되었다. 민주당이 두 명의 후보로 분열된 것이 행운이었다. 가난했지만 정직, 그리고 남다른 학구열과 성실함, 여기에 참을성을 더하여 대통령이 되었다고 하겠다.

대통령 선거 기간 동안 노예제도로 남부와 북부의 정치적 갈등이 더욱 심화한 데다, 반대자들은 링컨의 당선을 가만히 두고만 있지 않겠다고 공언하기도 했다. 취임 전에도 일부 주는 독립을 선언하고, 비호감을 가진 정치인과 신문은 '폭군', '시골 촌뜨기 대통령', '고릴라', '비비 원숭이' 등 모욕적 언사를 서슴지 않았다.

취임 당일도 남부 사람이 워싱턴을 점령한다는 소문으로 군대를 배치하는 등 삼엄한 경계 속에 대통령으로 취임하였다. 취임 연설에서는 당시 분위기를 반영하듯, 남부 노예제도에 절대로 간섭하지 않겠다고 유화 메시지를 보내기도 했다. 그러나 드디어 4월 12일 남북 전쟁이 발발했다. 개전 초기 연이어 패배하자, '서투르고 겁 많고 무능한 정부'라고 비난도 받았지만, 군사 전략 교본을 탐독하여 작전과 전략 수립에 직접 관여하기도 했다. 전쟁 중에도 노예제도 문제는 정치적으로 대담한 행동을 취하였다. '노예해방 예비 선언'을 거쳐 1863년 1월 1일, 드디어 '노예해방 선언'을 발표했다.

> 정의로운 행위라고 진심으로 믿으면서, 헌법에 보장된 이 선언에 대하여, 또한 군사적 조치의 필요성에 대하여, 인류의 신중한 판단이 내려짐과 동시에 전지전능하신 하느님의 은총이 함께하기를 기원한다.

노예해방 선언 이후에도 찬성과 반대의 목소리는 사회를 파괴의 소용돌이로 끌어넣는 것같이 혼란스러웠다. 그럴수록 링컨은 노예해방은 헌법에 명시되어 있는, 하느님의 명령으로 절대 포기할 수 없는 사명임을 강조하였다. 그리하여 끊임없이 상대를 설득하고, 전쟁을 반드시 승리로 끝낼 수 있는 지원을 아끼지 않았다.

전쟁이 진행되던 1863년 11월 19일, 격전지였던 펜실베이니아주의 게티즈버그에서, 죽은 장병들을 위한 추도식 겸 국립묘지 개관식이 열렸다. 링컨은 "87년 전, 우리 조상들은 자유가 가득하고, 모든 사람은 평등하다는 원리가 잘 지켜지는 새로운 나라를 이 땅에 세웠습니다."라고 시작하여 2분간의 짧은 연설을 했다. 용감하게 싸우고 전사한 분들의 헌신이 헛되지 않도록 굳게 다짐한다면서, 다음과 같은 불후의 명언을 남겼다.

"우리가 그처럼 헌신적인 노력을 기울일 때, 하느님의 가호 속에서 우리나라는 새롭게 보장된 자유를 누릴 수 있고, 우리나라는 국민의 정부이면서, 국민에 의한 정부이면서, 국민을 위한 정부로서 결코 지구상에서 사라지지 않을 것입니다."

이 전쟁은 자유와 평등을 수호하는 숭고한 전쟁으로, 이 땅에 진정한 민주주의를 지키고 정착하도록 모두가 노력해야 한다는 뜻이 담겨있다. 어쨌든, 노예제도 문제로 촉발한 남북전쟁은 미국의 민주주의를 한층 더 성숙하게 만들었고, 온 세계에 국민의, 국민에 의한, 국민을 위한 민주주의가 뻗어나가게 하여 확고하게 정착시켰다고 하겠다.

1864년 대통령 선거를 앞두고 링컨은 연임 대통령 후보가 되었지만, 승리를 장담하지 못해 후보 자리를 내놓으라는 목소리도 높아갔다. 그러나 많은 표 차이로 재선에 성공했다. 1865년 1월 31일, 그의 노예해방에 대한 굳건한 신념은 미국에서 노예제도를 완전히 금지한다는 헌법 조항 제13조 내용을 수정하여 통과시켰다. 3월 4일 국회의사당 앞에서 재임 선서를 하고 취임했다. 4월 9일 남군 리 장군은 북군 그랜트 장군에게 항복하여, 4년 동안 60만 명이 넘는 군인 사상자를 남기며 전쟁은 끝났다.

1865년 4월 14일 11시 국무회의에서 남부 연합 군사 법원에서 첩자(諜者)에게 내린 사형 선고를 취소하고, 탈영병을 사면해 주었다. 늦은 오후 연극을 보기 위해 포드 극장으로 향했다. 링컨은 이 길이 고행(苦行)의 마지막 길이 될 줄은 전혀 몰랐다. 잠기지 않은 대통령 전용석 뒷문으로 들어온 남부 출신 배우 존 윌크스 부스가 쏜 총에 4월 15일 오전 7시 22분에 영원히 잠들었다. 사형을 선고받은 자는 총살형을 면제해주고, 자신은 총에 맞아 유명을 달리하는 아이러니가 연출된 것이다. 링컨은 그의 집이 있는 스프링필드에 애도의 조총(弔銃) 소리와 함께 안장되었다. 이 총소리는 민주주의 생명이 우주로 퍼지는 영원한 울림이 되었다.

그의 정치 역정은 그렇게 순탄하지는 않았다. 링컨은 정치적으로 많은 선거 도전에서 성공보다는 실패가 더 많았다. 수많은 고통을 굳건히 참아내어 인생을 다지고, 결국은 대통령이 되었다는 말이다. 개인적인 삶의 여정을 살펴보아도 행운보다는 오히려 고통이 항상 주위를 맴돌았다. 남북전쟁 와중에도 자식을 잃는 참척의 슬픔에 혼자 눈물을 흘리기도 했다. 무능한 지휘관을 여러 번 바꾸고, 외부로부터의 끊임없는 압박, 정신적 고통과 싸우면서 결단을 내려야만 할 일이 수없이 많았다. 링컨은 이 모두를 참고 견디며 최후의 승자가 되었다.

링컨은 대통령 재임 4년 동안을 내내 남북전쟁으로 보냈다. 이 기간은 얼마나 고뇌에 찬 시간의 연속이었을까? 링컨의 마지막 고통은 총성으로 자유, 평등, 평화를 목숨과 바꿨다. 그리하여 인류에게 민주주의 완성이라는 크나큰 선물을 주었다. 그의 명성(名聲)은 이 총성으로는 비교할 수 없는 몇 배의 크나큰 소리로, 지금도 우리의 가슴을 울린다. 고통을 참아냄으로써 자유와 평화를 세상에 뿌리내리게 한 것이다.

사회의 변혁은 거저 빨아먹는 달콤한 사탕이 아니다. 링컨은 부단한 학구열과 이상을 지향한 굳센 집념, 스스로 방향을 설정하는 개척 정신, 반대의 목소리에도 귀를 기울이면서 자기의 의지를 거침없이 펼친 관용과 추진력의 정치가였다. 여기에 무엇보다도 어떠한 고통과 어려움이라도 의연히 맞서고 버틸 수 있는 참을성은 그를 위대하게 만들었다. 링컨의 위대성은 참아내는 모습 그 자체라고 하겠다.

참음은 이상 세계를 지향하고, 결국 이상 세상을 이룩한다. 이것이 진정한 참아냄의 가치다. 그 표본이 바로 링컨 대통령이고, 참음의 위대한 가치 그 자체다.

《다윈과 자연법칙》

1831년 12월 27일, 찰스 로버트 다윈(Charles Robert Darwin)은 비글호를 탔다. 자신이 처음 유럽 밖으로 나가보는 첫 항해이다. 그런데 이는 자신이 영국을 벗어나 새로운 세상을 관찰하는 데 그치지 않고, 세상을 바꾸는 출발이 되었다.

다윈은 의사인 할아버지, 아버지 밑에서 유복하게 자랐다.[44] 할아버지 에라스무스 다윈은 모든 생물이 하나의 근원에 발생했다는 것, 즉 종의 진화를 확신했다. 틈틈이 자연사 관련 책을 썼고, 이 모두가 손자 찰스 다윈에게 영향을 주었다. 다윈은 아버지 로버트 웨어링 다윈과 어머니 수잔나 웨지우드 사이에 1809년 2월 12일에 둘째 아들로 태어났다. 기묘하게도 링컨 대통령과 생년월일이 같다.[45]

---

44 레베카 스테포프의 『진화론과 다윈』(이한음 옮김, 바다출판사, 2002), 『종의 기원』(송철용 옮김, 동서문화사, 2009)에서 첨부로 제시한 '다윈의 생애와 사상'(pp.523~644.)을 주로 참고하여 정리했다.

45 링컨과 다윈은 정치가, 과학자로서 세상을 혁명적으로 바꾼 사람들이다. 그런데 이 둘에는 공통적인 면이 많았다. 말콤 존스(Malcolm Jones) 기자는 '링컨과 다윈, 누가 더 위대한가.'란 글에서 "둘 다 어린 시절에 어머니를 여의었다. 우울증도 똑같이 겪었고, 종교에 대한 회의와 씨름했다. 모두 아버지와 사이가 좋지 않았고, 어린 자식을 잃었다. 똑같이 20대의 태반을 한 직업에 정착하지 못하면서 방황했고, 중년에 접어든 이후까지 위인의 조짐이 별로 없었다. 다윈은 50세 '종의 기원'을 썼으며, 링컨은 1년 뒤 대통령에 당선됐다. 모두 공적

다윈은 여덟 살 때 어머니를 여의고, 이후 누나들의 돌봄을 받아 자랐다. 아버지는 원예를 좋아했고, 이런 분위기에서 식물과 자연에 관심을 가지는 마음이 생겼다. 곤충, 조개껍데기 등을 수집하고 조류(鳥類)에도 관심을 가지면서, 참을성 있게 자연을 관찰하는 습관도 이때 형성되었다. 집 근처 학교에 다니면서 재미없는 수업보다는 자연사 수집에 더 관심을 두었다.

1818년 아홉 살부터 7년 동안 쉬루즈버리 학교에 다녔다. 이 시절에도 문학과 역사보다는 암석과 곤충 등 자연물 수집에 더 열중했다. 아버지 소원대로 학교를 2년 빨리 그만두고, 1825년 10월 스코틀랜드 에든버러 대학에 형과 같이 입학했다. 건강 문제로 형은 런던에 있는 학교로 옮기고, 이 시절에도 그는 의학보다는 자연사에 더 많은 관심을 가졌다.

1827년, 열여덟 살이 된 다윈은 여름방학 동안 런던에도 가보고, 유럽 대륙과 파리를 여행하였다. 의학 공부에 환멸을 느꼈고, 이를 안 아버지는 신부가 되기를 원했다. 다윈은 이를 기꺼이 받아들이고, 신부 자연학자가 되기 위해 케임브리지 크리스트 대학에 입학했다. 딱정벌레 수집과 연구에 푹 빠지기도 하고, 식물학자 존 스티븐슨 헨슬로, 지질학자 애덤 세지윅 신부 도움으로 과학적 지식을 넓혔다. 1831년 1월 178명 중 10등으로 시험을 통과하여 학위를 받고 졸업했다.

8월 29일 운명을 바꾸는 한 통의 편지를 헨슬로부터 받는다. 영

인 자리를 꺼렸으며, 대인 관계가 조심스러웠다."라고 하였다. 여기에 '직업적인 면으로 자수성가한 인물이고, 지나칠 정도로 메모 벽이 강했고, 링컨은 연설과 문장에서, 다윈은 문장에서 청중과 독자의 감동을 자아냈고, 인생 후반기에 유명하게 되었다.'라는 점을 덧붙였다. (『Newsweek』 한국판, 2008.07. pp.26~30.)

국 군함 비글호가 해안조사로 남아메리카로 떠나는데, 스물여섯 살 로버트 피츠로이 선장이 동료가 되어 줄 사람을 구한다는 내용이었다. 어렵사리 아버지 허락을 받아, 드디어 12월 27일 플리머스 항을 출발하여 5년 동안의 항해를 마치고, 1836년 10월 2일 팰머스 항에 귀항했다. 이때 탐사, 관찰한 내용을 기록한 18권의 방대한 노트를 정리하여 1839년 『비글호 항해기』를 출판하고, 3판까지 이어진다. 이 책은 다윈 학문의 출발이면서 기반이 되었다.

여기에서는 이 방대한 내용과 이후 출판, 진화론의 전개 과정을 자세히 다 언급할 수는 없다. 다만, 다윈의 고통과 참음의 모습을 살피면서, 인습의 밧줄에 얽매인 고정 관념에서 어떻게 벗어날 수 있었는가를 살펴보고자 한다.

비글호 출항 후 뱃멀미로 시달리거나 며칠을 앓기도 했다.[46] 1832년 1월 16일, 카보베르데 제도 생자고 섬에 있는 포르토프라야에 배를 정박했다. 다윈은 『비글호 항해기』에서 풍광(風光)과 정취를 이렇게 적었다.

바다 쪽에서 바라본 포르토프라야 인근의 풍경은 황량하다. 과거에 일어난 화산 폭발과 열대 태양의 타는 듯한 열기 때문에, 대부분 토양은 식물이 자리하기에 적합하지 않다. 평탄한 대지가 계단형으로 연결되어 있고, 중간은 잘린 듯한 원뿔형 언덕들이 여기저기 흩어져 있으며, 이보다 조금 높은 산들이 지평선을 들쭉날쭉 둘러싸고 있다. 이런 기후의 부연 안개 사이로 보이는 광경은 매우 흥미롭다. 이제 막 상륙해서 처음으로 야자나무 숲에 발을 들여놓는 사람이라면, 행복 이외의 것은 생각할 수 없으리라.…

---

46 찰스 다윈, 『비글호 항해기』(권혜련 외 옮김, 샘터사, 2006) 이 책을 많이 참고 하여 정리하였다.

남아메리카 첫인상을 한 장의 소묘(素描)로 묘사하여, 다윈의 관찰력과 글솜씨를 여실하게 보여준다. 이러한 자질과 소양이 논리의 완성도를 높이고, 그의 학문적 영역을 넓혔다고 하겠다. 신비한 풍경의 감흥에 젖어 물총새, 기니아 닭, 문어, 조류 등과 지질을 관찰하기 시작했다.

　　리우데자네이루(브라질)에 도착하여 여러 곳을 탐방하였다. 4월 14일에는 대농장에 머무는 동안 노예를 잔학하게 대하는 광경을 목격하고, 퇴화 상태로 길들인 그들의 모습을 소개하였다. 이처럼 다윈은 생물, 지질 관찰에만 열중하지 않고, 인간이 사는 모습에도 관심을 두어 기록으로 남겼다. 바이아블랑카, 부에노스아이레스에 머무는 동안에는 인디오와의 그칠 줄 모르는 전쟁, 추격전과 보복, 특히 인디오를 처벌하는 장면을 너무나 참혹하게 묘사하였다. 이들의 풍습과 생활상도 자세히 기록하여 사료적 가치도 곁들였다고 하겠다. 여기에 양치기 개, 망아지, 말을 길들이는 방법도 자세히 적고 있다.

　　1835년 9월 15일에 다윈은 갈라파고스 제도에 도착했다. 가는 곳마다 모든 것이 신비했지만, 갈라파고스 제도를 탐방할 때는 더욱 그러했다. 그래서 파충류(도마뱀/거북/개구리/두꺼비), 생쥐, 물새(핀치/올빼미/굴뚝새/지빠귀), 섭금류 등을 더욱 세밀하게 관찰, 수집하였다. 특히, 거북과 도마뱀의 기록은 생물학자, 지질학자, 자연사학자의 본능을 발휘한 문학적 서사시다. 바닷물고기, 달팽이, 바닷조개, 여기에 곤충류 딱정벌레 채집의 어려움도 적고 있다. 현화식물(顯花植物), 민꽃식물, 부목(浮木), 대나무, 국화과 식물 등도 관찰에서 빼놓지 않았다.

이 제도의 여러 섬은 생성된 지가 오래지 않은 화산 지형으로 거센 해류 때문에 서로 분리되고, '끝없는 대양'이 둘러싸인 작은 섬인데도, 토착종의 수가 많고, 서식(棲息) 범위가 넓은 데에 다윈은 놀랐다. 그리고 같은 생물이라도 섬마다 차이가 있다는 데 주목하여, "이로부터 우리는 시간적으로나 공간적으로나 지구상 최초의 생명체 출현이라는 위대한 사실, 미스터리 중의 미스터리에 어느 정도 근접한 것만 같다."라고 하였다. 종의 개념과 진화론이 태동하는 순간이다.

비글호에서의 마지막 기록은 노예에 관한 것이었다. 1836년 8월 19일 브라질 해안을 떠나면서 다윈은 "신이시여, 이제 두 번 다시는 노예제도가 있는 나라에 오지 않게 해주시길."이라고 기도했다. 페르남부쿠 근처의 한 집을 지날 때 고문에 절규하는, 세상에서 가장 처절한 신음을 들었다. 끔찍한 감정과 무력감에서 오는 신을 향한 애원의 기도다. 리우데자네이루 부근 어느 집에 머물면서는 노예들의 손을 짓누르는 나사못 가학(加虐), 매 순간 욕을 먹고 얻어맞는 학대, 말채찍으로 머리를 치거나 주먹으로 얼굴을 때리는 인격 모독 등 가슴 아픈 잔혹 행위를 본대로 기록하였다. 여자와 어린이, 남자를 떼어 놓아 짐승을 경매하듯 팔아넘기는 것은, 온몸에 피를 끓고 가슴을 떨리게 하는 죄라고 하였다. 10월 2일 비글호에서 내리기 전 마지막 기록도 주변의 인간 문제 노예제도에 관한 것이었다

그리고 후기에 여행에서 불신을 얻을 수 있지만, 동시에 친절하고 친절한 사람도 많다고 하면서, "이전에도 전혀 몰랐고, 앞으로도 만나게 될지 어떨지 모르는 사람들이지만, 그들은 사심 없는 마음으로 도와줄 것이다."라고 하였다. 비글호 항해기록이 많은 사람의 도움으

로 이루어졌다는 간접 표현의 말이다.

젊은 선장 피츠로이는 자기가 믿는 종교적 신념을 뒷받침하는 증거를 찾으려고 다윈과 동행했는데, 다윈과 노예 문제로 다투기도 하고 결국 그의 생각과는 다른 이론이 등장하였다. 다윈은 1839년 1월 결혼도 하고, 과학 여행기인 『비글호 항해기』를 출간하였다. 이 무렵 『비글호 항해 동물학』 출간을 시작으로 1843년 다섯 권을 마무리했고, 1842~6년 사이에 『비글호 항해 지질학』 세 권도 출간하였다.

그런 가운데에서도 반 이상을 확신했으면서도 확정적으로 발표하지 못한 것은 '종의 기원', '진화' 문제였다. 당시 이러한 주장은 엄청난 파장을 불러일으키기 때문이다. 그래서 『종의 기원』이 나오기까지는 많은 시간이 필요하였다.

이미 1836년에 갈라파고스에서 '종의 안정성'을 의심했고, 1837년 7월 조류학자 굴드를 만나 '변형된 자손' 즉 진화 개념에 어느 정도 확신하게 되었다. 그리하여 5년 동안의 여행에서 얻은 자료와 기타 여러 자료를 모아 연구하고, 관련 사람들에게 질문도 하면서 의심을 하나하나 해소해 나갔다. 1838년 말에는 드디어 진화를 확신해주는 '자연선택'의 원리를 굳게 믿게 되고, 1842년, 44년 '자연선택' 관련 원고를 썼으나 발표하지는 않았다. 당시 사회사상과 배치되는 생각은 의외의 고초를 당하는 현실을 다른 사례에서 많이 보아 잘 알고 있었기 때문이다.

그리하여 더욱 확실한 증거를 포착하려고 8년이나 따개비를 연구하여, 관찰자의 시야를 더욱더 넓히고 환골탈태하였다. 이러한 연구와 책을 출간하면서 다윈의 건강은 극도로 악화하여 갖은 신체적 병고(病苦)를 치르고, 여기에 정신적으로도 감당하기 어려운 천붕(天崩)과 참척(慘慽)의 고통을 모두 겪었다.

1855년 동남아에서 연구를 계속하던 앨프레드 러셀 윌리스가 〈신종의 도입을 통제하는 법칙〉 논문을 발표했다. 이에 자극을 받아, 그동안 연구한 이론을 발표하지 않는 것을 후회하고, 윌리스 논문 내용을 묶어 〈자연선택 이론〉을 공동 발표했다. 그리고 서둘러 1859년 『자연선택에 의한 종의 기원에 관하여』를 출간하였다. 1872년 6판에 이르기까지 보완을 거듭하고, '변형된 자손'이란 용어도 6판에 와서야 '진화'란 말로 바꾸었다.

『종의 기원』 출간은 찬성과 반대, 신중한 입장 등 두루 반향(反響)을 일으켰다. 사회적 파장이 클 수밖에 없는 이론의 전개로, 당시에 인간을 동물계에 포함하는 문제는 기존 생각의 질서를 무너뜨리고도 남았다. 그러나 갖은 비난에도 다윈은 끝까지 자기의 주장을 굽히지 않았고, 1882년 4월 19일 심장병으로 조용히 영면했다.

다윈의 위대성은 그칠 줄 모르는 자료의 수집과 정리, 자기가 하고 싶은 일에 대한 성취 의지, 꾸준히 목적을 향해 간난(艱難)을 견디는 힘 등이 합쳐 드러난다. 여기에 불굴의 열정과 용기가 같이한다. 한마디로 모든 고통과 어려움을 참아내는 위대성이다. 그의 참아내는 힘이 이상 세계를 지향한 끊임 없는 도전으로 위대한 업적을 남겼다.

다윈은 『종의 기원』 '제14장 요약과 결론' 마지막 문단에서 다음과 같은 말로 끝을 맺는다.[47]

---

47 찰스 다윈, 『종의 기원』(송철용 옮김, 2009) p.480.

생명은 최초에 창조자에 의해 소수의 형태로, 또는 하나의 형태로 모든 능력과 함께 불어넣어졌다고 보는 견해, 그리고 이 행성이 확고한 중력의 법칙에 의해 회전하는 동안 이렇게 단순한 발단에서 지극히 아름답고 지극히 경탄스러운 무한한 형태가 태어났고, 지금도 태어나고 있다는 이 견해에서는 장엄함을 느낄 수 있는 것이다.

다윈은 자기의 주장이 '모든 사람의 종교심을 뒤흔들었는가'란 질문에 그 까닭을 모른다고 하였다. 당시 그에 대한 비난이 적지 않음을 의식한 것이다. 그래서 '창조'와 '진화'란 두 가지 의견을 같이 '장엄하다'라고 하면서 끝을 맺었다.

'진화'는 그 논리와 증명을 부정할 수 없지만, 지금도 논의 대상이 되어 계속하여 진화하고 있다. 이것도 다윈이 명성을 거머쥔 위대성의 하나가 아닌가 한다. 다윈의 위대성은 참아내는 불굴의 의지에서 시작되었다. 그리하여 그 누구도 시도하지 못한 이상 세계를 개척했다.

《니체와 초월적 인간》

프리드리히 니체(Friedrich Wilhelm Nietzsche)는 1844년 10월 15일에 루터교 목사 집안의의 아들로 태어났다 할아버지와 아버지도 목사였고, 외가도 기독교 집안이었다. 엄격한 교육으로 기독교 문화에 젖었고, 문학과 철학을 두루 섭렵하였다. 이때 니체는 '어린 목사'라는 별명을 들을 정도로 성경도 암송하고 찬송가도 멋지게 잘 불렀다. 여동생의 증언에 의하면 교칙도 철저하게 지키는 모범생이었다.

반면에 일찍이 다섯 살도 채 되기 전에 아버지를 여의고, 바로 이어 동생 요셉과도 이별해야 했다. 약한 몸에 잔병치레를 많이 했다. 이탈리아 등 유럽 곳곳으로 요양을 위해 떠돌았고, 정신 착란과 발작으로 십여 년을 더 스위스 정신 병원에서 고생했다. 퇴원 후 간호해 주던 어머니도 곧 세상을 떠났다. 1900년 8월 25일, 슬픔을 이기지 못하는 누이동생 곁에서 다난했던 생을 마감하였다.

니체는 한 시대를 앞서간 철학자로서 성장 시기 가정, 교육환경과는 판이하게 달리, 당시 사회를 지배하는 종교와 도덕 체계에 불만이 꽤 많았다. 그리하여 그는 새로운 시대가 열리는 것을 갈망하였고, 기존 인간상에서 탈피하여 새롭게 완성되는 인간의 모습을 강렬하게 추구하여 관련 저술을 많이 남겼다.

니체는 기존의 가치체계를 전적으로 부정하고 새로운 가치체계를 모색하였다. 1883년부터 1885년까지 3년간 그의 철학사상이 집약적으로 녹아있는 명저 『자라투스트라는 이렇게 말하였다』(Also Sprach Zarathustra)를 집필하였다. 이 책에서 인간이 영원히 존재할 수 있는 대체 인물로 '초인(超人, overman/superman/Übermensch)'을 내세웠다. 초인은 모든 존재의 근거가 되는 '권력에의 의지'를 실천하는 대변자다. 기존의 질서와 도덕률을 배격하고, 인간의 한계를 초극하면서 무소불위로 민중을 지배하고, 자기 능력을 극한까지 발휘하는 '초월적 인간'이다. 이처럼 니체는 인간의 새로운 능력과 모습을, 즉 인간의 본체를 새롭게 창조해 보려고 노력하였다.

니체의 생각에 전적으로 동의하지는 않는다. 그러나 이러한 생각을 하게 되는 인간관계와 사회적 배경, 이러한 생각을 한 뒤에 그가 겪었던 개인적인 고통과 참음을 이해하고, 이렇게 산상에서 지평선을 끌어안으며, 바닷가에서 수평선을 갈라치면서 우렛소리를 내야만 했던 삶의 모습에 공감한다. 그래서 자라투스트라는 숲속에서, 동굴 속에서 태양 빛을 향해 나와 예언자 등 뭇사람을 만나고, 어떤 경우에는 사람을 경멸하며, 새로운 진리와 소리를 찾아 '이렇게 말(설교)' 하였다.

여기에서는 종교적 문제는 뒤로 하고, '초인'을 고통 그리고 참음과 연결하는 것에 한정하여 생각해 보고자 한다. 니체는 자신의 정신이 성숙해지면서 근대 낡은 제도와 퇴폐적인 가치관을 타파하기 위해 '자라투스트라'를 앞세운다. 〈자라투스트라 서설〉에서는 '초인'의 정체를 집약해서 설명하고 있다.[48]

자라투스트라는 산으로 들어가 10년을 지낸 뒤 산의 숲속에서 나온다. 노인을 만난 뒤 시장에 들어서자 '줄타기 광대 재주'를 기대하는 군중을 향해, "나는 그대들에게 초인에 대해 가르치겠노라. 인간은 초극(超克)되어야 할 존재다."라고 외친다. '여태까지 삶을 살아온 사람은 자신을 뛰어넘어 무엇인가를 창출해 왔는데, 당신들은 무엇을 했는가?'라고 반문하며, 초인에 대하여 가르치기 시작한다.

'초인은 대지를 의미한다.'라고 하여, 초인을 지상적이고 창조적인 자기 초극(超克)의 의지라고 하였다. 인간은 오염된 강물로 이 물을 받아들이지만, 자신이 오염되지 않으려면 바다가 되어야 한다면서 '초인은 이러한 바다다.'라고 하였다. 바닷속에 커다란 경멸도 가라앉힐 수 있기 때문이다. 그는 스스로 '번개의 예언자이고, 먹구름으로부터

---

48 프리드리히 니체, 『짜라투스트라는 이렇게 말했다』(사순옥 옮김, 홍신문화사, 2006) 주로 이 책 원문을 참고하여 '초인'을 설명하였다. 외래어 표기는 '자라투스트라'이다.

떨어지는 무거운 빗방울'이라 하면서, '초인은 번개이며 광기이다.'라고 하였다. 인간에게서 초인이 되기 위한 열정을 요구한 것이다.

자라투스트라는 "인간은 동물과 초인 사이에 놓은 하나의 밧줄이고, 심연 위에 놓은 밧줄이다."라고 했다. '그 줄을 타고 건너가는 것, 뛰어넘는 순간, 뒤돌아보는 것, 공포에 질린 채 그 위에 머물러 있는 것' 모두가 위태롭고, 이것이 인간의 삶이라 하였다. 그래서 그는 사랑하는 사람을 줄줄이 열거한다. 그중 초인과 관련하여 '언젠가는 대지가 초인의 것이 되도록 대지에 몸을 바치는 자들', '언젠가는 초인이 살 수 있도록 인식하려고 하는 자들', '초인을 위해 집을 짓고, 초인에게 대지와 동물과 식물을 마련해 주기 위해 일하고 연구하는 자들'을 사랑한다고 하였다.

자라투스트라는 '초인은 인간이라는 먹구름으로부터 번쩍이는 번개'로서, 그들의 존재 의미를 가르쳐 주고, '창조하는 자들, 수확하는 자들, 기뻐하는 자들의 동료가 되어, 그들에게 무지개를, 초인에 이르는 계단을 보여주겠다.'라고 결심한다. 초인은 '인간이 존재하는 의미'이기 때문이다. 이어 그의 설교가 구체적으로 이어진다.

〈지복의 섬〉에서 그는 '초인의 창조'가 매우 어려운 것임을 구체적으로 예를 들면서 설교한다. '창조는 고뇌로부터 위대한 구제이고, 삶의 위로이므로, 창조자가 탄생하기 위해서는 고뇌와 많은 변화가 필요하다.'라고 하였다. 심지어 창조자가 되려면 그대들의 삶 속에 많은 애절한 죽음이 있어야 한다고 역설한다. 그래야 자신의 경험에서처럼 '초인의 아름다움이 그림자와도 같이 내게 다가온 것'이 된다고 하였다.

〈고통의 비명〉에서는 '보다 높은 인간'을 사이에 두고 예언자와 논쟁을 한다. 예언자는 저 심연에서 으르릉대는 소리를 들으라고 권유한다. 자라투스트라는 "저것은 구원을 호소하는 고통의 비명이며, 인간의 비명이다. 아마도 저것은 어딘가에 있는 검은 바다[고해(苦海)]부터 울려 나오는 소리일 것이다."라고 하며, "인간의 고통이 나와 무슨 상관이 있단 말인가!"라고 반문한다. 그러나 자라투스트라를 부르는 사람은 '보다 높은 사람'이었다. '지복의 섬' 존재를 부정하는 예언자에 맞서, 그는 '지복의 섬은 아직도 존재한다.'라고 하며 입다물라고 외친다.

〈보다 높은 인간에 대하여〉에서 자라투스트라는 유일한 관심사 초인은 나의 가슴 속에 있다고 하면서, '가장 가까운 자, 가장 가난한 자, 가장 고통받는 자, 가장 선한 자도 아닌 초인'이라고 하였다. 결국, 인간이 고통의 비명을 초극하면 '초인'이 되는 것이다. 그는 또 '보다 인간은 선해지거나 또한 악해져야 하고, 악은 인간의 가장 좋은 힘'이기 때문에 초인의 최선을 위해서는 최악이 필요하다고 가르친다.

이상에서 알 수 있듯이 초인은 창조자의 고통에서 만들어진다. 〈창조자의 길에 대하여〉에서 창조자는 고독하고, 일곱 악마의 곁은 지나가야 하고, 자신이 이단자, 마녀, 예언자, 바보, 염세주의자, 부정한 자, 악한이 되라고 하였다. 자신의 불길로 자신을 불살라 재가 되지 않고서는 새롭게 태어날 수 없다고 하였다.

니체는 자라투스트라를 앞세워 고통을 제거하고, 새로운 경지의 삶을 개척하기 위해서는 어떠한 고통이라도 감수하고, 희생하고, 그 속에 녹아들어야 한다고 하였다. 사람이 살아가는데 이러한 결의만 있다면, 우리 앞에 불어닥치는 고통은 참새 하나의 깃털도 되지 않는다. 두려움, 억압, 불안, 슬픔, 불행 등은 물론 현대의 크나큰 병폐인 **'내편 네편 갈라치기'**는 전혀 느껴지지 않는다. 아니 느낄 필요조차 없다.

니체는 '초인'을 통하여 궁극적으로 인간의 능력과 이상이 무엇인지를, 미래 지향적으로 찾아보려 노력한 여러 사람 중 한 명이다. 따지고 보면 '초인'은 고통을 참아내는 과정에서 태어났다고 하겠다. 니체는 초인을 통하여 기존의 삶을 새롭게 가다듬고 인간의 참모습을 찾아보았다. 인간은 언제나 현재의 자기의 모습에서 벗어나려는 본능이 작용한다.

인간은 끊임없이 현재의 모습에서 탈출하여, 새로운 삶을 추구한다. 이것이 진정한 참음의 모습이요, 내면에서 북받쳐 오르는 열정과 욕망을 창조로 전화하는 방법이다. 니체에게 초인은 열정의 화신이요, 자유로운 창조자요, 인간이 지향하는 궁극의 목표이다.

니체가 추구한 '초인'은 공자가 추구한 성인(聖人)이나 군자(君子), 노자·장자가 주장한 성인, 지인(至人), 신인(神人), 천인(天人), 석가가 언급한 수다원, 사다함, 아나함, 아라한 등과 어떤 의미 관계인지 고구해 볼 만한 대상이다.

2.
참아내니
생활이 즐겁다

참아야 나날이 기쁨이다.

하루하루가 참아야 하는 일과 순간의 연속이다. 어느 하나 참지 않고 이루어지는 일이 있는가. '생각하는 존재', '사회적 동물'이라는 말은 참음을 전제로 한다. '생각', '존재', '사회', '동물'이란 말속에는 '참음'이 살아 움직인다. **'사람은 참는 존재', '참아내는 영적 동물'**이라는 말이다. 그래서 '나는 참는다, 고로 존재한다.'라는 명제가 성립한다.

그런데 무조건 참으며 살라는 말은 아니다. 참으면 기쁨이 찾아오니 참으며 살라는 말이다. 그렇다고 참으면 모두가 기뻐지는 것은 아니다. 기뻐하려고 애써야 기쁘다. 기쁨이 저절로 찾아오는 것이 아니라 찾아오도록 길을 닦아야 한다. 의도적으로 '기쁘다'라고 하는 끊이지 않는 마음가짐이 있어야 기쁨의 문이 활짝 열린다.

아침에 거뜬히 일어나 오늘을 시작하니 기쁘다. 거울을 보며 헝클어진 머리를 빗는 여유가 있어 기쁘다. 거울 속에 성숙하게 변해 가는 자신의 모습을 확인해서 기쁘다. 가족의 해맑은 얼굴을 보며 출근하는 것도, 서둘러 나와 보지 못했어도 기쁘다. 차를 손수 운전해도 기쁘고, 버스나 지하철 대중교통을 타 서로 비치적대도 왠지 기쁘다. 자리를 양보해도 기쁘고, 양보하는 자리에 앉아도 기쁘다. 많은 사람 속에 섞여 사는 정다움을 느껴서 기쁘다.

속속들이 다 알지는 못해도 배우고 날로 익혀서 기쁘다. 공부를 잘해 칭찬받아도 기쁘고, 꼴찌를 해 꾸중 들어도 기쁘다. 영어는 못해도 체육을 좋아하니 기쁘고, 수 계산에 능숙하지는 못해도 피아노 연주를 멋있게 하니 기쁘다. 자식이 열심히 공부하는 모습이 기쁘고, 공부 열심히 하라고 응원해 주는 부모 얼굴이 떠올라서 기쁘다. 혼자 책과 씨름해도 옆에서 같이 고생하는 동료가 있어 기쁘다. 우리 열심히 노력해보자고 격려하는 말씀이 귓전에 맴돌아서 기쁘다.

좋아하는 사람을 만나서 오손도손하니 기쁘고, 싫은 사람도 자주 보니 좋아져서 기쁘다. 떨어져 있던 가족이 가까이 돌아오니 기쁘고, 공부하고 일하느라 멀리 떨어져 있어도 기쁘다. 이런 사람, 저런 사람, 별사람 다 만나서 기쁘다. 내가 있으니 네가 있고, 네가 있으니 내가 있음을 확인할 수 있어 기쁘다. 뭐가 따라와서 기쁜 것이 아니라, 그저 눈길 마주치며 만나는 자체가 기쁘다.

먼 곳에서 친구가 찾아오니 기쁘고, 친구 찾는 발걸음이 가벼워서 기쁘다. 소꿉친구 오랜만에 만나니 더없이 기쁘고, 언제 만날지 기약 없이 헤어지는 친구 배웅도 기쁘다. 잘났다고 자랑 좋아하는 친구가 있어 기쁘고, '못났다'라고 친구 놀려줘도 받아주니 신이 나서 기쁘다. 귀촌하여 농사짓는 친구 거무데데한 얼굴, 흙 묻은 옷자락 모습에 기쁘고,

승승장구 출세 가도를 달리는 열정의 친구가 자랑스러워 기쁘다.

외로워 흔들거려도 기쁘고, 고립감을 느껴 허공에 소리쳐 봐도 기쁘다. 외로우니 철학자가 된 것 같아서 기쁘고, 고독해 보니 나만의 세계를 맛볼 수 있어 기쁘다. 조금 궁핍해도 잡아 주는 손길이 있어 기쁘고, 서로 기대고 마음 통하는 온정(溫情) 있어 기쁘다. 내 생각을 말할 수 있어 기쁘고, 귀에 다소 거슬려도 세상 소식을 들을 수 있어 기쁘다. 바쁘게 걸어 다닐 수 있으니 기쁘고, 느리게라도 움직일 수 있으니 기쁘다. 만나서 손바닥을 마주치니 더욱 기쁘다.

호수에 해맑은 물결이 넘실거리고, 뭉게구름이 하늘로 치솟아 경이로운 자태를 뽐내며, 은은한 달빛이 온 천지를 감싸고, 새하얀 눈발이 세상을 덮어 한 가지 색으로 만드는 사계절이 있어 기쁘다. 세상의 오묘한 조화를 모두 감상할 수 있어 기쁘고, 나도 자연의 일원이 되어 그 변화에 한 자리를 차지할 수 있어 기쁘다. 시원한 바람이 이마를 스쳐서 기쁘고, 소나기가 얼굴을 때리고 옷이 흠뻑 젖어도 가붓해 기쁘다. 밤송이 자위 뜨는 순간을 봐서 기쁘고, 땡볕에 검붉게 변하는 태양초 열정이 다가와서 마냥 기쁘다.

연극의 주인공이 되는 것 같아 기쁘고, 저 한구석에 하찮은 허드렛일을 담당해도 기쁘다. 남이 알아주어 존재감에 기쁘고, 남이 알아주지 않아도 세상살이가 부끄럽지 않고 떳떳해서 기쁘다. 기분이 조금 상해도 견딜 수 있어 기쁘고, 눈물이 눈시울을 적셔도 기대감이 있어 기쁘다. 바짓가랑이가 내려가면 다시 올릴 수 있어 기쁘고, 목이 시리면 옷깃을 마음대로 세울 수 있어 기쁘다. 옷소매 치렁대면 걷어 접을 수 있어 기쁘다. 이 옷 저 옷 가려 입어서 기쁘고, 단벌 신

사라고 치켜세워주는 사회가 고마워 기쁘다.

얼굴에 태양 빛을 받을 수 있어 기쁘고, 달을 보고 어버이를 그리워할 수 있어 기쁘다. 은하수 저 너머에 좋아하는 사람 떠올라서 기쁘고, 별빛 한 가닥에 고마운 얼굴 생각나서 기쁘다. 밝으면 드러내 자랑할 수 있어서 기쁘고, 어두우면 부끄러운 점 감출 수 있어 기쁘다. 아무 데나 돌을 던질 수 있어 기쁘고, 아름다운 꽃을 바라보거나, 꺾어 볼 수 있어 더욱 기쁘다.

남이 나를 도와줘서 기쁘고, 내가 남을 도울 수 있어 기쁘다. 넘어진 아이 일으켜 주는 미덕이 기쁘고, 말다툼하며 싸우는 사람 말리는 용기가 있어 기쁘다. 번잡한 길거리를 헤매는 생명체를 구해줘서 기쁘고, 비둘기, 들고양이에게 먹이를 뿌려주는 모습이 기쁘다. 냇가 물속 잉어에게 손짓하면 노란 입으로 뻥끗 답례해서 기쁘다. 공원에 담배꽁초 허리 굽혀 줍는 모습이 존경스러워 기쁘고, 지나가는 사람끼리 정답게 인사하는 장면이 기쁘다.

전철에서 책을 펴고 시험 준비하는 열정에 기쁘고, 정류장에서 줄서서 노트를 보며 버스를 기다리는 모습을 보니 기쁘다. 교문 안으로 자녀, 손자·손녀 달려 들어가는 모습에 기쁘고, 교문 앞에서 뿌듯하게 기다리며 설레는 마음에 기쁘다. 시간 맞추느라 사람을 비껴가며 달리기하는 열기에 기쁘고, 서둘러 나오느라 차비 챙기지 못한 학생 공짜로 태워줘서 기쁘다. 언제 어디서나 '안녕하세요', '반갑습니다', '감사합니다', '수고하셨습니다'란 말을 들으니 기쁘다.

옛 성현은 어린아이 얼굴에서 기쁨을 찾지 않았는가. 기쁨은 멀리 있지 않고 우리 가까이에서 늘 손짓한다. 모르는 사람의 고개 인사도 기쁨이고, 혈기에 찬 학생의 소란스러움도 기쁨이다. 멍하니 하늘 보고 걷다가 돌부리에 발이 차여도 기쁨이다. 달려드는 기쁨, 스쳐 지나치는 기쁨 모두 다 기쁨이다. 달려들면 가슴으로 안아주고, 스쳐 지나치면 손으로 잡아당기면 내 기쁨이다. 다 내 눈, 내 손발, 내 마음 안에 있는 기쁨이다. 모든 것을 나 스스로 맞이할 수 있어 기쁨이다.

다 사정 때문에 사람마다 생활이 다르다. 그러나 내가 중심이 되어 참음으로써 나를 움직이니 기쁘다. 참아서 기쁘고 참으니까 기쁘다. 거기에 참아내니 더 기쁘다. 기쁘니 참고 기뻐서 참아낸다. 기뻐하고자 하면 기쁘다. 기쁨이 기쁨을 부른다. 이러면 기쁨도 흥에 겨워 노래 부른다. 이 기쁜 세상에 어찌 참고 살지 않을 수 있으랴!

그러므로 그저 일상생활에서 기쁨을 느끼고 찾아야 한다. 기쁨이 주위에 이리저리, 이렇게 저렇게 널려 있는데, 그냥 지나쳐 버리기 일쑤다. 참음을 앞세우면 기쁨이 자연스럽게 보인다. 참음이 있어, 평범한 생활의 기쁨, 성취와 극복의 기쁨, 마음을 정화하는 기쁨, 고생 끝의 기쁨 등 기쁨이 나날이 찾아와 자신과 같이한다.

작은 기쁨, 큰 기쁨 다 기쁨이다. 큰 기쁨만 생각하면 작은 기쁨이 사라지고 보이지 않는다. 작은 기쁨은 반드시 큰 기쁨이 된다. 심마니가 산삼을 발견하면 '심 봤다'라고 외친다. 일상에서 기쁨을 발견하면 '기쁘다'라고 마음속으로든, 소리 내서든 외쳐야 한다. 그러면 생활이 즐겁다. 그래야 살맛이 난다. 생활이 즐겁고 살맛 나게 하는 것은, 참지 못하느냐 참아내느냐 하는 내 책임이다.

참아야 생활이 활기차다.

사람이 세상을 살아가는 데는 여러 가지가 필요하다. 그중 살아가는 힘과 능력, 즉 **'생활 능력', '생존 능력'**이 중요하다. 이러한 능력은 활기(活氣), 활력(活力)이 용맹하게 작렬해야 살아 움직인다. 활기는 선천적인 것도 있지만, 대개 살아가면서 자연스럽게 터득하고 배양한다. 그래야만 항상 생활에 힘이 넘치고 생기가 가득해진다.

활기는 영장류로서 살아가도록 조물주가 부여한 지혜의 선물이다. 희망을 찾아 자기 것이 되도록 고통과 참음, 즐거움 등과 함께 묶어 선물했다. 판도라의 상자에 마지막 '희망'만은 잡혀 있지 않은가. 희망을 붙잡아 매려면 고통과 어려움을 참아야 하고, 참아내야만 생활에 활기가 북돋는다. 이에 참음의 관점에서 '활발한 기운이나 기개'란 활기 뜻을 좀 더 넓혀 생각해 보고자 한다.

참음은 생활에 활기를 순간마다 불어넣는다. 참음은 고통과 어려움을 살아가는 힘과 능력으로 바꾼다. 그래서 참으면 고통이 없어진다. 이는 자연의 순리와도 딱 맞아떨어진다. 사람도 자연의 한 부분이기 때문이다. 그런데 사람은 그저 '오늘도 무사히 하루를 보냈어.' 하는 단순한 생각에 젖어, 일상생활이 자신이 분출하는 힘, 즉 참아내는 활력으로 유지된다는 사실을 간과한다. 사람은 순간순간, 매일매일 언제나 즐겁게 살아가기 위해 참아내는 힘을 쏟으며 경주한다. 곧, **'참는 힘', '참아내는 힘'**이 활기요 활력이다.

산을 오를 적에는 땀이 옷을 적시고 손놀림이 재빠르다. 다리 관절이 상하지 않도록 지형을 무리 없이 활용하고 스틱을 잘 이용해야 한다. 목적지를 향하여 가쁜 숨을 몰아쉬고, 다리 근육의 당김을 감내하며 전진한다. 가파른 경사를 오를 때는 다리에 쥐가 나고 혓바닥에서 쓴 내도 난다. 한발 한발씩 내딛는 순간은 참음의 연속이다. 참아내는 활력으로 목적지 정상에 오를 수 있다. 참음이 곧 활력을 만들어 낸다.

청소년들은 대학에 진학하기 위해 부단히 노력한다. 각종 시험에 합격하려고 끼니도 거르고 정진한다. 원하는 대학에 들어가려고 3수 이상을 하고, 열세 번째 사법시험에 합격하여 판검사가 된 사람도 있다. 박사과정에 열 번째에 합격하는 끈질긴 사람도 있다. 세수하고 머리 감을 겨를도 없이 연구실·실험실과 도서관에서 책과 기구 속에 파묻힌 덕분에 그 무엇을 발견하고 창조한다. 땅과 하늘에서 인류를 위해 그 무엇을 찾아 헤맨 사람들의 덕분에 포근한 잠을 이룰 수 있다. 이 모두가 굳건히 참으면서 분출하는 희망의 활기가 뒷받침해 이룬 과정과 결실이다.

참음은 활기를 지속하여 북돋는다. 시나 소설 작품을 완성하려면 각고의 노력이 필요하다. 한편의 멋진 논문을 완성하고, 한 권의 인기 있는 책을 출간하려면 그 과정이 쉽지 않다. 부단히 자료를 수집하고, 관련 글이나 서적을 읽어 배경이 튼튼하지 않으면 앞으로 나가기가 만만찮다. 얼개 짜기도 공을 많이 들여야 하고, 새로운 발상으로 남이 해내지 못한 경지를 창발(創發)하기는 더더욱 어렵다. 어떤 때에는 어휘 선택도 마음대로 되지 않는다. 한 문장 한 문장 써 내려가는 데도 고통이 따른다. 매 과정이 참음의 연속이다. 이렇게 견디고 참아내면 최고의 걸작(傑作)이 세상에 선보인다. 유명해져서 걸작이 아니다. 고통을 참으면서 이루어낸, 생활에 뜻을 전달하고, 생기와 활력을 불어넣어서 걸작이다.

더위를 견디기도 어렵지만, 추위 견디기는 더더욱 어렵다. 어떤 순간에는 살갗을 지져대는 햇볕의 따가움을, 살을 에는 듯한 추위의 고통을 참고 견뎌야 한다. 자연은 항상 사람에게 참을성, 참는 방법을 가르친다. 그 옛날 학창 시절, 여름에는 쨍쨍 쬐는 햇볕 아래에서, 겨울에는 눈발을 맞으며 조회도 했다. '볕한테 쐬어도 눈동자를 움직이지 않고, 발이 시려도 동동대지 말고 부동자세로 서 있어야 한다.'라는 스승의 말씀이 지금도 귀에 쟁쟁하다. 격세지감(隔世之感)의 옛날 추억이지만, 그때의 참을성은 지금과는 비교가 안 된다. 그 참을성이 사회생활에서 크나큰 활기가 되어 어지간한 어려움은 뛰어넘을 수 있었다.

참음은 상황에 따라 활기를 조절하고 가다듬는다. 활기는 사람이 존재하는 생명력이다. 활기가 없으면 죽은 목숨이나 다름없다. 그러나 활기를 너무 조장하면 의외로 반대 효과를 불러온다. 활기도 너무 충만하면 폭발할 염려가 있다는 말이다. 활기가 폭발하면 산산조각이나 상처를 가져온다. 그러므로 생활에 활기가 제대로 살아 움직이려면, 여유의 마음으로 기초를 다지고 가다듬는 시간도 필요하다. 참는 마음이 활기를 잘 조절해야 제구실을 한다.

국가대항 축구 경기는 시청할 때도, 끝나서도 여운이 남아 가슴을 동동 뛰게 한다. 승리하면 기뻐서 그러하고, 패하면 아쉬워서 피가 끓기도 하여 얼굴에 화기가 어린다. 시청자나 관중도 이러할진대, 경기장에서 직접 뛰는 선수들은 이루 말할 수 없는 긴장감에 휩싸인다. 단체 경기 시작 전에는 대개 선수들이 빙 둘러 파이팅으로 호흡을 맞추며 승리를 다짐한다. 교체 선수로 경기장에 들어가기 직전에 감독, 코치는 선수 어깨를 두드리며 호흡을 조절하게 한다. 역도 선수는 그 무거운 쇳덩이를 들기 전에 심호흡으로 기(氣)를 모은다. 수영선수는 출발선에서 총성이 울리기 직전 심호흡과 가벼운 몸놀림으로 자세를 가다듬는다. 이 모두가 긴장의 고통을 참고 완화하고 승리를 다짐하는 모습이다. 참음은 긴장을 여유로 바꾸고, 그 여유 속에 승리의 힘, 활기를 저장한다.

헐떡거리며 물을 마시면 좋지 않다고 한다. 물에 체하면 약이 없기 때문이다. 그래서 우물가에서 샘물 바가지에 버드나무 잎을 띄워 왕비가 된 여인도 있다. 이처럼 잠시 머무를 수 있는 포인트는 참음이 주는 여유다. 건널목에서 3초 좌우 바라보기, 출렁다리 건너기 전에는 5초 멀리 바라보기, 참기 어려워 감정 폭발 직전에 10초 심호흡하기, 화기(火氣)가 치오르면 20초 땅과 하늘 쳐다보기, 어떤 때에는 자기만의 시간을 갖고 20분 이상 명상에 잠기기 등은 일촉즉발(一觸即發) 순간에 잠깐 참음의 여유 마음을 가져 보는 방법이다. 참음으로 활기를 가다듬는 모습이다.

쌀을 급히 파르르 끓인다고 바로 밥이 되지 않는다. 적당히 뜸을 들여야 제대로 밥맛이 난다. 술은 오래될수록 마시기 좋고 값이 나간다. 그래서 몇백 년이나 묶은 술도 있다. 이를 '뜸 들이기 시간', '자성(自省)의 시간'이라고 말하고 싶다. 참으며 좀 더 기다리면 문제가 해결되고 더 좋은 상황을 맞이할 수 있다. 참음으로 뜸 들이는 시간, 자성의 시간을 가질 줄 알면 인생이 즐겁고 아름다워진다.

천둥 번개가 칠 적에는 무슨 죄나 짓지 않았나 두려운 마음이 생기기도 한다. 학업이나 추진하는 일이 앞으로 잘 나아가지 못할 때, 열정을 잠시 멈추고 자성의 시간을 가질 필요가 있다. 어찌 보면, 이러한 내면의 반성도 참을성이다. 이러한 참을성이 생활에 활기를 불어넣고, 언제 어디서나 좌절하지 않도록 고무한다. 생활에 활기를 조절하고 가다듬는 시간이다. 그러면 인생이 더 값지고 빛난다.

일상생활에서 참음이 관여하는 구체적인 모습을 관점을 달리하여 생각해 보았다. 이러한 참음이 어떻게 활기, 활력을 더 높은 경지로 전환되는지를 살펴보았다. 일상은 참아야 하는 순간의 연속이다. 참아내야 생활이 값지고 역동적이고 활기차다. 참음은 일상에 활기를 끌어내고 북돋고 조절하는 기제이다.

참을 줄 아는 사람이 생활 능력이 강하다. 생활 능력이 강하면 무엇이든지 언제나 활기차다. 참음으로 생활에 활력을 북돋우면 언제나 즐거움이 함께한다. 어떤 경우에는 활기를 조절할 줄도 알아야 한다. 이것도 생활 능력이다. 그러므로 행복의 첫걸음은 참음으로 어떻게 생활에 활기를 잘 불어넣고, 북돋고, 조절하느냐에 달려 있다.

참아야 사랑이 충만하다.

아주 어려서는 부모의 보살핌과 사랑을 온몸에 받고 자란다. 그런데 이때는 부모 사랑이 무엇인지도 모르다가 나중에야 겨우 깨닫는다. 이성에 눈이 트고, 자연 원리를 조금씩 터득하면서 '사랑'이란 말에 가슴이 울렁거리기 시작한다. 진짜 사랑이 무엇인지도 모르며 말이다. 그러다가 사랑이란 말을 입에 담기가 부끄러운 때도 생긴다. 진짜 사랑이 무엇인지를 알아서이다. 좀 더 성숙해지면 나름대로 사랑의 뜻을 정립해 보고, 자신의 호흡으로 가꾸고 베푼다. 그래서 사랑은 그 종류도 많고 뜻도 오묘해서, 평생 연구해도 실체를 밝히기가 어렵다.

사랑에 빠지면 눈이 먼다고 한다. '눈이 먼다'라는 말은 좋은 뜻, 나쁜 뜻을 다 포함하여 문맥상 의미 이상을 내포한다. 부모의 자식 사랑은 지고하여 견줄 데가 없다. 자식을 위해 전쟁터에서, 지진의 소용돌이에서, 고립무원(孤立無援)의 밀림에서, 화재 현장에서 보인 숭고한 행동과 모습은 가슴을 뭉클하게 한다. 남녀 간의 사랑처럼 아름다운 것도 없다. 순수한 사랑은 영혼을 거룩하게 한다. 천지도 감동하여 울림으로 반응한다. 그러나 사랑이 왜곡되어 상식 이상의 여러 행동과 모습으로 나타나기도 한다. 어떤 경우에는 사랑에 너무 빠져서 이성을 잃기도 한다. 소설과 영화에서도 이러한 장면을 쉽게 만날 수 있다.

그래서 성현들은 사랑의 뜻을 좀 더 크고 넓게 제시하였다. 인(仁)과 충서(忠恕), 대자대비(大慈大悲), 박애(博愛), 무위자연(無爲自然), 사해평등(四海平等)은 모두 사랑을 뜻하는 말이다. 세상만사가 다 사랑이다. 세상에 존재하는 그 모두가 사랑이다. 그래서 퍼시 셸리는 〈사랑의 철학(Love's Philosophy)〉이란 시에서 다음과 같이 사랑을 읊었다.

> 냇물은 강물과 섞여 하나 되고/ 다시 강물은 바다와 하나 되며/ 하늘의 바람은 언제나 달콤한 감정으로 하나가 되네./ 세상에 홀로인 것 하나 없으니/ 만물이 신의 섭리에 따라/ 다른 것들과 섞이게 마련인데/ 내가 그대와 섞이지 못할 이유는 무엇인가.
> 보라, 산은 높은 하늘에 입맞춤하고/ 물결은 서로 껴안은 것을/ 어떤

누이 꽃도 용서받지 못하리라/ 만일 그대 오빠 꽃을 업신여긴다면/ 햇빛은 대지를 포옹하고/ 달빛은 바다에 입맞춤한다/ 이 모든 달콤한 것이 무슨 가치가 있겠는가./ 그대가 내게 입맞춤하지 않는다면.

냇물, 강물, 바다 모두 사랑의 상징이다. 하늘, 바람도 마찬가지다. 냇물은 드넓은 바다로 흘러 들어가 하나가 되고, 바람은 드높은 하늘을 휘저어 감미롭게 하나가 되게 한다. 해와 달은 그 빛으로 대지와 바다를 감싸고 소통한다. 이들 속에 나도 하나의 몫으로 섞이고, 포옹하고, 입맞춤한다. 이렇게 삼라만상이 사랑으로 하나가 된다. 사랑은 **'하나 되기'**이다. 그래서 세상이 아름답다. 이것이 신이 제공한 자연과 우주의 섭리다. 셸리는 이러한 원리를 간파하여 짧은 언어 리듬에 사랑의 가락을 실었다.

그래서 사람은 사랑에 울고 사랑에 웃었다. 울기보다는 웃는 경우가 더 많았다. 사랑은 인간관계의 윤활유, 촉매제, 용해제다. 사랑은 사람이 살아가는 힘이다. 존재의 활력이다. 그래서 예수는 "네 이웃을 네 몸과 같이 사랑하라(마태복음 19:19)."라고 말씀하였다. 서로가 사랑해야만 힘이 솟고 활력이 생긴다. 이 큰 뜻은 서로가 하나 되게 하는 사랑의 최고 경지다.

그런데 사랑은 참음 그 자체다. 좋아도 싫어도 참아야 하는 것이 사랑이다. 참음은 사랑을 북돋고, 통제하고 조절한다. 사랑의 넓이와 깊이도 조절한다. 부모 자식 사랑, 남녀 간의 사랑은 물론 나라 사랑, 자연 사랑, 학문 사랑도 다 마찬가지다. 사랑 속 아름다운 열정, 열기는 참음이 자신을 태우면서 내는 향기 어린 인정(人情)이다. 그래서 사랑이 참음이고 참음이 곧 사랑이다. 그래서 참고 살면 세상이 사랑으로 충만하다.

담쟁이처럼 돌담을 기어오르는 사랑, 칡[갈(葛)]이 나뭇가지, 풀덤불을 휘휘 감는 모습도 다 사랑이다. 앵두처럼 붉은 사랑도 있고, 오디처럼 검붉은 사랑도 눈빛을 머물게 한다. 장미, 국화, 코스모스도 사랑으로 향기를 뿜내며 으스대고, 앵무새, 극락조, 비둘기도 오붓한 사랑으로 언제나 우리 주위를 맴돈다. 모두 자연 속에서 참으며 사랑의 진리를 만끽하는 모습이다. 참음은 사랑을 더욱 숭고하고 아름답게 한다.

성경에서도 사랑(Charity)의 실천 덕목을 구체화하여 사람의 도리와 참음을 강조하였다.

사랑은 오래 참고, 사랑은 온유하며, 투기하는 자가 되지 아니하며, 사랑은 자랑하지 아니하며, 교만하지 아니하며, 무례히 행하지 아니하며, 자기의 유익을 구하지 아니하며, 성내지 아니하며, 악한 것을 생각하지 아니하며, 불의를 기뻐하지 아니하며, 진리와 함께 기뻐하고, 모든 것을 참으며, 모든 것을 믿으며, 모든 것을 바라며, 모든 것을 견디느니라. (고린도전서 13:4~7)

사랑을 참음의 말로 시작해서 참음의 실천으로 끝을 맺으면서 그 뜻을 넓혀 설명했다. 사랑은 오래 참고, 온유, 진리, 믿음, 희망을 추구하며, 시기, 자랑, 교만, 무례, 이익, 성냄, 악행, 불의를 멀리하는 것이라 요약할 수 있다. 그러므로 이 세상이 사랑으로 충만하면 갈등과 불화는 전혀 생겨날 틈이 없다. 그저 기쁨과 행복, 안락과 평화가 온 누리를 살맛 나게 할 뿐이다.

참음은 그대로가 사랑이다. 달콤한 말이나 현학적인 수사가 필요 없다. 참으니까 사랑을 이루고 더 큰 사랑을 기대한다. 작게 참으면 작은 사랑이고, 크게 참으면 큰 사랑이 된다. 작게 참은 춘향과 이몽룡은 작은 사랑을 이루었다. 성현들은 크게 참아서 큰 사랑을 세상에 지폈다. 그 사랑이 지구와 우주를 감싸고 하나 되게 한다. 사랑은 잘 보이려고 겉치레하지 않는다. 사랑은 참음과 함께하면 참사랑이다.

참음은 사랑의 선순환이다. 어긋나거나 좀 못된 짓을 한 손주를 할머니는 '이 잘생긴 놈', '이 크게 될 놈' 하며 궁둥이를 손바닥으로 툭툭 치신다. 다 참음이 사랑의 미학으로 개입된 모습이다. 안된다고 생각하면 어그러져 도망가고, 잘된다고 마음먹으면 여지없이 다가온다. 참음은 사랑하고자 하면 사랑하게 한다. 참음은 사랑을 사랑으로 맺도록 한다. 그것도 작은 사랑 큰 사랑 가리지 않고 그보다 더 큰 사랑으로 보답한다.

참음은 사랑을 예술로 승화한다. 사랑은 아름다움을 창조하고 표현하는 인간의 본능적 예술 활동이다. 참음은 사랑을 예술답게 하여 우리 생활을 더욱 아름답게 한다. 참음은 온 세상을 사랑의 예술로 뒤덮는다. 그래서 예술 속에 참음이 보이지 않으면 무미건조하다. 고통을 참아내며 사랑을 예술로 빚어낼 수 있으니, 이보다 더 살기 좋은 세상이 어디 있으랴.

참음은 사랑으로 세상을 뒤덮는다. 참음이 있어 사랑이 돋보이고, 사랑이 있어 참음이 제구실을 한다. 우리는 모두 참음을 사랑의 미학으로 창조하는 예술가다. 어찌 우리 인생을 아름다운 예술 작품으로 완성하지 않으랴! 참음은 거칠고 억세고 강철같은 딱딱한 존재가 아니다. 온 세상을 사랑으로 따스하게 뒤덮고 감싸는 비단같이 부드러운 존재다.

참음은 사랑이 저 멀리서 맴도는 것을 끌어당겨, 항상 우리 곁에서 지극히 겸손하고 다정하게 머물게 한다. 그리하여 우리는 사랑으로 온 세상을 예술 작품으로 뒤덮을 수 있다. 참으면 세상이 사랑으로 충만하다. 이 얼마나 즐겁고 살맛 나는 세상인가.

참아야 만복이 찾아온다.

'웃으면 복이 온다.'라는 일상 하는 말이 있다. '웃는 집안에 많은 복이 찾아온다'라는 소문만복래(笑門萬福來)라는 말과 뜻이 같다. 삶에서 복을 누리는 조건 중 하나로, 일상에서 늘 웃으며 살아야만 한다는 당위를 강조한 말이다. 그러나 이를 그대로 실천하기란 쉽지 않다. 그래서 웃음에는 그 종류도 많다. 너털웃음, 눈웃음, 코웃음도 있고 박장대소(拍掌大笑), 염화미소(拈花微笑)도 있다. 비웃음, 쓴웃음, 냉소(冷笑), 조소(嘲笑) 등 부정적인 웃음도 있다. 하얀 웃음, 빨간 웃음, 새파란 웃음 등 웃음에 색깔을 입히기도 한다.

또 웃음은 소리와 함께 얼굴에 표정으로 나타난다. 마찬가지로 얼굴에는 개인적 삶의 모습이 그대로 투영된다. 그래서 얼굴을 보면 어느 정도 그 사람이 살아온 삶의 여정을 알 수 있다고 한다. 많이 웃으며 살면 얼굴이 환해지고, 많이 찡그리고 속상해하면 얼굴이 그렇게 된다는 말이다. '한번 웃으면 젊어지고 한번 화내면 늙어진다[일소일소 일로일로(一笑一少 一怒一老)].'라는 말과도 통한다. 그러므로 얼굴에 표정 관리는 삶의 모습을 다듬는 것과 같이 매우 중요하다.

사람은 누구나 웃으며 살고 싶어 한다. 그런데 항상 웃으며 살려고 해도 그렇게 되지 않는 것이 인생이라고 했던가. 이는 틀리지 않는 말이다. 따라서 웃으며 살려고 바쁘게 움직이고 부단히 노력해야 한다. 이 세상에서 노력하지 않고 거저 이루어지는 것이 하나도 없다. 음식도 숟갈로 떠서 입으로 넣어야만 맛을 알고 몸에 좋지 않은가. 눈을 비비고 쌍심지에 불 켜는 듯해야 세상만사 돌아가는 모습이 잘 보인다. 조그마한 일도 이럴진대, 더 크게 성취하려면 더 크게 참으며 노력해야 한다.

웃으며 행복하게 살려면 반드시 참고, 참아야 한다. 자연스러운 웃음도 있지만, 참음이 한순간 웃음으로 터져 나오는 경우가 더 많다. 참아야 웃을 거리가 생긴다. 참아야 만복이 저절로 찾아온다. 그런데 보통은 참는 미덕을 잊고 산다. 그래서 의도적으로 참음을 미덕으로 실천하면서 살아야 한다.

옛날 어른들이 들려준 복에 얽힌 재미난 이야기가 있다.

며느리가 시어머니를 잘 모시고 사는 집안이 있었다. 며느리가 시집 오면서 살림도 늘고 가정이 더욱 화목해졌다. 시어머니와 며느리 갈등은 전혀 찾아볼 수 없다. 어느 날 살코기와 비곗덩어리가 섞인 돼지고깃국을 끓이는데, 시어머니가 솥뚜껑을 열어보니 비곗덩어리에 '복(福)' 자가 쓰여 둥둥 떠다녔다. 그래서 며느리한테 오늘은 내가 비계만 먹고 싶으니 그것만 상에 올리라고 신신당부했다.

막상 밥상을 차려와 국그릇을 열어보니 살코기만 가득하고 복 자가 쓰여 있는 비곗덩어리는 하나도 보이지 않았다. 며느리를 꾸짖으며 자초지종(自初至終)을 물어보니, "어떻게 비곗덩어리를 어머님께 드릴 수 있겠습니까? 제가 다 건져 먹었습니다."라고 대답했다. '며느리 복은 내가 억지로 빼앗을 수 없구나.' 시어머니는 이렇게 마음속으로 생각했다.

참고 지내며 시어머니를 정성껏 봉양하는 며느리 마음을 하늘은 무심하지 않았다. 참으며 성의로 모신 효도가 복을 끌어안은 것이다. 복은 자기가 짓는다고 한다. 그래서 '복 많이 받으세요'라 하기보다는 '복 많이 지으세요.'라고 덕담하는 사람도 있다. 어찌 보면 복은 자기가 짓는지도 모른다. 이러한 사례가 우리 주위에 너무나 많다.

복을 특정한 개념으로 생각하면 복이 되는 것이 하나도 없다. 복은 여기저기 널려 있고, 내가 손닿으려면 언제다 손에 잡을 수 있는 그런 복을 생각해야 한다. '만복(萬福)'이란 말의 뜻도 여기에서 벗어나지 않는다. 만복은 '많은 복[다복(多福)]'이면서 '만족하는 복'이다. 억만장자도 단돈 '백 원'을 만족한 데서부터 시작했다. 백 원의 만족을 하찮고 가볍게 여기지 않아서 거부가 되었다. 이점을 하늘이 높게 사서 도와주었다고 생각한다. 그러니 적게 가졌다고 열등하고 슬퍼할 일도, 많게 가졌다고 기뻐하고 뽐낼 일도 아니다. 그저 만족하면 만복이다. 여기에는 참는 마음이 필수적이다. 참아야 만복이 손짓한다.

이 세상에서 만족할 줄 알면 모두 성공한 사람이다. 부자건 그렇지 않건, 지위가 높고 낮건 간에 다 성공한 사람이다. 참으면서 보고 듣고 말하고, 냄새 맡고 느끼고 마음 쓸 수 있다면 말이다. 그런데 "비극은 비교하는 데서부터 찾아온다."라는 말이 있다. 모두 다 그런 것은 아니지만, 비교는 상대적 열등감이나 반대로 우월감을 자아낸다. 생활에서는 우월감보다는 열등감의 힘이 센 편이어서, 개인이나 사회적 문제를 일으키기도 한다. 사람의 만족에는 끝이 없어서이다. 그래서 노자는 '만족할 줄 알면 욕을 당하지 않고, 멈출 줄 알면 위태롭지 않고 오래 보존할 수 있다[지족불욕 지지불태 가이장구(知足不辱 知止不殆 可以長久)](『노자』 44장).'라고 하였다.

부단히 참고 참아내려면 항상 움직이고 머리를 잘 써야 한다. 손발을 묶고 아무 생각도 하지 않는 사람은 죽은 사람이다. 만복은 손과 발을 움직이는 사람 곁에 항상 머물러 있다. 그러면 손발은 복을 끌어안고, 내 것으로 만든다. 노력하여 얻은 것, 가치창조로 이어진 것, 즉 움직여 얻은 것은 모두 만복이다. 다 참고 참아냄이 가져다준 복이다. 그래서 그 복이 만복이 되고 값지고 영원하다.

참아야 세월이 도와준다.

세월은 사람을 속이지 않는다. '세월을 만나다.'라고 좋아하기도 하고, '세월없다'라 하여 좀 원망스럽게 말하기도 한다. '세월이 약이다.'라 하여 참고 기다리면 고통을 잊게 하기도 하고, '세월이 좀먹는다.'라고 시간이 더디게 감을 한탄하기도 한다. 세월은 늘 우리 곁에서 마음의 위안이 되어 돕기도 하고, 무정하고 매섭게 다가와 원망의 대상이 되기도 한다. 그러나 세월을 언제나 열심히 참고 살아가는 사람 편에 서서 웃으며 손짓한다.

영화 〈워낭소리〉, 〈집으로〉 주인공의 모습은 참음의 표상이다. 얼굴에, 옷자락에, 거룩하리만큼 느린 걸음에 어려움을 참고 물리치며 살아온 숭고한 인생의 여정, 삶의 진실한 모습을 그대로 간직하고 있다.

〈워낭소리〉 어르신은 40년을 함께한 누런 황소를 몰며 쟁기로 밭을 간다. 황소도, 쟁기도, 어르신도 밭고랑을 따라 앞으로 나아간다. 이 고랑은 삶의 길이며 모습이다. 밭고랑을 만들며, 또 만들어진 밭고랑을 뒤로하면서 황소는 뚜벅뚜벅 앞으로 나아간다. 황소는 삶을 이끌어 주고, 쟁기는 삶을 개척하고 자취를 남기며, 어르신은 황소 고삐와 쟁기 날을 조정하며 삶의 방향이 제대로 가도록 조정한다. 뚜벅뚜벅 걷는 황소도, 흙을 쌕쌕 가로지르는 쟁기도, 어정어정 그러나 오롯이 고랑을 밟고 뒤따르는 어르신도 낭랑한 워낭소리에 하나가 된다. 워낭소리는 삶의 응어리로 은은한 듯, 소란스러운 듯하며 멀리 퍼진다.

〈집으로〉 주인공은 말을 못 하고, 글에 자유롭지 못하면서도 자연 속에서 자연인으로, 어느 기간은 홀로 세상을 살아왔다. 막 찾아온 손주는 대처에서 현대 문명에 익숙한 이방인이다. 쓰러질 듯한 오두막집은 어르신에게는 안식처지만, 손주에게는 불편한 공간에 불과하다. 횡횡 도는 선풍기 바람보다 부채 바람이 더 시원한 줄을 손주는 모른다. 손주의 불만스러운 모습과 행동을 더욱 깊은 사랑으로 감싼다. 댓돌 앞에 떨어지는 낙숫물 소리는 어르신의 자장가요 손주 사랑의 메아리다. 그러나 손주는 눈물을 간직한 채 대처로 되돌아간다. 할머니의 사랑과 정을 듬뿍 담아서…. 옛것이 새로운 것으로 자리를 물려 주는 듯한 느낌에 좀 씁쓸해도, 젖어 드는 메시지 감흥은 애잔하다.

여기에서 강조하고 싶은 것은 어르신들 얼굴과 모습에 그동안 겪은 풍상을 고스란히 간직하고, 꿋꿋하게 묵묵히 살아온 참다운 생활상이다. 자연과 벗하는 생활 속에서 그동안 어려움과 고통을 참으며 살아온 힘이 거룩한 모습을 지니게 했다. 어려움을 참고 견디면 거친 세월도 여기에 순화되는 법이다. 참음의 모습, 세월을 견디는 숭고한 가르침을 어르신들의 허리 구부러진 모습과 발걸음에서 찾을 수 있다. 세월은 어르신들에게 무심하지 않았다. 부귀나 영화(榮華)보다도 더 값진 선물을 주름살과 발걸음에 녹여드렸다.

푸시킨은 〈삶이 그대를 속일지라도〉 시에서 이렇게 읊었다.

> 삶이 그대를 속일지라도/ 슬퍼하거나 노여워하지 말라/ 슬픈 날을 참고 견디면/ 기쁨의 날이 반드시 찾아오리니.
> 마음은 미래를 산다/ 현재는 한없이 슬픈 것/ 모든 것은 순식간에 날아간다/ 지나간 것 모두 그리움 되리니.

평이(平易)한 언어의 나열로 마음의 풍금을 자극하는 시적 공명이 살포시 다가온다. 푸시킨은 오늘의 삶이 그대를 속일지라도 내일이라는 기약이 있으니, 이 슬픔을 참고 견디면 기쁨이 찾아온다고 하였다. 속임, 슬픔, 분노가 찾아와 삶의 주체를 속인다는 문학적 발상이, 이어지는 '참고 견디면'이란 언어의 뜻을 매우 선명하게 한다. 우리 '마음은 언제나 미래에 사는 것', '고통과 슬픔은 끝이 있는 법'이기 때문이다.

'삶이 그대를 속인다.'라는 말은 '무심한 세월이 나를 희롱한다.'라는 말과 통한다. 이들 '삶'과 '세월'이란 말에는 부정적인 뜻이 강하여, 고달픈 삶을 탓하고 무정한 세월을 원망하게 된다. 그런데 이들 말을 곱씹어 보면 오히려 긍정적인 면이 더 강하게 드러난다. '세월이 약이다.', '세월을 만나다.'에서처럼 마음 상하고 애통하던 일도 시간이 지나면 잊어버리고 기쁨이 찾아오기 마련이다.

　이렇다면, 삶과 세월이 속이고 희롱하고, 약이 되고 좋게 만나는 것은 나에게 달렸다. 참고 견뎌내느냐, 그렇지 못하느냐에 따라 상황이 달라진다. 고통을 참고 어려움을 견디면, 오히려 세월이 도와준다는 말과 통한다. 그렇지 못하면 삶과 세월도 나를 속이고 희롱한다. 참고 견디며 스스로 돕는 자를 세월은 도와준다. 결국, 참음은 스스로 돕는 길이고, 세월이 돕도록 문을 열어준다. 슬픔과 고통은 일시적이다. 이를 참아내면 즐거움과 행운이 저절로 찾아온다. 행운은 쫓을수록 도망가는 것이 아니다. 언제나 붙잡으라고 미소 짓고 손짓한다. 이러한 아주 평범한 진리를 모르고 지내는 사람이 너무 많다.

　자연환경이 열악한 곳에서 자라는 나무가 장수한다. 나무도 물이 부족하거나 비바람이 드세면 이에 대응하는 저항력을 더욱 단단히 쌓는다. 외부로부터 가해지는 고통을 견뎌내려는 자생력이 오래 사는 방법을 여러 가지로 모색하게 한다. 뿌리를 땅속으로 더 깊숙하게 뻗거나, 심지어 하늘에 노출하여 비나 이슬 등 자연 습기도 빨아들이려 한다. 성장 속도를 아주 느리게 하여 영양분의 소비를 아주 극소수로 한다. 그래서 나이테 구분도 어렵다. 나뭇가지나 잎의 양도 적당히 조절한다. 다 나무가 환경을 참아내는 모습이다. 이를 뒤집어 생각하면, 환경과 세월이 나무의 장수를 오히려 도운 셈이다. 나무도 이러할진대 우리 인간에서야 말할 것도 없다.

　세월을 잘 참고 견디면 오래 살 수 있다. 즉, 오래 산다는 것[장수(長壽)]은 오복의 하나로 인간의 기본적인 욕망이다. 참으면 고통을 물리치고 정신을 맑게 하고, 지혜의 칼을 무디고 녹슬게 하는 분노를 사라지게 한다. 그래서 오래 산다. 결국, 참아 견디며 오래 사는 것은 세월이 도와주어서이다. '참아야 세월이 도와준다.'라는 뜻은 열려 있는 넓은 의미의 말이다. '장수한다'라는 한마디 단어로 이 뜻을 대신해 본 것이다.

세월은 참는 사람을 도와준다. 눈에 보이게, 보이지 않게 도와준다. 크고 작게, 어떤 때에는 눈이 휘둥그러지게, 입이 딱 벌어지게 도와준다. 이를 감사히 정중하게 받아야 한다. 이것이 참음을 인격으로 대하는 태도이다. 참음을 인격으로 대하면, 세월은 항상 즐거움을 가져다준다.

참아야 사람답게 산다.

오래 살아도 사람답게 살아야 한다. 사람은 그저 밥 먹고 배우고, 가정을 이뤄 자식 낳고 살아간다고 잘 사는 것은 아니다. 가치 있게, 사람답게 살아야 진정한 삶이 된다. 그렇다고 '사람답다', '사람답게 산다'라는 말은 그리 쉽게 정리될 성질의 것도 아니다. 이는 '사람이면 다 사람이냐, 사람다워야 사람이다.'라는 명제와 연결된다.

라 퐁텐 우화에 〈죽음의 신과 나무꾼〉 이야기가 나온다.

산더미 같은 나뭇가지를 짊어진 한 가난한 나무꾼이 세월과 장작더미의 무거운 짐에 짓눌려 신음하며, 등이 휘어져 무겁고 느린 걸음으로 연기 나는 자신의 작은 초가집을 향해 걸어가고 있었다. 그러다 마침내 더이상의 힘겨움과 고통을 견딜 수 없어서 그는 무거운 짐을 내려놓으며,

자신의 불행을 생각했다.

　세상에 태어난 이후 지금까지 즐거움을 맛본 적이 있었던가? 이 지구 상에서 자신보다 더 불쌍한 사람이 있을까? 먹을 것이 없었던 적도 있었고, 휴식이라고는 누려본 적도 없었다. 아내, 자녀, 군인 등, 세금, 빚쟁이, 힘든 노동은 그를 불행한 자의 완벽한 본보기로 만들었다. 그는 죽음의 신을 불렀다. 죽음의 신은 즉시 나타나, 그에게 무엇을 원하는지를 물었다. 그가 대답했다. "내가 이 나뭇가지를 다시 짊어질 수 있도록 도와주시오. 그러면 내가 곧 만날 수 있을 것이오."

　전문을 인용해 본 이유는 우화가 지닌 본뜻을 실감 나게 전달하고 음미해 보기 위해서다. 라 퐁텐은 "죽음의 신은 모든 것을 치유하러 온다. 그러나 우리가 먼저 죽음의 신을 찾아서는 안 된다. 죽는 것보다는 고통을 견뎌 내는 것이 더 인간다운 일이다."라고 결론한다. 막상 죽음의 신이 나타나자 목숨을 빨리 가져가라고 외치지 않고, 나뭇가지를 다시 짊어질 수 있도록 도와 달라고 애걸한다. 죽음보다 삶의 고통을 견뎌내는 것이 더 낫기 때문이다. 죽음은 되 물릴 수 없고 그만이지만, 고통은 극복하면 다음 세상이 펼쳐진다. 죽음은 이 세상에서 저세상으로 자리를 옮겨 차원을 달리하지만, 고통은 지금 여기 이 자리에서 희망을 되찾으면 된다. 이것이 사람답게 사는 첫걸음이다.

　'사람이 사람답게 산다.'라는 명제는 거창하고 어려운 것이 아니다. 참으며 사는 모습이 바로 사람답게 사는 명목(名目)이다. 그래서 먼저, 내가 살아 있음을 증명하고 과시하면서 살아야 한다. 너무나 익숙한 '존재 확인'이란 말과 통한다. 우리말 '품을 갚다/앗다/팔다.'라는 관용구와 '힘 드는 일을 서로 거들어 품을 지고 갚고 하는 일'이란 '품앗이' 말이 있다. 품앗이는 존재 확인의 첫걸음이다. 뽐내고 자랑하기보다 말품으로 칭찬, 위로하고, 손품으로 안부를 묻고 감싸주며, 발품으로 직접 찾아가 인정을 베푸는 존재 확인 말이다.

일상에서 살아가는 모습이 모두 존재 확인이다. 가족의 일원으로서 웃으며 손길을 스치고, 누구나 만나면 서로 눈을 마주치며 정을 나누고, 서로 의기에 차서 와자지껄 떠드는 것도 삶을 확인하는 모습이다. 공부하면서 책장 넘기는 소리, 일에 열중하여 컴퓨터 자판 두드리는 소리, 버스나 전철을 타면서 서로 밀치는 열정도, 굿거리장단에 맞춰 노인네 어설프게 춤추는 모습도 나와 네가 살아 있음을 과시하는 소리다. 부자가 되고, 명예를 거머쥐고, 남한테 후하게 대접받으며 으스대는 것만이 존재 확인 방법이 아니다. 남이 알아주지 않아도 정직하고 성실하게 만족하며 살아가면 모두 진정한 존재 확인 방법이다.

사람답게 사는 법은 먼저 자기가 사람다워져야 한다. 그리고 난 다음 자기 밖의 문제에 관심을 기울여야 한다. 그래서 뭇 성현은 사람답게 사는 여러 방도를 제시하였다. 이분들의 공통점은 사람은 관계 속에서 자기 본분을 다하며 살아야 한다는 것이고, 그래서 이분들의 삶이 그러했다. 그러하기 위해서 고통을 참아내며 많은 사람의 눈총과 멸시를 감내하고 목숨까지 바쳤다.

사람답게 살려면 자기가 주체가 되어 살아야 한다. 모든 일의 결과를 나의 책임하에 두어야 한다. '잘되면 내 탓이고, 못되면 조상 탓이다.'란 말이 있다. 남의 탓과 핑계는 사회악이다. 그래서 **'내 탓이요.'**라는 말을 강조한 적도 있다. 주위 환경에 쉽게 휘둘리고, 남 탓만 찾다 보면, 이루고 싶어도 되는 일이 하나도 없다. 하늘은 스스로 행하고 책임질 줄 아는 자를 돕는다고 하였다. 내가 책임지고 내가 감내하는 생활 태도이다. 이것이 하늘이 정한 이치로, 이를 거슬리면 고통만 찾아올 뿐이다.

'우리'라는 공동체 속에서 나를 확인하며 살아야 한다. 초등 1학년 국어책에 나-너-우리-가족, 그리고 사회-나라를 언어 습득 첫걸음으로 가르치는 이유가 여기에 있다. 독방에서 자기가 아무리 잘나고 똑똑하다고 해봐야 아무 소용이 없다. 같이 생활하면서 서로 인정을 받고 인정해 주어야 한다. 그래서 생활에 나도, 너도, 우리 모두 참음이 필요하다. 참음도 나눠 가질 수 있고, 그래서 고통도 덩달아 가벼워진다.

자기 위치에서 자기 할 일을 다 해내며 살아야 한다. 자기 본분을 지키지 못하고, 자기가 맡은 일을 하지 못하면 사회가 유지되고 발전하지 못한다. 우리는 사회 구성원으로서 자기가 맡은 책임을 하나 이상 가지고 있다. 그래서 해야 할 임무를 해내지 못하면 사회가 모순덩어리로 뒤엉킨다. 다음과 같은 일화는 시사하는 바가 크다.

옛날에는 원님 사또가 부임지로 삼현육각(三絃六角)을 앞세우고 마을 앞을 지나가는 경우가 많았다. 그러면 마을 사람들은 마을 입구에 놓인 커다란 독항아리에 술 등 마실 것을 가득 채워 놓아, 한양에서 내려오는 지친 발걸음을 녹여 주었다. 어느 날 원님 일행이 항아리 뚜껑을 열어 보니 독항아리가 텅텅 비어 있었다. 마을 사람은 깜짝 놀라지 않을 수 없었다. 그동안 집집이 자진해서 항아리를 가득 채웠는데, 그날은 내가 한 번 걸러도 다른 사람이 채우겠지 하며 다음으로 미뤘다. 그런데 모든 사람이 그렇게 똑같이 생각해, 그날따라 항아리에 술 등 마실 것을 갖다 부은 사람이 한 사람도 없었다.

'나 하나쯤이야'란 생각은 금물이다. 자기를 망치고 사회를 망친다. 여기에도 자기 할 일을 다 하는 참음이 필요하다. 항상 한결같이 행동하는 참음 말이다. 이 참는 힘이 사람답게 살게 하고, 함께 모여 사회를 건실하게 유지한다.

사람답게 사는 법 몇 가지 예를 들어보았다. 이 모두 참음이 무엇인지 알고 참음을 기르며, 참음을 활용하고 사는 방도이다. 어찌 참고 살지 않을 수 있으랴! 참음을 알고 참음으로 무장하고, 참음을 잘 이용하면 멋있게 살아갈 수 있다. 참고 살면 인생은 언제나 내 것이지 남의 것이 아니다. 그래서 무엇이든지 참아내면 인생은 언제나 기쁘고 즐겁다.

3.
참아내니
인생이 아름답다

어미 청둥오리가 새끼를 거느리고 나들이 산책을 한다. 새끼들이 어미를 졸졸 따라다니며 풀 섶에서 무언가를 쪼아 먹는다. 어미는 머리를 좀 들어 대견하다는 듯 새끼들을 바라본다. 어미가 물속으로 들어가니 두 줄로 맞추어 뒤를 따라 움직이는 가족 행진이 너무 아름다워, 저 멀리 사라질 때까지 눈을 떼지 않았다.

이러한 모습은 우리 인간에게는 인정과 사랑이 넘쳐 더욱 아름답다. 정다운 말이 오가며 눈빛이 마주치고, 해맑게 웃으며 고개를 끄덕이고 살아간다. 서로 부딪치고 밀어주면서 참을 줄 알고 참아내면서 살아간다. 그래서 인생은 아름답다. 아름다운 인생은 내가, 우리 모두 같이 만든다.

참으면 모두가 손짓한다.

《참으면 삶이 진실해진다》

생활에 필요한 덕목이 다 중요하지만, 이 중에서 '참[진(眞)]', '참되다'란 말은 인류가 살아가는데 필요한 공통의 요강(要綱)이다. '진실', '올바름'이란 뜻이다. '거짓이 아님', '진짜', 더 넓게는 '정말', '정직', '믿음'과도 통한다. 참아야 하는 순간순간 참지 못하면 과장과 왜곡, 더 나아가면 거짓말로 이어지기가 쉽다. 바늘 도둑이 소도둑 되듯 작은 거짓이 큰 거짓이 된다. 참음은 아예 거짓의 새싹이 돋아나지 않게 한다. 참으면 사람이 참되고 진실해진다는 말이다.

지금은 경제 발전과 함께 행정복합 도시로 그 아름다움과 위용을 과시하지만, 옛날에는 바로 그 자리 금강 변에 예비 사단 신병 훈련소가 자리하고 있었다.

70년대 초, 대학교 2학년을 마치고, 목적하는 뜻이 있어 국가의 부름에 바로 임했다. 당시 중대장은 훈병 스스로 훈련에 참여하도록 민주적 분위기를 조성한 시대를 앞서가는 분이었다. 한데 훈련 초 사단 검열에서 도수체조(徒手體操) 숙련이 미진하다고 재검정 판정을 받았다. 당시 훈병들은 그 민주성을 따라가지 못했다. 그날 저녁 은은한 달밤 아래에서 철모를 쓰고, 배낭을 둘러메고 무거운 총을 들고, 금강 모래 밭에서 정신 훈련을 받았다. 낮은 포복, 높은 포복, 일어서, 앉아 등 구령과 함께 얼마간 시간이 흘렀다.

투철한 군인 정신 덕분인지 몰랐다가, 잠자리에 들 때에서야 팔꿈치와 정강이에 쓰라림을 느꼈다. 상처 딱지를 훈련 마칠 때까지 고귀한 훈장으로 달고 있어야 했다. 훈련 동료가 "바보스럽긴, 밤중에 누가 본다고 그래. 하는 체만 하지, 제대로 하니까 상처가 날 수밖에 없지."라고 하는 말이 지금에도 되살아난다. 그때는 68년 1.21사태 이후 남북 대결이 극에 달해 군기가 엄한 시절이었다. 좀 멋쩍은 일이지만 일생에서 더없이 좋은 체험이 되었다. 그래서 교단에 서서도 '진실'과 '정직'을 기회 있을 때마다 강조했다.

자랑거리라고 할 수 없지만, 지금까지 진실하고 정직하게 살아온 한 사례를 들어본 것이다. 지금은 진실하지 못하면 사회적으로 매장되는 시대다. 그런데 어느 때에는 정직하면 손해를 본다는 생각이 만연하기도 했다. 사회나 국가가 경제 발전에 몰두하느라 스스로 정화하지 못한 시기였다. 앞으로는 진실하고 정직한 사람이 사회 중추로서 인정받고, 세상을 움직였으면 하는 소망이다.

『50가지 재미있는 이야기』〈조지 워싱턴과 도끼〉에 워싱턴 어린 시절 이야기가 나온다. 워싱턴은 아버지가 번쩍거리는 새 도끼를 한 자루 주자, 호기심에 정원으로 달려가 어린 벚나무를 찍어 넘어뜨렸다. 그런데 그 벚나무는 나라에 한 그루밖에 없는 비싼 나무여서, 밖에서 돌아온 아버지는 화가 잔뜩 나 누가 잘랐느냐고 소리쳤다. 그러자 워싱턴은 자기가 베었다고 정직하게 말했다. 그러자 아버지는 "네가 거짓말을 한 번 하느니, 차라리 벚나무 열 그루를 잃어버리는 편이 내게는 낫단다." 하며 워싱턴을 두 팔로 껴안아 주었다.

널리 알려진 일화로, 그 아버지에 그 아들이다. 워싱턴은 건국의 아버지로서 헌법 규정을 지켜 3번 연임을 거부하고 평민으로 돌아갔다. 미국이 정직하고 정의가 실현되는 부강한 나라가 된 이유를 여기에서 알 수 있다. 자식을 용서해 줄 아는 아버지의 참을성, 솔직하게 말할 수 있는 아들의 용기와 참아냄이 미국 정신의 바탕이 된 것이다.

개인은 물론 국가와 사회는 더욱 정직해야 한다. 그래야 백성들이 국가를 믿고 따르며, 자신의 본분을 다하고 헌신하지 않을까 한다. 공자는 정치를 "먹을 것을 족하게 하고 군사를 족하게 하면 백성이 믿을 것이다(『논어』안연 7)."라고 하였다. 이 세 가지 요건 중에서 사람은 원래 죽기 마련이므로 식량보다는 백성이 믿고 따름을 최우선으로 쳤다. 백성이 믿고 따르지 않으면 나라가 존립할 수 없기 때문이다.

그런데 나라가 정직해야 백성이 믿는다는 정치 원리는 잘 알면서도, 제대로 실천하기는 어려운 모양이다. 진나라 말기에는 사슴을 말이라고 해도 이를 제대로 바로 잡는 사람이 없었다. 그래서 진나라가 망했다. 이렇게 조정에서조차 한 사람의 말에 휘둘리고 거짓을 바로 잡지 못하니, 진나라는 혼란이 잇따라 필연적으로 망할 수밖에 없었다. 원래 우리는 정직하고, 그 정식을 실천하는 강인한 민족이다. 그래서 오늘의 역사를 이루었다. 걱정할 일을 아니겠지만, 너무 사회 구조가 복잡해지고 인간관계가 무쌍해서 우려는 남아 있다. 그런데 참을 줄 알아야만 개인도 사회도 나라도 정직해진다는 평범한 진리를 깨달아야 한다.

자연은 참음으로 언제나 정직하다. 혹독한 겨울을 참고 견디면 봄은 반드시 찾아온다. 그러면 만물이 소생하고, 자신의 모습을 한껏 뽐내고 자랑한다. 또 시간이 지나면 미련 없이 모든 것을 버리고, 새하얀 눈발을 가지 위에 얹거나 눈꽃 아래로 몸을 감춘다. 대지는 봄을 기다리며 묵묵히 숨을 죽이고 내일을 위해 가다듬는다. "겨울이 오면 봄은 멀지 않으리."라는 셸리의 시구를 아는 듯이 말이다. 다 참음으로 이루는 숭고한 자태다. 이래서 자연은 조화를 이루고 질서정연하게 순환한다. 사람은 이렇게 자연이 순리를 받아들이고 참아내는 정직한 모습을 배워야 한다.

개인, 국가, 자연 모두가 진실하고 정직해야 한다는 점을 생각해 보았다. '정직은 일생의 보배', '정직한 사람의 자식은 굶어 죽지 않는 다.'라는 속담이 있다. 생활이 언제나 정직하고, 정직하게 일을 처리 하면 기쁨과 성공이 찾아오고, 정직한 사람과 집안은 언제나 복이 끊 이지 않는다는 말이다. 그런데 여기에는 필연코 참음이 따른다. 참아 내야 정직하게 된다는 말이다.

정직은 진실의 기반이다. 정직하면 진실해진다. 참아내면 나 자신 의 마음과 삶이 진실해진다. 그러면 국가나 사회도 진실해지고, 살맛 나는 복지 세상이 저절로 이루어진다. 진실하고 살맛 나는 세상은 누 가 만들어 주는 것이 아니다. 참음으로써 내가 만든다. 그래서 더욱 살맛 나는 세상이 된다.

《참으면 세상이 착해진다》

플라톤은 '선(善)의 이데아'를, 맹자는 '성선설(性善說)'을 주장했 다. 구태여 이를 들지 않아도 사람은 원래 선한 존재라는 주장에 반 대할 사람은 없다. 플라톤은 『국가』에서 선의 이데아는 최고의 학문 이라고 했다. 그러면서 빛깔과 시각이 태양과 비슷하지만, 태양 그 자체가 아닌 것처럼, 지식과 진리는 선과 비슷하지만, 그것이 선 그 자체는 아니라고 했다. 맹자는 그의 인간의 착한 성질을 장광설과 논 변으로 증명하려 했다.

원황(袁黃)이 지은 『요범사훈(了凡四訓)』에는 자신이 날마다 착한 일을 목표하는 만큼 달성해서 운명을 바꿨다고 했다. 그리고 이에 해당하는 여러 사람의 행적을 소개하고 있다.[49] 홍수가 지어 강물에 떠 내려오는 사람을 구하고, 죄수를 남달리 도와주고, 죄과가 약한 도적의 목숨을 살려 주며, 가난하고 어려운 사람을 구휼(救恤)하는 등 선행 때문에 본인과 후손이 보응(報應)으로 잘 풀린 사례를 들고 있다. 그는 진짜 선과 가짜 선[진가(眞假)], 단정한 선과 굽은 선[단곡(端曲)], 은밀한 선과 드러난 선[음양(陰陽)] 등 선행의 종류도 세밀하게 구분하였다.

경주에 최씨 부자, 전라도에 고씨 가문, 충청도에 김씨 집안은 좋은 일을 많이 한 것으로 이름이 나 있다. 그래서 부자로서 대를 이어 가문이 융성했다. 외국에서도 마찬가지 사례가 한둘이 아니다. 선행으로 백만장자가 되고 부자로서 좋은 일도 많이 한다. 이로 볼진대 착한 사람이 주인공이 되어 세상을 이끌어감은 틀림없다 하겠다.

그런데 사람의 선한 마음은 주위의 유혹과 도전을 이겨내야 한다. 맹자는 사람이 본래 착하다는 본성을 비유를 들어 설명하면서 이러한 점을 지적했다. 제자 고자(告子)가 사람의 성(性)은 '소용돌이 물'[단수(湍水)]과 같아서 동쪽으로 트면 동쪽으로 흐르고 서쪽으로 트면 서쪽으로 흐르듯, 사람의 선함과 선하지 않은 것도 물의 동서 구분이 없는 것과 같다고 말하자, 맹자는 물에는 실제 동서, 상하 구분이 없는가 반문하고, 사람의 성이 선한 것은 물이 아래로 흐르는 것과 같다고 하며, 다음과 같이 말을 잇는다.

"이제 물을 쳐서 뛰어오르게 하면[박약(搏躍)] 사람의 이마를 넘게 할

---

49 김지수, 『운명을 뛰어넘는 길』(불광출판사, 1997) 『요범사훈』을 번역한 책이다.

수 있고, 밀어서 보내면[격행(激行)] 산에라도 오르게 할 수 있으나, 그것
이 어찌 물의 성이겠는가? 외부의 힘으로 그렇게 하는 것일세. 사람은 선
하지 않은 짓을 하게 만들 수 있는데, 그 성 역시 물의 경우와 같이 외부
의 힘으로 그렇게 되는 걸세." [『맹자』 고자장구(告子章句) 상]

물은 외부의 힘으로 사람도 뛰어넘고 산으로 오르게도 한다. 원래
사람의 성품은 선한데, 선하지 못한 행동을 저지르도록 외부의 힘이
그렇게 만든다는 것이다. 이처럼 선에는 외부의 힘이 언제나 가해지
기 마련이다. 그래서 본성인 착함을 버리고 선하지 않은 방향으로 나
가기 일쑤다.

이와 같은 맹자의 성선설 주장에서 참음과 관련한 부수적 상황을
끌어낼 수 있다. 외부의 힘을 막아내는 내부의 기제가 참음이라 할
수 있다. 선함은 백지처럼 순수해서 주위의 물감이 언제나 스며들려
고 한다. 그래서 선한 본성을 침범하는 고통, 증오, 압박, 분노, 유혹
등을 갖은 수단을 동원하여 물리쳐야 한다. 곧, 참고, 또 참고 견디면
선한 성품을 지켜낼 수 있다.

일상에서 사람은 '선한 나'와 '악한 나'의 갈등 속에서 산다. 조물주
는 언제나 선한 편에 서서 손을 들어 주지만, 악한 '나'가 선한 나를 압
도하는 때도 많이 있다. 외국의 사례지만, 스포츠에서 응원한 팀이 패
하면 이성을 잃고 난동을 부리는 경우를 간혹 본다. 영화나 연극을 관
람하다가 악이 선을 압도하면 분노가 폭발하기도 한다. 실제 미국에
서는 악역을 맡았다가 못된 일을 당한 적도 있다고 한다. 토론 과정에
서 본심을 잃어 볼썽사나운 싸움으로 번지기도 한다. 이 모두가 선과
악, 이성과 감성 대립에서 균형을 잃고 어느 한쪽에 치우치면 일어나

는 행동이다. 참음이 통제력을 상실할 때 생기는 현상이다.

그런데 착함과 악함은 주체인 자기가 좌우한다. 자기가 착해지려고 하면 착해지고 악해지려고 하면 악해진다. 그래서 세상은 여러 사람이 모여 살면서 선과 악이 복잡하게 뒤얽혀 있다. 참음은 이 뒤얽힌 실타래를 풀어 가지런하게 하고 악을 없앤다. 사람은 선함이 본성이요 본질이다. 그래서 물이 아래로 흘러가듯 세상이 진실하고 아름답게 유지된다. 다 참음이 도와주어서 그렇다.

세상은 착한 사람 편에 서 있다. 하늘도 착한 사람을 도와준다. 그래서 '착한 사람 끝은 있어도 악한 사람 끝은 없다.'라는 말도 있다. 『주역』〈문언전(文言傳)〉에도 '선을 쌓는 집안에는 남아도는 경사가 있다[적덕지가 필유여경(積德之家 必有餘慶)].'라고 하였다. 착하고 좋은 일로 세상을 돌보고 봉사하면 부자가 되고 이름이 세상에 회자(膾炙)하는 이유가 여기에 있다.

참음은 선하고 악한 자아의 싸움을 선한 쪽으로 밀어준다. 모든 일에 참을성으로 임하면 갈등이 사라지고 다툼이 일어날 수 없다. 어려움을 참아내면 자신이 착해지고, 덩달아 세상도 착하게 된다. 착한 세상이면 저절로 사람 살맛이 난다.

《참으면 세계가 아름답다》

사람이 사는 세상은 아름다움이 가득한 세계다. 눈으로 보고 귀로 듣고, 입으로 말하고 코로 냄새 맡으며, 만져보는 것 모두 아름답다. 그래서 성현은 이 아름다움에 너무 집착하지 말라고 하였다.

이 아름다움을 **'일반적 아름다움'**과 **'개인적 아름다움'**으로 나눠

보고자 한다. 일반적 아름다움은 대상과 주체 작용을 객관적으로 파악한 아름다움이요, 가시적 아름다움이다. 개인적 아름다움은 주체가 주관적으로 판단하는 특수적 아름다움이요 비가시적이다. 일반적 아름다움은 시간과 공간을 초월하는 통상적 아름다움이요, 개인적 아름다움은 자아를 다른 세계로 인도하여 구축해 보려는 심리적 아름다움이다.

웃음은 사람이 노상 마주치는 일반적 아름다움의 대표이다. 진실과 착함이 어우러진 아름다움이다. 사람은 웃을 때 본연의 모습을 여지없이 드러낸다. 그래서 무지개 같은 희망으로 부풀 듯, 웃을 때처럼 아름다운 모습은 없어 보인다. 초롱초롱한 눈빛에 하얀 이를 살짝 보이며 웃음 짓는 얼굴, 웃으며 기뻐하는 손짓, 몸놀림 모두가 아름답다. 웃음은 상대에게 긍정의 메시지를 보내고 세상을 환하게 밝혀 준다. 웃음이 가득한 사회와 세상은 기쁘고 즐겁고 행복하다. 그래서 웃는 얼굴에 침 뱉는 사람은 없다. 웃음은 세상을 아름답게 한다. 그런데 참음은 늘 웃음을 불러온다. 웃다 보면 참을성이 저절로 생긴다.

개인적 아름다움은 사람만이 가질 수 있는 아름다움이다. 고통을 받아 슬픈 상태에서도 마음으로는 아름답다고 말할 수 있다. 상황을 타개하는 방편으로 받아들이는 자세에 따른 아름다움이다. 그러나 이 경지는 일상에 늘 접하는 아름다움은 아니다. 또 이렇게 되는 경우도 많지 않다. 그렇지만 내적 아름다움은 고도의 심리적, 정신적 작용을 유발하여 세상을 아름다움으로 이끈다. 세상을 아름답게 한다는 점에서는 일반적 아름다움과 그 역할이 똑같다. 다 참음이 개입하여 마음을 움직여서 그렇다. 일상생활에서도 개인적 아름다움을 요구하는 때가 많다.

일반적 아름다움이 대상을 감각적으로 바라보는 경향이라면, 개인적 아름다움은 마음이 상황에 대처하는 방법과 자세 취향이다. 이 세상에서 아름다움을 추구하지 않는 사람은 없다. 사람들은 이러한 아름다움 속에 도취해서 살아간다. 그래서 아름다움은 삶의 목적이요 활력이다. 참음은 이러한 아름다움을 결합하고 조화롭게 한다. 참음은 일반적 아름다움과 개인적 아름다움을 구별하지 않는다. 그리하여 세상을 숭고하게도 우아하게도, 비장하게도, 웃음을 자아내게도 만든다.

다윈은 '자연선택의 작용'을 연구하면서 자연계에 아름다움이 존재하는 원인을 파악해 보려고 하였다. 그는 동물이나 식물이 사람의 미적 감각보다 아름답다는 것을 발견했다.[50]

자웅선택은 매우 화려한 색깔이나 아름다운 모양, 그 밖의 장식이 많은 조류와 나비류, 또는 그 밖의 동물의 수컷에, 또 때에 따라서는 양성에 나타나 있다. 조류에의 자웅선택은 가끔 수컷의 소리가 그 암컷이나 우리의 귀에 음악적으로 들리게 한다.

꽃과 과일에서는, 꽃이 곤충의 눈에 쉽게 띄어 그 방문을 받음으로써 수정하기 위해, 또한 씨앗이 조류에 의해 널리 퍼뜨려지기 위해, 녹색의 잎과 대조되는 화려한 색채로 눈길을 끌고 있다.

다윈은 자연계에서 아름다움이 존재하는 이유를 '자연선택'의 작용으로 파악하여, 어느 정도 이해할 수 있다고 하였다. 그러면서도 '어떤 색채와 소리, 형태가 인간과 그보다 하등 동물에게 쾌감을 주

---

50 다윈, 『종의 기원』 p.463.

게 되었는지', 즉 '어떻게 더욱 단순한 형태의 미적 감각을 처음에 획득하게 되었는지'를, '어떤 향기와 맛이 어떻게 처음에 가장 알맞게 되었는지'를 모르듯이 알 수 없다고 스스로 결론을 내렸다.

과학이 발전하면서 색소분자는 이동 능력이 뛰어난 전자를 지니고 있어, 빛의 입자인 광자를 흡수하고, 어떤 파장이 그 물질에 색깔을 띠게 한다는 것을 발견하였다. 즉, 색소는 생물의 구성요소인 분자 사슬을 만들고 화학반응을 일으켜 생명체를 아름답게 하고, 이는 생명체 생존과 밀접하게 관계한다는 것이다.[51] 이것이 동물의 자태와 식물의 꽃 색깔이 아름다움을 띠는 이유라고 하였다.

동물마다, 식물마다 각기 다른 모습과 색깔로 온 세상을 아름다움으로 펼쳐지게 한다. 신이 인간에게 선물한 최고의 혜택 중 하나이다. 그 속에서 인간은 아름다움을 감상하며 살아가는 특권을 누린다. 수탉이나 장끼, 사자처럼 동물의 수컷은 암컷을 유혹하려고 외관상 암컷보다는 화려하고 아름답다. 식물은 갖가지 화려한 색, 감미로운 향기로 곤충을 유혹한다. 꽃과 열매는 줄기나 잎의 색깔과는 확연히 다르게, 외부에 번쩍 눈에 띄도록 하는 식물의 자태는 생각만 해도 신묘하다. 아름답게 되는 의도성이나 과정은 더 밝혀져야겠지만, 그 때문에 세상은 아름다움으로 뒤덮인다.

생명체의 세계에서만 그런 것이 아니다. 억겁의 세월에서 단련된 조약돌, 바위도 아름답고, 산의 줄기와 봉우리를 형성한 기묘한 암석의 자태도 아름답다. 강줄기와 조화를 이룬 암석층, 계곡의 그림 같

---

51 위베르 레브 외, 『세상에서 가장 아름다운 이야기』(이충호 옮김, 가람기획, 2001) pp.132~133.

은 거대한 기암절벽, 바닷가 주상절리(柱狀節理)도 감탄을 자아내게 아름답다. 석회암 동굴에 펼쳐지는 종유석의 기괴한 파노라마는 신령스러운 아름다움의 경지다.

이 모든 것이 기나긴 세월을 참고 참아낸 아름다움이다. 참으니까 아름다워졌다. 참음은 아름다움을 창조한다. 그 안에서 살아가는 우리 사람의 마음도, 모습도 아름다워진다. 그래서 우리는 아름다움 속에서 영혼을 잠재우고 더욱 행복하다.

참음은 세상의 아름다움을 발견하고 아름답게 여기도록 만든다. 참음은 아름다움을 더 아름답게 한다. 이와 같은 아름다운 세상에서는 어떤 고통이라도 우리를 놀려주고 때리고 파괴할 수 없다. 아름다움은 참음의 힘을 증강하고 고통을 멀리한다. 참아내니 아름다워진다. 그래서 고통은 아름다움 앞에서는 찾을 수가 없다.

아름다움은 진실하고 착함과 밀접하게 관계한다. 진실하고 착함이 아름다움과 하나가 되면, 세상의 뜻과 움직임, 모양새가 달라진다. 참음은 세상을 진실하고, 착하고 아름다움이 하나 되게 한다. 세 가지 덕목이 하나가 될 때 세상은 우리를 사람답게 하고, 또 그렇게 살아가도록 한다.

각 분야에서 사람은 오늘을 참아서 이름을 남겼다. 사람답게 사는 방법을 알아서이다. 그리하여 참되고 착하고 아름다운 세상에 세상살이 주인공이 되었다. 참음으로 이름을 남기려고 하기보다는 세상을 아름답게 살기 위해서이다.

참으면 우주 속의 '나'가 된다.

《자연 속에서 무지개를 꿈꾼다》

요람에서 어머니의 따스한 눈길과 사랑을 듬뿍 받고 자란다. 그리하여 뒤집고, 기고 앉다가 서게 되고, 드디어 걷고 달린다. 유치원, 학교 책가방은 이땐 무겁지 않다. 선생님 말씀도 귓속에 살포시 들어와 자리 잡는다. 주위 모두에서 따사한 온기를 느낀다.

성장하면서 공간적으로 시야가 넓어지고 인간관계가 복잡하다는 것도 조금씩 터득한다. 어느 시기에는 갑자기 호기심이 발발해서, 세상이 신비롭고 야릇한 감정이 온몸을 엄습한다. 이성에 눈이 떠서 첫사랑, 풋사랑도 경험하고, 괜히 부모에게 반항심도 내비쳐 당황하게 한다. 왠지 모르게 세상이 마음에 들지 않는 적도 생긴다. 자신과 충돌하는 모든 감정을 열심히 공부하고 익히는 배움 속에 녹이려고 한다.

독립하여 사회생활을 하면서 뭇 사람을 만나고 일을 처리한다. 다툼과 화해 횟수도 많아지고, 슬픔과 기쁨도 교차한 적이 한두 번이 아니다. 부귀영화가 다 내 것인 양 언제나 가까이서 미소 지어 잡힐 듯하면서 도망간다. 어떤 때에는 세상이 나를 무시하고 놀리는 것 같다. 이러다 갑자기 외로워지고, 주위와 멀어지는 느낌이 엄습한다. 다가서고 친밀했던 것들이 이제는 자꾸 벽을 쌓는 듯하다. 실패의 쓴맛도 경험한다. 그러나 엄밀히 계산해 보면 기쁘고 즐거운 일이 더 많다.

사람마다 모두 같을 길을 답습하는 것은 아니지만, 이것이 인생의 한 줄기요 자기 존재를 파악하고 과시하는 하나의 행로다. 인생의 여정에서 고통과 이를 참아내는 일이 많아지는 과정을 약술해 본 것이다.

이러한 인생의 여정을 우레와 번개라는 일련의 자연 현상에 비유하기도 한다. 인생에서 우레와 번개만 우리 생활 가까이 있는 것이 아니다. 하지만 이를 강조하고 눈여겨보는 것도 필요하다. 먹장구름이 몰려오고 이내 빛이 번쩍하고, 조금 있다가 우렁찬 소리가 천지를 진동한다. 에너지가 방전(放電)하며 내는 빛과 소리다. 실은, 이 빛과 소리는 동시에 번쩍하며 내는 소리인데, 사람에게는 시차를 두고 내는 것처럼 느낀다. 어찌 보면 이러한 시차도 신이 내린 선물이다. 우레와 번개는 비와 바람을 수반하고, 그 끝자락에 무지개가 저 언덕, 산 너머에 뜬다. 그러나 매번 그러한 것은 아니다.

먹장구름은 삶의 어려움이고, 방전은 두려움과 갈등이다. 이어지는 우렛소리와 번개, 비와 바람은 고통이고, 이를 잘 참고 견뎌내면 무지개가 저 멀리서 손짓한다. 무지개는 인생의 희망이다. 궁극으로 지향하는 기쁨과 즐거움, 행복이다. 이렇게 인생은 어려움, 두려움과 갈등, 고통 뒤에 기쁨과 즐거움, 행복이 반드시 찾아온다.

우리 인간은 언제나 무지개를 갈망하고 찾아 헤맨다. 어려서부터 무지개를 좇아 뛰었다. 이 무지개는 나이 들어서까지 가슴을 설레게 한다. 워즈워스는 이러한 인간의 심정을 〈무지개(My Heart Leaps Up)〉란 시에 담았다.

하늘의 무지개 바라보면/ 내 마음 뛰노나니/ 나 어려서 그러하였고/ 어른이 된 지금도 그러하거늘/ 나 늙어서도 그러하리라/ 아니면 이제라도 나의 목숨 거두어 가소서.
어린이는 어른의 아버지/ 원하노니 내 생애의 하루하루가/ 천성의 경건한 마음으로 이어지리다.

무지개는 영원히 우리 마음에 간직하는 미래의 희망이다. 무지개는 지치지 않는 의지와 꿈의 전령으로, 언제나 우리를 들뜨도록 가슴을 쿵쿵 두드린다. 무지개가 뜨면 바라보고 또 바라본다. 선연한 색깔 속에 자신을 붙들어 매고 녹인다. 무지개를 보면 신비에 감싸여서 무엇이 생기고 이루어질 것만 같다. 어린 시절에도 어른이 되어서도 그렇다. 그래서 '어린이는 어른의 아버지'이다. 나이 들어서도 무지개를 좇으라고 가르쳐 주기 때문이다. 무지개는 어린이와 어른을 희망과 믿음이라는 한마음으로 묶는다.

그렇지만 무지개를 찾아 그곳에 도달하는 것에만 그치지 말아야 한다. 반드시 무지개를 감 따듯 움켜 따서 자기 바구니에 담아 소중히 간직해야 한다. 간직하면서 살피고 그 색이 더욱 영롱하게 빛나고 변하지 않도록 아껴야 한다. 이것이 무지개를 희망과 즐거움으로 연결하는 기본 태도이다. 무지개를 고귀하게 여기면서 손발과 몸을 바쁘게 움직여야 무지개도 응답한다. 워즈워스도 이러한 인간의 모습을 시적 자아로 형상화했다.

그런데 무지개는 맑은 하늘에 뜨지 않는다는 사실을 알면서도 잊고 지낸다. 무지개는 우레나 번개 뒤에 비가 내리고, 그 끝자락 저 멀리 높은 하늘에 뜬다. 어떤 때에는 쌍무지개도 뜬다. 저 언덕 너머, 겹겹산을 지나서, 간혹 바다 수평선 위에 뜬다. 그래서 무지개를 잡으려면 저 언덕, 겹겹산을 넘고 바다를 건너야 한다. 참고 견뎌내야 무지개를 자세히, 뚜렷하게 보고 잡을 수 있다.

이처럼 우레와 번개가 지나가는 두려움, 고통을 참아낸 다음에 무지개가 손짓한다. 참음은 언제나 무지개 손짓으로 심장을 고동하여,

어린이와 어른의 마음을 경건하게 연결한다. 오늘이 우레와 번개라면 내일은 무지개다. 참음은 우레/번개와 무지개 사이 거리를 좁힌다. 참음은 무지개를 더욱 선명한 색으로 아름답게 한다. 그러므로 오늘을 참아내면 내일은 자연스럽게 즐겁고 아름다워진다.

고진감래(苦盡甘來) 성어 뜻에서 '고(苦/고통)'는 오늘이요, '감(甘/즐거움)'은 내일이다. 차윤(車胤)은 등잔 기름을 살 돈이 없어, 여름에는 비단 주머니에 반딧불이를 모아 책을 읽었고, 손강(孫康)은 하얀 눈에 반사되는 빛으로 공부했다는 형설지공(螢雪之功) 고사성어가 있다. '형설(螢雪)'은 오늘이요, '성공(成功)'은 내일을 뜻한다.

희망을 품고 세상을 힘차게 살아가는 소리, 열정과 열망의 빛이 먹장구름과 방전, 즉 우렛소리와 번개 빛을 압도해야 한다. 목청이 다하여 소리가 쪼그라들고, 열정이 식어 불빛이 삭아 드는 이유를 제거해야 한다. 참음은 이러한 일에 앞장선다. 오늘의 먹장구름과 방전이 우렛소리와 번개, 비와 바람을 불러와도 내일의 무지개는 항상 하늘에 떠 오른다. 참음이 오늘과 내일을 연결하기 때문이다.

여기서 오늘과 내일은 꼭 하루 사이란 뜻이 아니고 시간상 정감의 거리다. 고통이 즐거움으로 바뀌는 것은 순간일 수도 있고, 아주 먼 거리의 시간일 수도 있다. 참음이 어떠하냐에 따라 시간의 거리가 달라진다. 하지만 참음은 언제나 오늘과 내일의 시간 거리를 단축하려 한다.

참음은 미래에 희망을 지니게 하고 이를 보증한다. 오늘 지금, 이 순간에 참지 못하는 문제는 없다. 참아내는 사람만이 내일이 있다. 고통은 오늘 당장 극복해야 하지 내일로 미룰 일이 아니다. 참음으로 오늘과 내일의 거리를 의도적으로 좁히며 살아야 한다.

내일(來日)은 훈으로 풀이하면 '올날'이다. 15세기에는 '닉실', 16세기에는 '닉일'로 표기하였다가 20세기부터 '내일'로 되었다. 그런데 내일에 해당하는 순 우리 말이 현재 언어생활에서 보이지 않는다.

고려 때 문헌인 손목(孫穆)의 『계림유사(鷄林類事)』에 '명일왈할재(明日曰轄載)'란 설명이 나온다. '할재(轄載)'의 발음을 '하제', '올제', '후제' 등으로 추정하는데, 국어학자는 '轄'의 송나라 때 발음이 '하'였다고 하여, '명일(내일)'의 순 우리 말이 '하제'라고 주장한다(네이버 오픈사전).

'엊그제', '그제', '어제'란 말 다음에 '오늘', 여기에 '(-)', '모레', '글피', '그글피' 등 우리말이 존재하는 일련의 연속에서 '하제'란 말을 일반화하여 일상에서 자주 사용했으면 한다. 언어 존재 관점으로 볼 때 순수 우리말의 사용은 끊어진 시간을 이어주고, 그 우수성을 더더욱 높이기 때문이다. 어쩌면 '하제'라는 순우리말 사용에도 참음이 필요하다.

《밤하늘 별빛은 영혼을 감싼다》

옛날부터 밤하늘에 반짝이는 별은 우리 생활과 매우 밀접했다. 달이 뜨지 않는 날에는 별은 지상과 바다에서 인간을 보호하고 안내하는 역할을 톡톡히 했다. 뭇별이 반짝이는 현란함은 한편의 동화를 만들어 냈다. 특히, 별똥별[유성(流星)]은 그러했다. 그래서 밤하늘을 쳐다보면, 그 현란함 속에 모두 다 동화의 주인공이 되었다.

밤하늘의 별은 어두울수록 더욱 빛난다. 과학적으로는 빛을 스스로 내는 별이 진정한 별이다. 그러나 빛을 반사해서 내는 별도 별이

라 부른다. 별은 '희망', '밤의 눈'이라 하여 길을 안내하고, 변하지
않음을 상징한다. 별은 신의 인도와 호의로 성자의 탄생을 의미한다.
남보다 유별나거나 출세한 사람을 스타라 부른다. 그래서 사람은 별
을 숭상하고, 별이 되려고 고통을 참아내는지도 모른다.

사람에게는 이성과 감성이 존재한다. 그리하여 하나는 이성적 세
계관으로, 또 하나는 감성적 세계관으로 사람을 지배한다. 항상 이
둘은 대척(對蹠) 관계는 아니지만, 서로를 시기하고 상대를 압도하려
는 경향이 농후하다. 그러면서도 서로 도와 조화를 이뤄 사람을 온전
한 인격체로 만든다.

에른스트 페터 피셔는 인간에 내재하는 두 가지 영혼을 다음과 같
이 말했다.[52]

인간의 특징은 가슴 속에 두 가지 영혼이 있다는 점이다. 현대 과학은
이 점을 정교하게 만들었다. 원자를 연구한 최근의 물리학자들은 서로 구
별되어야 하는 두 종류의 사건이 있다는 것을 깨달았다. 즉 한 편에서는
우리가 쉽게 합의할 만한 일이 있다. 예컨대 하늘을 푸르게 물들이는 빛
의 파장이나 한꺼번에 떼지어 날아오르는 새의 숫자 같은 것이다. 하지만
다른 한 편에는 인간적 요소가 중요한 일들이 있다. 지중해의 멋진 푸른
하늘에 대한 기억, 커다란 무리로 날아오르는 새들과 연관된 감각 경험
같은 것이다.

이 두 가지 중 하나는 과학적 공간에서 펼쳐지는 이성적, 객관적
영혼이요, 다른 하나는 예술적 공간에서 연출하는 감성적, 주관적 영

---

52 에른스트 페터 피셔, 앞의 책, p.33.

혼이라 말하고 싶다. 하늘이 푸르게 보이는 이유, 그 하늘에 날아다니는 새의 숫자는 과학적 영혼이요, 지중해의 멋지게 푸르고 아름다운 하늘, 그 하늘에 새가 무리 지어 날아오르는 심리적 감흥은 문학적 영혼이다.

이러한 관점에서 밤하늘은 우리에게 크게 두 가지를 가르쳐 준다. 하나는 **'우주의 질서'**요, 다른 하나는 그 질서 속에 **'연출하는 연극'**이다. 그런데 사람에게는 과학과 예술이 동시에 존재한다. 하나는 우주의 신비에 분석적으로 몰입하는 것이고, 또 하나는 그 신비 속에 동화의 주인공이 되는 것이다.

우리가 사물의 존재를 인식하고 본다는 것은, 태양 빛이 물체에 반사되어 되돌아오는 빛을 눈동자가 받아들여 알아챘다는 뜻이다. 빛의 속도가 30만㎞이므로 태양 빛은 8분 20초 걸려 지구에 도달한다. 직녀성은 약 8광년, 안드로메다은하는 200만 광년 걸린다. 오늘날 망원경으로는 120억 광년 떨어진, 수수께끼의 천체라 불리는 퀘이사(Quasar)도 관측할 수 있게 되었다.[53]

밤하늘의 어둠은 우주가 팽창하고 별들이 진화하는 간접적 증거라고 한다. 어쨌든, 밤하늘에는 수많은 별이 반짝인다. 그런데 그 별빛이 인간 눈에 들어오는 시간은 모두 다르다. 태양은 8분 20초 전, 안드로메다는 200만 년 전 모습이다. 퀘이사는 지금은 사라진 천체일 수도 있다. 그런데 우리 눈에는 지금도 남아 있는 존재다. 우리 동공에 비친 밤하늘 영상은 지금이라는 동시적 존재이지만, 실은 각각 다른 시간에 존재하는 빛의 향연이다. 우주의 질서와 연극을 구별하

---

53 위베르 레브 외, 앞의 책, pp.38~39.

지 못해서 같다고 생각한다. 과학을 개입하면 그들은 별개로 존재하지만, 감각적으로는 동시에 존재한다.

캄캄한 밤하늘은 이들의 구별을 용납하지 않는다. 밤하늘은 뭇별이 합창하게 하고, 인간의 영혼이 둘로 쪼개지는 것을 방지한다. 그래서 밤하늘은 더욱 아름다움과 신비를 더하고 동경의 대상이 된다. 사람은 낮도 좋아하지만, 휴식의 시간으로 밤도 좋아한다. 특별히 어느 시기에는 감상적으로 밤을 더 좋아하게 된다. 어둠은 다르게 구별되는 존재를 같은 존재로 탈바꿈하여 안정과 평화를 불러온다. 또 인간은 그렇게 존재하는 것으로만 생각하려 한다.

여기에 맑디맑은 밤하늘에 별똥별을 목격하게 되면 야릇한 감흥이 솟구친다. 지상에서는 개똥벌레가 반짝이고, 하늘에서는 뭇별이 영롱하게 빛을 내며 서로 자기 존재를 과시한다. 이를 배경으로 별똥별은 하나의 장엄한 우주 쇼를 연출한다. 사람은 그 장엄한 광경에서 지워지지 않는 멋진 추억을 가슴속에 영원히 간직한다.

별똥별은 스스로 빛을 내지 않으므로 진정한 별은 아니다. 주로 철과 니켈 성분이 대기권에 들어서면서 타는 빛이 장관을 이뤄 시적 감각을 유발한다. 떨어지며 섬광을 발하는 현상이 가슴을 때리고 울린다. 이때만은 별똥별 스스로가 내는 꼬리별 빛이다. 이 순간에 사람은 객관적 영혼과 주관적 영혼을 구별하려 들지 않는다. 우리 눈에는 두 영혼이 합치하여 하나의 현상으로 보일 뿐이다.

별똥별은 무엇보다도 떨어지며 자기를 태우는 정신이 매섭다. 선으로 획을 긋는 모습은 우주 질서가 합일하여 어우러진 참아내는 현상이다. 대부분 자기 몸을 다 태워 흔적을 남기지 않는다. 타다 남은 부분은 운석(隕石)이라 하고 우주 태동의 연구 자료가 된다. 어떤 경우에는 크기가 너무 거대하여 재앙을 가져오기도 했다.

사람 인생도 이같이 위대한 참음이 필요하다. 별똥별이 자신을 태워 성인(成仁) 정신을 발휘하는 참음 같은 것 말이다. 별똥별은 참음의 극치요, 참음을 순수한 영혼으로 승화한다. 별똥별이 내는 빛은 과학과 철학, 문학과 종교를 하나의 영혼 속에 규합한다. 그렇다고 자신을 자랑하고 불멸의 존재가 되려 하지 않는다. 그저 영혼의 메시지를 전달하면서 사라질 뿐이다.

별똥별에 소원을 빌면 모든 것이 이루어진다고 한다. 별똥별에 대한 경외가 신앙으로 발전했다. 옛날 어린 시절 시골 샘 거리 감나무 밑에서 하늘을 쳐다보며 많이 빌었다. 은하수에 조각 배를 띄우고 그 별똥별을 다시 가져다 태웠다. 떨어진 저 멀리 그곳으로 날개를 돋아 날아가고 싶었다. 그만큼 별똥별은 우리 일상 아주 가까이에서 경외와 동경의 대상으로 생활을 지배했다. 그 감흥이 꿈을 키우고 활력을 불어넣었다.

별똥별은 자신을 태우는 참음의 결정(結晶)이다. 자신을 태우면서도 살아남는 참을성의 현신(現身)이다. 별똥별 같이 참으면 못 할 일이 없고 안 될 일이 없다. 그런데 현대는 현란한 불빛이 밤하늘을 너무 밝게 한다. 도회지는 물론 시골 어디에서나 가로등 불빛이 투명한 가림막이 되어 하늘의 별빛을 보지 못하도록 덮는다. 별똥별의 참을성을 보이지 않게 한다. 문명의 혜택이 소중한 것을 잃게 하는 처사이다.

현대에는 별똥별이 떨어지며 주는 참음의 가치를 높이고 이를 본받아야 한다. 굳건히 오늘을 참고 내일을 기다려야 한다. 그러면 별똥별이 타는 빛, 불덩어리는 모든 별빛을 배경으로 우리 생활 속에서 영혼을 감싸고 안식을 보장한다.

《우주 속의 '나'는 언제나 조화롭다》

해가 뜨고 진다. 새싹이 돋고, 꽃이 피고, 열매를 맺는다. 나뭇잎이 무성하다 떨어지고 시간을 지켜 계절이 바뀐다. 그리하여 아름다운 자태로 세상을 황홀하게 하고 경이로운 풍광을 선물한다. 때가 되니 기러기, 청둥오리가 찾아오고, 또 때를 기다려 북쪽으로 날아간다. 리더를 따라 무리를 이뤄 하늘에 글자를 쓰며 행진하는 이들의 생활이 경탄스럽다. 모두 자연의 순리와 질서에 순응하는 모습이다. 자연은 불완전한 인간을 안정시키고 위대하게 만든다.

자연 현상은 우주 원리의 한 표본이다. 노상 우리는 이러한 원리를 곁에 두고 감상하며 산다. 낮에는 태양의 현란한 빛과 함께 광활한 창공 너머로, 밤에는 별의 영롱한 빛을 타고 저 멀디먼 우주로 매일 여행한다. 인간은 우주라는 그 크기를 알 수 없는 공간에서 신비를 머금고 살아간다. 그 속에서 '나'를 또 다른 우주로 만든다.

우주는 '최초 대폭발' 즉, 빅뱅(Big Bang)으로 탄생하였고, 지금도 계속 팽창한다고 한다. 우주는 시간, 에너지, 여기에 물질 사이의 관계 작용 등이 어우러진 공간 개념이다. 여러 과학적 증거를 종합하여 우주 나이를 135억 년이라 추정한다. 이러한 무한한 공간의 한쪽 구석에서 사람이 살아간다. 저쪽 공간에서는 인간 존재 자체도 모르고 보이지도 않는다. 그렇지만 우리는 이곳에서 잘났다고 우쭐대며 살아간다.

여태까지는 물리적 공간이라는 가시적 우주에 편승하여 신비의 세계를 탐구하는데 전력했다. 이제부터는 **'물리적 공간의 우주'**와 **'정신적 공간의 우주'**와 조화를 이루게 할 필요가 있다. 정신적 공간으로서의 우주, '정신적 우주' 개념은 인간에게 새로운 삶의 좌표를 설정한다. 그리하여 정신적 우주의 공간에 펼쳐지는 드라마에서 또 다른 모습의 주인공이 탄생한다. 어찌 보면 과학과 종교의 거리를 좁혀보려는 시도도 된다.

인간은 과학 문명의 발달에 따라 삶의 영역을 점차로 넓혀왔다. 자기 고향도 벗어나기 어려웠던 시대에서 세계가 하나의 지구촌이 된 지도 오래다. 지금부터는 우리의 생각을 생활이라는 제한된 좁은 공간에서 우주라는 광활한 공간으로 확대하여, 지금까지의 사고의 틀을 바꿀 필요가 있다. 이제 우주는 거창한 공간 개념이 아니다. 우주는 우리가 매일 사는 터전으로 아늑한 우리의 집이다. 천문학자, 천체 과학자, 로켓에 탄 우주인이 드나드는 몇 사람의 전유물 우주가 아니다. 인류 공유 재산으로서 나도 우주의 소유자임을 자부해야 한다. 벌써 우주를 여행의 공간으로 바꾸는 사람도 있지 않은가.

끝이 없다는 우주가 인간의 아늑한 집이 되기 위해서는 특별한 마음가짐이 필요하다. 우주처럼 팽창하고 조화를 추구하는 참는 정신이다. '빅뱅'은 참음의 한 현상이다. 무엇이든지 참았다가 폭발하는 것이다. 새로운 천체의 발견도 그동안 여러 자연의 변화, 우주 현상과 싸우면서 참음이 갖다준 선물이다. 그리고 이 참음은 지금도 계속된다.

이 순간에도 지구도 태양도 저 하늘의 뭇 별도 참으며 우리를 주시하는데, 우리 사람이라고 참지 못할 이유가 하나도 없다. 참고 살아가면 이 모두가 하나가 되고 조화롭다. 이제는 나를 **'우주적 존재'**로 만들어야 한다. 우주적 존재는 상하 구별도, 좌우 분별도 없는 이상적 존재다. 그저 끝을 알 수 없는 무한한 공간에서, 나름대로 삶의 의미를 창조하고 곱씹어 보는 존재일 뿐이다. 길고 짧다거나, 잘나고 못났다는 개념도 없다. 느리다고 재촉하거나 빠르다고 염려할 필요도 없다. 그저 '나' 나름대로 존재를 확인하면 된다. 이것이 참음이 지향하는 우주적 존재의 궁극이다.

참음은 사회적 존재에서 우주적 존재로, 이 세상의 유한적 존재에서 우주의 영원한 존재로 만든다. 우주 속에서 '나'는 있으나 마나 하는 존재, 거추장스러운 존재, 이름이 없는 존재, 할 일이 없는 존재, 하찮은 존재, 그런 존재가 아니다. 고귀한 존재, 꼭 필요한 존재, 역할이 있는 존재, 이름표가 달린 존재, 임무를 부여받은 존재이다.

이제 우리는 '우주적 존재'로서 자신의 존재 범위를 넓혀야 한다. 현대 과학의 발전은 태양계를 벗어나 우주 저 멀리도 관찰할 수 있게 되었다. 이는 우주에 대한 도전이 아니라 우주의 뜻, 그 원리에 순응하는 하나의 모습이다. 우주의 뜻에 따르는 것이 '우주적 존재'이다.

우리 주위 삼라만상도, 지구도, 우주도, 참고 견디며 지금, 여기까지 존재해 왔다. 만물 영장이라는 인간이 참을성이 없어 중도에 포기하고 뒤로 쳐지는 것을 절대자는 용서하지 않는다. 내가 우주의 주인이요, 그 질서 속에 나를 맡긴다. 우주적 존재는 개인이 무심코 쌓는 장벽을 허문다. 국가 간의 인위적 거리를 좁힌다. 태양계 밖 수 많은 은하계 등 갈 수 없는 곳으로의 여행을 가능하게 한다. 참음이라는 우주선을 타고 가지 못할 곳은 하나도 없다. 참음이 빅뱅으로 우주를 탄생시켰기 때문이다. 참음은 시간과 공간의 거리를 좁히고 영원히 사그라지지 않는 에너지를 분출한다. 그래서 나는 영원한 우주적 존재다.

참음은 자연의 원리, 우주의 질서 속에 존재한다. 참음은 우리 생활에 질서를 부여하고 조화를 추구하게 한다. 그래서 개인은 마음이 진실해지고, 세상은 착해지며, 우주는 아름답고 조화롭다. 그 우주 속에서 언제나 어디서든지, 무엇이든지 참아내며, 우주와 조화롭게 존재하는 나는 '우주적 존재'이다. 우주적 존재 '나'는 언제나 자신만만하고 조화롭다.

4.
참아내려고
오늘은 노력했는가

오늘은 무엇을 참았는가.

고통을 참아내면 생활이 즐겁고 아름답지만, 반대로 참지 못해서 찾아오는 고통은 해소하기도 어렵다. 그러므로 참지 못해서 엄습하는 고통을 가볍게 여겨서는 안 된다. 오늘의 고통은 오늘로 참고 이겨내야 한다.

아담과 이브는 사탄의 유혹을 물리치지 못한 죄로 에덴동산에서 쫓겨났다. 더 깊게 생각해 보면 달콤한 유혹에서 생긴 욕심, 선악과(善惡果)를 따먹고 싶은 충동을 참지 못해서 쫓겨난 것이다. 유혹이 키워놓은 욕심을 참지 못해 원죄를 짓게 되었다고 하겠다. 성경에 나오는 '욕심이 잉태하여 죄를 낳고, 죄는 점점 자라 죽음을 가져온다(야고보서 1:15).'라는 말씀에 꼭 맞아떨어진다.

톨스토이 단편소설 〈사람에게는 얼마나 많은 땅이 필요한가〉에서는 사람의 욕심의 한계가 어디까지인가를 물어보며 비극적인 결말로 끝난다. 빠홈은 소작농에서 갖은 노력으로 자기 땅을 조금 갖게 되자, 볼가강 건너편으로 너 넓은 땅을 찾아 이사한다. 다시 땅을 마음대로 골라잡을 수 있다는 바쉬끼르 유목지로 옮겼다. 해가 솟아오를 적에 출발하여, 하루해가 지기 전 표적 점에 돌아올 때까지 표시해 놓은 땅은 모두 자기 소유가 된다는 약정이다. 그런데 땅을 더 많이 가지려는 지나친 욕심을 억누르지 못해 너무 멀리 떠나왔다. 남은 힘을 다해 비틀거리며 출발점에 도착했지만, 기진맥진하여 그는 피를 흘리며 쓰러졌다. 표시만 해두고, 정작 농사도 지어보지 못하고 그 자리에서 죽었다. '땅만 있으면 악마든 뭐든 무섭지 않다.'라고 자신하는 빠홈의 말에 악마가 저주를 내린 것이다. 그에게 필요한 땅은 고작 그의 키에 맞을 정도의 한 평 남짓이면 되었다.

'선악과'나 '땅'은 욕심을 불러오는 대상이다. 이 욕심 때문에 에덴동산에서 추방당하고, 이 욕심이 지나쳐서 비참한 죽음을 자초했다. 그래서 욕심을 억제하고 방어하는 기제인 참음이 필요하다. 참음은 욕심을 조절하고 인간 본분을 지켜준다. 급박한 상황에서 이성이 작동하도록 여유를 제공한다. 참음은 **'사람다운 삶'**의 불씨며 원동력이다.

욕심이 나쁜 것만은 아니다. 적당한 욕심은 삶의 활력이다. 대표적으로 참아야 할 대상을 '욕심'이란 말로 표현했을 뿐이다. 명예, 금전과 재산, 부귀영화(富貴榮華) 등 정신적·물질적 삼라만상 모든 것이 참아야만 할 대상이다. 이것이 참아야 하는 그 '무엇'에 해당한다. 그런데 욕심이 지나치거나, 정당한 욕심이 아니면 불행을 초래한다. 참아야 할 때 참지 못하도록 하기 때문이다.

『논어』에서 증자는 하루에 '남을 위해 일을 꾸미는데 성심성의를 다했는가, 친구와 사귐에 불충하지 못하였는가, 전수(傳受)한 것을 익히지 않았는가[학이(學而) 4].'를 세 번 반성했다고 한다. 이러한 반성의 세 가지도 넓게 보면 참아야 할 대상이다. 일상에서 참아야 할 대상은 무수히 많다. 또 무시로 찾아온다.

참는 대상은 인간 문제가 제일 많다. 항상 사람을 만나고 또 헤어지며 살아야 하기 때문이다. 그래서 예로부터 성현이나 철학자는 인간관계에 필요한 덕목을 주로 논했다. 이 밖에 물질, 경제, 자연 등 모두가 참는 대상이다. 심지어 정치 문제도 자신의 의지와 관계없이 참는 대상으로 찾아온다. 참는 대상은 직접적인 것이 대부분이다. 반면에 간접적인 것도 있다. 현대는 나 외의 다른 사람, 나라 밖 일이라고 사람도리로서 무관심하기가 어렵다. 마음으로나 같이 참아 주는 것이라 하겠다. 어쩌면, 간접 대상을 참는 것도 사회와 세계를 하나 되게 한다.

그런데 참아야 할 대상이 무엇인지를 잘 알고 참아야 한다. 삼라만상 모두가 참아야 할 대상이므로 참는 방법도 다 다르다. 앞서 참음의 상황과 종류에서 언급했듯이, 이들은 하나로 연결된 유기체 같아서, 그 참는 방도(方道) 찾기가 어렵게 보이는 것이지 실제 어렵지는 않다. 그래서 대상에 맞는 참음을 찾아 참아야 한다는 말이다.

'오늘은 무엇을 참았는가?'는 '무엇 때문에 참았는가?', '무엇을 위하여 참았는가?' 둘로 나눠 생각해 볼 수 있다. '때문에'란 말에 중점을 두면, 고통이 되는 원인을 찾아 참는다는 말이다. 사람은 고통의 원인이 무엇인지를 잘 알고 미리 대처하면, 고통이 아예 찾아오지 못하게 막을 수 있다. 이 말에는 극복의 의향이 강하게 들어 있다.

'위하여'란 말에 중점을 두면, 고통의 원인을 긍정적으로 해결하려는 의지가 담긴 말이 된다. 고통의 원인을 물리치고 미래 지향적 해결책을 모색까지 하는 참음이다. 참음에는 목적 지향이라는 법칙이 작용한다. 이 목적을 위해서 온갖 고초를 참아내는 것이다. 참는 목적이 생활 의지와 동력으로 작용한다.

　'오늘은 무엇을 참았는가.', 즉, '무엇 때문에, 무엇을 위해 참았는가'라는 말을 항상 뇌리에 간직하고, 하루를 반성하며 마무리하는 방법도 참다운 생활의 지혜라고 하겠다. 참는 대상을 잘 알아야 잘 참고 인생을 아름답게 꾸미며 살아갈 수 있다.

오늘은 누구를 참았는가.

　인간은 혼자서는 살아가지 못한다. 먼저, 가정을 이루고 산다. 누구를 만나서 협력하고, 어떤 때에는 다투고 화해하고, 혹은 헤어지면서 다시 만나자고 약속하며 살아야 한다. 이렇게 어떤 관계를 이룬다는 것은 참음을 전제로 한다. 관계할 때마다 참아야 하기 때문이다.

　나를 위해서 내가 참고, 나를 위해서 남이 참고, 남을 위해서 내가 참고, 남을 위해서 남이 참는다. 우리 모두 다 같이 참아야 사회가 평화롭다. 참음이 선순환으로 작용하고, 모두 다 고마운 이웃으로 생각하는 참음이 최고의 참음이다. 참음은 나부터 시작하는 것이지 남이 참기를 기다리는 것이 아니다. 내가 참으면 상대도 참기 마련이다. **'참음의 전이(轉移) 법칙'**이라고나 할까.

　뱀의 머리와 꼬리가 다투는 우화는 동서양을 초월하여 우리에게 많은 교훈을 준다. 서로 참지 못해서 일어나는 갈등이 어떤 부작용과 결과를 초래하는지를 보여주는 좋은 예이다.

뱀에게는 인간적인 두 부분이 있다. 바로 머리와 꼬리다. 그들은 잔인한 모이라이 여신들 곁에서 명성을 얻었다. 옛적에는 걷는 일 때문에 그들 사이에 큰 다툼이 생긴 적이 있었다. 머리는 언제나 꼬리보다 앞서서 걸었다. 꼬리는 그것을 하늘에 불평하며 말했다.

"나는 머리가 원하는 대로 멀고 먼 길을 쉴 수 없이 다녔어요. 그런데 머리는 내가 항상 그러고 싶어서 따라가는 줄로 믿나 봐요? 내가 자기의 고분고분한 하인인 줄로 여긴다고요. 나는 자기 자매지 하녀가 아니잖아요. 우리는 같은 피를 가지고 있으니 우리를 똑같이 취급해 주세요. 나도 머리처럼 빠르고 강력한 독을 가지고 있다고요. 자, 내가 바라는 것을 말했으니, 이제 당신이 명령해 주세요. 이번에 내가 머리 앞에서 나아가게 해주세요. 내가 머리를 잘 이끌 거니까 아무런 불평이 없을 거예요."

꼬리의 청에 대해 하늘은 잔인한 호의를 베풀었다. 종종 하늘의 선함은 나쁜 결과를 가져올 수가 있다.⋯ 대낮에도 어두운 아궁이 속에 있는 것과 마찬가지로, 어둠 속에 있는 듯한 새로운 길 안내자는 돌과 지나가는 사람과 나무에 수도 없이 부딪혔다. 그리고 결국 자신의 자매를 지옥의 강으로 이끌었다. (『라 퐁텐 우화』 〈뱀의 머리와 꼬리〉)

한 뱀의 꼬리가 그 머리에게 말했다. "내가 앞에서 가야겠다." 머리가 말하기를 "내가 언제서 앞에서 갔는데 갑자기 왜 그러느냐?"라고 하였다. 끝내 머리가 앞에서 가자, 꼬리가 나무를 감고 있어 갈 수가 없었다. 그리하여 꼬리가 나무를 놓고 앞에서 가다가 곧 불구덩이에 떨어져 타 죽었다. (『백유경』 제3권 54)

『라 퐁텐 우화』는 정치하는 사람들을, 『백유경』은 스승과 제자 관계를 비유하여 앞에서 잘못 이끌면 지옥에 떨어진다는 의미의 비유 이야기다. 여기에서는 서로의 존재를 인정하지 못해서, 즉 참지 못해서 나쁜 결과를 초래한다는 점에 초점을 맞춰보고자 한다.

뱀의 머리와 꼬리는 생명체의 앞과 뒤요, 한 몸의 부분이다. 머리는 방향을 잡아 부딪치지 않도록 이끌고, 꼬리는 직접 향하는 방향으로 갈 수 있도록 힘을 제공하여, 같이 공존해야 완전한 생명체로서 무사히 살아갈 수 있다. 그런데 이러한 분수를 모르고 시기하다가 둘 다 같이 지옥에, 불구덩이에 떨어졌다. 따지고 보면, 서로를 시기할 대상이 아닌데 분별없이 굴다가 화를 자초한 것이다.

사람도 마찬가지다. 사회생활에서 참아야 할 대상은 언제나 가까이에 있다. 가까이 생활하기 때문에 친밀해질 수도, 반대로 갈등을 일으킬 수도 있다. 전극도 맞대야 스파크가 일어나는 것처럼, 인간관계도 서로가 가까이서 부닥치니 불꽃이 튀기는 법이다. 문제는 이 불꽃이 발생할 때 대상이 누구냐에 따라 참음의 방법이 달라진다.

'오늘은 누구를 참았는가?'도 '누구 때문에 참았는가?'와 '누구를 위하여 참았는가?' 두 경우가 조금 다르다. 전자는 고통을 제공한 당사자를 지목하여, 갈등 문제를 그 사람 위주로 해결하려는 의향이 짙다. 반면, 후자는 갈등을 유발한 당사자보다는 갈등 자체 선순환의 지향점에 중점을 두고 갈등을 해결하여, 처음 관계를 회복하려는데 목적이 있다고 하겠다. 하지만 '너 때문에 갈등이 생겼다.'에 너무 집착하면 해결이 부정적으로 흐를 가능성이 크다. '너 때문에 일이 망가졌다.', '잘해준 결과가 이것뿐이냐?'라는 심사(心思)가 나와서이다. 상대가 어떤 관계 대상이든 그 대상을 서로 '위하여' 하는 마음이면, 갈등이 없어지고 참을 일도 생기지 않는다. 부부, 가족, 친구, 직장 동료 등 수 많은 관계에서 '위하여'를 강조하면 싸울 일이 없다.

그동안 우리 민족은 분열이 전혀 없지 않았지만, 단합을 잘하는 민족의 기질이 농후하다. 그중의 하나가 음주 문화에 나타나 있다. 건배 제창에 '위하여'라는 말은 우리 민족을 단합시키는 아주 중요한 단어이다. 그것도 한 번이 아니라 여러 번 '위하여'를 외친다. '위하여'란 말은 나도, 너도, 우리 모두를 하나로 만드는 기제이다. 요즈음은 나도 너도, 우리 모두 '위하여'를 강조할 시대라고 본다.

'무엇을 참았는가.'는 그 대상이 일이나 상황이라면, '누구를 참았는가'는 그 대상이 사람이다. 그런데 이들 대상은 논리적으로는 확연히 구별되지만, 실제 생활에서는 '무엇'과 '누구'가 한 묶음으로 참아야 할 대상이 되는 경우도 많다. 그러므로 참아내는 방법도 그만큼 폭이 넓어지고 다양해질 수 있다고 하겠다.

오늘은 왜 참았는가.

'왜 참았는가'는 앞서 간단히 언급했던 '무엇 때문에 참았는가'와 '누구 때문에 참았는가?'와도 연관한다. 그래서 주체와 '무엇', '누구'와의 관계에 구체성을 띠면 '왜 참았는가'라는 물음에 답이 나올지도 모른다.

통상 '왜 사는가'라고 질문을 받으면 그래도 쉽게 나름대로 이유를 정리할 수 있다. 먹기 위해서 산다고 하는 사람도 많다. '살기 위해서 먹는다'라는 말을 기묘히 비틀어 쓴 말이다. 니체는 '먹기 위해 산다고 하는 것은, 인간에 대한 모독이다.'라고 하였다. 어쨌든, 사는 이유는 사람마다 공통적인 부분도 있고, 다른 부분도 있다. 지금 부딪쳐 처해 있는 상황을 잘 파악하면, 사는 이유를 정리하기가 어렵지 않다. 철학적 사유를 개입하지 않아도 되기 때문이다.

여기에서도 부모님 사는 모습을 생각해 보지 않을 수 없다. 예나 지금이나 우리 아버지, 어머니는 참음의 분신이다. 그런데 부모님은 무엇 때문에 참으며 세상을 살아나가실까? 자신을 위해서, 자식을 위해서, 아니면 다른 무엇을 위해서 참으며 사는 것일까? 한 가지 분명한 사실은 자식을 위해 참고 사신다는 점이다. 자식으로서 분명하게 사는 이유를 이렇게 말할 수 있다.

그런데 일상에서 늘 참는 일을 '무슨 까닭으로 참아', '어째서 참았어'라고 이유를 묻는다면 대답하기가 어쭙잖게 망설여진다. 일상에서 참는 이유를 생각해 보지 못했고, 그래서 습관화되지 않아서이다. '이러해서 참았지' 하고 터놓고 얘기하는 사람은 많지 않다. 세상살이가 다 참아야 할 일이지만, 이처럼 개인적으로는 참는 이유를 스스로 드러내는 일은 거의 없다. 가끔 싸움을 말리면서 '참아야 좋은 일이 있는 거야.', '참는 사람이 이기는 거야.'라고 충고하는 경우는 더러 있다.

그래서 '왜 참는가'라는 문제를 좀 더 범위를 넓혀 생각하여 해답의 실마리를 찾아보고자 한다. 지구는 지금도 화산이 폭발하고, 지진이 예고 없이 일어나 고귀한 생명을 앗아간다. 여파로 파도가 대륙 저편에까지 다다르고 해일이 일어나 재앙을 초래한다. 기후 변화로 극지방의 눈과 얼음이 녹아 생태계에 악영향을 미친다. 태풍이 몰아쳐 인간의 삶을 무차별로 파괴하기도 한다. 하지만 이는 지구 스스로 균형과 안정을 얻으려는 참음의 몸부림이다. 오히려 이러한 몸부림으로 지구는 균형을 잡아 정상을 회복하고 활기를 되찾는다. 좀 역설적인 논법일 수도 있다.

물은 바다로 흘러간다. 물의 성질 중 하나인 수평을 유지하려고 해서라고 한다. 그러나 이 현상을 과학적으로 설명하려면 간단하지 않다. 지구가 비스듬하게 기울어 자전, 공전하고, 지구와 달, 지구와 태양 사이에서 서로 끌어당기고 벗어나려는 힘이 작용하며, 산과 평야가 높낮이가 달라 그대로 고여 있을 수 없다. 이 모든 관계 작용이 물을 아래로 흐르게 한다. 한곳에 머무르지 못하고 안정을 찾으려 마냥 움직이는 모습이다. 그렇다고 바다가 물의 최종 안식처는 아니다. 바닷물도 조석간만(潮汐干滿)의 차가 생겨 어느 방향으로 흘러야 하고, 어떤 경우에는 태풍과 파도에 휩쓸려 노도(怒濤)가 되어야 한다. 이것도 안정을 찾으려는 참음의 몸부림이다.

사회·국가 발전과 변화는 순연하기도 했지만 크나큰 고통을 참아내며 이룩한 경우도 꽤 많았다. 왜 사회는 미래 지향적으로 변화하려고 하는가? 왜 국가는 세워지고 흥하다가 망하는 역사를 반복하여 계속하는가? 그 답을 사람이 사람답게, 즐겁고 행복하게 살기 위해서라고 해도 틀린 말은 아닌 듯하다.

뭇 성현들은 고통을 가치창조로 승화하였다. 사회의 혼란, 중생의 고뇌, 인위로 자연 질서의 파괴, 인류의 죄악, 인간의 불평등을 인의, 자비, 무위, 박애, 평등으로 해결하려고 하였다. 갈등 없이 평화롭고 행복하게 살기 좋은 세상을 만들려고 노력했다. 사람 개인도 가치창조를 위해 많이 움직였다. 과학, 예술, 종교, 철학 등 온갖 분야에서 인간 생활을 편리하게 하고, 아름답고 보람있게 살다 가라고 정신적 안정을 주었다. 이러한 결과는 참음이 남긴 가치물로서 '왜 참았는가'라는 물음에 답하는 징표로 남아 있다.

삼라만상 두두물물(頭頭物物)이 다 참음의 현신으로 우리 주위에서 참는 이유를 대변하고 있다. 한마디로 말하여 **'존재'**하려고 참는 것이다. 그런데 존재한다는 말은 그리 간단히 해석될 문제는 아니다. 그동안 인간이 그렇게 존재 문제를 따져왔지만, 지금도 이를 이해하고 받아들이기에는 너무 어렵다. 알아듣기가 어려운 것이 아니라 실천하기가 어렵다. 너무 현학적이고 얼키설키 얽혀서 풀어보기가 어렵다, 그래서 '왜 참는가'를 일상생활에서 손쉬운 몇 가지만 찾아보고자 한다.

첫째로, 내가 주체가 되어 살아 움직이려고 참는다. 숨 쉬고 밥 먹고 활동하기 위해서 참아낸다. 내가 살아 있어야만 그 무엇을 할 수 있다. 내가 살아가기 위해 참는 것이다. 내가 없는데 그 무엇을 계획하고, 무엇을 이룰 수 있겠는가. 내가 있으니까 기쁨과 슬픔, 부귀와 영화, 성공과 실패도 따라다닌다. 그러니 실패했다고 울고, 성공했다고 웃을 일이 아니다. 그냥 두 눈 부릅뜨고 여기 서 있는 것만으로도 의미가 있고, 이것이 삶의 가치요 행복이다.

둘째로, 원만한 인간관계를 유지하기 위해 참는다. 요즘 가족 관계가 옛날 같지는 않아도 부모·형제·자매 등 가족 구성원, 학우와 친우 등 주위 인물, 사회·국가 테두리에서 만나는 사람들, 세계화 시대에 관계하는 다문화를 이루는 사람 등, 무수히 사람을 만나고 생활을 꾸려 나아가야 한다. 혼자 고립해서는 살아갈 수가 없다. 직간접적이든 사람을 만나고 일을 처리 해야 살아갈 수 있다. 인간관계에는 참음이 반드시 따른다. 참아야 인간관계가 원만하게 되고 부드러워진다. 그래서 참고 견딘다.

셋째로, 즐겁고 행복하게 살기 위해서 참는다. 플라톤은 인간의 궁극적 목적이 행복이라고 했다. 사람은 원초적으로 행복을 추구한다. 그런데 이 행복은 그 느낌의 폭이 너무 커서 기쁘고, 푸근하고, 넉넉한 감정을 모두 만족시키기가 쉽지 않다. 그래도 서로 눈을 마주치고 웃을 수 있고, 마음대로 움직일 수 있으므로 행복하지 않은가. 크건 작건 다 행복이다. 참음은 행복의 크기를 말하지 않는다. 참음은 행복을 찾도록 도와주면서, 어떠한 상황에서도 행복감에 젖도록 후원한다. 참음이 있으니까 행복하고, 행복하니까 만사를 참아낸다.

넷째로, 가치창조로 아름다운 세상을 만들기 위해서 참는다. 여기서 가치창조란 위대한 것, 보편적인 것, 눈에 잘 띄지 않는 것을 모두 포함하는 말이다. 가치를 인정받는 예술 작품이나 업적도 중요하지만, 일상에서 창조되는 가치는 헤아릴 수 없이 많다. 살아 움직이는 자체가 가치창조다. 인다라망(因陀羅網)처럼 중중무진(重重無盡)으로 연결되어 있기 때문이다. 사람은 이러한 가치를 모르거나 무시하고 사는 경우가 너무 많다. 모든 사람은 자기가 가치창조의 주체다. 그래서 가치창조는 세상을 풍요롭게, 아름답게 한다.

다섯째로, '우주적 존재'로 사람 구실을 하기 위해서 참는다. 우주 공간에서는 질서와 조화 속에 균형을 이룬다. 우주적 존재란 생각의 공간을 우주로 넓혀, 미래지향적인 삶을 추구하는 존재를 말한다. 사람이 알면서도 제대로 실천하지 못하는 것이 사람 구실이다. 그래서 우주적 존재로서 사람 구실은 더더욱 어려워 보인다. 우주적 존재로서 사람 구실에는 보이지 않는 곳을 볼 수 있게 하는 지혜가 필요하다. 이러한 지혜의 축적에는 참음이 필수적이다. 참을 줄 아는 자체가 우주적 존재의 시발이다. 그러므로 우주적 존재로 살아가는 것은 어렵지 않다. 그 의미를 깊이 생각해 보지 않아서 어려워 보일 뿐이다.

이상이 참는 이유에 대한 설명 전부는 아니다. 이미 앞에서 다 언급한 사항들이다. 참는 이유를 강조하여 좀 더 구체적으로 설명했을 뿐이다. 그리고 무엇보다도 중요한 것을 '오늘은 왜 참았는가'라는 물음에 답하면서 의도적으로, 억지로 참으려 하지 않아도 좋다는 사실이다. 그저 참고 싶은 대로 참으면 된다. 그러면 저절로 '왜'라는 물음에 답이 나온다.

오늘은 어떻게 참았는가.

참음은 언제나 어디서나 고통의 해소와 해결을 지향한다. '어떻게 참았는가'는 고통을 해결하는 직접적인 방법을 말한다. 궁극적으로 '어떻게 참음을 이해하고 기르고 쓸 것인가.'란 말과도 통한다. 어떻게 참을지를 알면 매사가 선순환으로 작용한다. 참음도 배우고 길러야 하는 중요한 대상이란 말이다.

이에서 다른 각도로 '참음의 표지(標識)'를 밝혀 볼 필요가 생긴다. '어떻게'란 말은 참는 방법이면서 그 방법을 바라보는 관점이다. 참는 관점에 따라 참음이 유용, 무용하기도, 작기도 크기도 한다. 그러므로 일상에서 '어떻게 참았는가'란 말이 대단히 중요하다. '오늘 무엇을, 누구를, 왜 참았는가'란 답변에 '어떻게 참았는가'를 결부시키면, 고통과 갈등의 해소 방법이 달라지기 때문이다. 다음은 '어떻게'에 해당하는 몇 가지를 생각해 본 것이다.

첫째로, 참음은 배움이다. 인간은 직립보행(直立步行)으로 두뇌가 발달하고, 배우는 내용을 오래 기억하게 되고 생활의 지혜를 쌓는다. 참음도 역시 배워서 체달(體達) 해야 한다. 그래야 참는 방법을 알고 기르고 활용할 수 있다. 『논어』에는 재능을 다음과 같이 나누었다.

> 나면서 저절로 아는 사람은 으뜸이요, 배워서 아는 사람은 다음이고, 막히자 애써 배우는 사람은 그다음이다. 그러나 막혔는데도 배우지 않는 사람은 누구나 하치라고 친다. [계씨(季氏) 9]

공자는 앎의 단계를 생지(生知), 학지(學知), 곤지(困知), 하우(下愚) 등 네 등급으로 나누고, "나는 나면서 아는 사람이 아니다[아비생이지지자(我非生而知之者)(술이 19)."라고 하여 생지를 부정함으로써 제자 앞에서 겸손했다. 사람은 원래 열심히 배워야 하고, 막혀도 배우지 않으면 어리석을 수밖에 없다는 뜻으로 단계를 구분한 것이다. 학문의 길도 이러할진대, 특히 '참음[인내(忍耐)]'에 대해서는 더욱 그렇다. 참음의 기본 뜻을 잘 이해하고, 참을 수 있는 능력이나 자질을 적극적으로 길러서, 이를 일상생활에 활용할 줄 알아야 한다. 그렇지 않으면 항상 최하 등급에 머물러 생활이 고달프다. 학문도 정진하여 사람답게 살아야 하는 방도를 배워야 하는데, 아름다운 인생을 영위하기 위해 참을성을 배우고 기르는 데 힘써야 함을 강조하는 것은 그 자체가 사족(蛇足)이다.

둘째로, 참음은 믿음이다. 참아내면 고통이 반드시 사라진다는 믿음이다. 믿음으로 참으면 두렵고 거칠 것이 없게 된다. 고통이 저절로 물러난다. 믿음은 고통을 해소하는데 마음의 일탈을 방지하고 굳건히 다잡는다. 믿음은 잡스러운 생각을 물리치고, 올곧게 바른길로 정진하도록 한다. 더욱이 믿음은 자신을 힘들지 않도록 도와준다.

중앙아메리카에는 아즈텍, 마야문명이 융성하였다. 여러 부족으로 형성된 아즈텍은 가끔 이웃 부족끼리 짜고 '꽃피는 회전(會戰)'이라 하는 전쟁놀이를 했다.[54] 신들 앞에 인신공희(人身供犧)할 대상을 고르기 위해서다. 일정 장소로 같은 수의 전사를 보내 싸우게 하고, 포로가 필요 인원수에 달하면 중단한다. 이들 포로는 죽어서 태양과 결합한다는 자부심으로 기꺼이 제물이 되어 죽음을 맞이했다. 아즈텍 전설은 이러한 상황을 여실히 전한다. 아즈텍 반대편에서 싸운 우두머리가 포로가 되었다. 로마 검투사처럼 완전히 무장한 아즈텍 병사와 싸워 이기면 자유의 몸이 될 수 있는데도, 이를 거절하고 인신제물이 되기를 원했다고 한다. 이 우두머리도 태양신과의 약속을 철저히 받아들이는 것을 영광으로 생각했다.

이 이야기를 소개하는 이유는 '꽃피는 회전'에 임하는 병사의 마음과 자세를 한번 생각해 보기 위해서다. 굳건한 믿음과 희생정신으로 무장하면 죽음 앞에서도 두려움, 몸부림이란 없다. 오히려 이들은 신의 제물이 되는 것을 최고의 영광으로 생각했다. 믿음은 죽음 앞에서도 숭고미를 발휘한다. 그러므로 죽을 각오와 믿음으로 참으면, 어

---

54 한국일보타임-라이프(1979), 『라이프 인간세계사』(고대아메리카), p.104.

디 참지 못할 것이 있겠는가.

셋째로, 참음은 준비이다. 고통과 어려움을 느낄 때 참아야지 하는 참음보다는 미리 준비하는 참음이 필요하다. 준비는 어떠한 상황에도 자신감으로 뒷받침한다. 목련은 겨울부터 열심히 두 겹을 피워야 봄에 세 겹의 눈을 다 틔울 수 있다. 꽃을 피우기 위하여 겨울부터 준비하는 것이다. 그래야 아름다운 색깔과 자태로 봄의 향기를 우리에게 제공한다. 매화는 꽃망울부터 폭풍 한설에 매서운 추위를 견뎌냄으로써, 향기가 그윽한 꽃을 피우고 신산(辛酸)이 가득한 열매를 선물한다.

무엇을 해보겠다고 하는 사람은 이구동성(異口同聲)으로 '나는 준비된 사람이다.'라고 한다. 다 이유가 있어 그렇게 내세운다. 미리 준비하면 당황하지 않고 침착하게 대처할 수 있는 지혜가 샘솟는다. 준비하면 믿음도 생긴다. '만사 불여(不如)튼튼'도 여기에서 나온 말이다. 참음을 미리 준비하면, 다가오던 어려움, 고통도 줄행랑을 친다.

넷째로, 참음은 관용(포용)이다. 모든 것을 다 받아들인다고 하여 '바다'라고 한다. 바다는 거절하는 것이 하나도 없다. 모든 것을 넓은 품 안으로 받아들여 하나로 만든다. 로마나 칭기즈칸이 대제국을 건설할 수 있었던 바탕은 관용과 포용이었다. 커다란 테두리 안에서 각자의 정체성을 인정해 주었다. 어찌 보면 미국과 중국의 국가 경영도 이에서 벗어나지 않아 강대국의 존재를 과시하지 않나 한다.

그러므로 현대에 만연하는 이분법 사고에서 탈피해야 한다. 공(空)과 색(色)은 같은 것이고, 보리와 번뇌가 하나의 범주에 있으며, 따지고 보면 성공과 실패도 함께 간다. 참음이 보증해 준 관용의 덕분이다. 그래서 웃다가도 울고, 기쁘다가도 어느 순간 슬퍼지기도 한다. 이들이 같은 테두리 안에서 존재하기 때문이다. 참음이 고통을 포용하면 고통은 스스로 무릎을 꿇는다. 힘들지 않게 고통을 물리치는 방법의 하나이다.

다섯째로, 참음은 용감(勇敢)이다. 용감 없이 참음은 유지되기 힘들다. 용감과 용기(勇氣)에는 약간의 차이가 있다. 기본 개념으로 용감은 '씩씩하고 겁이 없으며 기운찬 데가 있다.'라 하고, 용기는 '씩씩하고 굳센 기운'이라고 해석한다. 용감은 역동적이요, 용기는 정적이다. '용감하다'란 말과 대비하여서 '용기 있다'라고 하지 '용기-하다'라는 말은 사용하지 않는다. 참음은 실천, 행동을 요구한다. 그래서 용감이 필요하고, 그래야 무엇이든지 참아낼 수 있다. 그런데 용기는 용감을 뒷받침한다.

용감한 사람이 미인을 얻는다고 한다. '참음은 무엇이든지 극복할 수 있는 의지'라고 생각해야 한다. '참으면 극복할 수 있을까?'라고 의심하면 고통이 물러서지 않는다. 참음은 뛰면서 생각하기다. 걸으면서 생각하면 주저앉기 쉽다. 뛰며 생각하고 실천하는 용감이 필요하다. 그러나 맹자가 호연지기(浩然之氣) 기르는 법에서 역설했듯이 부동심(不動心)과 의(義)를 쌓아 서두르지 않고 진정한 용감함을 길러서, 이를 참아내는 데에 사용해야 한다. 진정한 용기, 용감함은 참음을 꾸준하고 진실하게 한다. 그래서 진지한 삶을 개척한다.

이상 예거한 사항이 '어떻게 참았는가'의 덕목을 총괄하는 말은 아니다. 그러나 참음이 배움, 믿음, 준비, 관용, 용감과 같이하면 희망이 깃들고 나래짓을 한다. 참음을 굳건한 의지로 배우고 믿고, 준비하고, 참음에 관용의 아량과 용감을 불어넣으면 언제나 어려운 일,

고통은 접근하지 못한다. 나뭇가지가 한 묶음으로 묶이면 더욱 단단해지고 큰 힘을 발휘하는 것과 같다.

'어떻게 참았는가'는 고통에 대한 긍정적 태도도 요구한다. 인생에서 고통은 어떤 면에서 필요불가결한 존재이다. 고통에 불만을 내세우기보다 이의 근원을 파악하고, 그 해소 방법을 적극적으로 찾아보는 것이 먼저다. 소는 뿔을 제거하면 힘을 쓰지 못한다[해(解)]는 속설처럼, 고통의 근원을 없애야 고통이 맥을 잃는다. 발본색원(拔本塞源)이란 말이 여기에 꼭 들어맞는 말이다.

호랑이를 잡으려면 호랑이 굴에 들어가야 하는 것처럼, 고통을 해소하려면 고통의 구렁에 빠져 봐야 한다. 어떤 때에는 감탄고토(甘呑苦吐)가 아니라 고탄감토(苦呑甘吐)도 필요하다. 고통의 본질을 역이용하는 논법이다. 고통에 도전하면 고통은 스스로 물러나는 법이다. 악어는 악어새를 잡아먹지 않는다. 이것이 '고통을 어떻게 참았는가' 하는 진정한 이해이다.

오늘은 얼마나 참았는가.

하루를 평화롭고 즐겁게 보내려면 자신이 얼마나 참으며 지내는지, 아니면 지냈는지를 반성하는 생각을 짬짬이 해보는 것이 좋다. 이렇게 생각할 때마다 복잡한 문제가 단순해지기 때문이다. '오늘 얼마나 참았는가'는 이러한 생각과 태도에서부터 시작한다.

'얼마나'란 말은 '얼마쯤', '얼마만큼'이란 뜻으로 수량이나 값, 정도가 정해지지 않는 말이다. 그러므로 '얼마나 참았는가'에는 양이나 정도는 없다. 고통이나 어려움을 해소할 때까지 참아야 하기 때문이다. 따라서 여기에는 금강석처럼 단단한 마음의 자세가 필요하다.

첫째로, 열심히 참아야 한다. 정신을 한 군데로 몰아 집중하여 참는 자세다. 참는 의지가 고통을 압도해야 고통이 꼼짝하지 못한다. 이처럼 굳은 결심으로 고통을 물리치려고 참는 경우가 대부분이다. 그런데 평상시 어려움이 없어도 그냥 마음으로 참는다, 참아본다는 생각이 필요하다. 이것도 열심히 참는 방법이다. 고통과 대척(對蹠)해서 참는 것이 아니라 고통을 대비하여 참아보는 것이다. 이러한 정신과 자세를 반복하여 체습하면 어떤 어려움이든지 타개하고 물리칠 수 있다.

둘째로, 후회 없이 참아야 한다. 시간이 지난 후에 그때 그랬으면 좋았을 것을 하는 생각이 들면 안 된다. 성공하거나 부자가 될 기회가 몇 번 있었는데 놓쳤다고 후회한들 그 시절, 그 시간이 다시 찾아오지 않는다. 과거와 미래 시간이 아니라 지금 당장 후회 없이 참아야 한다. 그런데 지금보다는 과거나 미래만을 생각하는 사람이 더 많다. 참음은 지금 '오늘' 당장이지 '어제'나 '내일'은 아니다.

셋째로, 더없이 참아야 한다. 더할 나위 없이 전력으로 참아야 한다. 두 손으로 떠받쳐야 하는데 한 손으로만 받치면 지탱하지 못한다. 온몸을 내던지는 힘으로 밀어야 하는데 손바닥으로만 밀면 수레도 앞으로 나아가지 못한다. 참음도 마찬가지다. 그 이상, 위 없이 몸을 내던지는 자세로 참아야 한다. 참는 기회는 이번뿐이라는 생각으로 참아야 한다. 그래야 고통이 줄행랑을 놓는다.

넷째로, 기쁨으로 참아야 한다. 원래 고통에는 육체적으로나 심적으로나 허탈함과 아픔이 따른다. 신체적 고통도 작다고 할 수 없으나, 마음의 고통은 감내하기 어려운 경우가 많다. 마음의 고통은 신체적 고통으로 옮겨가기도 한다. 그래서 슬프고 눈물이 난다. 이 슬픔과 눈물을 기쁨과 웃음의 자세로 참아야 한다. 기쁜 마음으로 참으면 기쁨이 저절로 찾아온다. 기쁨은 참음을 조장하고, 참음은 기쁨을 북돋는다.

다섯째로, 지속해서 참아야 한다. 생물은 끊임없이 물과 공기를 흡수해야 생명을 부지할 수 있다. 물은 어떤 장애가 앞을 가로막아도 부단히 흘러 바다에 이른다. 쉬지 않고 움직여서 목적지에 다다르고, 생기를 돋우고 살아 숨 쉰다. 지속은 참음의 시간을 가능하고 영원하게 한다. 자포자기(自暴自棄), 조변석개(朝變夕改), 작심삼일(作心三日)의 마음가짐은 고통이 더 기승부리고 일과 상황을 얽혀 꼬이게 한다. 지속해서 참아야만 참아내는 힘이 길러지고 시너지를 발휘한다.

여섯째로, 에너지를 모아서 참아야 한다. 참는 힘, 참아내는 힘[인내력(忍耐力)]도 물리적으로 '에너지 보존 법칙'이 적용되는 힘의 뭉치요 작용이다. 고통과 싸우는 에너지, 즉 참아내는 에너지는 고통을 감당하는 주체의 심신 작용, 건강 상태, 심적 태도, 인간관계, 처한 시간과 장소 등에 따라 달라져도, 그 합친 에너지 총량은 같으므로, 그 에너지를 모아서 참아야 참는 효과가 크다고 생각하는 가정이다. 이러한 체계로 참는 힘도 수학적으로 계산해 볼 수 있지 않나 한다.

그러므로 참아내는 에너지를 다른 방면으로 허비하지 않게 지속해서 총량이 유지되도록 해야 한다. 그래야 지속하는 에너지 힘으로 고통을 물리치고, 마음의 안정을 얻을 수 있다. 그야말로 **'참을성(인내력) 보존 법칙'** 설정이다. 보존 법칙을 과학적으로 증명해보려는 시도보다는 참을성을 효과적으로 사용, 발휘, 관리하는 방편으로 생각해 본 것이다.

이상 몇 가지 '얼마나 참았는가.' 하는 방도(方道)를 생각해 보았다. 그러나 참는 방법에는 꼭 맞아떨어지는 정도가 없다. 참는 힘, 참을성과 관련하는 변인이 무수히 작용하기 때문이다. 그런데 중요한 것은 참음을 대하는 태도이다. 반복하여 강조하는 말이지만, 참음을 하나의 인격체로 존중하여 소중히 대할 필요가 있다. 주체인 인격이 또 다른 인격을 설정하고 그것을 인격적으로 대하는 방법이다.

고통을 물리치기 위해서는 참음을 아끼고 사랑하고 즐겨야 한다. 고통이 엄습해왔을 때, 고통의 원인이 무엇인지, 어떻게 대처할지, 오래/짧게 갈지를 따져보고 판단해야 한다. 어느 순간에는 영리하기보다는 미련한 곰처럼 어리석고 둔하게 대해야 한다. 느림의 미덕, 마음을 비우고 대해야 할 때도 있다. 반면에, 눈썹에 불이 붙은 다급한 형세[초미지급(焦眉之急)]인데, 무엇무엇 따져볼 여유가 없는 경우도 생긴다. 그러나 이 모든 경우 참음을 아끼고 사랑하고 즐겁게 대해야 한다. 그래야 참음도 주체를 사랑으로 대해 주고 선순환으로 작용한다. 이것이 참음을 인격으로 대하는 기본이다.

'고통=참음=즐거움'의 관계가 균형으로 삼위일체가 되도록 노력해야 한다. 고통만 생각하면 마음이 혼란스럽고, 참음만 강조하면 고통과 즐거움이 갈등하게 된다. 즐거움에 치중하면 참음이 고통을 수용하는 기회가 적어진다. 그러므로 '작게 참았는가?', '크게 참았는가?'를 구별하지 말고, 자신을 이들 속에 던져넣어 이들과 한 몸이 되도록 해야 한다. 그러면 '오늘은 얼마나 참았는가'는 자연히 일상생활이 된다.

'어떻게 참았는가'는 '얼마나 참았는가'와 관계한다. '어떻게' 말은 '얼마나'와 아주 밀접하기 때문이다. "오늘은 얼마나 참았는가?"라는 질문에 "참지 말자고 생각한 순간만 빼고 줄곧 참았다."란 대답이 명언 아닌 명언이다. 참음에서 시간 개념을 두지 않는다는 말이다. 그저 참음의 대상 '누구', '무엇'이 없어질 때까지 '왜'를 반추해 보고, '어떻게', '얼마나'를 생각하며 참으면 된다. 이것이 고통을 자연스럽게 참고 참아내는 수승(殊勝)의 경지다.다. 그러면 운명의 신이 기쁨, 즐거움, 행복 등을 듬뿍 거느리고 웃는 모습으로 반갑게 찾아온다.

참아내면 언제나 무지개가 뜬다

참음을 철학, 과학, 문학, 언어학, 여기에 종교, 예술, 역사 등을 배경으로 그 성격과 존재 양상을 살펴보았다. 참음을 논리적으로 분석하기보다는 각 분야에서 참음을 어떻게 다루었는지, 앞으로 어떻게 체계를 세워야 할지를 생각해 본 것이다. 대상이 너무 광범위하고, 처음으로 참음의 정체를 밝혀 보려는 시도라 완벽하지는 않다.

"참고 참아냄은 다시 일어서는 힘이다."

어린이 장난감에 '오뚝이'가 있다. 밑을 무겁게 하여 아무렇게나 굴려도 오뚝오뚝 일어선다. 떨어뜨려도, 집어던져도, 발로 차도 일어선다. 눕혀놓거나 거꾸로 세워도 다시 일어선다. 그래서 실패를 거듭하다가 다시 일어서는 사람을 '오뚝이 인생'이라 하며 성공했다고 찬양한다. 오뚝이가 넘어지는 것은 '고통(괴로움)'이고, 다시 일어서는 것은 '참아냄'이요, 일어선 모습은 '즐거움'이라 하겠다. 그런데 오뚝이 인생은 특정한 사람의 전유물이 아니다. 사람 모두가 다 오뚝이 인생이다. 다만, 사람마다 정도의 차이가 있을 뿐이다. 넘어졌다 다시 일어서서 걷는다는 사실은 지구상 영장 위치를 공고히 하였다.

평상시에도 앉았다 누웠다가, 다시 일어나 앉고 서서, 걷고 뛰지 않는가. 일상이 그런데도 다시 일어서는 진정한 의미를 잘 모르고 지낸다. 오뚝이처럼 서 있어야 높고 멀리 보인다. 높고 멀리 보려면 일어서야 한다. 넘어졌다가 빨리 일어서야 한다. 넘어져 있으면 코앞만 보이거나 눈앞이 아주 캄캄해진다. 다시 일어서야 주위를 살필 수 있고, 걸을 수 있고, 누구를 만날 수 있다. 나 혼자가 아니니 고통과 두려움이 저절로 물러나고 자신감이 용솟음친다. 그래서 무지개가 선명히 보인다.

다시 일어서는 힘이 '참는 힘'이다. 현대는 참는 힘을 이해하고, 기르고 쓰는 방법을 알아야 한다. 사람은 인생을 아름답게 꾸미려고 갖은 노력을 다한다. 인생을 아름답게 색칠하려면 참아야 한다. 참음이 곧 인생이다. 이 평범한 진리를 모르고 사는 경우가 너무 많다. 그리하여 살아가는 데 보탬이 되도록 이러한 진리를 체계화하려고 시도해 보았다.

"일상에서 참음을 자랑하며 살아야 한다."

'인생은 고통의 바다다.'란 명제를 좀 더 확대하여, '고통=참음=즐거움'의 삼위일체(三位一體) 관계를 나름대로 설명하였다. 고통이 있으니까 참음이 생기고, 참아냄으로써 즐거움이 찾아온다는 아주 평범한 논리이다. 곧 고통, 참음, 즐거움 실체를 균형과 조화로 다루는 방법을 찾아보려고 하였다. 이는 참음을 일상에서 자랑하며 살아가야 한다는 전제가 된다.

이제는 참음을 일상생활로 끌어들여, 이 세상을 참음이 자연스럽게 존재하는 공간으로 만들어야 한다. 진실하고 착하고 아름답게 열심히 살기 위해서다. 참음은 언제, 어디에서나 나를 일으켜 세워 감싸고 지켜준다. 그래서 살아가는데 두려움이 사라지고 자신감이 생긴다. 여태까지는 고통을 짊어지고 살아왔다. 앞으로는 고통을 내려놓고 참음을 가슴에 안고 살아야 한다. 고통이 생겨 참음이 뒤따르기에 앞서 참음을 일상화하면, 고통이 아예 근접하려 들지 않는다. 그러면 즐거움이 항상 곁에서 손짓한다. 미래는 참는 사람만의 것이고, 세월도 이들을 적극적으로 돕고 길을 열어준다.

참음은 이념과 사상, 종교, 세상 사람을 하나의 범주로 묶고 품는다. 부귀영화, 명예, 성공은 그다음의 문제다. 이것만을 먼저 생각하다 보니 불만과 고통, 갈등이 생기고 서로의 관계를 잊어버린다. 참음이 제대로 작동하지 못해서이다. 참음을 일상의 생활로 끌어들이면 이러한 모든 것이 저절로 해소된다.

"참음은 마음먹기다. 그 마음은 내가 움직인다."

밤하늘에 반짝이는 수많은 별과 은하수, 주먹 같은 별똥별이 내려꽂히는 장엄한 광경을 보며 살아야 한다. 특히, 어린이, 소년·소녀 시절에 자주 보아야 한다. 청장년, 노년 시절도 마찬가지다. 그 감흥이 참으며 살아가는데 활력이 되기 때문이다. 시인도 되고 과학자, 철학자, 종교가도 되고, 그리고 되고 싶은 그 무엇이 되어서 하는 일, 하고자 하는 일을 잘하도록 의지를 생동하게 한다.

앞으로 내 사전에는 고통, 슬픔, 갈등, 눈물이란 단어는 없다. 내 곁에는 어려움, 두려움, 좌절, 분노란 말은 존재하지 않는다. 주위가 온통 희망, 환희, 영광, 기쁨과 웃음으로 꽉 차 있다. 내가 있으니까 네가 있고, 삼라만상이 존재한다. 내가 지금, 이곳에 서 있으니까 주위, 세계, 우주가 질서 있게 움직인다. 그러니 세상에서 내가 가장 소중하고 유일한 삶의 주인공이다. 내가 앞으로 나아가며, 내 인생을 아름답게 꾸미고 가꿀 뿐이다. 참음은 마음먹기다. 인생의 성패도 마음먹기에 달렸다. 그런데 그 마음은 내가 움직인다.

"참아내면 언제나 무지개가 뜬다."

참음은 참아냄이다. 참아내면 인생이 아름답다. 지금부터는 주위로, 세계로, 우주로 할 일을 찾아 참음의 날개로 날아야 한다. '우주적 존재'로서 할 일이 너무 많다. 참음을 잘 알고, 잘 기르고, 잘 쓰면 인생이 달라진다. 인생은 참아내는 만큼 값지다. 언제나 무지개가 뜬다.

참음으로 공자, 석가, 노자, 예수, 소크라테스, 무함마드 성현께서 한자리에 모이셨다. 그러니 무엇이든 참아낼 수 있다.

내 인생은 무엇이든지 참아내며 내가 책임진다. 그래서 인생은 언제나 즐겁고 아름답고 행복하다. 아름다운 무지개를 가슴에 안고서…….

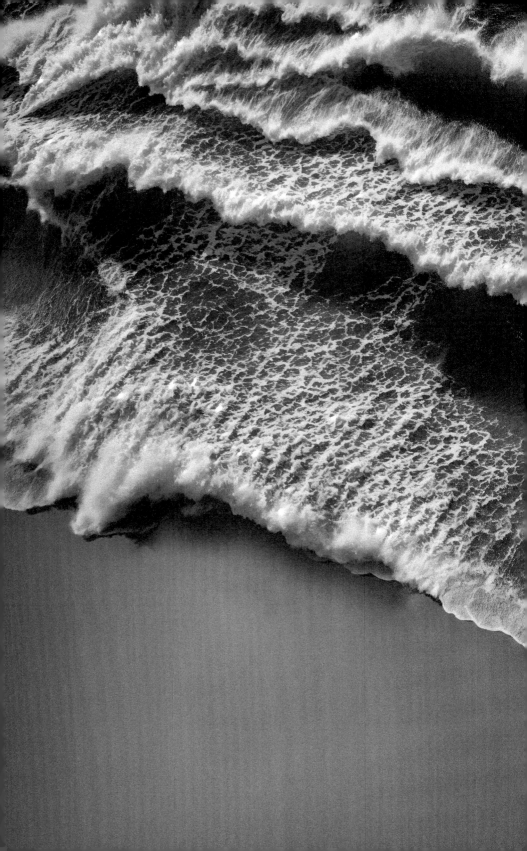

[참고 문헌]

한국일보타임-라이프(1979), 『라이프 인간세계사』(고대 그리스)
_____, 『라이프 인간세계사』(고대 아메리카)
_____, 『라이프 인간세계사』(고대 이집트)
_____, 『라이프 인간세계사』(고대 인도)
_____, 『라이프 인간세계사』(고대 중국)
_____, 『라이프 인간세계사』(러시아)
_____, 『라이프 인간세계사』(로마제국)
_____, 『라이프 인간세계사』(메소포타미아)
_____, 『라이프 인간세계사』(이슬람)

『구당서』 장소원 등, 경인문화사 편(영인본)
『사기』 사마천, 경인문화사 편(영인본)
『한서』 반고, 경인문화사 편(영인본)
『후한서』 범엽, 경인문화사 편(영인본)

『고문진보』 김학주 역저, 명문당, 1992
『고문진보』 최인욱 역, 을유문화사, 1974
『금강경』 이기영 역해, 한국불교연구원, 1997
『노자』 김학주 역, 명문당, 1978
____ 김원중 옮김, 휴머니스트, 2021
『논어』 장기근 저, 명문당, 1979
『대학·중용』 김학주 저, 명문당, 1981
『맹자』(상, 하), 차주환 저, 명문당, 1976
『성경』 쉬운 성경 번역 위원, 아가페, 2010
『시경』 김학주 역저, 명문당, 1988
『열자』 김학주 주해, 명문당, 1977
『장자』 김학주 역, 을유문화사, 1988
『주역』 김경탁 역저, 명문당, 1992
『코란』 김용선 역주, 명문당, 2008

『그리스·로마의 신화』 최준환 편역(1972), 집문당
『법구경·법구비유경·백유경·불소행찬』 동국역경원, 2002
『부처님의 생애』 대한조계종 교육원 부처님의 생애 편찬위원회, 조계종출판사,
　　　2010
『사기열전』 홍석보 역, 삼성출판사, 1977
『육조단경』 정병조 주해, 한국불교연구원, 1998
『잡보장경』 몽산 관일 번역, 두배의느낌, 2008
『잡아함경 강의』 마성 지음, 인북스, 2018
『쌍윳따니까야』(1/2) 전재성 역주, 한국빠알리성전협회, 2006
『정선 디가니까야』 이중표 역해, 불광출판사, 2019
『정선 맛지마니까야』 이중표 역해, 불광출판사, 2020

『삼국사기』(상, 하), 김부식 저, 김종권 역, 대양서적, 1975
『삼국유사』 일연 저, 이병도 역주, 광조출판사, 1975
『순오지』(을유문고 65), 홍만종 저, 이민수 역, 을유문화사, 1974
『어우야담』 유몽인 저, 시귀선·이월영 역주, 한국문화사, 1996
『열하일기』(상, 중, 하), 박지원 저, 이가원 역, 대양서적, 1975
『용재총화』 성현 저, 남만성 역, 대양서적, 1975
『지봉유설』(상, 하), 이수광 저, 남만성 역, 을유문화사, 1980
『춘향전』 이가원 주해, 정음사, 1972

『궁궐의 현판과 주련』(경복궁/창덕궁·창경궁/덕수궁·경희궁·종묘·칠궁), 문화재청
　　　　편, 수류산방, 2007
『세계의 고사·명언』 독서신문사 편, 1976
『세계의 명시 1』 문태준 해설/박정은 그림, 민음사, 2012
『세계의 명시 2』 정끝별 해설/정원교 그림, 민음사, 2012
『속담사전』 이기문 편, 일조각, 1989
『한국문화상징사전』(2), 편찬위원회, 동아출판사, 1995

두산백과 두피아, www.doopedia.co.kr
위키피디아, www.wikipedia.ore/ www.wikipedia.com
네이버 지식백과, https://dict.naver.com
한국학중앙연구원, 『한국민족문화대백과』 http://encykorea.aks.ac.kr

이보 안드리치(Ivo Andrić), 『드리나강의 다리(Na Drini ćuprija)』 김지향 옮김
　　　　(2005), 문학과지성사
헤밍웨이(Ernest Miller Hemingway), 『바다와 노인(The Old Man and Sea)』 윤
　　　　종혁·장진한 옮김(2004), 삼성출판사
니체(Friedrich Wilhelm Nietzsche), 『짜라투스트라는 이렇게 말했다(Thus
　　　　Spake Zarathustra)』 사순옥 옮김(2006), 홍신문화사
알렉스 헤일리(Alex Haley), 『뿌리(Roots)』(상, 하) 안정효 역(1977), 문학사상사
톨스토이(Tolstoi, Lev Nikolaevich), 『똘스또이의 사랑이야기』 최현 옮김(2001),
　　　　청년사

고병권(2005), 『니체의 위험한 책, 차라투스트라는 이렇게 말했다』 그린비
권병기(2017), 『꾸란은 무엇을 말하는가?』 북랩
김균태(2023), 『군자의 논어』 군자출판사
김무림(2010), 『한국어 어원사전』 지식과교양
김한식(2009), 『세종, 소통의 리더십』, 북코리아
문용린(2012), 『행복한 성장의 조건』 리더스북
박민영(2009), 『공자의 법 붓다의 인』 앨피
박찬욱 외(2013), 『괴로움, 어디서 오는가』 도서출판 운주사
백문식(1998), 『우리말의 뿌리를 찾아서』 삼광출판사
서용순(2006), 『청소년을 위한 서양철학사』 도서출판두리미디어
이기문(1989), 『속담사전』 일조각
이상해(2004), 『궁궐·유교건축』 솔출판사
이어령·안병욱 외(1975), 『세계 신화·전설·고사의 풀이』 문원출판사
이주화(2018), 『이슬람과 꾸란』 이담

정회도(2021), 『운의 알고리즘』 소울소사이어티

최덕근(2018), 『지구의 일생』 휴머니스트

홍영철(2022), 『고난이라는 가능성』 유노라이프

영곡 스님(2012), 『항복기심(참는 연습)』 비움과소통

말콤 존스(Malcolm Jones), '링컨과 다윈, 누가 더 위대한가.'(『Newsweek』 한국 판, 2008.07.23.)

니콜라우스 코페르니쿠스(Nicolaus Copernicus), 『천체의 회전에 관하여』 민영기·최원재 옮김(1998), 서해문집

다니엘 골먼·리쳐드 보이애치스·애니 맥키(Daniel Goleman·Richard Boyatzis·Annie Mckee), 『감성의 리더십(THE PRIMAL LEADERSHP)』 장석훈 옮김(2009), 청림출판

도널드 시니어(Donald Senior), 『마태오가 전하는 예수의 고난(The Passion of Jesus in the Gospel of Matthew)』 박태원 옮김(2014), 분도출판사

러셀 프리드먼(Russel Freedman), 『대통령이 된 통나무집 소년 링컨(LINCOLN: A PHOTOBIOGRAPHY)』 손정숙 옮김(2009), 비룡소

레베카 스테포프(Rebecca Stefoff), 『진화론과 다윈(Charles Darwin-and the Evolution Revolution)』 이한음 옮김(2002), 바다출판사

마이클 샌델(Michael J. Sandel), 『정의란 무엇인가(JUSTICE)』 이창신 옮김(2011), 김영사

마이클 해크먼·크레이그 존슨(Michael Z. Hackman·Craig Johnson), 『소통의 리더십』 김영임·최재민 편역(2010), 에피스테메

비비안 디트마(Vivian Dittmar), 『느낌은 어떻게 삶의 힘이 되는가(The Power of Feeling)』 정채현 옮김(2023), 한국 NVC출판사

아서 클아인만(Arthur Kleinman)·비나 다스(Veena Das) 외, 『사회적 고통(Social Suffering)』 안종섭 옮김(2002), 그린비

에른스트 페터 피셔(Ernst Peter Fischer), 『과학한다는 것』 김재영·신동신·나성민·정계화 옮김(2015), 반니/ (Die andere Bildung/ Was man von den Naturwissenschaften Wissen solite)

예이츠(Yeats William Butler) 외, 『내 마음이 편해지는 시』 편집부 엮음(2003), 새희망

오언 깅그리치(Owen Gingerich)·제임스 맥라클란(James MacLachlan), 『지동설과 코페르니쿠스』 이무현 옮김(2006), 바다출판사

오오하마 아끼라, 『노자의 철학』 임헌규 옮김(1992), 인간사랑

원황(袁黃), 『요범사훈(了凡四訓)』(『운명을 뛰어넘는 길』) 김지수 옮김(2012), 불광출판사

위베르 레브·조웰 드 로네·이브 코팡·도미니크 시모네, 『세상에서 가장 아름다운 이야기』 이충호 옮김(2001), 가람기획

윌 듀란트(Will Durant), 『철학 이야기(The Story of Philosophy)』 황문수 역(1996), 문예출판사

윌리엄 배너드(William Benerd), 『위즈덤 스토리북(Wisdom Storybook)』 유소영 번역(2008), 일빛

이 솝(AESOP), 『이솝우화전집(AESOP'S FABLES)』 고산 역음(2007), 동서문화사

_____, 『이솝우화 전집(AESOP, THE COMPLETE FABLES)』 아서 래컴 외 그림, 박문재 옮김(2020), 현대지성

장 드 라 퐁텐(Jean de La Fontaine), 『라 퐁텐 그림 우화(Les Fables de La Fontaine)』 박명숙 옮김(2004), 시공사

_____, 『라 퐁텐 우화집』(상/하), 그랑 빌 그림, 민희식 옮김(2004), 지식산업사

잭 웨더포드(Jack Weatherford), 『칭기즈칸, 잠든 유럽을 깨우다(GENGHIS KHAN AND THE MAKING OF THE MODERN WORLD)』 정영목 옮김(2005), 사계절

제러미 블랙(Jeremy Black), 『거의 모든 전쟁의 역사(A SHORT HISTORY OF WAR)』 허나영 옮김(2022), 서해문집, 2022

제임스 러브록(James Lovelock), 『가이아의 복수(THE REVENGE OF GAIA))』 이한음 옮김(2008), 세종서적

제임스 M. 볼드윈(James M. Baldwin), 『50가지 재미있는 이야기(Fifty Famous Stories)』 시사영어사 편집국 역(1998), 시사영어사

_____, 『다시 읽는 50가지 유명한 이야기』 인디북 편집부(2004), 인디북

제임스 조오지 프레이저(James George Frazer), 『황금가지(The Golden Bough)』 (Ⅰ/Ⅱ) 장병길 역(1977) 삼성출판사

조지 베일런트(George E. Vaillant), 『행복의 조건』, 이덕남 옮김(2012), 프런티어

진 쿠퍼(J. C. Cooper), 『그림으로 보는 세계문화 상징 사전(AN ILLUSTRATED ENCYCLOPAEDIA OF TRADITIONAL SYMBOLS)』 이윤기 옮김(2001), 까치

찰스 다윈(Chares Robert Darwin), 『찰스 다윈의 비글호 항해기(The Voyage of beagle)』 최재천 감수, 권혜련 외 옮김(2006), ㈜샘터사

_____, 『종의 기원(ON THE ORIGIN OF SPECIES BY MEANS OF NATURAL SELECTION OR THE PRESERVATION OF FAVOURED RACES IN THE STRUGGLE FOR LIFE)』 송철용 옮김(2009), 동서문화사

토마스 불핀치(Thomas Bulfinch), 『그리스로마 신화 100』 최희성 엮음(2019), 미래타임즈

플라톤, 『소크라테스의 변명 크리톤·파이돈·향연』 박문재 옮김(2019), 현대지성

_____, 『국가론』 이찬 편역(2006), 돋을새김

플로리안 프라이슈테터(Florian Freistetter), 『우주 일상을 만나다(DER KOMET IM COCKTALGLAS)』 최성웅 옮김(2015), 반니

헤더 레어 와그너(H. L. Wagner), 『열등감을 희망으로 바꾼 오바마 이야기(Barack Obama)』, 유수경 옮김(2008), 명진출판

참음의 법칙
운명의 미학

| 초판 1쇄 인쇄일 | 2024년 5월 7일 |
| 초판 1쇄 발행일 | 2024년 5월 16일 |

지은이	박삼서
편집/디자인	정구형 이보은
마케팅	정찬용 정진이
영업관리	한선희 김형철
책임편집	정구형
인쇄처	으뜸사
펴낸곳	국학자료원 새미(주)

등록일 2005 03 15 제251002005000008호
경기도 고양시 덕양구 권율대로 656 원흥동
    클래시아 더 퍼스트 1519,1520호
Tel 4424623 Fax 64993082
www.kookhak.co.kr
kookhak2010@hanmail.net

| ISBN | 979-11-6797-156-2 *03190 |
| 가격 | 25,000원 |